Eugen Biser
Der unbekannte Paulus

EUGEN BISER

DER UNBEKANNTE PAULUS

PATMOS

Meinen Weg- und Geistesgefährten
Professor Dr. Richard Heinzmann,
Dr. Heinrich und Marianne Köster,
Dr. Martin Balle in Freundschaft
und Dankbarkeit

Bibliografische Information Der Deutschen Bibliothek
Die Deutsche Bibliothek verzeichnet diese Publikation in der Deutschen Nationalbibliografie; detaillierte bibliografische Daten sind im Internet über http://dnb.ddb.de abrufbar.

Umschlagmotiv: Paulus, Mosaik aus der Capella Arcivescovile, Ravenna, um 500
Umschlaggestaltung: Groothuis, Lohfert, Consorten (glcons.de)
Druck und Bindung: Clausen & Bosse, Leck
ISBN 3-491-70365-4
www.patmos.de

INHALT

VORBEMERKUNG

In einer Stunde, in der das Christentum wie kaum einmal zuvor in die Defensive gedrängt ist und Gefahr läuft, vom Weltgeschehen überholt zu werden, ist keiner so sehr an der Zeit wie Paulus. Denn ihm gelang es, das Christentum aus seinen provinziellen Anfängen herauszuführen und es zum Rang einer Weltreligion zu erheben. Doch seiner Vergegenwärtigung stehen gravierende Hindernisse entgegen. Innertheologisch ist seine Rezeption fast hoffnungslos gespalten. Und im Weltgespräch stößt er nach wie vor auf erbitterte Kritik.

Von keinem wurde Paulus jemals so gehaßt und insgeheim bewundert wie von *Nietzsche*. Doch mit der Frage „Zerstörer oder Erneuerer des Christentums?" gerät dieser in unmittelbare Affinität zu dem von ihm Bekämpften, der vielfach als der Verfälscher, wenn nicht gar der Jesus aus seiner Stifterposition verdrängende „Begründer" des Christentums ausgegeben wurde, obwohl es ihm ausschließlich darum zu tun war, die Botschaft Jesu fortzudenken und ihr, seinem Grundimpuls folgend, zur Weltgeltung zu verhelfen. Dadurch greift er zugleich in die neuerdings im christlichen Binnenraum entbrannte Diskussion ein.

Wie der Cherub mit dem Schwert steht Paulus vor der von Nietzsche gebauten Falle, in die signifikante Sprecher heutiger Theologie hineinzulaufen drohen. Dem Sog, den der Gott des Schreckens, des Zornes und der Hölle auf sie ausübt, stimmt der „Besieger Gottes und des Nichts" nur zu spontan mit dem atheistischen Argument zu, daß nur ein solcher Gott ernstzunehmen, der Gott der Liebe hingegen zu vernachlässigen sei. Und im Blick auf die zunehmende Bereitschaft zur pluralistischen Gleichschaltung aller Religionen hat er diesen das Ende im hundertaktigen Schauspiel ihrer Selbstauflösung angekündigt. Paulus aber erfuhr den Gott Jesu Christi als den Inbegriff der ihn überwältigenden bedingungslosen Liebe, auch wenn er bisweilen von seinem Zorn wie von einem abziehenden Gewitter sprach. Und er hätte sich in der heutigen Kontroverse mit seiner ganzen Autorität und Kraft für den exzeptionellen Rang des von ihm gelebten und verkündeten Glaubens eingesetzt. Deshalb ist er im Vollsinn des Wortes „an der Zeit".

Nach Jesus hat keine der neutestamentlichen Gestalten so stark in die Geschichte hineingewirkt wie Paulus. Seinem Selbstverständnis zufolge ein Angerufener, ist er zugleich die fortwährende Herausforderung eines jeden, der in seinen Bannkreis geriet. Bei aller Zeitgebundenheit haben seine Schriften einen Überhang zur Zukunft. In diesem Sinn sind sie unabgeschlossen und darauf angelegt, in dem stets neu aufzunehmenden Gespräch mit ihm vervollständigt und aktualisiert zu werden. Darin besteht ihr eminent dialogischer Charakter, der Paulus zum Fürsprecher der Absage an alle Repression und Gewalt, insbesondere aber des Dialogs als Prinzip der einzig menschenwürdigen Konfliktlösung werden läßt. Dabei ist es der Studie vor allem darum zu tun, die Gegenwartsbedeutung des Apostels glaubhaft zu machen und den Dialog mit ihm selbst aufzunehmen.

Ich widme das Buch meinen Geistesgefährten, die um die dialogische Wirkung meines eigenen Lebenswerkes bemüht sind, allen voran Herrn Universitätsprofessor Dr. Richard Heinzmann, sowie Herrn Dr. Heiner Köster, seiner Frau Marianne und Herrn Dr. Martin Balle. Mein aufrichtiger Dank gilt sodann Herrn Helmut Linnenbank, dem Vorsitzenden meiner Stiftung, und ebenso wie meinen Mitarbeitern, die sich um die Gestaltung des Werkes verdient gemacht haben.

München, 6. Januar 2003 — *Eugen Biser*

PROLOG

Nach dem Zusammenbruch der antichristlichen Gewaltsysteme kam, zunächst nur vereinzelt wahrgenommen, eine glaubensgeschichtliche Wende in Gang, mit der auch eine neue Wahrnehmung des Apostels Paulus einherging. Ausgelöst wurde sie durch den Pauluskritiker *Martin Buber*, der die aus dem nationalsozialistischen Kirchenkampf hervorgegangene Christenheit nach der Identität ihres Glaubens befragte[1]. Stimuliert wurde sie durch *Reinhold Schneider*, der, übereinstimmend mit Buber, die Möglichkeitsbedingungen des Osterglaubens erkundete[2]. Vollends in Gang gebracht aber wurde sie durch die als Spätfrucht des Zweiten Vatikanums entstandene Jesusliteratur, in der der „Herr" vom Podest seines Herrentums herabstieg, um den Seinen über alle Konfessionsgrenzen hinweg als „Bruder", „Helfer" und „Freund" entgegenzutreten und sie in ein Freundesverhältnis mit sich zu ziehen[3]. In seiner Bedeutung bestätigt wurde dieser Aufbruch durch seine literarische Resonanz in Gestalt der Romane *Bulgakows* ‚Der Meister und Margarita' (1940), *Faulkners* ‚Eine Legende' (1954). *Saramagos* ‚Das Evangelium nach Jesus Christus' (1993), *Mailors* ‚Das Jesus-Evangelium' (1998) und des Musicals ‚Jesus Christ Superstar' von *Rice* und *Webber* (1970)[4].

Im selben Atemzug, wie er die christliche Glaubensweise in Frage stellte, sprach Buber von der „paulinischen Stunde", die er wie in anderen Zeiten der Krise vor allem in der Gegenwart angebrochen sah[5]. Tatsächlich versteht sich Paulus als Herold, der den Siegeszug Christi durch die Welt anführt, wobei er als Wegbereiter jedoch in ständige Kämpfe verstrickt wird (2 Kor 2,14 ff; 10,4 ff). Deshalb gestaltet sich sein Schicksal in der Gegenwart ungleich dramatischer als der im christologischen

1 *M. Buber*, Zwei Glaubensweisen, Zürich 1950.

2 *R. Schneider*, Winter in Wien. Aufzeichnungen aus meinen Notizbüchern 1957/58, Freiburg 1958.

3 Dazu die Jesusbücher von *R. Guardini* ‚Der Herr' (1937), *Sch. Ben-Chorin* ‚Bruder Jesus' (1972), *E. Biser* ‚Der Helfer', (1973 ‚Der Freund' (1985), *R. Schnackenburg*, ‚Freundschaft mit Jesus'(1990) und *M. Machovec*, ‚Jesus für Atheisten' (1972).

4 *K.-J. Kuschel*, Jesus im Spiegel der Weltliteratur. Eine Jahrhundertbilanz in Texten und Einführungen, Düsseldorf 1999; ferner mein Taschenbuch ‚Jesus für Christen', Freiburg 1984, 31.

5 *M. Buber*, A. a. O., 52; 171 ff.

Aufbruch beginnende Verlauf der Glaubenswende[6]. Während *Udo Schnelle* „Wandlungen im paulinischen Denken“ entdeckte, besteht *Ferdinand Hahn* auf der unveränderten Kontinuität der paulinischen Konzeption. Und während *Alfred Wikenhauser* an den Aufbruch der neueren Paulusforschung mit ihrer Betonung des Mystikers durch *Deissmann* und *Schweitzer* erinnerte, versichert die Biographie von *Eduard Lohse*, daß Paulus „kein Mystiker“ gewesen sei. Den Extremfall bildet jedoch das Paulusbuch *Hermann Deterings*, das im Widerspruch zur gesamten Paulusforschung die historische Existenz des Apostels, wenngleich nur in Form einer „Arbeitshypothese“, in Abrede stellt und ihn schließlich ins Reich der Legende verweist[7].

Was aber ungleich schwerer als diese Irritationen ins Gewicht fällt, ist die Beobachtung, daß die heutige Paulusforschung unter dem Eindruck der Mehrschichtigkeit der Paulusbriefe dem Apostel nicht in seiner dezidierten Versicherung folgt, daß er sein Evangelium nicht aus Menschenhand empfangen habe und daß es ihm nicht von anderen „gelehrt“ worden sei, sondern daß er es ausschließlich einer „Offenbarung Jesu Christi“ verdanke (Gal 1,11 f)[8]. Denn diese Weigerung läßt befürchten, daß ihm die Forschung auch nicht bis in die Mitte seines Selbstverständnisses und bis in die Spitzenaussagen seiner Theologie zu folgen vermochte. Unverkennbares Indiz dessen ist die Tatsache, daß die katholische Paulusdeutung den Apostel der Kirchenlehre anzugleichen sucht, während ihn die evangelische mehrheitlich aus der Sicht der lutherischen Rezeption begreift. Das aber erweckt den Eindruck, daß Paulus trotz allen Aufwands der auf ihn angesetzten Forschungsenergie ein letztlich Unbekannter blieb, so daß immer neue Versuche unternommen werden müssen, das ihn umgebende Dunkel aufzulichten. Freilich ist auch ihnen, und zwar durch Paulus selbst, ihr unvermeidliches Scheitern angesagt; denn:

> *Mir liegt wenig daran, von euch gerichtet oder vor ein menschliches Gericht gestellt zu werden. Nicht einmal über mich selbst fälle ich ein Urteil … Der mich richtet, ist der Herr (1 Kor 4,3f).*

Zuinnerst ist sein Leben, mit seiner Schule gesprochen, „in Gott verborgen“ (Kol 3,3) und dadurch jedem menschlichen Zugriff entrückt. Doch so sehr er die Interpreten damit zurückstößt, zieht er sie zugleich an, so-

6 Dazu meine Studie ‚Die glaubensgeschichtliche Wende. Eine theologische Positionsbestimmung‘, Graz 1986.

7 *H. Detering*, Der gefälschte Paulus. Das Urchristentum im Zwielicht, Düsseldorf 1995.

8 Einzige Ausnahme: *Ch. Dietzfelbinger*, Die Berufung des Paulus als Ursprung seiner Theologie, Neukirchen-Vluyn 1998.

fern er ihnen Einblick in seine zentrale Heilserfahrung gewährt und sie, so *Albert Schweitzer*, mit Gewalt in das ihnen preisgegebene Selbsterlebnis hineinstößt[9]. So aber entsteht ein oszillierendes Hell-Dunkel, das jeden Lichtblick alsbald wieder auslöscht, um den Apostel aus dem Dunkel dann aufs neue hervortreten zu lassen. Keiner Interpretation wird es daher jemals gelingen, ihn ganz zum Vorschein zu bringen. Jeder muß es vielmehr genug sein, einige Züge seiner komplexen Gestalt herauszuarbeiten. Das aber hängt nicht nur mit dem gespaltenen Selbstbegriff dessen zusammen, der sich mit einem zerbrechlichen Schatzbehälter vergleicht (2 Kor 4,7), sondern mit der schon in seinem Gerichtswort anklingenden Tatsache, daß er sich in all seiner Zerrissenheit und Schwäche dem zugehörig fühlt, von dem er sich ergriffen (Phil 3,12) und auf dem Weg einer Selbstenteignung zu sich selbst gebracht weiß (Gal 2,20). *Nietzsche* hatte Recht, als er Paulus vorwarf, das Schwergewicht der Dinge ins Jenseits verlegt zu haben; doch irrte er bei der Deutung dieses Satzes. Es war nicht das Jenseits hinter der Welt, sondern das Jenseits seiner selbst. Ebenso wenig war es das Gewicht der Lebenswelt, sondern das seiner eigenen Existenz, das er in dem verortete, in dem er seinen definitiven Lebensinhalt gefunden hatte. In dieses „Jenseits" weicht er stets zurück, wenn der Versuch unternommen wird, ihn „dingfest" zu machen, dies jedoch nur, um sich dem beharrlich Suchenden dann doch, wenn auch immer nur fragmentarisch, zu erkennen zu geben. Darin besteht das Risiko jeder Paulusdeutung, darin aber auch die Chance, von Paulus für die Bewältigung der sich in der „paulinischen Stunde" stellenden Herausforderungen und Aufgaben belehrt zu werden.

9 *A. Schweitzer*, Die Mystik des Apostels Paulus, Tübingen 1930, 376.

Erstes Kapitel

DAS GEFÄSS

Der Unzeitgemäße

Wenn der Stauferkaiser Friedrich II. das „Wunder der Welt“ war, dann war Paulus noch weit mehr das „Wunder des Christentums“. Denn er führte es faktisch wie geistig aus der provinziellen Enge seiner Anfänge in die Weite der Ökumene. Er legte den Grundstein seiner Theologie und gab ihm damit als erster das geistige Gepräge. Und er löste es insbesondere aus den Fesseln der jüdischen Gesetzesfrömmigkeit und der welthaften Zwänge und erwies es dadurch als die Religion der Freiheit. Aber er erlegte dafür einen hohen Preis. Wie der Winkelried der Schweizer Befreiungsgeschichte die feindlichen Lanzen auf sich zog, so wurde auch Paulus von Anfang an zur Zielscheibe heftiger Angriffe und Anfeindungen, so daß sich sein apostolisches Wirken zu einem fortgesetzten Kampf gestaltete. Deshalb beschloß er wie sein Meister und Herr seine Lebensgeschichte als Leidender, der sein Werk mit seinem Martyrium krönte. Doch die Gegnerschaft begleitete wie ein dunkler Schatten auch seine Wirkungsgeschichte, und dies sogar bis in seine christliche Einschätzung hinein. So ergeht es ihm wie *Pascal*, der trotz aller auf ihn angesetzten Deutungsversuche nach dem Urteil *Ewald Wasmuths* ein letztlich Unbekannter blieb. Dennoch wirkte dieser Unbekannte, wie mehr nur noch Jesus selbst, machtvoll in die Geschichte des Christentums hinein. Entscheidende Umbrüche wie der der Reformation sind unwiderruflich mit seinem Namen verbunden. Methodisch und systematisch verdankt ihm die Theologie entscheidende Anstöße. Die Entwicklung der historisch-kritischen Methode ist ohne sein Theorem vom Geist und Buchstaben nicht zu denken. *Lessing* umschrieb im Anschluß an sein Wort vom „Beweis des Geistes und der Kraft“ mit seiner Klage über den „garstigen breiten Graben“ der nurmehr historischen Gewißheit das Grundproblem der neuzeitlichen Theologie. Staunend kann man nur wahrnehmen, daß auch das Glaubensproblem der Gegenwart lediglich mit seiner Hilfe zu lösen ist. Unter der Hülle seiner Verborgenheit steht er bereit, der Kirche stets neue Perspektiven zu eröffnen und Impulse für die Bewältigung ihrer aktuellen Aufgaben zu geben. Als erster Medienverwender und Medientheoretiker der Christenheit gibt er Antwort auf die Fragen des Medienzeitalters. Als Schöpfer einer evolutionären Weltsicht mischt er sich ein in den Disput um die Evolutionsbiologie. Und als Theoretiker einer realisierten Eschatologie gibt er wie kein anderer Hinweise auf die Fragen der sich als Ziel realisierter Menschheitsträume und Utopien darstellenden Gegenwart. Doch in all dieser Aktualität ist und bleibt er ein Unbekannter; in all dieser erstaunlichen Nähe ein letztlich Fremder. Warum?

Ein Fremdling überall

Weil seine Situation kaum besser als mit dem Welt- und Selbstgefühl *Gustav Mahlers* beschrieben werden kann:

> *dreifach heimatlos: als Böhme unter den Österreichern; als Österreicher unter den Deutschen und als Jude in der ganzen Welt*[1].

Ebenso ist auch Paulus dem Judentum entfremdet durch seinen Christenglauben, dem rationalen Diskurs durch seine Kreuzespredigt und dem konservativen Ordnungsdenken durch seine Freiheitsbotschaft. Das trug ihm den erst durch die Buber-Schule von ihm genommenen Fluch des Judentums ein; dadurch wurde er zum Vorzugsziel rationalistischer Kritik; und das zog ihm den Argwohn der kirchlichen Ordnungshüter gleich welcher Konfession zu. So sehr er neben Kritikern auch stets glühende Verehrer und Verteidiger fand, erweckt seine Wirkungsgeschichte doch den Eindruck, daß sie ihn in seinem Zentralanliegen noch immer nicht völlig eingeholt hat. Mit *Nietzsches* „tollem Menschen" könnte er ihr zurufen:

> *Ich kam zu früh; ich bin noch nicht an der Zeit. Mein Wort ist noch nicht an ihre Ohren und Herzen gedrungen*[2].

Als gelebte Spannungseinheit ist Paulus tatsächlich der weder denkerisch noch kirchengesellschaftlich je ganz Integrierte, bei aller Traditionstreue der Urheber größter Innovationen, als Schöpfer des ersten theologischen Systementwurfs zugleich dessen leibhaftiger Kontrapunkt, als Protagonist der weltweit ausstrahlenden, Juden- und Heidenchristen umfassenden Kirche zugleich Galionsfigur aller separatistischen und systemkritischen

1 *A. Mahler*, Erinnerungen an Gustav Mahler, Frankfurt 1971, 137.
2 Wörtlich: „Dies ungeheure Ereignis ist noch unterwegs und wandert – es ist noch nicht bis an die Ohren der Menschen gedrungen": Die fröhliche Wissenschaft III, § 125.

Bewegungen, als die mit Abstand profilierteste Gestalt der Urkirche zugleich der große Ungreifbare, dessen Umrisse sich letztlich im Dunkel verlieren. In diesem „geeinten Widerspruch“ besteht der Kern des, wie man sagen könnte, „paulinischen Problems“.

Zwar fehlte es, um dies mit einigen Strichen zu verdeutlichen, zu keiner Zeit an Integrationsversuchen, die diesen „Exzentriker“ in die Mitte der christlichen Lebenswelt zu rücken suchten: radikale wie die von *Markion* und *Luther*, die dem Christentum damit insgesamt einen paulinischen Zuschnitt zu geben suchten, oder gemäßigte wie die von *Augustin* und *Kierkegaard*, die lediglich die paulinische Denkweise erneut und nachhaltiger zum Zug bringen wollten. Doch brachten sie es bestenfalls zu Teilerfolgen. Denn gerade auch ihnen gegenüber erwies sich Paulus als der letztlich Uneingeholte, Nichtintegrierbare, mit seiner eigenen, von *Ernst Dassmann* jedoch gegen ihn gewendeten Metapher gesprochen: der „Stachel im Fleisch der Christenheit“[3]. Das bestätigt seine frühe und späte Wirkungsgeschichte.

Nach Ausweis seiner Briefe hatte es Paulus von Anfang an schwer, sich bisweilen sogar im eigenen Arbeitsfeld durchzusetzen; als anfänglicher Gegner und „Spätberufener“ vielfach verdächtigt und beargwöhnt; als konsequenter Verfechter seiner Konzeption angefeindet und bekämpft, so daß diese nur unter anhaltendem Leidensdruck zustandekam. Selbst die hohe Verehrung, die ihm *Clemens Romanus*, *Ignatius von Antiochien* und *Polykarp von Smyrna* entgegenbrachten, konnte es nicht verhindern, daß er über Jahrzehnte hinweg totgeschwiegen wurde, und daß insbesondere Kleinasien, das Vorzugsgebiet seiner Missionstätigkeit, seinen Einsatz „mit dem schwärzesten Undank“ lohnte[4]. Aber kündete sich das nicht schon in der zensurierenden Bemerkung des Zweiten Petrusbriefes (3,16) an, der dem „lieben Bruder Paulus“ den Vorwurf nicht ersparen kann, durch die Schwerverständlichkeit mancher Stellen – wohl der Parusieaussagen – seiner Briefe „Ungefestigte“ in Verwirrung und Glaubenskrisen gestürzt zu haben?

Ans Absurde grenzen demgegenüber manche Tendenzen der neueren Paulus-Rezeption. Während Eingeständnisse des Leidens und Gesten der Verdemütigung sonst die Achtung der Interpreten erwecken, bewirken sie im Fall des Apostels das akkurate Gegenteil. Die wiederholten Eingeständnisse seiner Gebrechen riefen Analytiker unterschiedlichster Provenienz auf den Plan, die bei ihm Inkompetenz, Ressentiment,

3 *E. Dassmann*, Der Stachel im Fleisch. Paulus in der frühchristlichen Literatur bis Irenäus, Münster 1979.

4 *K. Holl*, Der Kirchenbegriff des Paulus in seinem Verhältnis zu dem der Urgemeinde, in: *K. H. Rengstorf* (Hrsg.), Das Paulusbild der neueren deutschen Forschung, Darmstadt 1964, 176.

Hysterie oder Epilepsie diagnostizierten. Und die besorgte Selbstverkleinerung, mit der er sich in sein fundamentales Osterzeugnis einbrachte, war für fast die gesamte Theologie Anlaß, seine Rolle als Osterzeuge in Zweifel und seine Stellung als Apostel dadurch ins Zwielicht zu ziehen.

Schuld an der Paulus-Verdrängung in altchristlicher Zeit war die Reaktion auf das Problem der Parusieverzögerung, dem sich Paulus nur bedingt stellte. Zwar ging er mit vollem Ernst auf die für die in der Erwartung der baldigen Parusie befangenen Glaubensgemeinschaft bestürzende Tatsache ein, daß zunehmend Mitglieder wegstarben, ohne daß sich Anzeichen der baldigen Wiederkunft Christi abzeichneten; und zunehmend rechnete er auch selbst mit seinem Martyrium. Doch sind die Aussagen, in denen er von seiner „Hinopferung" (Phil 2,17) und seiner „Lust aus dieser Welt zu scheiden und bei Christus zu sein" spricht (Phil 1,23), unterschwellig von der Hoffnung getragen, daß er als Lebender dem wiederkehrenden Herrn „auf Wolken" entgegenziehen (1 Thess 4,17) und dabei nicht entkleidet, sondern „überkleidet" werde (2 Kor 5,4). Inzwischen aber waren jene festigenden Strukturen gewachsen, mit deren Hilfe die junge Kirche die Krise zu überwinden lernte. Während sie auf diese Weise zu „altern" begann, wuchs gleichzeitig der Widerstand gegen den, der immer schon „zu früh" gekommen war und mit seiner gegen außer- wie innerkirchliche „Bollwerke" anstürmenden Botschaft (2 Kor 10,4) jede Systembildung und Verfestigung bedrohte. Doch die Ursachen dieses Konflikts lagen tiefer. Sie lagen in dem, der im Unterschied zu diesen Strukturen nicht altern konnte. Sie lagen in Paulus selbst.

Der geeinte Zwiespalt

Nach dem Zeugnis seiner – zweifellos nicht nur situativ, sondern auch autobiographisch veranlaßten – Briefe empfand sich Paulus als eine gelebte Spannungseinheit. Und dies sowohl in vertikaler wie horizontaler Hinsicht. Für das eine spricht das Wort, mit dem *Günther Bornkamm* sein herausragendes Paulusbuch beschließt:

> *Wir tragen diesen Schatz in tönernen Gefäßen, damit das Übermaß an Kraft Gott zuerkannt und nicht uns zugeschrieben werde (2 Kor 4,7).*

Das andere bestätigt sein Bekenntnis:

> *Ich bilde mir nicht ein, es schon ergriffen zu haben; aber eines tue ich: ich vergesse, was hinter mir liegt und strecke mich aus nach dem, was vor mir*

liegt. Das Ziel im Auge jage ich dem Siegespreis der himmlischen Berufung in Christus Jesus nach (Phil 3,13).

Beide Motive entfaltet der Apostel in mächtiger Extrapolation: einmal in seiner Deutung der apostolischen Existenz, sodann bei seiner evolutionären Deutung des Weltgeschehens. Im einen Fall präsentiert sich Paulus als antiken Existenzdenker, im andern als prospektiven Platoniker. Da ihm vorkommt, als habe Gott die Apostel im großen Welttheater wie Todeskandidaten an den letzten Platz gestellt (1 Kor 4,9), gewährt er seinen Adressaten in einer Sequenz, die sich aus der Prosa zur Poesie erhebt, einen Einblick in seine Verfassung und sein Selbstverständnis:

Niemand geben wir Anstoß, damit unser Dienst nicht in Verruf gerate. Vielmehr erweisen wir uns in allem als Gottes Diener: in Geduld, in Bedrängnis, in Nöten und Ängsten, unter Schlägen, in Kerkerhaft, bei Aufständen, unter Mühen, in Nachtwachen und Fasten, durch Lauterkeit, Verständnis, Langmut, Güte, im Heiligen Geist, durch aufrichtige Liebe, im Wort der Wahrheit, in Gottes Kraft, mit den Waffen der Gerechtigkeit zur Rechten und zur Linken, bei Ehre und Schmach, bei Verleumdung und Lob, als Schwindler und doch wahrhaftig; als Unbekannte und doch wohlbekannt; als Todverfallene und doch überlebend, als Geschlagene und doch nicht umgebracht, als Betrübte und doch allzeit fröhlich; als Bedürftige, die viele beschenken; als Bettler, die alles besitzen (2 Kor 6,3–10).

Die Spanne von „Habenichts" zu Weltbesitz durchmißt auch das als „horizontaler Platonismus" erscheinende Geschichtsbild des Apostels. Während sich der Protagonist in Platons Höhlengleichnis aus dem Dunkel des Schattenreichs zur Höhe der Ideenschau emporarbeitet, nimmt das Weltgeschehen für Paulus einen zwar gleichsinnigen, aber horizontalen, zukunftsgerichteten Verlauf. Zwar steht der Anfang der Welt im Zeichen des Gottes, „der gesagt hat: es werde Licht!" (2 Kor 4,6); doch ist sie der Nichtigkeit unterworfen, zugleich aber auch von der Hoffnung beseelt, davon befreit und zu ihrem Bestimmungsziel geführt zu werden. So liegt sie, seufzend und stöhnend in Geburtswehen, bis sie schließlich ans Ziel der universalen Gotteskindschaft gelangt (Röm 8,12 ff). Anders als in der evolutionären Sicht des Römerbriefs stellt Paulus dieses Geschehen in der Korrespondenz mit Korinth als Unterwerfung der gegnerischen Mächte und insbesondere des Todes unter die Herrschaft des endzeitlichen Siegers dar (1 Kor 15,28). Wenn Paulus diese Sicht in die Sätze ausklingen läßt:

Wenn dieses Verwesliche Unverweslichkeit angezogen hat und dies Sterbliche mit Unsterblichkeit umkleidet ist, erfüllt sich das Schriftwort: „Ver-

schlungen ist der Tod im Sieg". Tod, wo ist dein Sieg? Wo ist, o Tod, dein Stachel? (1 Kor 15,54f)

gibt er zugleich eine Probe seiner stupenden Sprachgewalt, die sich zwar nicht an die Norm der klassische Gräzität hält, dafür dem Umgangsgriechisch den glühenden Atem des Apostels einhaucht, der Inhalte sagbar macht, die in der antiken Literatur einzigartig dastehen. Paulus nimmt in diesen oft „hingeschleuderten Satzbrocken" (*Lietzmann*), öfter noch Intimstes abtastenden Wendungen, das vorweg, was sich Jahrhunderte später bei *Goethe* und *Beethoven* ereignete, als sie das Material der klassischen Poesie- und Musiksprache in einer Weise umschmolzen, daß ihnen ihr Werk, mit Goethe gesprochen, zu einer „großen Konfession" geriet.

Das ist die Sprachwelt eines Menschen, den es eigenem Ausdruck zufolge ständig „nach beiden Seiten zieht" (Phil 1,23), der sich ebenso erniedrigt wie erhoben fühlt, ebenso schwach wie gestärkt, ebenso verkannt wie weltbekannt, ebenso unglücklich wie beseligt, ebenso „aufgerieben" wie „erneuert". Wenn man sich fragt, wie er diese Spannung aushielt und die in ihm waltenden Gegensätze so vereinbaren konnte, daß aus dieser bewältigten Spannung sein staunenerregendes denkerisches, sprachliches und missionarisches Lebenswerk hervorging, sieht man sich an sein Wort vom „inneren Menschen" und damit an eine seiner größten anthropologisch-spirituellen Entdeckungen verwiesen:

Deshalb sind wir unverzagt: Wenn unser äußerer Mensch auch aufgerieben wird, erneuert sich doch unser innerer von Tag zu Tag (2 Kor 4,16).

Was er an Anfeindungen, Strapazen, Verfolgungen, Torturen und Krankheiten zu ertragen hatte, betraf den weltzugewandten „äußeren" Menschen. Doch gerade unter diesem, von ihm bisweilen als Gladiatoren- und „Tierkampf" beschriebenen Druck baute sich in ihm der „innere" Mensch der Lebensgemeinschaft mit Christus und seines neuen Seins „in" ihm auf. Damit ruft Paulus dem Versuch, ihn und seine Gedankenwelt zu verstehen, aber zugleich auch schon das Stichwort zu, das zur Erschließung seiner Lebensleistung und seiner Persönlichkeit verhilft.

Die Außensicht

Paulus – und mit ihm die Nachwelt – hatte das Glück, daß der Verfasser des Lukasevangeliums im Zug seines heilsgeschichtlichen Denkens in seinem zweiten Werk, der Apostelgeschichte, auch seine Person und missionarische Tätigkeit würdigte; aber auch das Unglück, von diesem nur unzulänglich verstanden und deshalb nur paradigmatisch behandelt und dargestellt worden zu sein. Denn der Verfasser der Apostelgeschichte sieht in ihm zwar den großen, vom Gottesgeist geführten und inspirierten Missionar, dagegen nicht den gleichrangigen Apostel, um dessen Anerkennung Paulus in seinen Briefen kämpft, so daß diese ständig als Korrektiv an das Paulusbild der Apostelgeschichte herangetragen werden müssen. Dennoch ergibt sich aus dieser Zusammenschau ein verläßliches Bild, wenngleich nur von den Höhepunkten seiner Lebensgeschichte, während deren Anfänge und Ende im Dunkeln liegen.

Wie sich aus der nur in Einzelheiten gesicherten Chronologie erschließen läßt, ist Paulus – etwa gleichzeitig wie Jesus – in Tarsus nahe der Südost-Ecke Kleinasiens geboren und dort als Angehöriger der jüdischen Mittelschicht im Geist des gesetzesstrengen Pharisäismus aufgewachsen. Entgegen einer Schlußfolgerung der Apostelgeschichte (Apg 22,3) stand er aber nicht in einem Schülerverhältnis zu dem toleranten Gamaliel, sondern unter dem Einfluß christenfeindlicher Kreise, unter dem er zum Christenverfolger wurde:

> *Ihr habt doch von meinem früheren Leben im Judentum gehört, wie ich in meinem maßlosen Eifer für die Satzungen der Väter die Gemeinde Gottes verfolgte und zu vernichten suchte (Gal 1,12f).*

Daß er sich dabei sogar, wenngleich nicht aktiv, an der Steinigung des Stephanus beteiligte, ist eine unwahrscheinliche Behauptung der Apostelgeschichte, die damit Paulus nur in ihre Darstellung einzubringen sucht (Gal 7,58), darin aber von ihm widerlegt wird, da er eine Beteiligung am ersten Martyrium keinesfalls verschwiegen hätte. Mitten in seinen Aktionen trifft ihn vor Damaskus der Blitzstrahl der göttlichen Liebe, die ihn zum Zeugen der Auferstehung Jesu und zum glühenden Verkünder seiner Botschaft werden läßt. Nur mit Mühe kann er sich durch eine abenteuerliche Flucht über die Stadtmauer vor der Verfolgung durch den Nabatäerkönig Aretas retten. Er zieht sich – wie anzunehmen ist: zur Verarbeitung seines Schlüsselerlebnisses – für drei Jahre in die Arabia zurück, um dann erste Kontakte zu den Altaposteln in Jerusalem aufzunehmen. Nach ersten Missionsversuchen in Syrien und Kilikien hält er sich längere Zeit in Antiochien am Orontes auf und reist von dort zur Klärung wichtiger Streitfragen zum zweiten Mal nach Jerusalem, wo er mit den als „Säulen" geltenden Altaposteln zu einer grundsätzlichen Einigung über sein gesetzesfreies Evangelium gelangt. Das kompromißhafte Verhalten des Petrus bei dessen Aufenthalt in Antiochien führt jedoch zur

Trennung der jeweiligen Missionsgebiete und Paulus auf einer ersten großen Reise über Zypern in das mittlere Kleinasien. Auf einer weiteren Reise besucht er die von ihm dort in Galatien gegründeten Gemeinden, denen er aufgrund ihrer Verunsicherung durch eine judenchristliche Gegenmission einen seiner wichtigsten Briefe geschrieben hatte, um sich für längere Zeit in Ephesus aufzuhalten und von dort nach Europa vorzustoßen. Nach einem Mißerfolg in Athen wird dort Korinth für ihn zu einem wichtigen Standort und die dortige Gemeinde zum Adressaten zentraler Briefe. Jüdische Anklagen bei dem für die Paulus-Chronologie wichtigen Prokonsul Gallio, dem Bruder Senecas, nötigen ihn aber zum Verlassen dieses Wirkungsfeldes. Nach einer Angabe im Römerbrief (Röm 15,19) stößt er in der Folge, wohl über Philippi und Saloniki, bis Illyrien, dem heutigen Mazedonien, vor, stets bemüht um die Sammlung einer Kollekte, mit der er die durch falsche Rückschlüsse aus ihrer Naherwartung und die Folgen einer Hungersnot verarmte Gemeinde in Jerusalem zu unterstützen sucht.

Inzwischen weitet sich sein Missionsfeld in noch größere Dimensionen. Nachdem er aus seiner Sicht die Osthälfte des römischen Reichs für Christus gewonnen hat, ist sein Ziel nun Spanien und damit die Westhälfte. Auf dem Weg dorthin gedenkt er die inzwischen entstandene Gemeinde von Rom zu besuchen, an die er den umfangreichsten und bedeutsamsten seiner Briefe, den Römerbrief, richtet. Doch bei seinem Versuch, die von ihm gesammelte Kollekte der Urgemeinde zu überbringen, kommt es zu einem Übergriff jüdischer Fanatiker, dem er nur durch das Einschreiten der römischen Besatzung entrissen werden kann. Er gerät in zweijährige Haft in Cäsarea, von wo er mit einem Gefangenentransport nach Rom geschickt wird, das er nun doch, wenngleich unter denkbar dramatischen Umständen, erreicht. Die Apostelgeschichte beschließt diese, wie sie andeutet, Todesreise höchst eindrucksvoll mit dem Schiffbruch bei Malta. Dabei greift sie, die sonst keine Kenntnis der Paulusbriefe erkennen läßt, auf den ihr dennoch bekanntgewordenen Leidenskatalog des Zweiten Korintherbriefs zurück, in dem tatsächlich von Schiffbrüchen aus früheren Tagen die Rede ist:

> *Dreimal wurde ich gegeißelt, einmal gesteinigt, dreimal erlitt ich Schiffbruch. Eine Nacht und einen Tag verbrachte ich auf den Meereswogen (2 Kor 11,25).*

In seiner Schrift ‚Schiffbruch mit Zuschauer' klärte *Hans Blumenberg*, daß es sich bei derartigen Schilderungen nicht um Tatsachenberichte, sondern um einen von der Antike bis in die Gegenwart ständig wiederkehrenden literarischen Topos handelt, der sich von *Lukrez* bis *Nietzsche* verfolgen läßt[5]. Danach sind alle Versuche einer Lokalisierung, alte wie neue, gegenstandslos[6]. Vielmehr ist die dramatische Schilderung des Schiffbruchs vor Maltas als Todesmetapher zu verstehen, die den Märtyrer mit dem Nimbus des „geretteten Retters" umgibt. In symbolischem Sinn deutet auch der Klemensbrief das Ende des Apostels:

> *Siebenmal lag er in Ketten, er wurde verbannt und gesteinigt. Ein Künder des Glaubens war er im Osten wie im Westen. Er schaffte dem Glauben edles Ansehen, er lehrte Gerechtigkeit in aller Welt. Nachdem er die Grenze des Westens erreicht hatte, legte er vor den Herrschern Zeugnis ab. So schied er von der Welt und wurde in das Paradies aufgenommen, er, das größte Beispiel der Standhaftigkeit (1 Clem 5,1–7).*

Danach krönte Paulus so wie vor ihm auch Jesus sein Lebenswerk als Leidender, über dessen Ende dasselbe Dunkel liegt wie über seinen Anfängen. In diesem Sinn läßt ihn der Zweite Timotheusbrief versichern:

> *Ich habe den guten Kampf gekämpft, den Lauf vollendet, den Glauben bewahrt. Nun liegt für mich der Siegeskranz der Gerechtigkeit bereit, den mir der Herr an jenem Tag überreichen wird (2 Tim 4,7f).*

Die Innensicht

Die Ratlosigkeit vieler Autoren angesichts der Schlüsselstelle des Galaterbriefs (Gal 1,15f), in der Paulus über sein Damaskuserlebnis Auskunft gibt, hängt ursächlich mit dem über seiner Vorgeschichte liegenden Dunkel zusammen[7]. Darauf gibt die Paulusforschung keine Antwort, wohl aber Paulus selbst, wenn man den von *Philipp Vielhauer* gegebenen Fingerzeig zurückverfolgt. Er bezieht sich auf die von Paulus selbst stammenden, aber von ihm zu einem früheren Zeitpunkt verfaßten „Einlagen" in seinen Briefen, zu denen er in erster Linie, den „Preis der Liebe" (1 Kor 13)[8] rechnet. Wenn man die Häufung der Negationen im ersten Teil des Hymnus beachtet, der dreimal vom „Nichthaben" der Liebe spricht und nicht weniger als achtmal lieblose Verhaltensweisen zurückweist, drängt sich der Eindruck auf, daß dieser hochpoetische Text nicht

5 *H. Blumenberg*, Schiffbruch mit Zuschauer. Paradigma einer Daseinsmetapher, Frankfurt 1988.

6 Das gilt insbesondere von dem Versuch *H. Warneckes*, die Maltaszene in die Adriainsel Kephallenia zu verlegen: Die tatsächliche Romfahrt des Apostels Paulus, Stuttgart 1987.

7 Paradigmatisch ist dafür die Stellungnahme *Franz Mussners:* Der Galaterbrief, Freiburg 1981, 80–93.

8 *Ph. Vielhauer*, Geschichte der urchristlichen Literatur, Berlin 1975, 70.

so sehr aus der Position eines von der Liebe Ergriffenen als vielmehr eines sich nach ihr Sehnenden entstanden ist. Der entscheidende Hinweis aber besteht darin, daß von der Liebe nach Art einer geistigen Macht die Rede ist, wie sie vom Judentum in der Gestalt der „Schechina“ angenommen wurde, daß aber die – für den Apostel unverzichtbare – Identifizierung mit Jesus fehlt. Denn für diesen gilt, daß dem Liebeshymnus des Römerbriefs zufolge

> *Weder Tod noch Leben, weder Engel noch Mächte. weder Gewalten der Höhe oder Tiefe noch irgendein anderes Geschöpf uns trennen können von der Liebe Gottes, die in Christus Jesus ist, unserm Herrn (Röm 8,38f).*

Nicht weniger aber gilt für ihn, daß die Liebe nicht einmal gedanklich von ihrem leibhaftigen Inbegriff getrennt werden kann. Da aber gerade dies im Liebeshymnus der Ersten Korintherbriefs der Fall ist, drängt sich die Folgerung auf, daß er von Paulus schon vor seiner Lebenswende, nach textinternen Andeutungen schon in seiner Jugendzeit, verfaßt wurde. Denn die Wendung „als ich ein Kind war – seitdem ich zum Mann geworden bin“ (1 Kor 13,12) läßt auf den Übergang von der Kindheit zum Mannesalter schließen. So aber erscheint unter der Hülle des Fanatikers ein sich nach Erfüllung und Identitätsfindung Sehnender, der in seiner Sensibilität zudem über eine dichterische Sprachfähigkeit verfügt. Für seine Lebenswende aber besagt das, daß der Blitz seiner Berufung nicht auf einen Felsen, sondern in eine offene Schale fiel, so daß die Berufung eher den Charakter einer Antwort als den eines Einbruchs hatte.

Dem entspricht der Stil, in dem Paulus von seiner Lebenswende spricht: mit dem Ausdruck dankbarer Ergriffenheit im Schlüsselwort des Galaterbriefs (Gal 1,15f), in Worten der Staunens im Zeugnis des Zweiten Korintherbriefs (2 Kor 4,6), und mit dem Eingeständnis der Überwältigung in einer Wendung des Philipperbriefs (Phil 3,12). Aufschlußreich ist aber insbesondere auch die Konsekution der Fragen, mit denen er im Ersten Korintherbrief auf sein Erlebnis zu sprechen kommt:

> *Bin ich nicht frei? Bin ich nicht Apostel? Habe ich nicht unsern Herrn Jesus gesehen? (1 Kor 9,1).*

Bevor er auf die Schau selbst eingeht, spricht er von der damit einhergehenden Befreiungs- und Freisetzungserfahrung und in einem zweiten Anlauf von der dadurch gewonnenen Lebensaufgabe. Damit benennt er nicht nur die Daten, an die die ihn verwandelnde Entgegenkunft anknüpft, sondern auch schon die Richtungen, in denen er seine Erfahrung theologisch entfaltet. Noch bevor man das Befreiungserlebnis auf die

– von ihm abfallenden – Zwänge des Gesetzes bezieht, ist dabei an den Eindruck einer inneren Verschlossenheit zu denken, die aufgebrochen und wie eine verfremdende Hülle von ihm genommen wird. Und bevor man bei der Nennung des Apostolats seine Bestellung zum Heidenmissionar und damit zur Glaubensvermittlung ins Auge faßt, ist dabei an seine Befähigung zur Glaubenserschließung zu denken. Erst im Hinblick auf diese „Vorgaben" gewinnt die Zentralfrage „Habe ich nicht unsern Herrn Jesus gesehen?" ihr volles Gewicht. Was er sah, war mehr als eine Vision; es war das Ereignis einer Metamorphose, die ihn erst wirklich zu dem werden ließ, was er sein konnte. So aber wird Paulus zum großen Botschafter der Freiheit, als der er in die Geschichte einging und hineinwirkte. Und ebenso wird er zum Begründer jener neuen „Glaubensweise", die den Widerspruch *Martin Bubers* herausforderte und gegen seine Einwände herausgestellt werden muß. Denn Glaube ist für Paulus keine satzhaft umschriebene Gottesbeziehung, sondern die fortschreitende Anverwandlung an den – als Inbegriff der Gottesoffenbarung begriffenen – Geglaubten und damit eine Lebensbeziehung, die in Gott ihren Beweggrund und ihr Ziel hat[9].

So sehr die Verarbeitung der Damaskusvision während der dreijährigen Inkubationszeit in der Arabia im Dunkeln liegt, können doch die Richtungen erschlossen werden, in die Paulus sein Erlebnis entfaltete. Grundlegend ist dafür die Feststellung des Ersten Korintherbriefs:

> *Die Juden fordern Wunderzeichen, die Heiden verlangen nach Weisheit. Wir aber verkünden, Christus, den Gekreuzigten, den Juden ein Ärgernis, den Heiden eine Torheit; den Berufenen aber, Juden wie Heiden, Christus als Gottes Kraft und Gottes Weisheit (1 Kor 1,22ff).*

In einem höheren Sinn behält damit die Apostelgeschichte Recht, die gegen das von *Ed Parish Sanders* herausgestellte Verfahren des Apostels glaubhaft zu machen sucht, daß dieser stets in jüdischen Synagogen anzusetzen suchte und sich erst unter dem Eindruck der dort erlittenen Ablehnung den Heiden zuwandte. Der wirkliche Paulus aber habe sich, so Sanders, als Heidenapostel verstanden und darum stets bei diesen mit seiner Verkündigung, und hier aufgrund sprachlicher Hemmungen (2 Kor 10,10) meist in kleinem Kreis, begonnen[10]. Das Recht der Apostelgeschichte besteht dann darin, daß Paulus, der doch den jüdischen Vorbehalt in sich trug, diesen zuerst in sich selbst niederringen mußte. Wie

9 *M. Buber*, Zwei Glaubensweisen, Zürich 1950; dazu meine Schrift ‚Buber für Christen. Eine Herausforderung', Freiburg 1988, 117–121.

10 *E. Sanders*, Paulus. Eine Einführung, Stuttgart 1995, 29ff.

Justins ‚Dialog mit dem Juden Tryphon' zu verstehen gibt, bestand dieser Einwand darin, daß die Christen, für jüdisches Empfinden ebenso ungeheuerlich wie inakzeptabel, ihre Hoffnung auf einen Gekreuzigten setzten. Darin besteht der vom Judentum (nach 1 Kor 1,23) empfundene Skandal. Paulus begegnete dem, indem er auf die Forderung von Wunderzeichen mit seinem Hinweis auf die „Machttat" der Auferstehung, vor allem aber mit dem einging, was er den „Beweis des Geistes und der Kraft" nannte (1 Kor 2,4) und was wohl als die sprachlich-energetische Aktualisierung seiner Osterbotschaft verstanden werden muß.

Doch dem muß ein innerer Vorgang vorangegangen sein, der sich auf die Beseitigung des Ärgernisses bezog. Das aber kann nur in einem Enthüllungserlebnis bestanden haben, wie Paulus es im Blick auf die Bekehrung Israels in der Korrespondenz mit Korinth beschreibt:

> *Bis heute liegt, sooft Moses vorgelesen wird, eine Hülle auf ihrem Herzen. Sobald es sich aber zum Herrn bekehrt, wird die Hülle weggenommen. Denn der Herr ist der Geist; wo aber der Geist des Herrn waltet, da ist Freiheit (2 Kor 3,13ff).*

Ihm selbst muß im Augenblick seiner Lebenswende die Hülle von den Augen gefallen sein, so daß er im „toten Buchstaben" des Kreuzes anstatt des bisherigen Ärgernisses das von Gott aufgerichtete Zeichen des Heils erblickte. Was ihn zuvor als horrendum zurückschrecken ließ, empfand er nun als das große fascinosum und damit als Inbegriff des Trostes, des Friedens und der Rettung. Ein Zweites war damit verbunden: was ihm bisher, sofern er als Gebildeter auch griechisch dachte und empfand, als Ausgeburt der Torheit vorgekommen war, erstrahlte nun vor seinem geistigen Auge im Licht göttlicher Weisheit. Durch den im Damaskuserlebnis gewonnenen Glauben war ihm der Gekreuzigte „von Gott zur Weisheit, zur Gerechtigkeit, Heiligung und Erlösung" geworden (1 Kor 1,30). Wie im Falle Jesu kann somit auch in dem des Apostels Paulus von einer inneren Biographie gesprochen werden. Und wie bei Jesus wirken auch in seinem Fall äußere Faktoren darauf ein. Doch während der Massenabfall, unter dem Jesus zunehmend litt, ihn auf den Todesweg verwies, war der Konflikt mit den Gegnern unterschiedlicher Provenienz für Paulus Anlaß, seine theologische Konzeption zu entfalten und auszuarbeiten. Mit seiner inneren Biographie hängt das insofern zusammen, als seine Theologie von seiner Lebenswende her biographisch strukturiert und bedingt ist, so daß sie sich – wie bei Goethe und Beethoven – als eine „große Konfession" darstellt. Wenn Paulus, wie sich zeigen läßt, keinem Streit ausweicht und die Konflikte oft genug heraufbeschwört oder doch zusätzlich verschärft, dann nicht, weil er aufgrund seiner Persönlichkeitsstruktur zu Aggression und Polemik neigt, sondern aufgrund des instinktiven Wissens, daß er im Kampf erst sein volles personales Profil gewinnt und kämpfend zu sich selbst kommt. Im Einzelfall führte das sogar zu Verzerrungen seines Persönlichkeitsbilds. So führte die von *William Wrede* als „Kampflehre" gekennzeichnete Rechtfertigungslehre, gerade auch in der neuesten Diskussion dazu, daß er auch als Mensch auf diese festgelegt und in ihrer Perspektive gesehen wurde.

Den „legitimen" Fall aber bilden die großen Kontroversen des Galaterbriefs und der Korintherbriefe. Was wäre Paulus ohne die von dunkler Seite in Gang gesetzte Gegenmission, die zur bedrohlichen Verunsicherung seiner galatischen Gründungen führte? Denn erst in der Auseinandersetzung damit erhob er sich zu dem Satz „Zur Freiheit hat uns Christus befreit" (Gal 5,1), mit dem er, wegweisend für die ganze Folgezeit, das Christentum als die Religion der Freiheit erwies. Und war es nicht gerade dieser ihn (nach Gal 4,20) bis an den Rand seiner Mitteilungskraft drängende Konflikt, der ihn zur Herzensöffnung veranlaßte und ihn zum „antwortenden Osterzeugen" werden ließ? Denn nur unter dem extremen Druck dieser Herausforderung sah er sich genötigt, der angefochtenen Gemeinde Einblick in sein prägendes Ostererlebnis, die ihn zum Apostel bestimmende „Offenbarung des Gottessohns" (Gal 1,15f), zu gewähren. Nur unter diesem Druck ließ er sich zum Eingeständnis seines „Mitgekreuzigtseins" (Gal 2,19; 4,14) bewegen. Und nur aufgrund dieser Konfliktsituation steigerte er sich zu dem das Innerste seiner Verkündigung umreißenden Vorwurf:

> *Ihr blöden Galater; wer hat euch nur verhext, euch, denen doch Christus am Kreuz vor Augen gestellt wurde? (Gal 3,1)*

Mit der Erkenntnis, daß Paulus in alledem ebenso von sich selbst wie von seiner Sache redet, drängt, unübersehbar, der „unbekannte Paulus" ans Licht. Vollends bestätigt das seine Auseinandersetzung mit der spannungsreichen, nach Ausweis ihrer Anfrage aber auch nachdenklichen Gemeinde von Korinth, der sich Paulus mit dem Hinweis auf seine widersprüchliche Herausforderung durch Juden und Heiden ebenso eindrucksvoll wie programmatisch präsentiert (1 Kor 1,18–25). Was ihn in diesem Fall aber „außer sich" bringt, ist nicht die äußere Anfechtung, sondern die innere Zerrissenheit der in Parteiungen zersplitterten Gemeinde, die er als Erkenntnisblockade wertet, so daß sie ihm nicht in seine esoterische Tiefenschau zu folgen vermag:

> *Nicht wie zu Geistesmenschen konnte ich zu euch reden, Brüder, sondern nur wie zu Fleischesmenschen, zu Unmündigen in Christus. Milch gab*

ich euch zu trinken anstelle fester Speise; denn die konntet ihr noch nicht vertragen, ja, ihr könnt es noch immer nicht (1 Kor 3,1f).

Das hinderte ihn allerdings nicht, zuvor einen Spalt zu öffnen, um seinen in ihrem Streit befangenen Adressaten einen Einblick in das für sie noch Unverträgliche zu gewähren:

Weisheit verkünden wir unter den Vollkommenen, doch nicht die Weisheit dieser Welt, sondern Gottes Weisheit im Geheimnis ...; denn was kein Auge geschaut, kein Ohr vernommen und in keines Menschen Herz gedrungen ist, hat Gott denen vorbehalten, die ihn lieben (1 Kor 2,6f.9).

In diesen Worten schlägt sein Herz; in ihnen spricht er aus voller Übereinkunft mit sich selbst; in ihnen wird seine Aussage zu reiner Selbstmitteilung. Solche Entäußerung hat freilich ihren Preis, da sie jederzeit in ihr Gegenteil umschlagen kann. Und dazu kommt es dann auch tatsächlich in der Folge, wenn er sich im Geist mit der Gemeinde versammelt, um den Blutschänder ausszustoßen und dem Satan zu übergeben (1 Kor 5,1–5). Doch Paulus weiß sich zu rechtfertigen:

Gebt uns Raum! Niemand haben wir Unrecht getan, niemand zugrundegerichtet, niemand übervorteilt. Das sage ich nicht, um euch zu verurteilen; denn ich habe euch doch erklärt, daß ihr in unserem Herzen wohnt, mit uns verbunden im Sterben wie im Leben (2 Kor 7,2f). Weit hat sich unser Mund euch gegenüber, ihr Korinther, geöffnet; weit ist unser Herz geworden ... nun vergeltet Gleiches mit Gleichem; denn wie zu Kindern rede ich; laßt auch euer Herz weit werden! (2 Kor 6,11. 13)

Das deutet auf eine Wende in der inneren Biographie hin. War Paulus zuvor den Adressaten mit richterlicher Strenge begegnet und hatte er ihnen nur die Wahl zwischen dem „Stock und dem Geist der Milde" gelassen (1 Kor 4,21), so nimmt er sie nun alle unterschiedslos in die Lebens- und Herzensgemeinschaft mit sich auf. So entsteht geradezu der Eindruck, als beziehe er den fundamentalen Satz „Wer in Christus ist, der ist ein neues Geschöpf: das Alte ist vergangen, Neues ist geworden" (2 Kor 5,17) rückbezüglich auch auf sich selbst und sein Verhältnis zur Gemeinde, so daß er sie nun seinerseits so umfängt, wie er sich mit ihr von Christus umgriffen weiß. Damit stimmt es überein, daß er sich im Fortgang des Briefs, wenngleich mit schüchternem Vorbehalt, als ihren Brautwerber präsentiert:

Möchtet ihr doch ein wenig Torheit von uns ertragen; doch ihr laßt es euch von mir gefallen! Denn ich bin eifersüchtig auf euch mit Gottes Eifersucht;

habe ich euch doch einem einzigen Mann anverlobt, um euch als reine Jungfrau Christus zuzuführen (2 Kor 11,1f).

Das wirkt wie ein Moment des Aufatmens in einem atemlos-dramatischen Kontext, in dem er zunächst von seinem Waffengang gegen die sich gegen die Erkenntnis Gottes auftürmenden Bollwerke und Sinngespinste berichtet (2 Kor 10,4f), um dann mit seinen arroganten Gegnern abzurechnen, für die er nur in der Ferne, im Wort seiner „wuchtigen" Briefe, stark, im persönlichen Auftreten jedoch schwächlich und timide ist (10,9ff). Um sie vollends an die Wand zu spielen, stimmt er dem Urteil dieser Pfuscher und Scheinapostel (11,13) sogar in der Form zu, daß er sich, eingehender als es ihnen lieb sein kann, seiner „Schwachheiten" zu rühmen beginnt, indem er seine schier unfaßliche Leidensgeschichte vor ihnen – und den betroffenen Lesern – ausbreitet (11, 23–33). Nicht von ungefähr drängt sich dabei das Wort von einer „Leidensgeschichte" auf. Denn unmerklich erhebt sich hinter seinem Bericht die Passionsgestalt dessen, mit dem zusammen er sich ans Kreuz geschlagen weiß. Wenn er sich am Schluß des Galaterbriefs rühmt, die „Wundmale Jesu" an seinem Leib zu tragen (Gal 6,17), so zählt er sie hier mit nahezu quälender Eindringlichkeit auf. Doch das Kreuz steht für Paulus, wie den Vertretern einer radikalen Kreuzestheologie entgegenzuhalten ist, stets im Licht der Auferstehung. Daher hätte Paulus seine Leidensgeschichte nicht zu Ende erzählt, wenn er sie nicht in eine Verklärungsszene ausmünden ließe. Deshalb berichtet er im Anschluß an den Leidenskatalog auch von seinen „Erscheinungen und Offenbarungen", konkret, von seiner Entrückung „bis zum dritten Himmel", wo er „unsagbare", von keinem Menschenmund nachzusprechende Worte vernahm (2 Kor 12,1–5). Und dies, wie zur Andeutung der jenseitigen Dimension, in die er entrückt wurde, in betont distanzierender Rede:

Ich kenne einen Menschen in Christus, der vor vierzehn Jahren – ob im Leib oder außerhalb des Leibes, das weiß ich nicht, Gott weiß es – bis zum dritten Himmel entrückt wurde … (2 Kor 12,2)

Wie *Augustin* in dem Bericht von seiner Ostiavision nach der Erhebung zum Zenit der Weisheit „aufseufzend" wieder zur Alltagsvision zurückkehrt, so fühlt sich Paulus durch die Faustschläge des ihn peinigenden Satansboten wieder an die Härte seiner Lebenswelt erinnert (2 Kor 12, 7ff). Dort erwartet ihn die in Streitigkeit zerklüftete Gemeinde, die in ihrer Arroganz zudem einen Beweis dafür verlangt, daß Christus in ihm rede und ihn so als den von ihm autorisierten Apostel erweise (13,3). Paulus aber beweist seine Schlagfertigkeit dadurch, daß er das Ansinnen an die Antragsteller mit der Aufforderung zu mystischer Selbstprüfung an sie zurückgibt (13,5)[11]. Auch in innerer und äußerer Anfechtung gewinnt er Rückhalt und Stand in dem, der ihn liebend an sich gezogen und sich ihm als Lebensinhalt übereignet hatte. Denn im zerbrechlichen Gefäß seiner bedrängten und mitgenommenen Existenz verbarg sich der Schatz eines auserwählten und zu Höchstem berufenen Lebens.

11 *W. Schmithals*, Die Gnosis in Korinth. Eine Untersuchung zu den Korintherbriefen, Göttingen 1956, 162.

ZWEITES KAPITEL

DER SCHATZ

Die Ausstrahlung

Bevor dieses Ganze in den Blick genommen werden kann, stellt sich die Zwischenfrage, weshalb dieses eindringliche Selbstzeugnis des Apostels nicht aufgenommen und dort, wo es sich geradezu aufdrängte, abgeschwächt oder geradezu beiseite geschoben wurde[1]. Ausnahmen, wie sie in den Deutungen *Dietzfelbingers* und *Beckers* vorliegen, bestätigen nur die Regel[2]. Ein erster Grund wird in der ideologischen Verfestigung der Botschaft zu suchen sein, wie sie im Gegenzug zu den antichristlichen Invektiven des Nationalsozialismus, dem „Kirchenkampf", erfolgte und auf Seiten des Lehramts zur Unterdrückung mystischer Aufbrüche führte[3]. Denn auf die Vorstöße von *Odo Casel*, *Georg Koepgen* und *Karl Pelz* reagierte dieses mit schroffer Ablehnung und Verwerfung, während es gleichzeitig die auf eine Ideologisierung ausgehende Neuscholastik zur verpflichtenden Norm erhob.

Im Sog dieser Kältewelle kam es zu einer zunehmenden Vergegenständlichung des Glaubens, die zu dessen doktrinaler Fassung im Glaubensbegriff des Ersten Vatikanums führte und in der Volksfrömmigkeit ihre Kompensation in dessen sentimentaler Verbildlichung fand, wie sie sich im Anschluß an das Nazarenertum und im Gegenzug zum progressiven Zug der Kunstgeschichte ausgestaltete[4]. Hintergründig geht das auf die von *Anton Vögtle* herausgestellte Wende zurück, durch die im Gefolge der Auferstehung Jesu der Glaubende zum Geglaubten, der Botschafter zur Botschaft und der Lehrer zur Lehre geworden war[5]. Dem hatte zwar auch Paulus mit dem Satz zugestimmt:

1 Abgeschwächt bei *Franz Mussner*, der die zentrale Galaterstelle (Gal 1,16), die eindeutig von einem „in mir" spricht, in ein dativisches „mir" umbiegt (Der Galaterbrief, Freiburg 1981, 83–87); beiseite geschoben bei *Eduard Lohse*, der mit seiner Bestreitung des „Mystikers" eine sachgerechte Deutung der Stelle ausschließt (Paulus. Eine Biographie, München 1996, 211).

2 *Ch. Dietzfelbinger*, Die Berufung des Paulus als Ursprung seiner Theologie, *J. Becker*, Paulus. Der Apostel der Völker, 73–81.

3 *Th. Maas-Ewerd*, Die Krise der liturgischen Bewegung in Deutschland und Österreich, Regensburg 1981, 276f; 339; 550f.

4 Dazu mein Beitrag ‚Glaube und Kultur. Zur Geschichte eines dramatischen Verhältnisses', in: Glaubenszeugnis. Kunst – Kritik – Mystik, Augsburg 1991, 5–28.

Auch wenn wir Christus dem Fleische nach gekannt haben, kennen wir ihn doch jetzt nicht mehr so (2 Kor 5,16).

Dies jedoch keinesfalls zum Ziel einer Vergegenständlichung, sondern nach Ausweis des Folgesatzes, der von der Neuschöpfung „in Christus" spricht (2 Kor 5,17), zum Ziel jener Umgestaltung, wie er sie in seiner Damaskusvision an sich erfahren und mit seinem dreifachen – akustischen, optischen und haptischen – Osterzeugnis dokumentiert hatte. Denn als der ihm ins Herz Gesprochene war der Auferstandene für ihn zum Inbegriff göttlicher Selbstmitteilung geworden (Gal 1,16). Als der ihm im Glanz der Gottherrlichkeit Erscheinende leuchtete er ihm als die antlitzhaft verfaßte Gotteswahrheit ein (1 Kor 4,6). Und als der ihn Ergreifende weckte er in ihm das Verlangen, ihn als seinen inwendigen Lehrer immer umfassender zu begreifen (Phil 3,12). Das aber konvergierte für ihn zuletzt im Motiv der Einwohnung des Auferstandenen, in dem er sich, wie das Apostelgebet des Epheserbriefs zu verstehen gibt, mit seinen Lesern und Hörern geeint wußte (Eph 3,17). Da ihm die in der Vergegenständlichung befangene Paulusrezeption der Gegenwart darin mehrheitlich nicht zu folgen vermochte, erhebt sich die Frage, ob es sich mit dem Glaubensbewußtsein seiner eigenen Zeit nicht positiver verhielt. Das ist die Frage nach der Ausstrahlung seines Osterzeugnisses in den neutestamentlichen Schriften.

Es ist bezeichnend für den weiten Weg, den Paulus bei seiner Interpretation des Glaubens durchmessen hat, daß sich die deutlichsten Entsprechungen in den der höchsten Reflexionsstufe des Neuen Testaments entstammenden Schriften finden. Als Beleg für die Ausstrahlung des paulinischen Zeugnisses können schon die Osterberichte des Johannesevangeliums gelten. Nachdem der Lieblingsjünger schon beim Anblick der im Grab verbliebenen Relikte zum Osterglauben gelangt war (Joh 20,8), erblickt Maria von Magdala auf der Suche nach dem Leichnam Jesus als erste den Auferstandenen, den sie in ihrer Befangenheit und Trauer jedoch für den Gärtner hält. Da gibt sich ihr der Gesuchte mit dem Anruf „Maria!" zu erkennen (20,16). Seine akustische Selbstpräsentation führt sie zu der Gewißheit „Ich habe den Herrn gesehen" (20,18) und damit zu dem österlichen Protokollsatz, in dem sie als erste ihre Erfahrung zusammenfaßt und an die „noch Weinenden und Klagenden" weitergibt (Mk 16,10)[6].

5 *A. Vögtle*, Der verkündigende und verkündigte Jesus „Christus", in: *J. Sauer* (Hrsg.), Wer ist Jesus Christus? Freiburg 1977, 27–91.

6 *R. Schnackenburg*, Das Johannesevangelium III, Freiburg 1975, 371–380.

Dieser Satz liegt auch der Erscheinung des Auferstandenen vor dem Jüngerkreis zugrunde, dem er sich mit dem Friedensgruß präsentiert:

Als er dies gesagt hatte, zeigte er ihnen die Hände und die Seite. Da freuten sich die Jünger, als sie den Herrn sahen (Joh 20,20)[7].

Eindeutig liegt dabei der Akzent auf der Schau des Auferstandenen, bei der der Nachweis seiner Identität mit dem Leidenden so sehr im Vordergrund steht, daß das natürlichste Erkennungszeichen – das Gesicht – unerwähnt bleibt[8]. Wie im paulinischen Osterzeugnis tritt damit der optische Zug in den Vordergrund, und dies in unverkennbarer Entsprechung zum Sprechakt, bei dem sich das Vernommene bildhaft klärt, damit sein Sinn erfaßt werden kann.

Um diesen „Sinn" geht es dann auch tatsächlich in der „haptischen" Schlußszene des johanneischen Osterzeugnisses. Und dies in der drastischen Form, daß der „ungläubige" Thomas darauf besteht, seinen Finger in die dem Jüngerkreis nur „gezeigten" Wundmale der Hände und Seite Jesu zu legen, um sich von der Wirklichkeit seiner Auferstehung überzeugen zu können (Joh 20,24–29)[9]. Ihm kommt jedoch der überwältigende – und als solcher an das haptische Pauluszeugnis (Phil 3,12) erinnernde – Selbsterweis des Auferstandenen zuvor, der mit seiner Seligpreisung der Nichtsehenden und dennoch Glaubenden den Glauben als die allgemein gültige Form der Vergewisserung zu verstehen gibt.

Wichtigster Beleg der Ausstrahlung ist jedoch der schwer zu deutende Eingang des Ersten Johannesbriefs, dessen Sprecher mit der Behauptung hervortreten:

Was von Anfang an war, was wir gehört, was wir mit unsern Augen gesehen, was wir geschaut, und mit unsern Händen betatstet haben – das Wort des Lebens, das verkünden wir euch (1 Joh 1,1ff)[10].

Die kontrovers diskutierte Frage nach Identität und Motivation des sich in diesem Prooemium (*Schnackenburg*) artikulierenden Kollektivs kann wohl am besten damit beantwortet werden, daß das Neue Testament auf der in den johanneischen Schriften und zumal in diesem Briefeingang erreichten höchsten Reflexionsstufe auf den Initiator seines Einstiegs in die Schriftlichkeit, also auf Paulus und sein Osterzeugnis zurückblickt

7 A. a. O., 380–384.
8 A. a. O., 383. Im Unterschied dazu hatte Paulus in seinem optischen Osterzeugnis gerade davon gesprochen.
9 A. a. O., 390–399; dazu *M. Buber*, Zwei Glaubensweisen, Zürich 1950, 129–131.
10 *H.-J. Klauck*, Der erste Johannesbrief, Zürich 1991, 55–78.

und es sich in Form eines Reflexes zueigen macht. Als habe sie eine Ausstrahlung der Damaskusvision erreicht, sprechen die Urheber der Stelle davon, daß sie das in der Welt erschienene „Wort des Lebens" gehört, geschaut und mit Händen ertastet haben, um es, gestützt auf diese Erfahrung, weltweit und den Hörern aller Altersstufen, Kindern, Jünglingen und Vätern, verkünden zu können (1 Joh 2,12ff)[11]. Daß sich Paulus seinerseits dieser Ausstrahlung bewußt war, steht nach Ausweis seines Briefwerks außer Zweifel. Sonst hätte er sich als Osterzeuge nicht gleichzeitig auf die Seite seiner auf das Wort der Botschaft angewiesenen Adressaten stellen können, um sie, mit *Albert Schweitzer* gesprochen, in sein Damaskuserlebnis hineinzureißen[12]. Was ihm widerfahren war, als ihm Gott das Geheimnis seines Sohnes ins Herz sprach, als er auf dessen Antlitz den Glanz der Offenbarungswahrheit aufleuchten sah und als er von Christus ergriffen wurde, ging im Grunde alle an. Dies aber nicht nur in dem Sinn, daß es allen verkündet werden mußte, sondern auch in der Form, daß es ihnen auf suggestive und performative Weise nahegebracht werden mußte. Suggestiv, indem sie in die Korruskation der auf dem Antlitz Christi erstrahlenden Sonne aufgenommen werden mußten. Aber auch performativ, so daß sie auch selbst in sich den „Zwang" zur Mitteilung verspürten, der Paulus (nach 1 Kor 9,16; 2 Kor 5,19) „drängte", ihnen die Heilsbotschaft auszurichten.

Wenn Paulus diese Ausstrahlung bewußt war, kam zu dem Zwang, der ihn zu seinem Missionswerk trieb, die intellektuelle Nötigung hinzu, seine Konzeption zu entfalten und seiner Predigt, so sehr sie vom „Beweis des Geistes und der Kraft" getragen war (1 Kor 2,4), dadurch zu der für ihre Verständlichkeit erforderlichen Basis, verstanden als deren lehrhafte Ausgestaltung, zu verhelfen. Dabei ging es für ihn in erster Linie darum, den tiefgreifenden Gegensatz zu bewältigen, vor den er sich bei seinerer Verkündigung gestellt sah. Nach Ausweis des Schlüsselwortes von dem, was den Juden ein „Skandal" und den Heiden eine „Torheit" war (1 Kor 1,23), stand im Zentrum der von ihm zu bewältigende Aufgabe das Kreuz. Mit seiner eigenen Metapher gesprochen war es (nach 2 Kor 3,6) der „tote" Buchstabe, der ihm Licht seiner Damaskusvision auf ungeahnt neue Weise, als Inbegriff göttlicher Macht und Weisheit, lesbar geworden war. Doch dazu bedurfte es eines Vorverständnisses, das er keinesfalls seinem eigenen Ingenium entnehmen, sondern nur von einer letzten und höchsten Instanz, also von Gott, erwarten konnte. Doch der war aller Erwartung dadurch zuvorgekommen, daß er ihm Einblick in seinen eigenen Umgang mit dem Gekreuzigten, in dessen Erweckung von den To-

11 *R. Schnackenburg*, Die Johannesbriefe, Freiburg 1950, 106–111.
12 *A. Schweitzer*, Die Mystik des Apostels Paulus, Tübingen 1930, 376.

ten, gewährte. Was ihm in seiner Damaskusstunde „aufging", war somit die Einsicht in die göttliche Interpretation des Kreuzes, wie sie sich in der Auferstehung Jesu ereignete. Es war, anders ausgedrückt, das Osterlicht, in dem ihm der „tote Buchstabe" lesbar und verstehbar wurde. Insofern steht am Anfang der Umsetzung, aus der sich die paulinische Konzeption entwickelte, ein, wenngleich exzeptioneller, hermeneutischer Akt.

Wenn damit das jüdische Ärgernis, das dem Juden Paulus besonders nahelag, ausgeräumt werden sollte, mußte in erster Linie gezeigt werden, daß die Sache Gottes im Kreuz seines Sohnes keine Niederlage erlitten hatte, sondern erst wirklich zum Sieg geführt worden war. Das aber hatte ein völliges Umdenken zur Voraussetzung. Gott war, paulinisch ausgedrückt, gerade im Anschein seiner Abwesenheit gegenwärtig. Und er erwies gerade im Anschein seines Erliegens seine alles überwindende Macht. Dies freilich nicht im Sinn menschlicher Erwartung und Vorstellungsweise, sondern so, wie er nach einem Zentralwort des Hebräerbriefes den Todesschrei Jesu beantwortete (Hebr 5,7): also nicht mit einer verbalen Äußerung oder einem machtvollen Eingriff in das blutige Geschehen, sondern durch seinen rettenden Selbsterweis, durch den er den Sterbenden in seine ewige Seins- und Lebensfülle aufnahm. Indem der Gekreuzigte den Tod erlitt, brach er als Auferweckter dadurch die Macht des Todes und den Bann der kreatürlichen Todverfallenheit. Das geht wie ein Leitmotiv durch das Ganze der paulinischen Theologie und macht sie zu einem Hochgesang auf die gerade in ihrer Schwachheit sieghafte Gotteskraft.

Als Kenner der Griechen, denen er sich ebenso wie den Juden verpflichtet fühlte, wußte Paulus aber auch um das Ärgernis der vermeintlichen Torheit des Kreuzes. Um nun auch dieses auszuräumen, brauchte er nur an seine Missions- und Predigterfahrung zu erinnern. Während die im Weisheitsdisput Befangenen zu seiner Kreuzespredigt, wie er es nach der Darstellung der Apostelgeschichte in seiner Areopagrede erfahren mußte, keinen Zugang fanden (Apg 17,32f), erschloß sich ihr Sinn um so mehr den Deklassierten und Ungebildeten, denen die von ihm verkündete „Gottesweisheit im Geheimnis" (1 Kor 2,7) aufging. Denn sie begriffen mit ihm, daß gerade der Gekreuzigte durch seine Auferstehung für sie zur leibhaftigen Weisheit geworden war (1 Kor 1,30). Wie der göttliche Machterweis die paulinische Konzeption nach Art eines Leitmotivs durchzieht, ist diese vom Weisheitsmotiv wie von einem Horizont umgriffen. Auch davon erhält das Ganze sein Gepräge. Weil sein Horizont und Zentrum der „zur Weisheit Gewordene" ist, wäre es dann aber mit dem Begriff „Christologie" nur unzulänglich bezeichnet. Statt dessen bietet sich für seine exakte Kennzeichnung der den Ignatiusbriefen entstammende Begriff „Christomathie“ an, dem die Vorstellung von einer nicht so sehr auf den Sinngrund hinführenden als vielmehr von ihm ausgehenden Denkbewegung zugrundeliegt.

An dieser Stelle kommt allerdings überdies die Differenz in den Blick, auf die *Ed Parish Sanders* in seinem Paulusbuch (1991) aufmerksam machte: auf den Unterschied zwischen der esoterischen und exoterischen Lehre des Apostels. Aus unterschiedlichen Gründen, aber schon um verständlich zu sein, konnte er den christomathischen Kern seiner Konzeption nicht zum Inhalt seiner Missionspredigt machen, bei der vielmehr auf die Fassungskraft und das Vorverständnis seiner Hörer Rücksicht zu nehmen war. Um so dringender stellt sich deshalb die Frage nach der Kontur und dem Inhalt, also dem Umriß und dem Kern seiner Botschaft.

Die Ausgestaltung

Zwar legt Paulus bei seiner Selbstcharakteristik Wert auf die Feststellung, daß er nach seinem Damaskuserlebnis nicht, wie zu erwarten gewesen wäre, zu den Altaposteln nach Jerusalem hinaufging, um sich von ihnen bestätigen zu lassen, sondern daß er sich in die Arabia zurückzog und diesen Besuch erst nach drei Jahren abstattete (Gal 1,17f). Bewogen durch seinen Verwandten Barnabas stieß er in der Folge zu der unter dem Einfluß der „Hellenistengruppe“ stehenden Gemeinde von Antiochien, in der er mit Barnabas zusammen jahrelang zusammenarbeitete, bis ihn der Zusammenstoß mit dem von Jerusalem angereisten Petrus (Gal 2,17ff) von dort vertrieb. Bezeichnend für das starke Profil, das die antiochenische Gemeinde in dieser Zeit gewann, ist die Tatsache, daß ihre Mitglieder dort erstmals mit dem Namen „Christianer“ (Apg 11,26) bezeichnet wurden. Dem der religiösen Umwelt auffälligen äußeren Erscheinungsbild entspricht aber auch die innere, soziale wie theologische Profilierung. Nach *Ludger Schenke* betraf diese in erster Linie die Entwicklung einer elaborierten Glaubensformel.

In ihrem Zentrum stand die aus Jerusalem übernommene „Auferweckungsformel“, die das zweite Glied in der dort gleichfalls entstandenen „Kontrastformel“ bildete und in dieser Fassung etwa lautete:

> *Wir verkünden Christus, den Gekreuzigten, den Gott von den Toten auferweckt hat*[13].

13 *L. Schenke,* Die Urgemeinde. Geschichtliche und theologische Entwicklung, Stuttgart 1990, 24f; 327f; ferner *F. Hahn,* Theologie des Neuen Testaments I, Tübingen 2002, 163ff.

Ihr kristallisierten sich in der Folge dann auch ähnlich geprägte Glaubensaussagen an, und unter ihnen insbesondere auch die satisfaktorische des Römerbriefs, die von Jesus sagt:

> *Er wurde hingegeben wegen unserer Übertretungen und auferweckt zu unserer Rechtfertigung (Röm 4,25).*

Damit wurde das Rechtfertigungsmotiv, das ursprünglich dem Gekreuzigten galt, soteriologisch auf die sündhafte Menschheit bezogen und dem Motiv dadurch seine durchschlagende Geltung verliehen. Wenn das, wie *Schenke* vermutet, das Werk der nach Antiochien geflüchteten Hellenistengruppe war, stellt sich die Frage nach dem Zustandekommen dieses ungemein folgenschweren Theorems. Zur Beantwortung dieser Frage verhilft die am nachdrücklichsten von *Nietzsche* herausgestellte Annahme, daß die Urgemeinde auch nach der Auferstehung Jesu noch immer unter dem Druck der Frage stand: „Wer war das? was war das? warum gerade so?“[14] Denn so sehr sie den Gekreuzigten durch die Auferstehung gerechtfertigt sah, blieb doch der immer noch nicht verwundene Schmerz über den allzu frühen, grauenvollen und nach jüdischem Empfinden geradezu fluchwürdigen Tod, den er erlitt.

Eine Erklärung bietet sich an, wenn man davon ausgeht, daß die zu Beginn der Stephanuserzählung erwähnte – nach *Schenke* vermutlich essenische – „Menge von Priestern“, die sich (nach Apg 6,7) der Urgemeinde anschloß, in Erinnerung an den von ihnen zur Entsühnung Israels geleisteten Opferdienst die geradezu „erlösende“ Antwort brachten. Was die von ihnen dargebrachten Brand- oder Sühneopfer nicht oder doch nur unzulänglich zu leisten vermochten, das bewirkte der Kreuzestod Jesu, vorausgesetzt, daß er als Opfer- und Sühnetod begriffen wurde. Diese scheinbar höchst plausible und alle Bedenken ausräumende Überlegung dürfte dazu geführt haben, daß das Sterben Jesu in der antiochenischen Gemeinde erstmals „als stellvertretender Sühnetod“ gedeutet wurde (*Schenke*)[15].

In ihr wurde dann aber auch erstmals das Menschensohnmotiv, zusammen mit der damit eng verbundenen Weisheitsidee, auf Jesus übertragen. Was am Kreuz geschehen war, hatte ein ewiges Vorspiel. Wenn die Auferstehung des Gekreuzigten, wie Paulus diesen Ansatz dann weiter fortentwickelte, einem neuen Schöpfungsmorgen gleichkam, stand auch schon die uranfängliche Schöpfung in seinem Licht. Wie die Weisheit (nach Spr 8,30f) den Schöpfer bei seinem Werk mit ihrem Spiel unter-

14 *F. Nietzsche*, Der Antichrist, § 40; dazu die Ausführungen meiner Studie ‚Nietzsche. Zerstörer oder Erneuerer des Christentums?‘ Darmstadt 2002, 96–99.

15 *Schenke*, A. a. O., 332–339.

hielt, war das All auch durch den Auferstandenen miterschaffen und in seinem Bestand gesichert. Als eine Art Hintergrundstrahlung erhellte und umfing die auf seinem Antlitz aufleuchtende Herrlichkeit die Schöpfung und das gesamte Weltgeschehen.

Es lag in der Konsequenz dieses protologischen Ansatzes, daß er unter dem Eindruck der Parusieverzögerung auch im eschatologischen Sinn fortentwickelt wurde. Zusammen mit den inzwischen Verstorbenen durften die „Übriggebliebenen“ darauf hoffen, daß sich bei dem von der Posaune Gottes bekräftigten Befehlsruf des Erzengels der Himmel öffne und der wiederkommende Herr die Seinen zu sich aufnehmen werde (1 Thess 4,16f). Unter dem Eindruck der sich auf ihre Krisenstunde zubewegenden Zeit und der dadurch begünstigten apokalyptischen Phantasien flossen in dieses Bild vom Weltende aber auch Motive der spätjüdischen Apokalyptik ein, so wie Paulus bei dem von ihm entworfenen Zukunftsbild auch selbst auf apokalyptische Vorgaben zurückgriff (*Hahn*). So stand er bei der Ausgestaltung seiner Konzeption vor einer ganzen Reihe vorgeprägter Inhalte, die im Interesse der Verständlichkeit seiner Botschaft berücksichtigt werden mußten. Das ging nicht ohne Kompromisse ab. Dazu drängte ihn nicht nur (nach 2 Kor 5,14) die Liebe, sondern nicht weniger auch die Zeit. So flossen in seine Botschaft neben den Vorgaben seiner Konzeption auch übernommene, mitunter sogar heterogene Motive ein, die er jedoch durch die Glut seines Sprachdenkens zu einem nahezu bruchlosen Ganzen zu verschmelzen wußte[16]. Wie er sich darüber hinwegsetzte, ob einer aus guter oder neidischer Absicht und mit der Tendenz, die von ihm getragenen Fesseln zusätzlich zu beschweren, predigte (Phil 1,15–18), so verfuhr er auch mit den disparaten Elementen, die er vor allem aus unterschiedlichen, vorwiegend antiochenischen Traditionen aufgenommen und bei der Ausgestaltung seines Konzepts verarbeitet hatte.

Daß sie sich bei aller Sperrigkeit in das von ihm vorgetragene Evangelium einfügten, war insbesondere die Folge des übermächtigen Impulses, den er seiner Verkündigung einhauchte. In erklärtem Widerspruch zum Kompromiß der „Gesetzesleute“, die für die Beibehaltung der Thoravorschriften eintraten und damit ein heteronomes Christentum vertraten, sprach er sich pleonastisch für den „zur Freiheit befreienden“ Glauben aus (Gal 5,1). Diesem Grundzug mußte sich alles Gegenstrebige einschließlich seiner asketischen Forderungen (1 Kor 7,1–40) beugen. Nicht weniger gilt das von dem von ihm als „drängender“ Impuls emp-

16 Dazu die Ausführungen über die paulinische Denkstruktur im dritten Abschnitt des fünften Kapitels.

fundenen Motiv der Liebe, das schon aufgrund seiner Herkunft aus dem Damaskuserlebnis alle Hinweise auf den Zorn und das Gericht Gottes, aber auch seine mitunter sarkastischen und gehässigen Ausfälle überstrahlte. Weil die Botschaft Pauli in letzter Hinsicht die der befreienden Liebe war, gelang es ihm, sich auch das ihm fremde Überlieferungsgut anzueignen und mit seinem genuinen Konzept zu einem einheitlich wirkenden Gesamtentwurf zu verschmelzen. Doch welche Persönlichkeitsstruktur stand hinter dieser erstaunlichen Denk- und Sprachleistung. Oder nun konkreter gefragt: Wer war Paulus?

Der Selbstbegriff

Schon bei der Artikulation der Frage „wer war Paulus?" wird spürbar, daß sie zumindest halbwegs falsch gestellt ist. Denn nur zu oft redet Paulus in einem Ton, der ihn nicht als eine abgeschiedene Gestalt der Geschichte, sondern als einen höchst gegenwärtigen Gesprächspartner erscheinen läßt. Wenn er die Korinther fragt:

> *Was wollt ihr? Soll ich mit dem Stock zu euch kommen oder in Liebe und im Geist der Milde? (1 Kor 4,21)*

fühlt man sich, ungeachtet der abschwächenden Alternative, nur allzu deutlich mit dem Stock bedroht. Und wenn er klagt:

> *Ich unglücklicher Mensch! Wer wird mich von diesem todverfallenen Leib befreien? (Röm 7,24)*

ist diese Klage jedem Leser als seine ureigene aus dem Herzen gesprochen. Vollends gilt das von seiner Zeitansage:

> *Jetzt ist er da, der Tag der Heils; jetzt ist sie da, die Zeit der Gnade (2 Kor 6,2).*

Das aber nötigt zu dem Schluß, daß man sich bei der Frage nach der Signatur seiner Persönlichkeit bei allem, was die Forschung über ihn zu berichten vermag, zuletzt an ihn selber halten und von ihm selber sagen lassen muß, wer er war. Dabei hat sich in den apokryphen Paulusakten sogar eine Gestaltzeichnung von ihm erhalten, wenn es von seinem Gastgeber heißt:

> *Er sah aber Paulus auf sich zukommen, einen Mann, klein von Gestalt, mit kahlem Kopf und krummen Beinen, von edler Haltung, mit zusam-*

mengewachsenen Augenbrauen und etwas vorspringender Nase, voller Freundlichkeit; denn bald erschien er wie ein Mensch, bald hatte er das Aussehen eines Engels.

In denkbar großem Kontrast zu diesem eher verkleinernden Paulusbild versichert der wegen seines „Reformkatholizismus" verfolgte Fundamentaltheologe *Herman Schell*:

Paulus ist ein Feuerbrand, der von Christus glüht; er ist ein Sturm, in dem Christus seine Macht offenbart; er ist ein Buch, aber dieses Buch enthält nichts und will nichts enthalten als Jesus Christus den Gekreuzigten. Jesus ist der ganze Lebensinhalt des Apostels Paulus ... Solchen Lebensinhalt mußte er der ganzen Welt bieten; er empfand ihn als die Fülle aller Werte und Kräfte. Paulus ist ein reicher, gewaltiger, fruchtbarer Geist; aber sein Reichtum, seine Liebe, seine Kraft heißt Christus[17].

Dieser panegyrischen Würdigung griff *Gregor von Nazianz* mit seiner ungleich konkreteren, auf die personale „Dialektik" des Apostels abhebenden Porträtzeichnung vor:

Für die einen dankt er, die andern tadelt er. Die einen bezeichnet er als seine Freude und Krone, den andern wirft er Unverstand vor ... Bald verfügt er den Ausschluß aus der Gemeinde, bald läßt er die Liebe walten. Das eine Mal trauert er, dann wieder freut er sich. Im einen Fall gibt er Milch zu trinken, im andern teilt er Geheimnisse mit. Zu den einen läßt er sich herab, die andern zieht er zu sich empor. Bald droht er mit dem Stock, bald gibt er sich sanftmütig. Mit den Hohen erhebt er sich, mit den Demütigen erniedrigt er sich. Einmal bezeichnet er sich als den letzten der Apostel, dann wieder beruft er sich auf Christus, der durch ihn redet[18].

Über die Jahrhunderte hinweg stimmte sich darauf der Paulusforscher *Hans Lietzmann* ein, als er nach einer Schilderung des oft genug vergeblich um Ausdruck ringenden Apostels bemerkte:

Und derselbe Mann kann mit hinreißendem Zauber der Gestaltung sein Gefühl ausströmen lassen in die Herzen der Leser oder vor Gottes Thron, wenn er um die Seelen der wankenden Galater ringt oder den Korinthern das hohe Lied der Liebe, den Philippern den Hymnus von Christus dem Kyrios singt: als ein Sprachmeister von Gottes Gnaden, dem alle Register des menschlichen Organon gehorchen, ein einziger genialer Wildling in der sauber gezüchteten Baumschule des griechischen Literatentums der Zeit[19].

17 *H. Schell*, Christus, Paderborn 1902, 14.
18 *Gregor von Nazianz* Oratio III, c. 54.
19 *H. Lietzmann*, Paulus, in: Das Paulusbild der neueren deutschen Forschung, 391.

Doch damit zeichnet er nur, ebenso feinfühlig wie korrekt, die Umrißlinien nach, die Paulus in seiner Existenzsprache von sich selbst aus zieht. Denn darin besteht die „Wucht", die sogar die Gegner seinen Briefen zugestehen (2 Kor 10,10), daß ihm seine Worte, ungeachtet der jeweiligen Inhalte, zu einem mehr oder minder deutlichen Selbstbekenntnis geraten. In den „gehackten, grimmig hingeworfenen Satzbrocken", auf die Lietzmann bei der Lektüre des Zweiten Korintherbriefs stieß, gibt sich Paulus unüberhörbar preis[20]. Indessen bleibt es bei ihm nicht bei dieser indirekten Selbstdarstellung. Vielmehr bringt es der durchgängig konfessorische Grundzug seiner Sprache mit sich, daß er sich gedrängt fühlt, auch in aller Form von sich, seinem Selbstbewußtsein und Selbstwertgefühl, aber auch von seinem Zug zur Selbsterniedrigung und insbesondere von den von ihm ausgestandenen Leiden zu berichten. Dabei erinnert er sich an einen zweifachen Umbruch seines Selbstbewußtseins. Das erste Mal beim Übergang von der Kindheit zum Mannesalter:

> *Als ich ein Kind war, redete, dachte und urteilte ich wie ein Kind, seitdem ich zum Mann geworden bin, habe ich das kindliche Wesen abgelegt (1 Kor 13,11).*

Wenn man mit der Psychologie des Jugendalters davon ausgeht, daß nicht der erwachsene, sondern der jugendliche Mensch auf den Umbruch von der Kindheit zum Mannesalter zurückzublicken pflegt, spricht diese Stelle für die auch aus inhaltlichen Gründen anzunehmende „vorpaulinische" Entstehung des Liebeshymnus[21]. Vor allem aber markiert sie eine Bewußtseinswende, die Paulus sogar mit der Wende vom diesseitigen Denken zum jenseitigen Gedacht- und Erkanntwerden in Vergleich zieht. Doch das ist nur ein Vorspiel zu der Zäsur, die seine Damaskusvision mit sich brachte und von der er schon im Galaterbrief (Gal 1,15 ff), mit größtem Nachdruck aber im Philipperbrief berichtet:

> *Am achten Tag beschnitten, stamme ich aus dem Volk Israel, aus dem Stamm Benjamin, ein Hebräer von Hebräern, der Gesetzesfrömmigkeit nach ein Pharisäer, ein zelotischer Verfolger der Kirche, der Gesetzesfrömmigkeit nach ohne Tadel. Doch was mir Gewinn bedeutete, habe ich um Christi willen als Verlust einzuschätzen gelernt ... Seinetwegen habe ich alles verworfen und als Abfall angesehen, um Christus zu gewinnen und in ihm aufzuleben ... Nicht als ob ich es schon ergriffen hätte oder bereits vollendet wäre ... Etwas aber tue ich: ich vergesse, was hinter mir liegt und strecke mich nach dem aus, was vor mir liegt. Das Ziel vor Augen jage ich*

20 A. a. O., 143.
21 Näheres dazu auf Seite 21 f.

dem Siegespreis der himmlischen Berufung durch Gott in Christus Jesus nach (Phil 3,5–8. 12ff).

Bisweilen fühlt er sich „bis in den dritten Himmel" erhoben, gleichzeitig in Erinnerung an seine Verfolgertätigkeit aber auch gedemütigt. Ein geradezu elitäres Hochgefühl spricht aus dem Satz:

Gebt uns Raum! Niemand haben wir Unrecht getan, niemand geschädigt, niemand übervorteilt. Das sage ich nicht, um abzuurteilen. Habe ich euch doch erklärt, daß ihr in unserm Herzen wohnt, mit uns verbunden auf Leben und Tod (2 Kor 7,2f).

Wie zur Erklärung dieses Überschwangs fügt er begründend hinzu:

Groß ist mein Freimut euch gegenüber; nur zu gerne rühme ich mich euretwegen. Mit Trost bin ich erfüllt und Freude, bei all unsrer Trübsal (2 Kor 7,4).

Gleichzeitig sieht er sich durch die ihm nachgehende Erinnerung an den letzten Platz verwiesen, und das nicht nur angesichts seiner „Spätberufung":

Als Letztem von allen erschien er mir, wie einer Spätgeburt, denn ich bin der letzte der Apostel, nicht wert, Apostel zu heißen, weil ich die Kirche Gottes verfolgt habe (1 Kor 15,8f).

In einer grandiosen Schau, in der sich ihm das Dasein im Bild eines Weltheaters darstellt, überträgt er diese „Platzanweisung" auf den apostolischen Dienst insgesamt, wenn er erklärt:

Mir kommt es so vor, als habe Gott uns Apostel auf den letzten Platz gestellt, wie Todeskandidaten. Denn wir sind ein Schauspiel geworden für Welt, Engel und Menschen. Um Christi willen hält man uns für Toren – ihr dagegen seid klug in Christus. Wir gelten als Schwächlinge, ihr als Helden. Ihr seid berühmt, wir werden verachtet. Bis zur Stunde leiden wir Hunger und Durst, stehen wir nackt, geschlagen und ohne Wohnsitz da, mühen wir uns ab mit unsrer Hände Arbeit. Verhöhnt man uns – wir segnen. Verfolgt man uns – wir dulden. Kränkt man uns – wir reden versöhnlich. Zum Abschaum der Welt sind wir geworden, zu jedermanns Auswurf bis zur Stunde (1 Kor 4,9–13).

In letzter Steigerung wiederholt sich dieser Antagonismus in der „Narrenrede" des Zweiten Korintherbriefs, in der sich der aufs äußerste gereizte und aufgebrachte Apostel ebenso dazu herabläßt, den ganzen Katalog der von ihm erlittenen Strapazen, Gefährdungen und Folterungen, angefangen von der wiederholten Auspeitschung, dem dreimaligen Schiffbruch und der Steinigung bis hin zu seinem aufreibenden Einsatz für die Gemeinden aufzuzählen, wie er sich dazu „versteigt", von seiner Entrückung in den dritten Himmel zu berichten (2 Kor 11, 23–12,5). Doch von dieser ekstatischen Erfahrung spricht er nur wie von einem Dritten. Was ihn selbst betreffe, so wolle er sich nur seiner Schwachheit rühmen. Deshalb läßt er auf die Himmelfahrt den Höllensturz in die Satansfolter folgen:

> *Damit ich mich aber wegen dieser exzessiven Offenbarungen nicht überhebe, wurde mir ein Stachel ins Fleisch gestoßen und ein Satansbote an die Seite gestellt, der mit Fäusten auf mich einschlägt … Seinetwegen habe ich dreimal zum Herrn gefleht, daß er von mir ablasse. Er aber erwiderte mir: Meine Gnade muß dir genügen, denn die Kraft kommt in der Schwachheit zur vollen Geltung (2 Kor 12,7ff).*

Wenn Paulus im Rückblick auf diese Selbstenthüllung seinen Lesern erklärt:

> *Zum Narren bin ich geworden; doch ihr habt mich dazu gebracht (2 Kor 12,11),*

tritt er – über die Jahrhunderte hinweg – sogar an die Seite seines schärfsten Kritikers *Nietzsche,* der sich im Gegenzug zu der prophetischen Gebärde seines ‚Zarathustra' zuletzt gleichfalls in eine ausgesprochene Narrenrolle hineinspielt, wenn er sich mit dem Wort „Nur Narr! Nur Dichter!" kennzeichnet und dies mit der Befürchtung begründet:

> *Ich habe eine erschreckliche Angst davor, daß man mich eines Tages heilig spricht …ich will kein Heiliger sein, lieber noch ein Hanswurst … vielleicht bin ich ein Hanswurst*[22].

Nietzsche schreibt das im Vorgefühl seiner bereits zerbrechenden Identität. Paulus versteht seine Narrenrede dagegen als eine im Grunde nur Gott verständliche Glossolalie:

> *Gerieten wir außer uns, so geschah es für Gott. Sprachen wir vernünftig, so geschah es für euch (2 Kor 11,13).*

Alles wäre somit an einer Entschlüsselung seiner „Zungenrede" gelegen, insbesondere aber an einem verstehenden Nachvollzug der „unsagbaren Worte", die er in seiner Entrückung vernahm und die, wie er betont, „kein Mensch nachsprechen darf" (2 Kor 12,4). War es aber auch ihm

22 F. *Nietzsche*, Ecce homo. Warum ich ein Schicksal bin, § 1.

selbst versagt? Oder hat er es nicht doch versucht, als er den für seine Esoterik unansprechbaren Korinthern einen flüchtigen Einblick in seine „geheime Weisheit" verstattete? Wenn das angenommen werden darf, hat er sogar dichterisch davon geredet, als er auf einem Höhepunkt des Römerbriefs die Tiefe der Gotteserkenntnis mit den Worten pries:

> *O Tiefe des Reichtums, der Weisheit und der Erkenntnis Gottes! Wie unerforschlich sind seine Ratschlüsse und unerkundbar seine Wege! Denn wer hat den Sinn des Herrn erkannt oder wäre sein Ratgeber gewesen? Oder wer hätte ihm etwas gegeben, was er ihm vergelten müßte? Denn aus ihm und durch ihn und für ihn ist alles. Ihm sei die Ehre in Ewigkeit! Amen (Röm 11,33–36).*

Und vollends hat er dann mit seinem zweiten Liebeshymnus Einblick in seine Gottesfühlung gewährt, als er fragte:

> *Wenn Gott für uns ist, wer ist dann gegen uns? Wenn er seinen eigenen Sohn nicht geschont, sondern ihn für uns alle hingegeben hat – wie sollte er uns mit ihm nicht alles schenken? Wer kann uns trennen von der Liebe Christi? Angst, Not, Verfolgung, Hunger oder Kälte, Gefahr oder das Schwert? Doch all das überwinden wir durch den, der uns geliebt hat. Denn ich bin gewiß, daß weder Tod noch Leben, weder Engel noch Mächte, weder Gegenwärtiges noch Zukünftiges, weder Gewalten der Höhe oder Tiefe noch irgendein anderes Geschöpf uns trennen können von der Liebe Gottes, die in Christus Jesus ist, unserem Herrn. (Röm 8,31.35.37ff)*

Und das soll die Furie des Hasses gewesen sein, ein Dysevangelist, der Nietzsches Bezichtigung zufolge den Ungeist der Rache ins Christentum hineintrug? Wie könnte der so sprechen? Nein, hier spricht ein Liebender, der trotz aller Konflikte und Gegnerschaften, in die er verstrickt war, seine Identität dem namenlosen Glück verdankt, von Gott geliebt zu sein. Der Hymnus ist der Jubelruf dessen, der seine Identität in dem ihm widerfahrenen Liebeserweis Gottes gefunden hat und dies in Form eines Herzenstauschs mit dem, der ihm als Inbegriff dieser Liebe ins Herz gesprochen wurde und dessen Hingabe er mit dem selbstvergessenen Einsatz für seine Sache beantwortete. Was das für sein Persönlichkeitsbild besagt, brachte Paulus in einer ungemein treffsicheren, Größe und Hinfälligkeit dialektisch verspannenden Metapher zum Ausdruck:

> *Wir tragen diesen Schatz in zerbrechlichen Gefäßen, damit das Übermaß an Kraft nicht uns, sondern Gott zugeschrieben wird (2 Kor 4,7).*

Beides spricht aus diesem Wort: das Bewußtsein eines zugeeigneten, aus unverdienter Gewährung empfangenen Reichtums, ebenso aber auch das der Angefochtenheit und Hinfälligkeit. Paulus aber ist die lebendige Vereinbarung von beidem.

Die Lebenswende

Die Rede von dem „unbekannten Paulus" bezieht sich in erster Linie auf die weithin defizitäre Einschätzung seiner Lebenswende. Doch in diesem Fall bestätigt sich einmal mehr die Beobachtung, daß Paulus neben den Kritikern, die seinen Weg durch die Geschichte mit ihren Attacken flankierten, stets auch Fürsprecher und Helfer fand. Zu den bemerkenswertesten Anzeichen, die auf eine umfassende Wende in der heutigen Glaubensgeschichte hinweisen, gehört aber zweifellos die von der Buber-Schule vollzogene Neueinschätzung des Apostels im gegenwärtigen Judentum. Während sich die christliche Paulusforschung in der Deutung seiner Damaskusvision mehrheitlich zumindest zurückhaltend verhielt, brach der Buber-Schüler *Schalom Ben-Chorin* der einzig angemessenen Würdigung mit der Feststellung Bahn:

> *Rückblickend läßt sich sagen, daß, was immer sich auch in Jerusalem und Galiläa nach dem Kreuzestod des Jesus von Nazareth im Kreise der Seinen ereignet haben mag, Episode geblieben wäre ..., wenn nicht die Erscheinung des Auferstandenen dem Paulus vor Damaskus zuteil geworden wäre*[23].

Und er greift dieser Feststellung mit der zugespitzten Aussage vor:

> *Die Auferstehung des Jesus von Nazareth ereignete sich nicht in Jerusalem, sondern vor Damaskus*[24].

Die Berechtigung dieser zweifellos provozierend gemeinten These ergibt sich aus einem Vergleich der von den Evangelien überlieferten Ostergeschichten mit dem Selbstzeugnis des Apostels. Dabei muß allerdings die offensichtlich zwischen beiden Darstellungen vermittelnde der Apostelgeschichte beiseitegelassen werden, da gerade sie mit ihrer dramatischen Bildhaftigkeit der Rezeption des paulinischen Originaltons im Wege steht. Denn Paulus weiß nichts von einem ihn überstrahlenden und zu Boden werfenden Licht, sondern lediglich von einer inneren Lichtung, und er vernimmt keine Stimme, die ihm mit der Frage „Saul, Saul, war-

23 *Sch. Ben-Chorin*, Paulus. Der Völkerapostel in jüdischer Sicht, München 1980, 22.
24 A. a. O., 21.

um verfolgst du mich?“ (Apg 9,4) das Unrecht seiner Verfolgertätigkeit zu Bewußtsein bringt; vielmehr ist es in seinem Zeugnis Gott, der ihm das Geheimnis seines Sohnes ins Herz spricht (Gal 1,16)[25]. Erst recht findet sich in seinem Osterzeugnis keine Spur von den narrativen Berichten der Evangelien: nichts von dem Jüngerlauf zu dem von den Frauen entdeckten leeren Grab, nichts von der Begegnung des Auferstandenen mit Maria von Magdala, nichts von seinen wiederholten Erscheinungen im Jüngerkreis und von seinem Gespräch mit den Emmauswanderern, nichts von der Szene mit dem Zweifler Thomas, seiner Selbstoffenbarung am See Tiberias und seinem letzten Auftrag an die auf einem Berg versammelte Jüngerschar.

Dieses Weniger verkehrt sich allerdings alsbald in ein Mehr, sobald man den von der Magdalenenszene gegebenen Fingerzeig beachtet. Denn die von ihrer Begegnung mit dem Auferstandenen Zurückgekehrte faßt ihr Erlebnis in den Satz „Ich habe den Herrn gesehen“ (Joh 20,18) zusammen, der sich auch im Wort der Jünger an Thomas wiederholt (Joh 20,25) und der sich im Licht paulinischer Aussagen (1 Kor 9,1; 15,3–8) als der allen Ostergeschichten zugrundeliegende Protokollsatz erweist. Diese selbst aber erscheinen nun als die narrativen und auf spezifische Fragen der nachösterlichen Gemeinde eingehenden Entfaltungen des mit diesem Protokollsatz Gesagten. So geht es in der Magdalenenszene um die Frage der Identifikation des Auferstandenen, in der Thomasszene um die Vergewisserung, im Emmausgespräch um das dem Ostererlebnis entspringende Schriftverständnis und in der Abschiedsszene am Schluß des Matthäusevangeliums (Mt 28,16–20) um den sich aus der Ostererfahrung ergebenden Missionsauftrag. Wenn man sich aber dies vergegenwärtigt, erhebt sich die Frage nach einer Kompensation des nun fühlbar gewordenen Defizits. Denn auf den Protokollsatz allein kann, so wenig seine fundamentale Bedeutung für die Konstituierung des Christentums zu bezweifeln ist, die nach Inhalt und Form verlangende Sache des Christentums nicht begründet werden. Allzu groß wäre dann die Gefahr, daß externe Elemente einbezogen würden, um dem empfundenen Mangel abzuhelfen.

Wenn *Ben-Chorin* die Auferstehung Jesu anstatt in Jerusalem in Damaskus geschehen läßt, will er offensichtlich seiner Überzeugung Ausdruck verleihen, daß es Paulus war, der in das angesprochene Dilemma eingriff und es mit seinem Osterzeugnis bewältigte. Wenn ihm das unterstellt werden darf, war er der erste, der in Paulus den „antwortenden

25 *Ch. Burchard*, Der dreizehnte Zeuge. Traditions- und kompositionsgeschichtliche Untersuchungen zu Lukas' Darstellung der Frühzeit des Paulus, Göttingen 1970, 82–136; *F. Hahn*, Theologie des Neuen Testaments I, 577f.

Osterzeugen" entdeckte. Antwortend, sofern er mit seinem Zeugnis auf die Fragen einging, die der Protokollsatz offenließ, die also im Interesse der Konsolidierung des Christentums beantwortet werden mußten. Es waren die von den Ostergeschichten der Evangelien eher aufgeworfenen als wirklich beantworteten Fragen nach der Identität und Verifizierung des Auferstandenen, nach seiner Bedeutung für das Schriftverständnis, der sich daraus ergebenden Lehre und der sich damit stellenden Aufgabe der Glaubensverkündigung. Wenn zu den Tendenzen der gegenwärtigen Glaubenswende auch das Verlangen nach dem Erfahrungswert der Glaubensinhalte gehört, kommt heute zu den alten Fragen als neue die nach der Erfahrungsform des Osterglaubens hinzu. Als hätte Paulus geradezu auf diese Frage gewartet, geht er mit seinem Zeugnis, sogar wiederholt, auf diese ein. Doch wie?

In einem ersten Anlauf, zu dem ihn die Krise der galatischen Gemeinden bewog, deutet er seine Damaskusvision als Offenbarungsempfang mit den – auf das Berufungserlebnis des Propheten Jeremia anspielenden – Worten:

> *Als es dem, der mich vom Mutterschoß an ausersehen und durch seine Gnade berufen hat, gefiel, seinen Sohn in mir zu offenbaren, damit ich die Frohbotschaft unter den Heiden verkünde, zog ich nicht Fleisch und Blut zu Rate, auch reiste ich nicht nach Jerusalem zu denen hinauf, die schon vor mir Apostel waren; vielmehr begab ich mich weg nach Arabien und kehrte von dort wieder nach Damaskus zurück (Gal 1,15ff)*[26].

Im Kern dieser zentralen Auskunft versichert Paulus, daß sich Gott in seiner Güte dazu herabließ, ihm das Geheimnis seines Sohnes ins Herz zu sprechen. Und dies mit der Folge, daß sich in ihm ein Herzenstausch vollzog, dem er seine neue, personale wie apostolische Identität verdankte. Denn im Anschluß kommentiert er dieses Selbstzeugnis mit dem stupenden Satz:

> *Mit Christus bin ich gekreuzigt. Ich lebe, doch nicht ich – Christus lebt in mir. Sofern ich aber noch im Fleische lebe, lebe ich im Glauben an den Gottessohn, der mich geliebt und sich für mich hingegeben hat (Gal 2,19f).*

Der Satz hält sich nicht auf seiner anfänglichen Höhe. Denn er beginnt mit einer unvergleichlichen Deutung der neuen Identität, die Paulus zu-

26 *F. Hahn*, A. a. O., 296 f; darin spiegelt sich auch der Versuch einer ersten Verbalisierung des alle Sprachkonventionen durchbrechenden Ostergeschehens mit dem Wort „Offenbarung". Nach Ausweis des Philipperhymnus (Phil 2,9) folgte darauf die Vokabel „Erhöhung", während die letzte Stufe mit „Auferweckung" und „Auferstehung" erreicht wurde.

nächst als Leidensgemeinschaft mit dem Gekreuzigten und dann als mystische Unterwerfung unter das von ihm Besitz ergreifende Über-Ich des Gottessohnes deutet. Und er steigert sich sogar noch mit dem Hinweis auf den ihm dadurch gegebenen Liebeserweis. Doch endet er mit der satisfaktorischen Begründung dieser Liebe, anstatt sie, wie es ungleich näher gelegen hätte, als einen Akt liebender Hingabe und Selbstübereignung zu deuten. Denn wie viel einleuchtender hätte der Schluß geklungen, wenn Paulus anstelle des der sich „für mich" der sich „an mich" hingegeben hat, geschrieben hätte! Indessen steht der Passus schon viel zu sehr in einem polemischem Kontext, näherhin im Zusammenhang der Kontroverse mit Petrus wegen dessen inkonsequenten Verhaltens in Antiochien, als daß er davon unbetroffen bleiben konnte.

Bei der Erschließung der Zentralaussage spitzt sich alles auf die Frage zu, wie Paulus sein offenkundig mystisches Erlebnis als „Offenbarung des Gottessohnes" verstehen und wie er diesen mit dem von ihm (nach Apg 9,4) in den Christen bekämpften Christus gleichsetzen konnte. Dazu gibt seine Selbstinterpretation im Wort von seinem „Mitgekreuzigtsein" (Gal 2,19) einen wichtigen Fingerzeig, der um so beredter ist, sofern man sich nur bereitfindet, die Stelle mit *Nietzsche* in Vergleich zu ziehen, der nach seiner schrittweisen Annäherung an Jesus im ‚Antichrist' seine Wahnsinnsbotschaften teilweise mit „Der Gekreuzigte" unterzeichnet. Dann legt sich der Rückschluß nahe, daß sich hinter der „Offenbarung des Gottessohns" eine jäh aufblitzende Neudeutung des von Paulus zunächst – mit den ärgernisnehmenden Juden (von 1 Kor 1,23) – als skandalös empfundenen Kreuzes verbirgt. Wo er bisher den religiösen Skandalfall erblickt hatte, ging ihm – jäh aufblitzend – die wahre Bedeutung des Kreuzes und mit ihm des Gottes auf, der seine Macht im Erliegen beweist und der seine Weisheit unter dem Anschein der Torheit enthüllt.

Doch damit ist die Frage nach der Identifizierung des Erlebten mit dem „Gottessohn" erst zur Hälfte beantwortet. Mit der an ihn ergangenen „Offenbarung" hatte sich jedoch eine Verschiebung seines Standortes ereignet. Von Gott in dieses einzigartige Einvernehmen einer Mitwisserschaft mit seinem Lebensgeheimnis gezogen, war er nicht mehr dessen – zelotisch eifernder – Knecht, sondern, wie er im weiteren Verlauf des Galaterbriefs betont, sein Sohn (Gal 4,7) und als solcher in ein transkreatürliches Gottesverhältnis aufgenommen. Das aber galt dann in ungleich höherem Sinn von dem, mit dem er sich ans Kreuz geschlagen wußte und der ihm zu seiner mystischen Identität verholfen hatte. Wie im Spiegel seiner selbst erkannte er somit in dem von ihm bisher Verfolgten und ihm nun zum rettenden Inbegriff Gewordenen den Gottessohn, gleichviel, ob ihm diese Prädikation bereits aus den Glaubensaussagen der von ihm Verfolgten bekannt geworden war oder nicht. Denn der Gipfel des ihn bei seiner Damaskusstunde überwältigenden Glückes bestand darin, daß er sich dadurch in die innergöttliche Lebens- und Liebesbeziehung aufgenommen sah: in jenes Gespräch, das er in der Beschreibung seiner Himmelreise als die von ihm vernommenen Worte kennzeichnete, „die einem Menschen auszusprechen versagt sind“ (2 Kor 12,4). Kein Wunder, daß es ihm so wie Jesus selbst ergeht, der nach dem Bericht der Synoptiker nach seinem Tauferlebnis in die Wüste getrieben wird, nach Matthäus „um vom Teufel versucht zu werden“ (Mt 4,1), vor allem aber, wie Lukas anzudeuten scheint (Lk 4,1), um sein Erlebnis zu verarbeiten, und daß er, anstatt Fleisch und Blut zu Rate zu ziehen, sich in die Arabia zurückzieht, um dort, wie anzunehmen ist, sein Leben unter dem Eindruck des Erlebten neu zu ordnen.

Anders als dieses akustische Osterzeugnis des Apostels wurde das optische kaum oder doch nur indirekt, im Blick auf seine Versicherung, er habe „den Herrn gesehen“ (1 Kor 9,1; 15,8), wahrgenommen, obwohl es unverkennbar seiner Qualifkation als „antwortender Osterzeuge“ und seiner nur vom Damaskuserlebnis her zu verstehenden Selbstcharakteristik entspricht. Denn bevor er sich im Bild vom Schatz im Tongefäß präsentiert (2 Kor 4,7), versichert er, wie zur Begründung dieser Metapher:

> *Gott, der gesprochen hat: „Aus Finsternis erstrahle Licht“; er hat es auch in unseren Herzen tagen lassen zum Aufgang der Gottherrlichkeit auf dem Antlitz Christi (2 Kor 4,6).*

Dabei entspricht es nur so der sprachtheoretischen Implikation des akustischen Zeugnisses. Wie der „Zuspruch“ des Gottessohnes dessen Rezeption vorwegnimmt, weil nur das verstanden werden kann, was sich der Sprecher selbst gesagt sein läßt und damit sein Verstandenwerden antizipiert, so tritt auch jedes Wort ins Bild, weil nur so seine Bedeutung „ersehen“ werden kann. Der Sinn aber leuchtet auf in Form einer Fulguration, also jenes „Funkensprungs“, auf den der Siebente Brief *Platons* die Wahrheitserkenntnis zurückführt. Das aber entspricht aufs genaueste der Wendung vom Aufleuchten der Gottesherrlichkeit auf dem Antlitz Christi. Was die „Offenbarung des Gottessohnes“ besagt, wird in diesem Aufleuchten ersichtlich. Danach wird der Gekreuzigte nicht nur, wie sich im ersten Anlauf zeigte, ungeachtet seiner Schwäche als Inbegriff göttlicher Macht und Weisheit erkennbar; vielmehr leuchtet auf seinem – wie wohl zu ergänzen ist: geschundenen – Antlitz die Kabod Jahwe, der Lichtglanz des aus seiner Verborgenheit hervortretenden Gottes, auf.

Aufs engste ist damit eine Auskunft über das Wesen der in diesem Antlitz aufscheinenden Wahrheit verbunden. Sie entspricht nicht der sich welthaft, als *kosmos noetos* im Bild des Ideenreiches sich darstellenden Wahrheit, zu der das platonische Höhlengleichnis emporführt, und erst recht nicht der als Ensemble letzter Geltungen und Richtigkeiten begriffenen Wahrheit der spekulativen Vernunft, da sie vom Ort (*logos – locus*) ihres Erscheinens geprägt ist. Im Unterschied zu den beiden Vergleichsmodellen ist sie antlitzhaft verfaßt, wie es der augustinischen Rede von der *facies veritatis* entspricht. Als solche wird sie nicht im denkerischen Aufstieg, sondern im intuitiven Aufblick zu ihr gefunden, doch so, daß sie sich „blicken läßt" und von dem Sehenden als ein Gesehensein durch sie erfahren wird. Das ist mit dem von Paulus verwendeten Schlüsselwort *ophte* gemeint, das ebenso ein Sehen wie ein Sich-Sehenlassen besagt.

Zum Profil der Stelle gehört aber nicht weniger der einleitende Rückblick auf den Schöpfungsanfang und das diesen heraufführende Wort „Es werde Licht". Demnach gewahrt Paulus im aufleuchtenden Antlitz des Auferstandenen wie in einem Spiegel den Widerschein der Lichtwerdung am Schöpfungsmorgen. Und das besagt für ihn, daß in der Auferstehung Jesu die Sache der Schöpfung aufs neue aufgerollt und diese auf eine neue Basis gestellt wurde. Darauf zielt seine wiederholte Rede von der „neuen Schöpfung" (Gal 6,15; 2 Kor 5,17). Anstatt im Sinn eines Nacheinander muß das seiner Meinung zufolge aber in dem eines Immer-Schon gedacht werden. Insofern steht die Stelle in engem Zusammenhang mit seiner Präexistenzaussage im Ersten Korintherbrief, auf die er mit einem bezeichnenden Hinweis auf das aller menschlichen Beziehung zuvorkommende Erkanntsein durch Gott (1 Kor 8,2f) hinführt:

> *Wir haben nur einen Gott, aus dem alles ist und für den wir sind, und nur einen Herrn, Jesus Christus, durch den alles wurde und durch den auch wir sind (1 Kor 8,6).*

Für den hohen Stellenwert dieser Aussage spricht ihre gesteigerte Wiederholung im Kolosserbrief, der aus der Gottbildhaftigkeit des „Erstgeborenen vor aller Schöpfung" folgert:

> *Alles ist in ihm erschaffen, was im Himmel und was auf Erden ist, das Sichtbare wie das Unsichtbare, sowohl Throne wie Hoheiten, Herrschaften und Gewalten: alles ist durch ihn und auf ihn hin geschaffen; er ist vor allem, und das All hat in ihm Bestand (Kol 1,15ff).*

In diesen Anfang weiß sich Paulus seinem optischen Osterzeugnis zufolge hineingenommen. Mit ihm beginnt sein Leben neu. Er setzt den Ausgangspunkt für seine erst mit ihm beginnende, wirklich zählende Biographie, um derentwillen er alles Vorangehende dem Abgrund des Vergessens übergibt. Daher seine Versicherung:

> *Ich vergesse, was hinter mir liegt, und strecke mich nach dem aus, was vor mir liegt (Phil 3,13),*

die er mit der geradezu wegwerfenden Bemerkung unterbaut:

> *Was mir Gewinn bedeutete, habe ich um Christi willen als Verlust einzuschätzen gelernt. Wahrhaftig, ich erachte alles als Verlust um der alles überragenden Erkenntnis Christi willen, meines Herrn. Seinetwillen habe ich alles verworfen und als Abfall angesehen, um Christus zu gewinnen (Phil 3,7f).*

Doch diese Aussagen stehen bereits im Kontext des dritten, als „haptisch" zu kennzeichnenden Osterzeugnisses des Apostels, das sich in den beiden vorangehenden vernehmlich ankündigt. Denn dem ersten zufolge war er bereits in eine neue Gottesbeziehung aufgenommen, während sein Leben im Sinn des zweiten einen neuen Anlauf genommen hatte, so daß sich hier wie dort schon die sich an ihm ereignende „Gottestat" (*Wikenhauser*) abzeichnete. Sie ist gemeint, wenn er nun mit einer Wendung, die auf ein Überwältigt- und Ergriffensein schließen läßt, versichert:

> *Nicht als ob ich es bereits ergriffen hätte oder gar schon vollendet wäre, doch suche ich es zu ergreifen, weil ich von Christus Jesus ergriffen worden bin (Phil 3,12).*

Das Wort weist zurück auf die Aussage, mit der er seine Weigerung begründet, sich für seinen apostolischen Dienst entlohnen zu lassen:

> *denn ein Zwang liegt auf mir. Wehe mir, wenn ich das Evangelium nicht verkünde. Täte ich es aus freien Stücken, so könnte ich dafür belohnt werden. Da ich es jedoch unfreiwillig tue, ist es nur eine Dienstleistung, zu der ich verpflichtet bin (1 Kor 9,16f).*

Das ist im Stil alttestamentlicher Berufungsworte gesagt, so im Sinn der Versicherung des Propheten Amos:

> *Ich bin kein Prophet und kein Prophetenschüler, sondern nur ein Vieh- und Maulbeerfeigenzüchter. Doch der Herr hat mich von der Herde weggeholt und mir befohlen: Geh und rede als Prophet zu meinem Volk Israel! Wenn der Löwe brüllt – wer fürchtet sich da nicht? Wenn Gott, der Herr, spricht – wer wird da nicht zum Propheten? (Am 7,14f; 3,8)*[27].

27 *G. von Rad*, Die Botschaft der Propheten, München 1960, 100.

Doch ungleich näher als Amos steht Paulus der – von ihm in seinem akustischen Osterzeugnis zitierte – Prophet Jeremia, dessen De profundis wie ein düsteres Gegenbild zu dem von Christus überwältigten Paulus anmutet:

> *Du hast mich verführt, Jahwe, und ich habe mich verführen lassen. Du bist für mich übermächtig geworden und hast mich überwältigt. Weil ich dein Wort verkündete, Jahwe, erntete ich Spott und Schande den ganzen Tag. Dachte ich aber: ich will nichts mehr von ihm wissen und nicht mehr in seinem Namen reden, da brannte es in meinem Herzen wie glühendes Feuer, verschlossen in meinen Gebeinen. Ich versuchte, es niederzuhalten, doch vermochte ich es nicht (Jer 20,7ff)*[28].

Jeremia weiß aber auch um das Glück des Prophetendienstes; und er gesteht:

> *Fanden sich Worte von dir, so verschlang ich sie. Dein Wort war mir Wonne und Herzensfreude. Denn dein Name war über mir ausgerufen, Jahwe Gott Zebaoth! (Jer 15,16)*[29]

Daß Paulus gleichfalls um diese Beglückung weiß, gibt er schon damit zu verstehen, daß er seinen Offenbarungsempfang der Güte Gottes zuschreibt (Gal 1,16) und ihn damit als göttlichen Liebeserweis versteht. In aller Form aber spricht das aus seinem Bekenntnis:

> *Sind wir von Sinnen gekommen, so geschah es für Gott. Sind wir vernünftig geblieben, so geschah es für euch. Denn die Liebe Christi drängt uns (2 Kor 5,13f).*

Mit der Beziehung des Apostels zu Jeremia stellt sich die Frage nach der Lösung seines Sprachproblems: Denn wie kann er das weltweit verkünden, was ihm – mit „Worten, die niemand nachzusprechen vermag" (2 Kor 12,4) – ins Herz gesprochen wurde? Doch mit dem Geständnis „die Liebe Christi drängt uns" tritt er zuvor noch in die Fußstapfen Jesu, der im Unterschied zu Buddha keinen Augenblick zögert, seine – mit dem Zuspruch der Taufszene gemeinte – „Erleuchtung" an die in Finsternis und Todesschatten liegende Welt weiterzugeben, so daß sich sein gesamtes Wirken als eine fortgesetzte Übereignung seiner Gottessohnschaft an die Hörer seiner Botschaft darstellt. Da alles dafür spricht, daß dieser Grundzug sich auch in der Lebensgestalt des Apostels spiegelt, stellt sich in seinem Fall die Vorfrage nach seinem kommunikativen Selbstbegriff und damit nach der sein gesamtes Wirken tragenden Konzeption.

28 A. a. O., 168.
29 A. a. O., 167.

Die Konzeption

Schon ein flüchtiger Blick in die Gedankenwelt des Apostels zeigt ein Zweifaches. Zum einen eine Fülle teils durchgängiger, teils aber auch disparater, ja widersprüchlicher Motive. Zum andern aber auch seine erstaunliche Kunst, diese durch die Integrationskraft seines Geistes zu einem, mit *Goethe* zu sprechen, „inkommensurabeln" Ganzen zu verschmelzen. Nur so ist der von ihm trotz ständiger Konflikte und Anfeindungen errungene Missionserfolg zu erklären. Einen eminenten Anteil hatte daran aber auch seine stupende, in der antiken Sprachwelt einzigartig dastehende Wortgewalt, die sich in seinen Briefen trotz ihres nur mittleren und der Klassizität weit unterlegenen Sprachniveaus allenthalben durchsetzt. Daß seine Briefe „wuchtig" sind, müssen ihm (nach 2 Kor 10,10) sogar seine Gegner zugestehen. Dabei bezieht sich diese Wucht noch nicht einmal so sehr darauf, daß er wahre Wortkaskaden zu schaffen vermag und sich von der Prosa wiederholt zu poetischen Bildungen von überragender Schönheit erhebt, sondern vor allem auf die Kühnheit, mit der er die Botschaft Jesu in eine auf die Bedürfnisse seiner Gemeinden abgestimmte Sprache umzusetzen wagt. Anstatt vom Gottesreich, diesem Zentralwort der Verkündigung Jesu, spricht er von der Freiheit, anstatt von der Nachfolge vom Glauben, und anstatt von der Jüngerschaft vom mystischen Christusleib. Für das Verständnis seiner Konzeption ist das vor allem deshalb bedeutsam, weil sich daraus erklärt, daß sie nicht so sehr der Spekulation als vielmehr einem ausgesprochenen Sprachdenken entstammt.

Ausgangspunkt der Konzeption ist fraglos das übersprachliche Wort, das dem von Christus (nach Phil 3,12) Überwältigten dem Urzeugnis von seiner Damaskusvision zufolge durch den sich ihm in Liebe zuwendenden Gott ins Herz gesprochen wurde (Gal 1,16). Insofern ist ein Einblick in seine Konzeption nur durch den Versuch einer Hermeneutik dieses Zuspruchs zu gewinnen. Da Paulus aber auf seiner Himmelsreise von „unaussagbaren Worten" erfuhr, „die ein Mensch nicht nachsprechen kann" (2 Kor 12,4), bedarf es eines Hermeneuten, wenn dieser Versuch nicht schon im Angang scheitern soll. Doch dieser Interpret steht geradezu vor der Tür, bereit, sich „unserer Schwachheit anzunehmen" und sogar die stammelnden Gebetsversuche (nach Röm 8,26) vor Gott zu tragen und ihm verständlich zu machen. Es ist der „von Gott in unser Herz gesandte Geist seines Sohnes", der in unserm Herzen „Abba – Vater" ruft und uns dadurch unsrer Gotteskindschaft bewußt werden läßt (Gal 4,4 ff). In ihrem Horizont muß und wird sich die angestrebte Hermeneutik, verstanden als die Auslegung des dem Apostel – und mit ihm uns – ins Herz gesprochenen Urwortes der Gottesoffenbarung, und das Geheimnis seines Sohnes vollziehen. Denn die Gotteskindschaft ist für Paulus, wie es dann mit Nachdruck *William Wrede* formuliert, die an uns weitergegebene und uns übereignete Gottessohnschaft Jesu[30].

Insofern konzentriert sich die Frage nach der Konzeption des Paulus auf die nach seinem Verhältnis zu Jesus. Angebahnt von seinem durch den ersten Liebeshymnus (1 Kor 13,1–13) dokumentierten, dann aber in seinen Zelotismus umschlagenden Liebesverlangen, erfüllte sich dieses in seiner Damaskusvision, durch die ihm der Verfolgte zum Lebensinhalt wurde. Jetzt begriff er ihn als die leibhaftige Erfüllung der den Vätern gegebenen Verheißungen und „unaufkündbaren Zusagen" (Röm 11,29), jetzt als den definitiven Befreier aus allen Formen der Repression (Gal 5,1), des Gesetzes (Röm 3,28) ebenso wie der Weltstrukturen (Gal 4,8f), jetzt als die als die alles Denkende übersteigende und das menschliche Sinnverlangen stillende Gottesoffenbarung[31]. Das aber stand in einem so eklatanten Gegensatz zu allem, was er zuvor unter Gesetzeserfüllung, Befreiung und Offenbarung verstanden hatte, daß er sich unter dem Eindruck seiner Ostererfahrung zu dem triumphierenden Satz bewogen fühlte:

> *Das Alte ist vergangen, siehe: Neues ist geworden (2 Kor 5,17).*

Daß sich das sogar auf seine frühere Kenntnis Jesu bezog, gibt er mit den vieldiskutierten Worten zu verstehen:

> *Selbst wenn uns Christus bisher dem Fleische nach bekannt war, kennen wir ihn jetzt doch nicht mehr so; denn wenn einer in Christus ist, ist er ein neues Geschöpf (2 Kor 5,16f).*

So neu ist für ihn die Lebensgemeinschaft mit dem ihm ins Herz Gesprochenen, daß alles frühere Wissen davor verblaßt. Ein völliger Perspektivenwechsel ist für ihn eingetreten. Auch im Falle Jesu und seines Wissens um ihn will er „vergessen", was hinter ihm liegt (Phil 3,13f). Indessen ist es keineswegs unerheblich, was er von Jesus in Erfahrung brachte und zu berichten weiß. Auch wenn er den Namen der Mutter nicht nennt, weiß er doch, daß der Gottessohn von einer Frau geboren und dem Gesetz unterstellt wurde (Gal 4,4), daß er für uns arm geworden ist, damit wir durch seine Armut reich würden (2 Kor 8,6) und daß er für uns lebte und starb. In seiner Deutung der Taufe (Röm 6,3–10)

30 *W. Wrede*, Paulus, in: *K. H. Rengstorf* (Hrsg.), Das Paulusbild der neueren deutschen Forschung, Darmstadt 1964, 60.

31 *F. Hahn*, Die Theologie des Neuen Testaments I, 328.

schimmert eine Erinnerung an die Taufe Jesu durch. Vor allem aber bekundet sich in seinem Bericht von der „Nacht, in der er verraten wurde", und in seinem Referat der Abendmahlsworte (1 Kor 11, 23–26) eine überraschende Detailkenntnis von dieser Krisen- und Entscheidungsstunde der Lebensgeschichte Jesu, die unwillkürlich die Frage nach weiteren Spuren aufwirft.

Wer ihnen nachgeht, stößt auf eine ganze Anzahl von Formulierungen, die, wie *Ferdinand Hahn* bemerkt, auf eine wenigstens indirekte Kenntnis von Jesusworten schließen lassen[32]. So die an die Gleichnisse Jesu erinnernden Worte vom Säen und Ernten (Gal 6,7; 2 Kor 9,6. 10; Mk 4,1–8. 29), vom Pflanzen (1 Kor 3,6ff; Mt 21,33) und Bauen (1 Kor 3,11; Lk 14,28), vom Sauerteig (Gal 5,9; 1 Kor 5,6; Lk 13,20), der an die Bildrede vom Rebstock (Joh 15,1.5) anklingende Ölbaum-Vergleich (Röm 11, 19–24) und die womöglich sprichwörtliche Redewendung vom bergeversetzenden Glauben (1 Kor 13,2)[33]. Doch Paulus „vergißt" dieses Wissen angesichts der „alles überstrahlenden Erkenntnis Jesu Christi" (Phil 3,8), um nicht zu sagen: er verbrennt es im Feuer des Blitzstrahls, der ihn vor Damaskus traf. Denn seither stand ihm nicht mehr der glaubende und gekreuzigte, um so mehr jedoch der erhöhte und geglaubte Christus vor Augen (*Bousset*).

Alles Vorgegebene überstrahlte dieses Wissen, weil es nicht den von ihm entnommenen Traditionen, sondern dem entstammte, der ihm als Inbegriff der Gottesoffenbarung und seiner Lehre ins Herz gesprochen worden war. Doch damit stellte sich ihm eine hermeneutische Aufgabe von letzter Größenordnung. Denn es galt, dieses ebenso „leibhaftige" wie übersprachliche Gotteswort in eine verständliche Menschensprache zu übersetzen. Dafür gab es allerdings einen Präzedenzfall auf etwas niedrigerer Ebene, und dies in den von Ausbrüchen des „Zungenredens" oft überbordenden Versammlungen der paulinischen Gemeinden. Äußerungen dieser Engelssprache, die, unkontrolliert, bisweilen den Eindruck einer geistigen Chaotik erweckten (1 Kor 14,26f), wollte Paulus nur tolerieren, wenn ein Interpret zur Verfügung stand, der diese in eine vernünftige Rede übertrug (14,28).

Auf höherer Ebene stellte sich ihm das Problem im Fall des Gebets, in dem es vorab darum ging, das „Stammeln" des ratlosen Beters in eine für Gott verständliche Anrufung zu verwandeln (Röm 8,26). Ihm kommt in seiner Gebetsnot der Gottesgeist selbst als authentischer Hermeneut zu Hilfe:

32 Ebd., 325f.

33 Ausführlicher listet die wörtlich oder indirekt zitierten Jesusworte *Gerd Lüdemann* in seiner aggressiven Schrift ‚Paulus, der Gründer des Christentums' (Lüneburg 2001, 183–191) auf.

Und der, der die Herzen erforscht, kennt das Ansinnen des Geistes, der für die Heiligen vor Gott eintritt (Röm 8,26)[34].

In der Frage nach der Umsetzung des übersprachlichen Gotteswortes, wie es in seiner Damaskusvision an ihn erging, wird der Geist zum Hermeneuten in eigener Sache. Dafür ist er nach johanneischer Auskunft wie kein anderer qualifiziert. Denn als der „andere Beistand" wird er von dem, was Jesus eigen ist, nehmen, um es den Seinen zu verkünden (Joh 16,14) und sie „an alles zu erinnern", was er ihnen mitgeteilt hat (14,26). Im Johannesevangelium sind es die den Text wie eine Lichterkette durchziehenden „Ich-bin-Worte", in denen der Paraklet die Summe aus den Reden und Machtzeichen Jesu zieht[35]. Bei genauerem Hinsehen haben sie in den Paulusbriefen eine weitgehende Entsprechung. So entspricht dem Wort „Ich bin der Weg" (14,6) die Aufforderung des Apostels: „Folgt meinem Vorbild, wie ich dem Vorbild Jesu folge" (1 Kor 11,1). Ebenso entspricht der Selbstbezeichnung Jesu als „Wahrheit"(14,6) das Pauluswort: „Er ist für uns zur Weisheit geworden" (1 Kor 1,30). Gleiches gilt von dem Hoheitswort: „Ich bin das Leben" (14,6) und dem Bekenntnis des Apostels „Christus, das heißt für mich Leben, und Sterben ist mir Gewinn" (Phil 1,21). Die Liste der Entsprechungen geht sogar über den Kreis der Hoheitsworte hinaus. So klingt in dem an die Samariterin gerichteten Appell: „Wenn du die Gabe Gottes erkenntest" (Joh 4,10) das Eingangswort des paulinischen Liebeshymnus an. „Wenn er seinen eigenen Sohn nicht geschont, sondern ihn an uns alle hingegeben hat – wie sollte er uns nicht mit ihm alles schenken?" (Röm 8,32)[36]. Übereinstimmend mit dem Schlußwort von der in Christus verkörperten Liebe (8,39) versichert das Eingangwort der Johannespassion. „Da er die Seinen liebte, liebte er sie bis zum Exzeß" (Joh 13,1). Wenn der johanneische Jesus versichert: „Die Wahrheit wird euch frei machen" (8,32), entspricht dem das Pauluswort: „Zur Freiheit hat uns Christus befreit" (Gal 5,1) und nicht weniger der Satz: „Wo der Geist des Herrn waltet, da ist Freiheit" (2 Kor 3,17). Und im Sinn der Zusicherung: „Frieden hinterlasse ich euch, meinen Frieden gebe ich euch" (Joh 14,26) erklärt die Paulusschule: „Er ist unser Friede" (Eph 2,14)[37].

Angesichts der Erkenntnis, daß sich im Johannesevangelium über der Grundschicht ein Bilderfries, gebildet von den Reden und Wunder-

34 *E. Käsemann*, Der gottesdienstliche Schrei nach Freiheit, in: Paulinische Perspektiven, Tübingen 1969, 216–236.

35 *B. Hinrichs*, „Ich bin". Die Konsistenz des Johannesevangeliums in der Konzentration auf das Wort Jesu, Stuttgart 1988.

36 *K. M. Woschitz*, Fons Vitae – Lebensquell (Freiburg 2003, 458f).

37 Dazu meine Schrift ‚Wege des Friedens' Augsburg 2003, 82–85.

zeichen Jesu erhebt, der seinerseits von den Jch-bin-Worten überwölbt wird, in denen er sich selbst aussagt, sind diese Leitworte Grundformen seiner Selbstauslegung, aber auch seiner Selbstverständigung. Denn der in den Hoheitsworten sich selbst Aussagende spricht nicht ins Leere. Vielmehr bezieht er sich so radikal auf seine Adressaten, daß er sich in seinem Selbstverständnis an deren Rezeption bindet. Ihr Glaube an ihn ist sein Selbstbewußtsein in ihnen. Wie schon *Gregor von Nyssa* betonte, will er in denen, die ihn aufnehmen, an Alter, Weisheit und Gnade heranreifen und zu seinem Vollalter gelangen[38]. Glaube ist Interaktion zwischen dem Geglaubten und dem Glaubenden. Das bestätigt auch die Paulusschule, wenn sie den Sinn der kirchlichen Dienstleistungen darin erblickt, „daß alle zur Einheit des Glaubens und zur vollen Mannesreife gelangen" (Eph 4,13)[39].

Ihren Gipfel erreicht die paulinische Konzeption jedoch erst mit ihrem Rückbezug auf Gott. Nach dem schon in der Logienquelle überlieferten Jubelruf Jesu ist ihm alles von seinem Vater übergeben, so daß er ganz an ihn verwiesen ist (Lk 10,21f)[40]. Für Paulus konkretisiert sich dieser Rückbezug in der dankbaren Hinwendung des Sohnes zum Vater. So entspricht es schon der elementaren Verpflichtung der Heiden. Denn der Grund ihrer sittlichen Verwilderung bestand darin, daß sie „trotz ihrer Gotteserkenntnis Gott nicht verherrlichten und ihm nicht dankten" (Röm 1,21–32). Erst recht stimmt sich Paulus darauf ein, nachdem schon der weisheitliche Jubelruf mit den Worten begann:

> *Ich danke dir Vater, Herr des Himmels und der Erde, dafür, daß du dies vor Weisen und Klugen verborgen, Kleinen aber geoffenbart hast. Ja, Vater, so war es dein Wille (Lk 10,21).*

Mit Ausnahme des mit der Tür ins Haus fallenden Galaterbriefs beginnt Paulus seine gesamte Korrespondenz mit einem Dankeswort an Gott, am ausführlichsten im Ersten, am eindringlichsten im Zweiten Korintherbrief, der nach dem Eingangsgruß mit den Worten beginnt:

> *Gepriesen sei der Gott und Vater unsres Herrn Jesus Christus, der Vater der Erbarmungen und Gott allen Trostes, der uns in unsrer Drangsal tröstet, damit wir mit dem Trost, durch den wir von Gott getröstet werden, diejenigen trösten können, die in mancherlei Bedrängnis sind (2 Kor 1,3f)*[41].

38 *Gregor von Nyssa*, Hoheliedkommentar, c. 8.
39 *R. Schnackenburg*, Der Brief an die Epheser, Zürich 1982, 171–189.
40 *H. von Lips*, Weisheitliche Traditionen im Neuen Testament, Neukirchen-Vluyn 1990, 270ff.
41 *H. Lietzmann*, An die Korinther I/II, Tübingen 1948.

Die exzeptionelle Bedeutung dieser Danksagung besteht darin, daß sie, bezeichnend für die Erschließungskraft des dankenden Denkens, in ihrer Hinwendung auch schon an den Gott rührt, den Jesus für die Menschheit entdeckte und mit dem er die größte Revolution der gesamten Religionsgeschichte herbeiführte: an den Gott der bedingungslosen Liebe[42]. Ausdrücklich bekennt sich Paulus dazu in der im Römerbrief (Röm 8,15) bekräftigten Schlüsselstelle des Galaterbriefs, die in der gottgewirkten Einstimmung in der Gottesanrufung Jesu gipfelt:

> *Da ihr Söhne seid, sandte Gott den Geist seines Sohnes in unsre Herzen, der „Abba – Vater" ruft (Gal 4,6)*[43].

Mit dieser ehrfürchtig-zärtlichen Gottesanrede durchbrach Jesus die Mauer der Unnahbarkeit und Fremdheit Gottes, überbrückte er den selbst von Jesaja empfundenen Abgrund der Gottesferne und schuf er, paulinisch ausgedrückt, Zugang zum Herzen Gottes. Revolutionär aber war diese Großtat, weil sie nach dem Zeitalter der Gottesangst die „Zeit der Erquickung" (Apg 3,20) und mit ihr die Stunde des großen Aufatmens und der Erhebung des Menschen zu einer „gottverwandten Existenz" (*Ranke*) herauffführte. Das bewog den Ersten Johannesbrief zu dem emphatischen Ausruf.

> *Sehr doch, welch große Liebe der Vater zu uns hegt: daß wir Gottes Kindes nicht nur heißen, sondern sind! (1 Joh 3,1)*[44].

Das hatte Paulus mit seinem nicht weniger eindringlichen Aufruf vorweggenommen:

> *Ihr habe doch nicht den Geist der Knechtschaft empfangen, so daß ihr euch aufs neue fürchten müßtet, sondern den Geist der Sohnschaft, in dem wir rufen: „Abba – Vater" (Röm 8,15)*[45].

Das ist im vollen Rückbezug auf die Gottesentdeckung Jesus gesagt, jedoch so, daß damit zugleich die Spitzenaussage der paulinischen Anthropologie formuliert ist. Denn für Paulus ist, mit einem Wort des unvergessenen Exegeten *Ernst Fuchs* gesprochen, das „Innerste Gottes das Menschliche"[46]. Das aber heißt im Umkehrschluß, daß das Höchste des

42 Dazu meine Schrift ‚Gott im Horizont der Menschen', Lüneburg 2001, 125–138; ferner mein Beitrag ‚Dankbarkeit als denkerisches Initiationserlebnis', in: *J. Seifert* (Hrsg.), Dank und Dankbarkeit. Eine universale Demension des Menschseins, Heidelberg 1992, 158–172.

43 *F. Mussner*, Der Galaterbrief, Freiburg 1981, 268ff; *U. Wilckens*, Der Brief an die Römer II, Zürich/Neukirchen-Vluyn 1980, 136f.

44 *D. Rusam*, Die Gemeinschaft der Gotteskinder. Das Motiv der Gotteskindschaft und die Gemeinden der johanneischen Briefe, Stuttgart 1993, 110–125.

45 *U. Wilckens*, Der Brief an die Römer II, 136ff.

46 *E. Fuchs* in einem Marburger Seminar von 1966.

Menschen das Göttliche – verstanden als seine Erhebung zum Status der Gotteskindschaft – ist. Denn der Mensch verlangt nach *Nikolaus von Kues*, dem großen Theoretiker der Gotteskindschaft, nicht danach, etwas anderes zu sein als das, was er ist, wohl aber danach, mit dem, was er ist, auf einen neuen Seinsstand erhoben zu werden[47].

Als Dialektiker hat Paulus aber auch den Gegenpol vor Augen, der mit der Todverfallenheit des Menschen gegeben ist. Stellvertretend für alle Leidensgenossen spricht er davon im Stil eines De profundis. wenn er die menschliche Existenznot mit dem Aufschrei beklagt:

> *Ich unglücklicher Mensch; wer wird mich von diesem todverfallenen Leib befreien? (Röm 7,24)*

Die Tiefe des Abgrunds aber erreicht er mit der Frage: „O Tod, wo ist dein Stachel?" (1 Kor 15,55f), wenn er mit dem Zusatz „Der Stachel des Todes ist die Sünde", den Tod als den Antreiber zum Bösen begreift. Erst vor dieser dunklen Folie wird einsichtig, was mit der Erhebung des Menschen zum Stand der Gotteskindschaft gesagt war. Das hat dann die Paulusschule mit dem Satz zum Ausdruck gebracht:

> *Er hat uns der Macht der Finsternis entrissen und in das Reich seines geliebten Sohnes versetzt (Kol 1,13)*[48].

Doch der „im Namen aller Kreatur" ausgestoßene Notschrei (*Bernhart*) zeigt bereits, daß der „allen alles gewordene" Paulus (1 Kor 9,22) den Menschen niemals in individueller Isolation, sondern stets in der Verbundenheit mit allen vor Augen hat. Denn keiner „lebt und stirbt" nach seiner Überzeugung „für sich selbst" (Röm 14,7), sondern beides in der Zugehörigkeit „zum Herrn" (14,8) und durch ihn in der Verbundenheit mit allen.

Dieses Konzept einer „kollektiven Identität" verfaßt sich für Paulus dann organisch in das von ihm schon in der Korrespondenz mit Korinth (1 Kor 12,26) und dann nochmals im Römerbrief entwickelte Begriffsbild des mystischen Leibes (Röm 12,4–6), das als Konkretisierung der von ihm mit der Formel „in Christus" ausgemessenen Sphäre (*Wikenhauser*) zu gelten hat[49]. Die Paulusschule hat dieses Motiv nicht nur fortentwickelt, sondern auch im glaubenstheoretischen Sinn „verinnerlicht", als sie den mystischen Leib als „Ort" des zu sich selbst erwachen-

47 *N. von Cues*, Vom verborgenen Gott (Ausgabe *Bohnenstaedt*), Leipzig 1942, 80.

49 *G. Theissen*, Die Religion der ersten Christen. Eine Theorie des Urchristentums, Gütersloh 2000, 375; *F. Hahn*, Theologie des Neuen Testaments II, 179f.

49 *A. Wikenhauser*, Die Kirche als der mystische Leib Christi nach dem Apostel Paulus, Münster 1937, 84–152; *Ders.*, Die Christusmystik des Apostels Paulus, Freiburg 1956, 32; 36; 61.

den und zu seiner Vollgestalt heranreifenden Glaubens entdeckte[50]. Denn in seinem Aufstieg aus den in seinem Leiden durchschrittenen „Niederungen der Erde“ erfüllte der Erhöhte auch in dem Sinn „das All“, daß er seine Gemeinde durch eine Ämterordnung, bestehend aus „Aposteln, Propheten, Evangelisten, Hirten und Lehrern“, strukturierte, und dies zu dem Ziel,

> *daß wir alle zur Einheit des Glaubens und zur Erkenntnis des Gottessohnes gelangen, zur vollen Mannesreife und zum Vollmaß der Fülle Christi (Eph 4,13)*[51].

Subjekt des Glaubens ist somit nicht schon der Einzelne, sondern erst das Kollektiv der in Glaube und Liebe Geeinten, die durch ihre Interaktion zum Vollalter Christi heranreifen und, mit dem spektakulären Prolog des großen Johannesbriefs gesprochen, das Wort des Lebens vernommen, geschaut und ergriffen haben (1 Joh 1,1). Das ist in unverkennbarem Rückbezug auf den gesagt, dem vor Damaskus der Gottessohn ins Herz gesprochen wurde, der sein Antlitz im Glanz der Gottherrlichkeit erstrahlen sah und der sich von ihm ergriffen fühlte. Deshalb hat er nicht so sehr den glaubenden und lehrenden als vielmehr den erhöhten und geglaubten Christus im Blick, auch wenn die Lebensgeschichte und insbesondere die Sprechwelt Jesu bei ihm noch vielfach durchschimmern, wenngleich nur durch den Schleier des „Vergessens“, das sich der aufwärts und vorwärts schauende Apostel (nach Phil 3,17) auferlegt. Für ihn vollzog sich, mit *Jürgen Moltmann* gesprochen, die Auferstehung Jesu

> *nicht nur synchron dem toten Jesu, sondern diachron dem ganzen Jesus in allen Momenten seines Lebens und seiner Verkündigung*[52].

Darum ist der Auferstandene nicht nur in seinem Kreuzestod, sondern „von Geburt an präsent“: ebenso als der Gekreuzigte wie als der Getaufte, Predigende und Heilende, als „Freund der Zöllner und Sünder“ und als der „von Frauen bis zum Tod Begleitete“[53].

Doch diese diachrone Stoßrichtung der Präsenz Christi bricht für Paulus mit seiner Auferstehung nicht ab, sondern reicht in die Zukunft seiner Parusie hinein. Dadurch tritt zur „sozialen“ Dimension, die das paulinische Konzept durch das Motiv des mystischen Christusleibes gewann, die futurisch-eschatologische hinzu. Denn durch die Auferstehung

50 *A. Wikenhauser*, Die Kirche als der mystische Leib Christi, 152–191.
51 *R. Schnackenburg*, Der Brief an die Epheser, 172–176; 187 ff.
52 *J. Moltmann*, Der Weg Jesu Christi. Christologie in messianischen Dimensionen, München 1989, 57 f.
53 A. a. O., 95.

schlug der von Jesus durchschrittene Niedrigkeitsweg in den seiner Siegesgeschichte um, an dem sich Paulus ebenso als weihrauchspendender Akoluth (2 Kor 1,14ff) wie als kämpfender Protagonist (10,3ff) beteiligt; denn:

> *Er muß herrschen, bis er alle Feinde unter seine Füße getreten hat. Als letzter Feind wird der Tod vernichtet. Wenn ihm aber alles unterworfen ist, wird sich zuletzt der Sohn dem unterwerfen, der ihm alles unterworfen hat, damit Gott alles in allem ist (1 Kor 15,25f. 28)*[54].

In diesem mehrdimensionalen Sinn entfaltet sich die paulinische Konzeption, mit der sich der Apostel erneut als der Unbekannte und in seiner Denkwelt noch weithin Unbegriffene erweist. Wenn er deutlicher als bisher ans Licht treten soll, muß er, der wie kein anderer in der von ihm vertretenen Sache lebte, nun aber auch in seiner missionarischen Aktivität gesehen und daher als der große Glaubenszeuge gewürdigt werden.

54 A.a.O., 343f.; *F. Hahn*, Theologie des Neuen Testaments II, 180.

Drittes Kapitel

DER ZEUGE

Die Botschaft

Wie Jesus nur wenig Zeit blieb, stand auch Paulus unter dem Eindruck einer sich ständig verkürzenden Zeit, während sich sein Aktionsraum im gleichen Maß vergrößerte. Während das letztere aus der Bemerkung des Römerbriefs spricht, wonach er das Evangelium in weitem Bogen von Jerusalem bis Illyrien zu tragen vermochte (Röm 15,19), um aber in seinem angestammten Aktionsraum „kein Arbeitsfeld mehr“ finde (15,23), verleiht er seinem Zeitgefühl mit dem appellartigen Satz Ausdruck:

> *Jetzt ist sie da, die Zeit der Gnade, jetzt ist er da, der Tag des Heils (2 Kor 6,2).*

Das hätte nicht einmal der formellen Begründung bedurft, die Paulus dann aber doch aus prinzipiellen Erwägungen mit den Worten gab:

> *Das sage ich euch, Brüder: die Zeit drängt! In Zukunft sollen deshalb jene, die Frauen haben, so leben, als hätten sie keine, die Weinenden, als weinten sie nicht, die Fröhlichen, als freuten sie sich nicht, die Besitzenden, als besäßen sie nicht, und die, die sich der Welt bedienen, als benutzten sie sie nicht; denn die Gestalt dieser Welt vergeht (1 Kor 7,29ff).*

Zu dieser Doppelbelastung durch das sich vergrößernde Arbeitsfeld und die sich verkürzende Zeit kam die durch seine zwei Kulturkreisen entstammenden Rezipienten. Zwar gibt es für Paulus letztlich „keinen Unterschied zwischen Juden und Heiden“, da Gott ja ein und derselbe ist, „reich für alle, die ihn anrufen“ (Röm 10,12). Doch mußte das Evangelium, um als die heilwirkende Gotteskraft glaubhaft zu werden, „zunächst an die Juden und dann an die Hellenen“ herangetragen werden (Röm 1,16). So wenig dabei Bildungsunterschiede eine Rolle spielten, da Gott gerade die Schwachen und Ungebildeten erwählte, um die „Weisen und Wortführer dieser Welt“ zu beschämen (1 Kor 1,20–29), mußte doch ein ganz anderes Gefälle berücksichtigt werden, das sich daraus ergab, daß die Mehrheit der Bekehrten unfähig war, Paulus in die Schatzkammer seiner Weisheitslehre zu folgen:

Nicht wie zu Geistesmenschen konnte ich zu euch reden, Brüder, sondern nur wie zu Fleischenmenschen und Unmündigen in Christus. Milch gab ich euch zu trinken anstelle fester Speise. Denn die konntet ihr nicht vertragen, ja ihr vertragt sie noch immer nicht (1 Kor 3,1f).

Vor allem aber galt es, im Wort an die Juden den von ihnen empfundenen „Skandal" des Kreuzes, im Wort an die Heiden den für diese darauf lastenden Anschein der „Torheit" auszuräumen (1 Kor 1,22), und den Juden die in der Ohnmacht des Kreuzes verborgene Gotteskraft, den Heiden dagegen die von seiner Torheit verhüllte Gottesweisheit glaubhaft zu machen (1,25). Doch all das würde dazu noch durch die Konfliktsituation überlagert, in die Paulus durch die Unterstellungen, Einwände und Angriffe seiner Gegner gezogen wurde und die es dazu brachten, daß ihm beträchtliche Teile seiner Botschaft zu einer „Kampflehre" (*Wrede)* gerieten[1]. Es waren insbesondere die Sprecher der von Jerusalem – unter undurchsichtiger Berufung auf die Altapostel – ausgehenden Gegenmission, die sein Aufbauwerk in Galatien bedrohten und den wortgewaltigen Polemiker in ihm auf den Plan riefen. Dabei griff er nicht nur auf seine Grundkonzeption zurück, sondern bisweilen zu Waffen, die er, widersprüchlich genug, dem Arsenal seiner Gegner entnahm. In bewundernswerter Selbsdisziplin gelang es ihm dann aber doch, den Polemiker in sich zu bändigen und seine Botschaft nicht aus dem Gleichgewicht kommen zu lassen. Doch wie stellt sie sich dar? Auf diese Frage antwortet Paulus grundsätzlich mit der Versicherung, daß ihm vor Damaskus der Auferstandene geoffenbart wurde, damit er ihn „unter den Heiden verkünde" (Gal 1,16), daß also seine ganze Botschaft eine Verkündigung des ihm ins Herz gesprochenen Gottessohnes sei. Unmißverständlich gibt er damit zu Protokoll, daß seine Botschaft als eine einzige Explikation seines Offenbarungsempfangs anzusehen sei, daß er also das – und im Grunde nur das – ausspreche, was ihm selbst zugesprochen wurde. Doch diese Antwort läßt eine Frage offen: Wie wußte Paulus, daß er mit seinem Erlebnis ins göttliche Lebensgeheimnis aufgenommen wurde und daß der ihm Zugesprochene der Sohn Gottes war? Der naheliegende Rekurs auf alttestamentliche Vorgaben (wie Ps 2,7; Jes 2,4) greift zu kurz, weil er den Grund der Übernahme ungeklärt läßt. Befriedigend ist nur eine Erklärung, die über das gewandelte Selbstverhältnis des Angesprochenen führt. Von Gott ins Einvernehmen gezogen, sah er sich selbst in ein Kindesverhältnis aufgenommen, das ihm zum Interpretament des empfangenen Zuspruchs wurde. Im Lichte dessen, wozu er selbst erhoben worden war, erkannte er die Sohnesgestalt dessen, der ihm zugeeignet

1 *W. Wrede*, Paulus, in: Das Paulusbild der neueren deutschen Forschung, 67–73.

worden war. Es war Gottes Innerstes und Eigenstes; das Geheimnis seines Sohnes.

Darin besteht der diamantene Kern der paulinischen Botschaft, die diesen Kristall in seinem Facetten aufleuchten läßt und in ihnen das Spektrum ihrer Inhalte spiegelt: Anfang und Ende der Welt, Sinn und Ziel des Menschen und der Menschheitsgeschichte, vor allem aber den Weg, den Gott einschlug, um die Welt aus Finsternis und Todverfallenheit zu befreien und sie dem Endziel der Gotteskindschaft entgegenzuführen. Allenthalben schlägt die Zielstrebigkeit dieser dynamischen Zusammenschau im Briefwerk des Apostels durch, so schon in dem Ternar, mit dem er seinen Liebeshymnus in den Kontext des Ersten Korintherbriefs einfügte:

> *Nun bleiben Glaube, Hoffnung, Liebe, diese drei: am größten unter ihnen aber ist die Liebe (1 Kor 13,13).*

Dann in der teleologischen Sicht des Endgeschehens, die die wechselseitige Unterwerfung des Weltgeschehens unter die Herrschaft Christi und dessen Selbstunterwerfung unter die Herrschaft Gottes in das „Gott alles in allem" ausmünden sieht (1 Kor 15,28). Ebenso in der „hymnischen" Wiederholung dieser Schau im zweiten Liebeshymnus des Apostels, der abschließend versichert, daß

> *weder Tod noch Leben, weder Engel noch Mächte, weder Gegenwärtiges noch Zukünftiges oder weder Gewalten der Höhe noch Tiefe noch irgendein anderes Geschöpf uns trennen können von der Liebe Gottes, die in Christus Jesus ist, unserm Herrn (Röm 8,38f).*

Erst recht aber gilt das von der „evolutionären" Geschichtsschau des Römerbriefs, die das Weltgeschehen stöhnend und leidend dem Endziel der universalen Gotteskindschaft entgegenstreben sieht (Röm 8,19ff). So hält sich die Grundkonzeption des Apostels mit erstaunlicher Konsequenz in seinem so unterschiedlichen und vielseitigen Gesamtwerk durch.

Doch das Bild, das die Briefe vermitteln, läßt das keineswegs und schon gar nicht, wie zu vermuten wäre, auf den ersten Blick erkennen. Vielmehr ist die Grundkonzeption dort durch pastorale Anweisungen und Auseinandersetzungen mit wirklichen oder fingierten Gegnern überwuchert und bisweilen sogar durch Gegenvorstellungen verschattet. So folgt auf die teleologische Schau des Weltendes eine Wiederholung der antiochenischen Vorstellung, wie sie Paulus als „Herrenwort" schon in der Korrespondenz mit Thessalonike dargelegt hatte (1 Thess 4,16), ohne daß zwischen diesen heterogenen Sichten vermittelt würde.

Dieser Diskrepanz der eschatologischen Konzepte entspricht eine nicht minder gravierende der paulinischen Anthropologie. Nachdem

Paulus im Ersten Korintherbrief die Ursache des Bösen in dem dazu anstachelnden Tod entdeckt und höchst eindrucksvoll zur Sprache gebracht hatte (1 Kor 15, 55f), fällt er im Römerbrief auf die entgegengesetzte Vorstellung zurück, die mit dem Wort vom Tod als dem „Sold" der Sünde (Röm 6,23) dem in der Schuldverhaftung Adams stehenden Menschen die Schuld an seiner Todverfallenheit anlastet. Fällt er bei dieser Kontrastierung des die vielen in seinen Fall hineinreißende Adam (Röm 5,15) mit dem die „lebenspendende Rechtfertigung" bewirkenden Christus (Röm 5,18) der von ihm auch sonst privilegierten typologischen Denkweise zum Opfer oder ist auch in diesem Fall mit einer Übernahme vorgegebener Denkmodelle zu rechnen? Dann müßte wohl auch hier an antiochenische Vorgaben gedacht werden.

Als schwerster Fremdkörper der paulinischen Verkündigung hat die Rechtfertigungslehre zu gelten, und dies auch angesichts der Tatsache, daß sie, vor allem aufgrund ihrer Rezeption durch Luther, weithin als Kernstück seines Denkens gilt. Wie die englische Paulusforschung zeigte, geht es im Zentrum des paulinischen Denkens aber nicht um die Gerechtigkeit Gottes und um deren Explikation mit Hilfe rechtlicher Kategorien, sondern um das, was an seinem Ausgangspunkt stand, um das Fortleben Christi im Herzen der Seinen und um ihre Verbundenheit mit ihm. Denn die von Paulus durchlebte – und durchdachte – Nachfolge Christi besteht in der Übereignung dessen, was er durch den ihm widerfahrenen Liebeserweis Gottes geworden war. Wohl aber ist die Rechtfertigungslehre das Kernstück seines Kampfes um das gesetzesfreie Evangelium und als solches die Waffe, mit der er sich gegen seine judaistischen Widersacher behauptete. Wer sie zum Zentrum seiner Konzeption erklärt, nimmt ihn nur als den um die Identität des Christentums ringenden Kämpfer, nicht jedoch als Osterzeugen und Mystiker in den Blick. Und es ist bezeichnend, daß sich *Eduard Lohse* im Zug seines Versuchs, Paulus als Theologen der Rechtfertigung zu erweisen, zu dem Satz versteigt, daß er „kein Mystiker" war[2]. Denn damit wird Paulus nicht nur als religiöse Schlüsselgestalt, sondern sogar als Kämpfer für die Sache des Evangeliums verkannt, wie es ihm nach eigenem Bekunden weder überliefert noch gelehrt, sondern „durch eine Offenbarung Jesu Christi" mitgeteilt worden war (Gal 1,12). Denn es gibt, so versichert er mit äußerster Heftigkeit, „kein anderes Evangelium" (Gal 1,7):

> *Und selbst gesetzt der Fall, daß ein Engel vom Himmel oder wir ein anderes Evangelium verkünden würden, als wir es euch gelehrt haben: verflucht sei er! (Gal 1,8)*

2 *E. Lohse*, Paulus. Eine Biographie, München 1996, 211.

Das ist der Auftakt zu einem Kampf auf Leben und Tod, den Paulus lebensgeschichtlich gesehen verlor, aus dem aber die von ihm verfochtene Sache, das gesetzesfreie Evangelium, siegreich hervorging. In seiner Rechtfertigungslehre ging es ihm um den Nachweis, daß das von Jesus erwirkte Heil nicht an menschliche Vorleistungen nach Art der Beschneidung und der Gesetzeswerke gebunden, sondern, wie es als Gewährung der göttlichen Liebe nicht anders sein konnte, bedingungslos gegeben war. Das aber heißt, daß es ihm dabei um die Abgrenzung und Selbstunterscheidung von dem gesetzeshörigen Judentum zu tun war. Dabei verfolgte er sogar, genauer besehen, eine Doppelstrategie. Denn sein Kampf nahm deshalb gelegentlich so bittere und sich bis zum Zynismus steigernde Formen an, weil er dabei den Gesetzesmenschen in sich selbst bezwingen mußte. Daher dann auch der nachdrückliche Hinweis darauf, daß seine Missionstätigkeit keine Leistung sei, die entlohnt werden müsse, sondern ein von ihm unter innerem „Zwang" geleisteter Dienst, dem er sich gar nicht entziehen könne.

Im Hinblick darauf kann in der Paulusforschung nicht nachdrücklich genug mit *Ed Parish Sanders* zwischen der exoterischen und der esoterischen Lehre des Apostels unterschieden werden. Dabei gehört die Rechtfertigungslehre als Instrument seiner Abgrenzungsstrategie zum Grundbestand seiner exoterischen, seine Weisheits- und Innerlichkeitsbotschaft zum Zentralinhalt seiner esoterischen Lehre. Doch damit würde die Forschung nur mit Paulus gleichziehen, der sich im Umgang mit der Gemeinde von Korinth vor einen ähnlichen Gegensatz gestellt sah wie in seinem Kampf mit den judaistischen Gegnern. Nur geht es dabei um das für ihn besonders schmerzliche Gefälle zwischen dem, was ihm als ideale Reziption vorschwebt, und der für seine Zentralbotschaft aufgrund ihrer Zerrissenheit unansprechbaren Gemeinde, die er mit Milchkost abspeisen mußte, da sie unfähig war, ihm in seiner Weisheitsrede zu folgen. Wurde er mit seinem Herzensanliegen überhaupt verstanden? Liegt über seinen Briefen nicht wie ein Schleier die Trauer dessen, der sich vergeblich bemüht, die Doppelgrenze seiner Mitteilungskraft und der Rezeptionsfähigkeit seiner Adressaten zu durchbrechen, um sich ihnen trotz aller Barrieren verständlich zu machen? Und schwingt in der Bemerkung des Römerbriefs, daß er in den bisher missionierten Gegenden „kein Arbeitsfeld" mehr finde und deshalb in Spanien ein neues suchen müsse (Röm 15,23), nicht ein resignativer Unterton mit, der auf enttäuschende Erfahrungen schließen läßt?

Wenn dieser Resignation auch der Eindruck zugrundeliegt, daß er in seinem angestammten Missionsgebiet, wie ihm dies schon in Korinth begegnet war (1 Kor 3,1 ff), mit dem esoterischen oder, genauer noch gesprochen, „christomatischen“ Kern seiner Botschaft immer weniger verstanden wurde, so daß sich mit der Suche nach einem neuen Arbeitsfeld auch die Hoffnung auf bessere Verständigung verband, wird klar, daß Paulus bei seinem Missionskonzept ebenso behutsam wie konziliant, wenn nicht gar kompromißbereit vorgehen mußte. Um verständlich zu sein, konnte er den christomatischen Kern seiner Konzeption unmöglich ins Zentrum seiner Verkündigung rücken, da er, gerade auch aufgrund seiner Erfahrungen in Korinth, auf die Fassungskraft seiner Hörer Rücksicht nehmen mußte.

Das führte Paulus einerseits dazu, daß er vorgegebene Konzepte, Glaubensformeln und Deutungsmuster übernahm, wie er sie insbesondere während seines langjährigen Aufenthalts in der von der Hellenistengruppe dominierten Gemeinde von Antiochien vorfand, andrerseits aber auch dazu, daß er, der Kompromißlose, um „allen alles zu werden“ (1 Kor 9,22), bisweilen Kompromisse einging, die seinen Grundgedanken verdunkelten. Überdies darf dabei die schwierige Lage nicht übersehen werden, in die ihn seine Naherwartung angesichts der sich mehrenden Todesfälle in seinen Gemeinden brachte. Das steigerte sich noch dadurch, daß in diesen Gemeinden charismatisch Begabte auftraten, die unter Berufung auf ihre Inspiration Botschaften im Namen der Erhöhten vortrugen, die er nicht selten mit originären Christusworten gleichsetzte. So flossen in seine Grundintuition auch andersartige, bisweilen sogar heteronome Elemente ein, so daß sich seine Konzeption zu einem Kaleidoskop ganz unterschiedlicher Farben gestaltete. Ungeachtet dieser perspektivenreichen Vielfalt ist die Botschaft des Apostels von einem konzentrativen Grundzug durchwaltet, der es ihm ermöglicht, trotz der Vielstimmigkeit seiner Einzelaussagen stets mit einer Stimme zu reden.

So ergibt es sich aus seinem Urerlebnis, wonach ihm das Geheimnis des Gottessohnes ins Herz gesprochen wurde. Auch wenn er es so noch nicht sagt, ist Jesus für ihn doch im Sinn des Johannesprologs das menschgewordene Wort Gottes, das sich durch ihn, sein gedankliches und apostolisches Wirken, der Welt mitzuteilen sucht. Dieses Wort bedurfte, wie jedes menschliche, der Auslegung. Doch im Falle dessen, der der Welt das Beste und Wichtigste – sich selbst – zu sagen hatte und dafür ans Kreuz geschlagen wurde, griff Gott als erster in das erforderliche Interpretationsgeschehen ein, indem er das Kreuz ins Licht der Auferstehung tauchte und den Gekreuzigten dadurch zum rettenden Heilszeichen erhob. Dadurch steht dieser im Zentrum der paulinischen Konzeption, auf das alles zurückbezogen ist und von dem aus alles seinen Stellenwert gewinnt. Aus dieser Mitte entfaltet sich ebenso die Schöpfungslehre des Apostels wie seine Eschatologie, vor allem aber, da es ihm um die Rettung des Menschen zu tun ist, seine Heilslehre und seine Anthropologie.

Sein Menschenbild ist, um bei diesem einzusetzen, düster; denn der Mensch ist deswegen erlösungsbedürftig, weil er durch Adams Schuld der Sünde verfallen ist und dem Tod als deren „Sold" und Buße entgegengeht. Das steigert sich im Römerbrief, der dieses pessimistische Bild – womöglich aufgrund deprimierender Missionserfahrungen des alternden Apostels – entwirft, zu dem zwar nicht persönlich zu verstehenden, wohl aber im Namen der ganzen unter das Joch der Todesfurcht gebeugten Kreatur ausgestoßenen Aufschrei:

> *Ich unglücklicher Mensch! Wer wird mich von diesem todverfallenen Leib befreien? (Röm 7,24)*

Wenn Paulus diese Frage mit dem Dank an „Jesus Christus, unsern Herrn" (Röm 7,25) beantwortet, verweist er unausdrücklich zurück auf die wenig beachtete Stelle des Ersten Korintherbriefs, an der er das Todesproblem in eine diametral entgegengesetzte Deutung rückt. Denn hier ruft er, nicht weniger emphatisch als im Römerbrief, und jetzt mit der Auferstehung im Rücken:

> *Tod, wo ist dein Sieg? Wo ist, o Tod, dein Stachel? (1 Kor 15,55)*

Wenn er dem den erklärenden Zusatz „der Stachel des Todes ist die Sünde" hinzufügt (1 Kor 15,56), stellt er, antizipierend, das Theorem des Römerbriefs auf den Kopf. Denn hier erscheint der Tod nicht mehr als Straffolge der Sünde, sondern als der Treiber, der den Menschen zum Bösen anstachelt. Das aber heißt, daß die Todverfallenheit nicht, wie dies schon der Satz des *Anaximander* unterstellte, als die „Buße" zu verstehen ist, die die Menschen sich gegenseitig für ihren konkurrierenden Daseinsanspruch zu erlegen haben, sondern daß sie deshalb böse werden, weil sie sterben müssen[3]. Dennoch ist der Mensch aus der Hand Gottes hervorgegangen (1 Kor 15,45) und zum „Bild und Abglanz Gottes" geschaffen (1 Kor 11,7). Weil aber alle gesündigt haben, entbehren sie die ihnen anerschaffene Herrlichkeit (Röm 3,23). Und weil sie versäumten, Gott zu danken, verfielen sie der Verfinsterung ihres Herzens (Röm 1,21). Deshalb ist der Zorn Gottes vom Himmel her über sie entbrannt (Röm 1,18); und deshalb droht am Tag des Zornes allen „des gerechten Gottes Gericht" (Röm 2,6), aus dem sie nur die Erlösungstat Christi zu erretten vermag. Davon rührt es her, daß „Trübsal und Angst auf jeder

3 *M. Heidegger*, Der Spruch des Anaximander, in: Holzwege, Frankfurt 1950, 296–343.

Menschenseele lastet" (Röm 2,9) und daß ein jeder unter das Joch der Todesfurcht gebeugt ist.

So führt der anthropologische Ansatz des Apostels geradewegs in seine Eschatologie, die er mit Bildern der antiochenischen Tradition ausmalt. In nahezu gleichlautenden, nur durch den Grad ihrer Dramatik unterschiedenen Aussagen versichert er im Ersten Thessalonicherbrief (1 Thess 4,15ff) wie im Ersten Korintherbrief (1 Kor 15,51f), daß „in einem Augenblick, beim letzten Posaunenschall" die Toten auferstehen und, zusammen mit den noch Lebenden, dem wiederkommenden Herrn „auf Wolken" entgegenziehen werden, um für immer bei ihm zu sein. Zwar müssen alle vor dem Richterstuhl Christi erscheinen (2 Kor 5,10) und am Tag des Gerichts wie durch ein klärendes Feuer hindurchgehen (1 Kor 3,13ff). Doch ist das Endziel die Rettung aller, auch der in diesem läuternden Durchgang Bestraften (3,15).

Neben diesem vom Gerechtigkeitsmotiv entwickelten Zug entwickelt der „Zwiespältige" aber vom gleichen Ansatz aus eine ausgesprochene Hoffnungsperspektive, die an evolutionstheoretische Konzepte heranreicht. Nach dem großen Wort des Römerbriefs über den Eintritt in den angstfreien Lebensraum der Gotteskindschaft und der darin gewonnenen Kompetenz, die Abba-Anrufung Jesu mitzusprechen (Röm 8,15), extrapoliert Paulus diesen Gedanken auf das Weltgeschehen, indem er gleichzeitig auf das Bild der von „Trübsalen und Ängsten" befallenen Menschen zurückgreift. Nach seiner Ansicht halten die Leiden dieser Zeit keinen Vergleich aus mit der bevorstehenden Herrlichkeit der Gotteskinder. Zwar ist die Schöpfung der Nichtigkeit unterworfen, doch in der Hoffnung, daß sie von der Vergänglichkeit befreit werde und zur Freiheit der Gotteskinder gelange (Röm 8,18–21). Und nun wörtlich:

> *Wir wissen ja, daß die ganze Schöpfung bis zur Stunde stöhnt und in Wehen liegt. Doch nicht nur sie: auch wir, die wir doch die Anfangsgabe des Geistes besitzen, stöhnen in Erwartung der Gotteskindschaft und der Erlösung unseres Leibes (Röm 8,22f).*

Damit nimmt Paulus ebenso die Vorstellung einer evolutionären Entwicklung des Weltgeschehens wie die Idee *Hegels* vom weltgeschichtlichen Fortschritt im Bewußtsein der Freiheit vorweg, nur daß er bei diesem Geschehen nicht anonyme Kräfte, sondern den Willen Gottes am Werk sieht. Wenn man zudem die Stadien in Betracht zieht, die Paulus in der Vorgeschichte der Heilszeit unterscheidet – „von Adam bis Mose herrschte der Tod auch über die, die nicht gleicherweise wie Adam gesündigt hatten" (Röm 5,13f) – und überdies sein Wort von der Zeit unter dem „Zuchtmeister des Gesetzes“ und dem Anbruch der mit der Sendung des Gottessohnes eingetretenen Zeitenfülle (Gal 3,24; 4,4), wird man in seinem Geschichtsmodell sogar Ansätze zu dem triadischen Konzept des *Joachim von Fiore* entdecken. Dieser Sicht entspricht dann aber auch die neuartige Sicht des Ziels, die er, noch vor der antiochenischen, im Ersten Korintherbrief entwickelt. Danach kommt das Weltende, wenn Christus, nachdem er alle ihm widerstrebenden Mächte vernichtete, die von ihm errungene Herrschaft dem Vater übergibt:

> *Denn er muß herrschen, bis ihm alle Feinde zu Füßen gelegt sind. Als letzter Feind wird der Tod vernichtet … Wenn ihm aber alles unterworfen ist, wird sich der Sohn selbst dem unterwerfen, der ihm alles unterworfen hat, damit Gott alles in allem sei (1 Kor 15,24–28).*

So vollendet sich der Gang der Welt in einem wechselseitigen Unterwerfungsakt, der Weltmächte unter die Herrschaft Christi und dessen Selbstunterwerfung unter die Herrschaft des Vaters. Man könnte auch von einer progressiven Zurücknahme alles Seienden in die göttliche Seinsfülle sprechen, aus der es hervorgegangen war. Wie mit vergleichbar kühnen Aussagen ist Paulus auch mit dieser weit davon entfernt, von der nacharbeitenden Theologie eingeholt oder auch nur in den Blick genommen zu sein.

Überstrahlt wird dieser Gegensatz der eschatologischen Konzeptionen jedoch von der heilsgeschichtlichen Sicht, die Paulus in seinem optischen Osterzeugnis entwirft. Es ist die an *Runges* ‚Morgen‘ erinnernde Sicht, die sich vom ersten Aufscheinen des Lichts am Schöpfungsmorgen bis zum Aufgang der in ihrem vollen Glanz auf dem Antlitz Christi erstrahlenden Gottessonne erstreckt. Auch wenn die Wendung „in unsern Herzen“ auf ein inneres Geschehen hindeutet, ist damit für die zwischen Innen und Außen oszillierende Dialektik des Apostels doch auch eine Deutung des Weltgeschehens verbunden.

Unverkennbar ist diese Sicht des Weltgeschehens in die Soteriologie des Apostels eingebunden, so wie diese auch seine Christologie umfängt. Denn Gott sandte, nach einer durch ihre chiastische Gestaltung als Kardinalaussage ausgewiesenen Stelle des Galaterbriefs, in der Fülle der Zeiten seinen Sohn:

> *geboren aus einer Frau und dem Gesetz unterstellt, damit er die dem Gesetz Unterworfenen befreie und damit wir zur Sohnschaft gelangten (Gal 4,4).*

In ähnlich finalisierter, auf das Heil der Welt bezogener Sicht sagt Paulus von dem Gekreuzigten:

Ihn hat Gott als Sühnezeichen hingestellt ..., um zu zeigen ..., daß er selbst gerecht ist, und um den gerecht zu machen, der an Jesus glaubt (Röm 3,25f).

Wie Jesus im Johannesevangelium Medium der Selbstoffenbarung Gottes ist – so die ausgesprochene Medialaussage zu Beginn der Prologs (Joh 1,1) –, ist er für Paulus das Medium des göttlichen Heilswillens. Davon macht nicht einmal die einzige Stelle eine Ausnahme, die sich auf den Lebensvollzug des historischen Jesus bezieht:

Ihr kennt doch die Gnade unsres Herrn Jesus Christus und wißt, daß er, obwohl er reich war, euretwegen arm geworden ist, damit ihr durch seine Armut reich würdet (2 Kor 8,9).

So waltet in Jesu Geburt, Leben und Sterben der Liebeswille Gottes, der sich in ihm zu der verlorenen Welt herabläßt, um sie der kreatürlichen Nichtigkeit zu entheben und – als seinen verlorenen Sohn – an sein Herz zu ziehen. Denn so sehr Gott für die Welt Schöpfer und Herr ist, so ist er doch für die Geschichte, mit *Martin Deutinger* gesprochen, nicht Creator, sondern Genitor[4]. Deshalb läuft das Weltgeschehen für Paulus letztlich auf die ins Universale geweitete Gotteskindschaft hinaus. Was sich im Heilsgeschehen abspielt, ist aus paulinischer Sicht ein Liebesdrama zwischen Gott und der Welt mit dem – an die erotisch-dramatische Darstellung des Gottesbundes bei Ezechiel (Ez 16, 2–39) erinnernden – Ziel, sich diese, mit der Christengemeinde an ihrer Spitze, als seine „Braut" anzuverloben (2 Kor 11,2) und in ein Kindesverhältnis mit sich (Röm 8,23) aufzunehmen.

In diesem soteriologischen Kontext steht auch das Zentrum der paulinischen Christologie, das er, bezeichnend für seine dialektische Denkweise, gegensätzlich und doch einsinnig umschreibt. Zentral und im Stil einer Schöpfungsaussage mit dem Satz:

Wer in Christus ist, ist ein neues Geschöpf: das Alte ist vergangen, siehe, Neues ist geworden! (2 Kor 5,17).

Retrospektiv sodann und jetzt im Rückblick auf die vergangene Unheilszeit mit dem stupenden Wort:

Christus hat uns vom Fluch des Gesetzes erlöst, indem er für uns zum Fluch geworden ist (Gal 3,13).

Das ist nur vor dem Hintergrund des für Paulus bestimmenden Stellvertretergedankens verstehbar. Doch in seinem Licht zeigt sich, daß der Ge-

4 *E. Reisch,* Martin Deutingers dialektische Geschichtstheologie, Bonn 1939, 98.

kreuzigte in seinem furchtbaren Tod die Sündenlast der Welt und damit den nach dem Buch Deuteronomium über jeden „am Holze Hängenden" (Dtn 21,23) lastenden Fluch auf sich nahm, um diesen Fluch als der vom Tod zu neuem Leben Erweckte in Segen und Heil zu verwandeln. Wiederum zeigt sich in diesen Aussagen die Differenz der leitenden Motive. Während das Wort von der Neuschöpfung von dem der Hoffnung getragen ist, steht das vom verwundenen Fluch unverkennbar im Zeichen der Gerechtigkeit. Wenn Paulus im Römerbrief versichert:

> *Jetzt aber ist, unabhängig vom Gesetz, die im Gesetz und den Propheten bezeugte Gerechtigkeit Gottes offenbar geworden (Röm 3,21),*

stellt er sein Christusbild und damit das ganze Heilsgeschehen in diesen Aspekt. Und wenn er im Anschluß daran diese Gerechtigkeit als die bestimmt, durch die sich Gott als gerecht erweist und den, „der an Jesus glaubt", gerecht macht (Röm 3,26), führt er diese rettende Zuwendung der Gottesgerechtigkeit an die Glaubenden auf den Grund ihres Glaubens, die Auferstehung Jesu zurück, die das als Exzess der Ohnmacht und Torheit Gottes erscheinende Kreuz als Inbegriff seiner Macht und Weisheit erwies. Es war dem lange Jahrhunderte als Paulusbrief geltenden, heute aber als spätapostolische Mahn- und Mysterienrede angesehenen (*Vielhauer)* Hebräerbrief vorbehalten, diesen Umschwung in seiner „Kurzformel" der Lebensgeschichte Jesu auszuleuchten:

> *In den Tagen seines Erdenlebens brachte er unter lautem Wehgeschrei und Tränen Bitten und Flehrufe vor den, der ihn vom Tod erretten konnte. Und er ist erhört und aus seiner Todesnot befreit worden (Hebr 5,7).*

Das Wort stellt der lectio difficilior zufolge, die Auferstehung Jesus als ein Dialoggeschehen zwischen dem mit seinem Todesschrei um Rettung flehenden Gekreuzigten und seinem Gott dar, der diesen Schrei zwar nicht mit einem tröstenden Zuspruch und ebensowenig mit einer Hilfsaktion, wohl aber mit seinem rettenden Selbsterweis beantwortet, mit dem er den Sterbenden in seine ewige Lebensfülle aufnimmt. Die Stelle bietet sich um so mehr als Verständnishilfe an, als sie strukturell dem akustischen Osterzeugnis des Apostels entspricht, dessen Ärgernis, das er als Jude am Kreuz Jesu nahm, dadurch beseitigt wurde, daß ihm Gott den von ihm zum Leben erweckten Sohn „offenbarte" und ihn dadurch zum Zeugen seiner Auferstehung werden ließ.

Das aber mußte deswegen rekonstruiert werden, weil Paulus selbst mit seiner Rechtfertigungslehre andere, für die Glaubens- und Christentumsgeschichte ungemein folgenschwere Wege einschlug. Hintergrund ist dafür der dem spätjüdischen Lebensgefühl entsprechende Gedanke von der allgemeinen Sündhaftigkeit der Menschheit. In Anschluß an ein Wort des Predigers (Koh 7,20) betont Paulus:

> *Geschrieben steht: es gibt keinen Gerechten, auch nicht einen; denn da ist kein Verständiger, der nach Gott fragt (Röm 3,10f).*

Was seine judenchristlichen Gegner von der Beschneidung und den Gesetzeswerken erhoffen, das bewirkt nach seiner Überzeugung allein der Glaube und der in diesem gewonnene Anschluß an die Heilstat Jesu. So wird es (nach Röm 1,16f) im Evangelium enthüllt, das sich Juden und Heiden gegenüber als heilbringende Gotteskraft erweist. Denn in Christus, so hatte er schon im Galaterbrief betont, gilt weder die Beschneidung noch die Befolgung der Gesetzesforderungen, sondern nur die aus seinem Heilswerk hervorgegangene „neue Schöpfung" (Gal 6,15). Die polemischen Spitzen, die sich auf die Gegner seiner Heidenmission richten, lassen erkennen, daß die paulinische Rechtfertigungslehre „in der Auseinandersetzung Gestalt gewonnen" (*Guilah*) und deshalb, wie schon *William Wrede* betonte, als ausgesprochene „Kampflehre" zu gelten hat. Erst in ihrer Rezeption durch *Luther* gewann sie jenen zentralen Stellenwert, der sie als das „Kernstück des ganzen Protestantismus" (*Rohrmoser*) erscheinen ließ und rückwirkend auch ihre exegetische Einschätzung beeinflußte (*Lohse*). Licht in die damit aufgeworfene Frage warf die grundlegende Feststellung *Ed Parish Sanders*, daß von der Ebene, auf der sich die Rechtfertigungslehre bewegt, jene „tieferen Schichten des paulinischen Denkens" unterschieden werden müssen, in denen anstelle der „rechtlichen Kategorien" das Motiv der „Teilhabe der Gläubigen an Christus" die Gedankenführung übernimmt, zumal sich Paulus sowohl im Galater- wie im Römerbrief von der „Sprache des Gerechtwerdens" entfernt, um sich dem Gedankengang der Gotteskindschaft zuzuwenden, und zumal deutliche Indizien dafür sprechen, daß der juristische Gedankengang „nicht seine eigene, für ihn charakteristische Auffassung von Christi Tod darstellt"[5]. Wie an anderer Stelle kämpft Paulus auch hier mit fremden, der antiochenischen Glaubenswelt entliehenen Waffen.

Seine ureigene Auffassung besteht demgegenüber in heilsgeschichtlicher wie anthropologischer Hinsicht in der an seinem Offenbarungsempfang abgelesenen Antwort Gottes auf die Zerrissenheit des durch „widersprechende Gesetze" – das zum Guten geneigte des „inneren Menschen" und das herabziehende der Sünde (Röm 7,22) – entzweiten Menschen und auf die der Nichtigkeit unterworfenen Welt mit

5 *E. P. Sanders*, Paulus, 98ff.

Einschluß der im Zustand der Heteronomie befangenen Menschheit. In dieser Antwort findet der Mensch zu seiner Identität und die in Wehen liegende Welt zu ihrem Glück. Und sie bringt beiden das, was ihnen im Zustand ihrer Repression und Heteronomie am meisten fehlt und was den Kern der paulinischen Heilslehre ausmacht: Freiheit.

Der Botschafter

Im Fall des Paulus muß von der Botschaft unverzüglich nach dem Botschafter zurückgefragt werden, weil er wie kaum ein anderer, Jesus ausgenommen, in seiner Botschaft lebt. Im Grunde kann sie nie völlig objektiviert werden, weil ihr Sprecher in ihr auf unkontrollierbare Weise anwesend bleibt, aber auch deshalb, weil sie – wie die Gegenstände der Mikrophysik – zu jener Art von Wirklichkeit zählt, die ihren Rezipienten in die Aussage einbeziehen, die sich also nur dem Beteiligten und von ihr Betroffenen wirklich erschließen. Darin besteht dann auch der letzte Grund für die auffällige Tatsache, daß in seinem Fall die Urteile von enthusiastischer Zustimmung bis zu haßerfüllter Ablehnung auseinanderklaffen, so daß sich das Spektrum der Rezeption wie kaum einmal sonst von einem Extrem bis zum gegenteiligen erstreckt.

Damit tritt Paulus in eine einzigartige Nachfolge Jesu ein. Wie von diesem (nach Joh 1,1) der medienkritische Grundsatz *Marshall McLuhans* „the medium is the message" gilt, so daß seine Botschaft nicht so sehr in den „ipsissima verba" und den Worten über ihn als vielmehr in dem in und mit ihm gesprochenen Gotteswort gesucht werden muß, so, wenngleich abkünftig, auch bei Paulus. Als Existenzdenker entwirft er seine Konzeption als Spiegelung seiner selbst; und als Sprachdenker gestaltet er seine Botschaft, mit *Goethe* gesprochen, zu einer „großen Konfession". Hierin ist es begründet, daß er sich selbst in den erbittertsten Kontroversen mit seinen Widersachern nie verliert; und ebenso rührt es von daher, daß sich seine Botschaft trotz aller Übernahme vorgegebener Formeln und Inhalte stets zu einem Ganzen schließt. Indessen führt diese Beobachtung zu noch ungleich tieferen Zusammenhängen, die ebenso das Gottesbild des Apostels wie seinen kompromißlosen Kampf betreffen.

Was diesen anlangt, so geht es zunächst um die fast befremdliche Heftigkeit, mit der Paulus – bis auf die Ausnahme seiner Lieblingsgemeinde in Philippi – auf der Unentgeltlichkeit seiner apostolischen Dienste besteht. Mit drastischen Bildvergleichen fragt er die Gemeinde von Korinth:

Wer leistet jemals Kriegsdienst im eigenen Sold? Wer pflanzt einen Weinberg und ißt nicht von dessen Früchten? Wer weidet eine Herde und trinkt nicht von deren Milch? (1 Kor 9,7),

um ihr das Ungewöhnliche seines Verzichts auf Vergütung vor Augen zu führen:

Zwar hat der Herr verordnet, daß die Verkünder des Evangeliums auch vom Evangelium leben sollen. Ich aber habe keinen Gebrauch von diesem Rechtsanspruch gemacht …; und lieber will ich sterben, als mir diesen Ruhm rauben lassen (1 Kor 9,14f).

Das aber habe nicht mit irgendwelcher Berechnung, sondern allein damit zu tun, daß er gar nicht anders könne; denn:

Ein Zwang liegt auf mir! Weh mir, wenn ich das Evangelium nicht verkünde (9,16).

Für ihn gibt es keine Trennung zwischen Person und Werk. Denn dieses geht so spontan aus seinem gottgeschenkten Sein hervor wie das Licht aus der Flamme. Das verleiht seinen Aussagen erst den wahren, aus ihrer Rückbezüglichkeit auf seine Person resultierenden Stellenwert. Selbst jene Anordnungen wie die der Ausgrenzung des Blutschänders, die ihm zu Recht die Kritik der Nachwelt eingetragen haben, und selbst seine zynischen Attacken, an denen sich seine Leser bis heute stoßen, müssen im Licht seiner Person und damit jenes „Feuerbrandes" gelesen werden, der *Herman Schell* zufolge seine Glut (nach Lk 12,49) allein dem von Jesus auf die Erde geworfenen Feuer verdankt.

Vor allem aber wird jetzt die Heftigkeit verständlich, mit der er sich der gegen ihn wohl von Jerusalem aus inszenierten Gegenmission erwehrt und dies, wie bereits angedeutet, in einer sich bisweilen zum Zynismus steigernden Sprache. Sie wird verständlich, wenn man begreift, daß es sich dabei für Paulus um einen Kampf auf Leben und Tod handelt. Und das auch im theologischen Verständnis dieser Redewendung, also im Blick auf das Gottesbild. Zwar geht es in diesem Kampf vordergründig um die Verbindlichkeit der Gesetzesvorschriften für die von Paulus für den Christenglauben Gewonnenen, hintergründig und grundsätzlich jedoch um Gott.

Zweifellos war auch seine Emanzipationsleistung von größter welt- und kirchengeschichtlicher Bedeutung. Denn schon unter den mit dem Judentum sympathisierenden Zeitgenossen des Apostels waren viele, die sich trotz aller Hochschätzung der jüdischen Religiosität nicht zur Übernahme der beengenden Gesetzesvorschriften entschließen konnten und deshalb auf dem Stand von „Gottesfürchtigen“ verharrten. Erst recht hätte ein „Gesetzeschristentum“, wie es die judaistischen Gegner des Apostels vertraten, seine Ausbreitung behindert und es auf eine bloß regionale Größenordnung herabsinken lassen. Insofern verdankt die Welt das Geschenk des Christentums nach Jesus in erster Linie der Befreiungstat des Apostels Paulus.

Indessen ging es in diesem Kampf, wie sich im Prisma der Persönlichkeit des Apostels zeigt, um Tieferes. Denn das Gesetz war die Manifestation eines Gottes, der damit das nach dem Bild des Propheten Ezechiel in der Wüste aufgelesene und in seine Obhut genommene „Kind“ Israel in die Schule seiner Erziehung nahm, der seinen Gehorsam mit Erweisen seiner Fürsorge belohnte, gegen seine Untreue jedoch in glühendem Zorn entbrannte und mit seinen Strafgerichten verfolgte. Damit erhob sich dieser Gott zwar himmelhoch über die Götter der Nachbarvölker; doch blieb er, ungeachtet dieser Differenz, der Ambivalenz der die gesamte Religionsgeschichte durchziehenden Gottesvorstellung verhaftet. Wenn Paulus der römischen Christengemeinde versichert:

> *Ihr habt doch nicht den Geist der Knechtschaft empfangen, so daß ihr euch aufs neue fürchten müßtet (Röm 8,15),*

spricht er aus einer Gotteserfahrung jenseits von Angst und Heteronomie, durch die er sich in die ihm bedingungslos gewährte, ihn aber zugleich total einfordernde Liebe Gottes aufgenommen wußte, einer Liebe, die jenseits von Pflicht und Leistung, Gesetz und Gehorsam stand und ihn durch diesen Exzeß ganz zu sich selber führte. Im Abwurf seiner angestammten Gesetzesfrömmigkeit zog er so ganz mit der revolutionären Lebensleistung Jesus gleich, durch die dieser die ambivalente Gottesvorstellung der Menschheitstradition als eine aus der zwiespältigen Welt- und Lebenserfahrung des Menschen hervorgegangene Selbstprojektion entlarvte und die Pforte zum Glück der gleicherweise befreienden wie erfüllenden Gottverbundenheit aufstieß. Von diesem Gott spricht Paulus, wenn er ihn im Präskript des Zweiten Korintherbriefs den „Vater der Erbarmung und Gott allen Trostes“ nennt (2 Kor 1,3) und wenn er den Aufgang dieser Gottessonne mit dem Ausruf begrüßt:

> *Jetzt ist er da, der Tag der Heils;*
> *jetzt ist sie da, die Zeit der Gnade (2 Kor 6,2).*

Was Paulus mehr als jede andere Beeinträchtigung fürchtete, war die Verdunkelung dieser Sonne durch die Schatten des ambivalenten Gottesbildes, wie es die judaistische Gegenmission verursachte. Darin hat ihm der

Fortgang der religionsgeschichtlichen Entwicklung nur zu sehr Recht gegeben. Denn nach *Adolf von Harnack* lebte das bereits gnostisch umgebildete Judenchristentum in der „auf dem Boden des Arabertums durch einen großen Propheten" geschaffenen Form, dem Islam, bis heute fort, und dies als Inbegriff einer Religiosität, die ihre ganze Macht der bedingungslosen Unterwerfung des Muslim unter den unumschränkten Willen Allahs verdankte[6]. Hatte *Guardini* noch angenommen, daß das dritte Jahrtausend im Zeichen der Auseinandersetzung des Christentums mit dem Buddhismus stehen werde, so spricht heute alles dafür, daß es seine größte Bewährungsprobe in der Kontroverse mit dem Islam und damit mit einer auf das Prinzip der Heteronomie gegründeten Religiosität zu bestehen hat. So gesehen, gehört der Kampf des Apostels keineswegs der Vergangenheit an, geschweige denn, daß er obsolet geworden wäre. Im Gegenteil deutet alles darauf hin, daß er unter den gegenwärtigen Bedingungen aufs neue aufgenommen werden muß. Und dies um so mehr, als es dabei, wie von Paulus zu lernen ist, nicht nur um den Einfluß und die Weltstellung des Christentums, sondern um dessen Identität geht. Wenn dieser Kampf im christlichen Sinn entschieden werden soll, dann in erster Linie mit Hilfe des Apostels und im Anschluß an seine Lebensleistung. Auch aus diesem Grund – aber nicht nur deswegen – gewinnt die Gegenwart immer deutlicher die Signatur der „paulinischen Stunde". Alles ist in ihr daran gelegen, daß die Botschaft des Apostels von den von ihm übernommenen Vorgaben und ihren späteren Instrumentalisierungen auf ihren diamantenen Kern zurückgeführt und von dorther zum Leuchten gebracht wird.

Der Glaubensbote

Wie Paulus in seiner Sprache lebt, lebt er aus dem Glauben. So hatte er es bei dem Propheten Habakuk (Hab 3,4) gelesen. und so erhob er es unter dem Eindruck seiner Damaskusvision zum Prinzip seines Denkens und Lebens. Zwar ist seine glaubensgeschichtliche Stellung umstritten, insbesondere seitdem ihn *Martin Buber* in seiner irenischen Streitschrift ‚Zwei Glaubensweisen' für den Absturz der Christenheit vom „Hochplateau" des Prophetenglaubens, den auch Jesus geteilt habe, in die „Talsenke" eines bloßen Satz- und Bekenntnisglaubens verantwortlich

6 *A. von Harnack,* Dogmengeschichte, Leipzig 1939, 537; dazu mein Sammelband ‚Die Entdeckung des Christentums', Freiburg 2000, 378.

machte[7]. Doch dieser Einwand prallt wirkungslos an der Position ab, zu der sich Paulus erhoben sah und die er, mit unabsehbarer glaubensgeschichtlicher Fernwirkung, ebenso bewußt wie entschlossen einnahm. Dabei ist in seiner Glaubenstheorie eine konzentrische Bewegung zu erkennen. Während er in der Korrespondenz mit Thessalonike auf die Entstehung des Glaubens aus dem von der Gemeinde als Gotteswort angenommenen Wort der Heilsverkündigung abhebt (1 Thess 2,13), weiß er im Galaterbrief, daß der Glaube durch die Liebe wirksam wird (Gal 5,6), wobei wohl nicht nur an seine Bewährung durch Beweise der Liebe, sondern auch an sein Bewogensein durch sie zu denken ist. Deshalb kann er im Zweiten Korintherbrief die Tatsache, daß er die Gemeinde zum Glauben führte, auch mit dem Satz wiedergeben, daß er in ihr „die Liebe angefacht" habe (2 Kor 8,7).

Demgegenüber nimmt er die Frage des Glaubens in der zentralen Aussage des Römerbriefs (Röm 10,9) ganz auf Jesus selbst zurück. Um so erstaunlicher ist es, daß er, noch bevor er darauf eingeht, mit der Wendung „wenn du mit deinem Mund Jesus als den Herrn bekennst", auf die Bekenntnispflicht des Glaubenden zu sprechen kommt. Aber das Bekenntnis kommt für Paulus nicht erst nachträglich zum Glaubensakt hinzu; er ist seiner Überzeugung nach vielmehr für diesen konstitutiv. So ergibt es sich für ihn aus dessen Herkunft. Wie der Glaube aus dem – als Gotteswort angenommenen – Wort der Verkündigung hervorgeht, so muß er in das Wort des Bekenntnisses und der Bezeugung ausmünden. Ebenso wie Bekenntnisglaube ist der Glaube für Paulus vor allem aber Auferstehungsglaube. Deshalb steht in der Mitte der Bestimmung der Halbsatz „und mit deinem Herzen glaubst, daß Gott ihn von den Toten erweckt hat". Damit rückt Paulus den Glaubensakt an sein Damaskuserlebnis heran. Was ist damit gesagt?

Fürs erste die Tatsache, daß der Christenglaube entscheidend aus der Auferstehung Jesu hervorging und deshalb in der Frage nach seiner Herkunft wie in der nach seinem Inhalt an diese zurückgebunden ist. Denn Paulus weiß nur zu gut, daß der Gekreuzigte mit seiner Lehre der Torheit überführt und zudem vom Fluche Gottes getroffen zu sein schien. Wäre es dabei geblieben, so hätte kein vernünftiger Anlaß bestanden, den Spuren seines Lebensweges nachzugehen, das Gedächtnis an seine Worte wachzuhalten und auf dieser Basis Evangelien zu schreiben. Daß es dann tatsächlich dazu kam, war die Folge der göttlichen Interpretation, die der „tote Buchstabe" des Kreuzes durch die Auferweckung

7 *M. Buber*, Zwei Glaubensweisen, Zürich 1950, 46; dazu meine Schrift ‚Paulus für Christen. Eine Herausforderung', Freiburg 1988, 117–121.

des Gekreuzigten erfuhr. Das aber kann nicht einfach angenommen werden; es muß vielmehr in das Selbstbewußtsein des Glaubenden hineingenommen und angeeignet werden. Das ist mit der Wendung „wenn du mit deinem Herzen glaubst", gemeint. Damit schließt sich der Ring zum Damaskuserlebnis des Apostels. Was ihm dort ins Herz gesprochen wurde, das muß sich der Glaubende durch das Wort der Verkündigung „gesagt sein lassen", das in dieser Sicht aber nicht so sehr von außen als vielmehr von innen her an ihn ergeht. Doch so entspricht es dem paulinischen Theorem von dem „inwendigen Brief", durch den dem Glaubenden das bereits eingeschrieben ist, was er in der neutestamentlichen Dokumentation der Glaubensbotschaft zu lesen bekommt. In diesem Sinn erklärt der Apostel seinen Lesern in Korinth:

> *Ihr selbst seid ein Brief, eingeschrieben in unser Herz, von allen Menschen verstanden und gelesen. Denn an euch ersieht man doch, daß ihr ein von uns ausgefertigter Brief Christi seid, geschrieben nicht mit Tinte, sondern mit dem Geist des lebendigen Gottes, und nicht auf steinernen Tafeln, sondern auf fleischernen Herzenstafeln (2 Kor 3,2).*

Und so entspricht es nicht weniger dem kusanischen Theorem von der „großen Stimme" der Gottesoffenbarung, die zuerst in den Herzen erklingt, bevor sie im Gang der Glaubensgeschichte formal „zur Sprache" gebracht wird[8]. Nie könnte das äußere Wort der Verkündigung angenommen werden, wenn es nicht von dem in die Herzen ausgegossenen Gottesgeist dem glaubenden Menschengeist bezeugt würde; mit dem augustinischen Theorem vom „inwendigen Lehrer" ausgedrückt: wenn es nicht von diesem vor- und mitgesprochen würde.

Damit tritt der Glaubensakt in einen gleicherweise mystischen wie hermeneutischen Zusammenhang. Mystisch, weil die „Diener des Wortes" dem Glaubenden nur das zusprechen können, was ihm bereits innerlich gesagt ist, so daß er mit diesen im Grunde ein Selbstgespräch führt, weil er mit ihnen einen Sprachverbund bildet, der auf kommunikativer Ebene das vorwegnimmt, was im mystischen Leib zum kirchlichen Ereignis wird. Jetzt wird auch klar, warum es aus paulinischer Sicht zu Glaubenserkenntnis und Glaubensverständnis kommt. Denn mit dem mystischen Aspekt ist der hermeneutische mitgegeben. Wie der Verstehensakt nur dadurch zustande kommen kann, daß sich der Sprechende sein Wort gesagt sein läßt und so die Bedingung seines Verstandenwerdens schafft, so auch hier, jetzt nur unter der Voraussetzung des mystischen Zusammenhangs. Weil dem Glaubenden das Wort der Botschaft bereits in-

8 *H. de Lubac,* Katholizismus als Gemeinschaft, Einsiedeln und Köln 1943, 404f.

nerlich zugesprochen ist, kann er es sich gesagt sein lassen, so daß er versteht, was er hört und glaubt.

Deshalb liegt auf dem Glaubenden ein ähnlicher Zwang wie auf Paulus selbst. Aus innerer Nötigung, nicht aufgrund eines nachträglichen Auftrags muß er für den Glauben einstehen, nicht zuletzt auch deshalb, weil dieses Einstehen in den verstehenden Glaubensvollzug hineingehört. Bezeugend und einstehend wird er der von ihm „vertretenen" Sache erst voll gewiß. Damit nimmt er die Adressaten seines Bekenntnisses auf ähnliche Weise in den hermeneutischen Prozeß hinein, wie er selbst als verständiger Hörer des Wortes in dieses hineingenommen worden war. Dabei ist die Frage nach der Form dieses Zeugnisses sekundär. Es kann genau so gut im Wort erfolgen wie „in der Liebe wirksam" werden, nicht zuletzt aber auch in Gestalt jener unterschiedlichen Geistesgaben, mit denen Paulus seine Gemeinden beschenkt sieht.

Daß der Glaube ebenso zu einem hermeneutischen „Verbund" führt, wie er aus diesem hervorgeht, kann aus den Hinweisen des Apostels nur erschlossen werden. Doch in diesem Sinn hat ihn die Paulusschule weitergedacht und seine Ansätze fortentwickelt. Davon spricht der Epheserbrief, wenn er den Zweck der von den Aposteln, Propheten, Evangelisten, Hirten und Lehrern erbrachten Dienstleistungen darin erblickt:

> *daß wir alle hinfinden zur Einheit des Glaubens und der Erkenntnis des Gottessohnes, zur vollen Mannesreife und zum Vollmaß der Lebensfülle (Eph 4,11ff).*

Hier ist der Glaube des einzelnen einbezogen in ein umfassendes, sich zielstrebig fortentwickelndes Ganzes, an dessen Ende der Glaube der vielen zu einem einzigen Selbstbegriff gelangt, der mit dem Selbstbewußtsein Christi letztlich konvergiert. Bei Paulus weisen jene Aussagen in diese Richtung, in denen er die Gotteserkenntnis ebenso wie die Gottesliebe auf ein vorgängiges Erkanntsein durch Gott zurückführt. So, wenn er den Galatern versichert:

> *Jetzt erkennt ihr Gott; oder vielmehr: ihr seid von Gott erkannt (Gal 4,9),*

oder wenn er der Gemeinde von Korinth erklärt:

> *Wenn jemand Gott liebt, ist er von ihm erkannt (1 Kor 8,3).*

Deutlicher könnte er kaum zum Ausdruck bringen, daß der Glaubensakt für ihn letztlich ein mystischer Vorgang ist und deshalb der dafür typischen Inversion unterliegt. Doch gegen die sich daraus ergebende Folgerung erhebt die gegenwärtige Paulusforschung, gestützt auf ältere Autoren, mit der Behauptung Einspruch, daß Paulus „kein Mystiker" gewesen sei[9]. Wenn dieser Einwand zutrifft, ist ihm der Weg in die Gegenwart und Zukunft der Glaubensgeschichte verbaut. Deshalb muß zugesehen werden, ob er sich dieses Verdikts zu erwehren vermag und gegen die an ihm damit geübte Kritik aufkommt. Im Blick auf die aktuelle Situation und die mit ihr gegebene Herausforderung muß aber zuvor noch geklärt werden, ob sein Glaubenskonzept im Vergleich zu konkurrierenden Glaubensformen wie der jüdischen und islamischen zu bestehen vermag. Denn *Buber* registrierte in seiner Kritik ebenso zutreffend wie sensibel, daß Paulus im Zug seiner Kritik des Judenchristentums auch den Boden des jüdischen Emuna-Glaubens verließ. Nur täuschte er sich, als er ihm unterstellte, daß er – wie die ganze ihm folgende Christenheit – die Vergewisserung in den den Christenglauben verbürgenden Glaubenssätzen gesucht habe. So sehr das auf die dogmatische Interpretation des Glaubens zutrifft, geht Paulus selbst doch einen andern, dem jüdischen Emuna-Glauben nahekommenden und ihn zugleich überschreitenden Weg. Suchte dieser seinen Halt in der vergewissernden Zusage des Bundesgottes, so sucht ihm Paulus in dem, in welchem dieser Gott ein bedingungsloses „Ja" zu seinen Zusagen gesprochen hat, ja der, wie Paulus versichert, dieses „Ja" in leibhaftiger Verkörperung ist (2 Kor 1,19f). Deshalb gilt für Paulus:

> *Einen anderen Grund kann niemand legen als den, der in Jesus Christus gelegt ist (1 Kor 3,11)*[10].

Durch seine Auferstehung wurde Jesus ebenso wie zum Fundamant und Tragpfeiler des Weltalls (1 Kor 8,6; Kol 1,17) zum unverbrüchlichen Grund des Glaubens. Damit unterläuft Paulus die an ihm geübte Kritik. Umgekehrt führt aber der Weg zur Beurteilung der konkurrierenden Glaubensformen über die mit seinem Konzept verbundene, wenngleich unausdrückliche Gegenkritik. Denn in ihrem Licht zeigt sich, daß der Vertrauensglaube, insbesondere islamischer, aber auch jüdischer Provenienz in einem subtilen Sinn heteronom bleibt, weil er sich auf das Anders- und Überlegensein eines Gottes von höchster Machtvollkommenheit und Autorität bezieht, während der paulinisch-christliche Glaube in nicht minder sublimem Sinn autonom ist, weil er seinen letzten Gewissheitsgrund in der von Christus eröffneten und erfüllten Innerlichkeit des Glaubenden besitzt. So aber spricht nicht nur die kritische Abwehr der

9 Dazu nochmals der auf Seite 64, Anm. 2 gegebene Literaturhinweis.

10 Dazu meine Abhandlung ‚Die glaubensgeschichtliche Wende. Eine theologische Positionsbestimmung', Graz 1986, 185–193; ferner meine ‚Einweisung ins Christentum', Düsseldorf 1997, 188–192; 347–372.

gegen ihn erhobenen Einwände, sondern auch seine Erklärung der Glaubensgewißheit dafür, daß Paulus in der Folge auch als kritisches Ingenium herausgestellt und nach seiner Leistung als Kritiker befragt wird.

Der Kritiker

Bei aller Opposition steht Paulus seinem Gegner *Nietzsche* darin nah, daß er sich wie dieser als ein Genie der Kritik darstellt. Wie Nietzsche von sich dichtete:

> *Licht wird alles, was ich fasse,*
> *Kohle alles, was ich lasse:*
> *Flamme bin ich sicherlich,*

erweckt auch Paulus den Eindruck, daß alles, was er anfaßt und seinem kritischen Blick unterwirft, in seiner Verkehrtheit ersichtlich und in seinen Schwach- und Bruchstellen durchsichtig wird. Zum Kritiker wurde er, sofern er nicht in seinem Zelotismus von vornherein schon dazu neigte, in seinem lebenslang an unterschiedlichen Fronten geführten Kampf; denn ein Kampf von der Konsequenz, wie ihn Paulus führte, ist nur aufgrund einer kritischen Einschätzung des Gegners und seiner Strategie möglich. Bei einem derart kämpferischen Geist wie Paulus überrascht es nicht, daß er nicht nur auf unterschiedlichen Feldern Kritik übt, sondern in und mit seiner Kritik auch erst sein volles Profil gewinnt.

Da mit Kritik aber stets auch erhöhte Reflexivität einhergeht, überrascht es noch weniger, daß er überdies das Prinzip seines kritischen Denkens in aller Form herausarbeitet. Das geschieht im Kontext seiner Spiritualität, näherhin bei der Aufzählung der Charismen, die sich seiner Darstellung zufolge wie die Feuerzungen am Pfingstfest über die Gläubigen von Korinth niederließen und die Dynamik ihres Geisteslebens bedingten. Neben der Gabe der Weisheit, der Erkenntnis, der Heilungs- und Wundergabe ist dies auch die Gabe der Prophetie und die gerade im Hinblick auf sie erforderliche der „Unterscheidung der Geister" (1 Kor 12,10). Im Licht dieses Prinzips klärt sich sowohl der Sinn wie das Vorzugsziel seines kritischen Vorgehens.

Sinn seiner Kritik ist trotz ihrer bisweilen bis zum Zynismus gesteigerten Aggressivität – er nennt seine Gegner „Hunde", „Pfuscher" und „Lügenapostel" (Phil 3,2; 2 Kor 11,13) und rät ihnen angesichts ihres propagandistischen Einsatzes für die Beschneidung sich doch lieber gleich kastrieren zu lassen (Gal 5,12) – nicht die Vernichtung der Gegner, sondern die radikale Distanzierung von ihrem Verhalten und insbesondere von ihrer Ideologie. Leicht beschönigend könnte man ihn mit *Nietzsche* sagen lassen:

> *Ich greife nie Personen an – ich bediene mich der Person nur wie eines starken Vergrößerungsglases, mit dem man einen allgemeinen, aber schleichenden, aber wenig sichtbaren Notstand sichtbar machen kann*[11].

Der „Notstand", den Paulus im Visier hatte, bestand in dem gesetzestreuen Judenchristentum, das die Erlösung durch Christus an die Voraussetzung eines Lebens nach den Vorschriften des jüdischen Gesetzes gebunden sah. Gegen diese Position ging Paulus mit aller Schärfe und exzessiver Leidenschaft vor, die den Leser auch heute noch aus den erregten Eingangssätzen des Galaterbriefs anspringt:

> *Ich wundere mich doch sehr darüber, daß ihr so rasch von dem, der euch in die Gnade Christi berufen hat, zu einem anderen Evangelium abgefallen seid, aber es gibt kein anderes! Es gibt nur gewisse Leute, die euch in Verwirrung stürzen und das Evangelium Christi in sein Gegenteil verkehren wollen. Doch gesetzt den Fall, daß wir selbst oder ein Engel vom Himmel ein anderes Evangelium als das, das wir euch gebracht haben, verkünden sollte – verflucht sei er. Was ich soeben gesagt habe, wiederhole ich noch einmal: wenn jemand ein anderes Evangelium als das, was ihr empfangen habt, verkünden sollte – verflucht sei er! (Gal 1,6–9)*

Bei aller Empörung und Drastik schlägt in dieser Attacke doch das Sachinteresse unüberhörbar durch. Was Paulus mit rabiater Entschlossenheit verteidigt, ist sein gesetzesfreies, nur auf den Glauben an Jesus gegründetes Christentum, wie es ihm in der Damaskusstunde ins Herz gesprochen worden war. So sehr er sonst in seinen Stimmungen und Urteilen schwankt, in dieser Frage weicht er keinen Schrittbreit zurück, auch wenn er sich bisweilen allein auf sich selbst gestellt sieht: bereit, es mit der ganzen Welt aufzunehmen. Das Maß dieses extremen Einsatzes läßt sich an der Amplitude seines sprachlichen Ausdrucks ablesen, die hier die größten Ausschläge aufweist:

> *Ihr blöden Galater, wer hat euch nur verhext, wo euch doch Christus am Kreuz vor Augen gestellt wurde! (Gal 3,1) Ich wünschte, bei euch zu sein, um euch mit anderer Stimme zusprechen zu können. So aber bin ich ganz ratlos (4,20). Zur Freiheit hat uns Christus befreit! laßt euch doch nicht wieder in das Joch der Knechtschaft spannen! (5,1)*

11 *F. Nietzsche*, Ecce homo. Warum ich so weise bin, § 7.

Nur an einer Stelle ist davon die Rede, daß er in dieser Auseinandersetzung auch zu leiden hatte und verfolgt werde (Gal 5,11). Das ändert sich im Zweiten Korintherbrief, bei dem es zwar immer noch um das gesetzesfreie Evangelium geht, jetzt aber auch um Angriffe, Kränkungen und Unterstellungen der Gegner, die Paulus den Anspruch auf das Apostolat streitig machen (2 Kor 12,12), ihm sein unentgeltliches Wirken zum Vorwurf machen (11,7) und ihn wegen seines schwächlichen Auftretens zu diffamieren suchen (10,9ff).

Ganz anders stellt sich der Frontverlauf im Ersten Korintherbrief dar. Hier bekümmert es den Apostel, daß er seinen zerstrittenen und deshalb nur bedingt ansprechbaren Adressaten die Schätze seiner Weisheitslehre nicht zu vermitteln vermag, da sie den skandalösen Fall des Blutschänders tolerieren und seine Freiheitsbotschaft als Freibrief für einen libertinistischen Lebensstil mißdeuten. Im Grunde geht es aber auch hier um seine unverkürzte Heilsbotschaft, gegen die die Gemeinde sowohl durch Disziplinlosigkeit beim Gottesdienst (1 Kor 11,18–22; 14,23ff) als auch durch falsche Konsequenzen aus seiner Osterbotschaft verstößt (15,33ff).

Doch der „Notstand", der sich für Paulus im Prisma der von ihm angegriffenen Gegner darstellt, ist in erster Linie der „Gegenstand" seiner Kritik: das Gesetz. Von einem Notstand kann hier deshalb gesprochen werden, weil Paulus mit diesem Gegenstand seine „Not" hatte, so daß sich sein Verhältnis zu ihm durchaus variabel gestaltete. Auf der einen Seite galt für ihn – und dies vor allem im Blick auf die moralischen Anweisungen des Gesetzes –:

Das Gesetz ist heilig, und das Gebot ist heilig, gerecht und gut (Röm 7,12).

Als Sittengesetz ist es schon vor der an Israel ergangenen Offenbarung jedem Menschen ins Herz geschrieben, so daß die Heiden „sich selbst Gesetz sind'" (Röm 2,14). Nach der Vorstufe der dem Abraham gegebenen Verheißung wurde es dann aber auf Anordnung von Engeln durch die Hand des Mittlers Mose dem Gottesvolk mitgeteilt, um dieses in seinem Gewahrsam zu halten (Gal 3,16). So wurde es zu dessen „Erzieher auf Christus hin" (Gal 3,24). Mit der Rede vom „Gewahrsam" ist aber auch die repressive Seite des Gesetzes angesprochen. Doch in dieser Hinsicht stand es sogar mit der Sünde und den die Menschheit versklavenden „Weltelementen" im Bund. Mit der Sünde, weil es durch seine Zwänge diese geradezu heraufbeschwor:

Denn aufgrund von Gesetzeswerken wird kein Mensch gerecht; vielmehr lernt man erst durch das Gesetz die Sünde kennen (Röm 3,20).

Hinter dem Gesetz stand, so versichert Paulus in seiner gewagtesten Argumentation, die als Gesetz getarnte Sünde, die gerade durch die Gesetzesvorschriften die Begierde anstachelte und so zum Tode führte (Röm 7,9–13). So kommt es, daß der Mensch, so sehr er in seinem Innersten „Freude am Gesetz" hat (7,22), durch dessen verführerischen Zwang in einen Zwiespalt mit sich selbst gerät und schließlich nicht das Gute tut, das er will, sondern das Böse, das er nicht will (7,19). Das treibt Paulus den im Namen der ganzen Menschheit ausgestoßenen Notschrei auf die Lippen:

> *Ich unglücklicher Mensch! Wer wird mich von diesem todverfallenen Leib befreien? (Röm 7,24)*

Gleichzeitig sieht Paulus das Gesetz aber auch im Bund mit den als repressive Daseinsstrukturen zu verstehenden „Weltelementen" (Gal 4,8–11), die auf die Juden vor allem in Form der einschneidenden Zeremonialvorschriften des Gesetzes einwirkten und alle in einen Zustand der Unfreiheit und Unmündigkeit versetzten. Wer wie die judaistischen Gegner auf deren strikter Einhaltung besteht, betreibt für Paulus den Rücksturz in das Heidentum (*Lohse*), vor dem die Welt nur durch die Liebestat Gottes in Gestalt der Sendung seines Sohnes bewahrt werden konnte[12]. Daher mündet seine Gesetzeskritik, wie er sie im Galaterbrief betreibt, letztlich aus in die chiastisch gestaltete Stelle, die diese Sendung ebenso als die große Befreiungstat wie als das Ereignis der Erhebung zum Rang und Stand der Gotteskindschaft deutet:

> *Als die Zeit erfüllt war, sandte Gott seinen Sohn, geboren aus einer Frau und dem Gesetz unterstellt, damit er die dem Gesetz Unterworfenen befreite, und damit wir die Annahme zur Sohnschaft erlangten (Gal 4,4ff).*

Das aber heißt umgekehrt, daß seine Gesetzeskritik hintergründig seiner Gotteserfahrung entsprang und letztlich Gotteskritik war. In Gestalt des Gesetzes trat ihm der Schatten des Gottes entgegen, der dieses Gesetz dem Volk zwar als „Zuchtmeister" und Erzieher gegeben hatte, gleichzeitig aber seine Übertretung mit seinem Zorn und den Folgen seiner Strafgerechtigkeit bedrohte. Das aber war der Gott der Menschheitstradition und insbesondere auch des gleicherweise „grausamen und gütigen" Gottes Israels (*Buber*), in dessen zwiespältiger Physiognomie sich der Zwiespalt spiegelte, in dem Paulus den todverfallenen Menschen zerrissen sah und der sich deshalb als dessen Selbstprojektion erweist[13]. So

12 *E. Lohse*, Paulus, 191.

13 *M. Buber*, Reden über das Judentum, in: Der Jude und sein Judentum, Köln 1963, 182f.

mußte Jesus selbst dieses ambivalente Gottesbild (*Görg*) gesehen haben, als er, gestützt auf sein Sohnesverhältnis, den Schatten des Schrecken- und Angsterregenden aus dem überlieferten Gottesbild tilgte und den Gott der bedingungslosen Liebe zum Vorschein brachte: den Gott jener alles Böse niederringenden und alles Widerstrebende in sich aufnehmenden Seinsfülle, der (nach 1 Kor 15,28) das letzte Wort im Weltgeschehen spricht. Wenn Paulus der Gemeinde von Korinth erklärt:

> *Alles gehört euch: Welt, Leben und Tod, Gegenwart und Zukunft (1 Kor 3,21),*

scheint er ganz aus dem „kosmischen" Lebensgefühl des antiken Menschen zu sprechen, für den der allumgreifende Kosmos das Vollkommenste und nie genug zu Bewundernde war. Wenn er dann aber in seinem letzten Liebeshymnus versichert:

> *Ich bin gewiß, daß weder Tod noch Leben, weder Engel noch Herrschaften, weder Gegenwärtiges noch Zukünftiges, weder die Mächte der Höhe und Tiefe noch irgendein Geschöpf uns trennen können von der Liebe Gottes (Röm 8,38f),*

bringt er ein dezidiert antikosmisches und fundamental kritisches Weltverständnis zum Ausdruck, das seinen Grund in einer apokalyptisch eingefärbten Naherwartung hatte. Und wenn er der Gemeinde von Korinth außerdem rät, daß sie sich nicht mehr in weltliche Beziehungen und Geschäfte einlassen, ja nicht einmal mehr Ehen eingehen soll und dies mit dem Satz begründet:

> *denn die Gestalt dieser Welt vergeht (1 Kor 7,31),*

formuliert er die Gegenthese zu dem die ganze griechisch-römische Antike beherrschenden Weltbegriff. Zwar steht er mit dieser Weltkritik nicht allein; auch die Gnosis ging aufgrund ihres dualistischen Ansatzes von einem extrem kritischen Weltverständnis aus, das in der Welt einen Ort der Finsternis, der Verlorenheit, des Truges und der Entfremdung erblickt. In seiner Person aber erhob erstmals der Sprecher einer Glaubensgemeinschaft, die sich durch ihn zur Weltreligion zu entwickeln begann, seine Stimme, um die Anhänger des neuen Glaubens auf die Absage an die Welt einzuschwören[14].

Das konnte nicht nur in der „Vorläufigkeit" der auf Abruf existierenden Welt begründet sein. Tatsächlich geht die paulinische Weltkritik

14 *R. Bultmann*, Das Urchristentum im Rahmen der antiken Religionen, Zürich 1949, 184ff; 195ff; 200ff.

tiefer. Sie sieht die Welt der „Nichtigkeit" unterworfen (Röm 8,21) und begreift sie damit erstmals aus ihrer „Zufälligkeit" und Kontingenz. Wenn Paulus überdies von der „Traurigkeit" des Daseins spricht, die den Tod bewirke (2 Kor 7,10) und diesen „in uns" zur Macht gelangen lasse (4,11 f), bezieht er auch den Menschen in diese Weltsicht ein. Auch er ist (nach Hebr 2,15) unter das Sklavenjoch der Todesfurcht gebeugt und kann nur hoffen, zusammen mit der Welt davon befreit zu werden. Mit ihm „stöhnt" nach Paulus aber auch die in Wehen liegende Welt in der Hoffnung, nach dem Durchgang durch die gegenwärtige Leidenszeit – man ist versucht hinzuzufügen: durch dieses Tal der Tränen – zur herrlichen Freiheit der Gotteskinder geführt zu werden (Röm 8,21). So gipfelt das kritische Werk des Apostels in einer Weltsicht und einer Sicht des Menschen, mit der er ebenso seinen an dem antiken Einverständnis mit dem Weltgeschehen irre gewordenen Zeitgenossen „eingeleuchtet" wie auf das heutige Welt- und Lebensgefühl vorgegriffen hat, und mit der er seine bleibende Aktualität bewies.

Der Erzieher

Paulus ist der größte Erzieher der Christenheit; so entspricht es auch seinem Selbstverständnis, und dies um so mehr, als er die Erzieherrolle von sich mit der Erklärung zurückweist:

> *Hättet ihr auch zehntausend Erzieher in Christus, so habt ihr doch nicht viele Väter; denn in Christus habe ich euch durch die Heilsbotschaft gezeugt (1 Kor 4,15).*

Wenn er dann aber in seinem Brief an Thessalonike die Vaterrolle in die einer Mutterschaft überhöht, wird deutlich, daß er damit seiner Erzieherposition nur eine dieses Berufsbild sprengende Qualität verleihen will. Von einer Überbietung kann man freilich nur ausgehen, wenn man das Schreiben mit *Rudolf Pesch* als Kompilation aus mehreren Briefen an die Gemeinde betrachtet[15]. Dann ruft der Apostel Gott zum Zeugen an, daß er jeden einzelnen seiner Adressaten „wie ein Vater seine Kinder ermahnt, ermutigt und beschworen" habe, einen „Gottes würdigen Lebenswandel zu führen" (1 Thess 1,10 ff). Das überbietet er dann noch mit

15 *R. Pesch*, Die Entdeckung des ältesten Paulus-Briefes. Paulus neu gesehen. Die Briefe an die Gemeinde der Thessalonicher, Freiburg 1984, 39–67. Auch *Ph. Vielhauer* geht, wenn freilich unter Wahrung der Einheit des Briefs, von Spannungen innerhalb seiner Faktur aus: Geschichte der urchristlichen Literatur, Berlin 1975, 84 ff.

einer zweiten Anrufung des göttlichen Zeugen, und jetzt zu dem Ziel, der Gemeinde klar zu machen, daß er gerade nicht mit dem Gewicht eines Apostels in ihrer Mitte aufgetreten sei:

> *Vielmehr bewegten wir uns in eurer Mitte mit einer Zärtlichkeit, wie wenn eine Mutter ihre Kinder umhegt. Euch in Liebe zugetan, wollten wir euch nicht nur das Evangelium mitteilen, sondern euch unser eigenes Leben schenken, so sehr wart ihr uns lieb geworden (1 Thess 1,5–8).*

Wie sehr ihm das aus der Seele gesprochen ist, beweist sein Ausruf im Galaterbrief:

> *Meine Kinder, um euch leide ich nochmals Geburtswehen, bis Christus in euch Gestalt gewinnt! (Gal 4,19)*

So weit überschreitet Paulus die Position des Erziehers, dies jedoch nur, um ihr die seiner Konzeption und Einstellung gemäße Qualifikation zu verleihen. Was er verneint, ist die mit der durchschnittlichen Figur des Pädagogen verbundene Vorstellung der Distanz, des Vorrangs und der Vorbildlichkeit, und das gerade auch dort, wo er sich dieses Vokabulars bedient wie in dem Zuspruch an die Korinther:

> *Werdet meine Nachahmer, so wie ich der Nachahmer Christi bin! (1 Kor 11,1)*

Wenn er das im Philipperbrief mit dem Hinweis auf seine „Vorbildlichkeit" unterstreicht (Phil 3,16), ist das so gemeint wie in der Forderung des Paracelsus:

> *Wißt, daß ein Kranker seinem Arzt Tag und Nacht „eingebildet" sein soll, damit er ihn ständig vor Augen habe*[16].

Im Grunde gibt es für Paulus nur ein Vorbild, das jedoch die Distanz des Exemplarischen immer schon hinter sich gelassen hat: Christus. Das zeigt sich daran, daß die Kategorie des Bildes dort; wo sie sich aufgrund seines optischen Osterzeugnisses nahelegt, von der Vorstellung des „Hineinverwandeltwerdens" überholt wird:

> *Wir alle aber, die wir mit unverhülltem Angesicht die Herrlichkeit des Herrn widerspiegeln, werden von Herrlichkeit zu Herrlichkeit in dasselbe Bild hineinverwandelt, wie es der vom Herrn, dem Geist, ausgehenden Wirkung entspricht (2 Kor 3,18).*

16 Dazu meine Schrift ‚Theologie als Therapie. Zur Wiedergewinnung einer verlorenen Dimension', Parchim 2001, 107.

Doch dieses Werk des Geistes muß ethisch mit- und nachvollzogen werden. Das betont Paulus zu Beginn des Christushymnus seines Philipperbriefs:

Laßt euch von der Gesinnung leiten, die in Jesus Christus war! (Phil 2,5)

Das ist das Schlüsselwort zu der seine Erzieherrolle tragenden Moral. Wie *Bultmann* nachwies, steht diese für Paulus im Zeichen einer grundlegenden Antinomie, wie sie in *Luthers* Paradox des „simul iustus et peccator" zum Ausdruck kommt[17]. Neben Aussagen, die von der Heiligkeit der Erlösten und ihrer Verbundenheit mit ihrem Befreier vom Gesetz der Sünde sprechen, stehen – völlig unvermittelt – jene, die auch den Erlösten im Konflikt mit der Macht des Bösen sehen, so daß Indikative das behaupten, was Imperative dem Menschen erst noch abfordern. Und *Bultmann* behält auch darin recht, daß zwischen diesen beiden Aussagereihen kein Übergang, geschweige denn eine Entwicklung stattfindet. Wer in den Lichtschein der Gnade trat, ist für Paulus im Vollbesitz des Heils; und doch muß er diesen immer erst erwerben, um ihn wirklich zu besitzen. Durch den Indikativ wird nach *Bultmann* beschrieben, daß der Wille ein „neues Prinzip" in sich aufgenommen hat; durch den Imperativ, daß es sich um ein Prinzip des Willens handelt, das zu sittlichen Aktivitäten verpflichtet und bewegt. Am deutlichsten belegt das, wenngleich in umgekehrter Reihenfolge, der Römerbrief, wenn er auf die in dem großen De profundis (Röm 7,24) ausklingende Schilderung des sittlichen Kampfes abrupt die von *Johann Sebastian Bach* in seiner Motette ‚Jesu, meine Freude' (1723) eindrucksvoll artikulierte Antithese folgen läßt:

Es ist nun nichts Verdammenswertes mehr in denen, die in Christus Jesus sind (Röm 8,1).

Doch diese Antinomie weist – wie schon der Aufschrei – unübersehbar zurück auf die dialektische Selbstcharakteristik des Apostels im Bild vom Schatz im Tongefäß, das gleichfalls den Inbegriff des Heilsbesitzes mit dem der Hinfälligkeit und Angefochtenheit unverbunden zusammendenkt. Daß Paulus weder zum Enthusiasten noch zum Tragiker wird, ist dann nur dadurch zu erklären, daß er beides, das Bewußtsein seines Heils mit dem seiner Angefochtenheit in seinem Existenzakt stets neu verschmolz. Biographisch bestätigt das der jähe Umschlag des Berichts von seiner Entrückung in den dritten Himmel in die Beschwerde über den

17 *R. Bultmann,* Das Problem der Ethik bei Paulus, in: Das Paulusbild in der neueren deutschen Forschung, 179–199.

von Satansfäusten ihm ins Fleisch getriebenen Stachel, die in die freudige Resignation ausklingt:

> *Gerne will ich mich meiner Schwachheit rühmen, damit sich die Kraft Christi auf mich niederlasse (2 Kor 12,9).*

Aus diesem Zwiespalt begreift der Apostel auch die Verfassung der von ihm betreuten Gemeinde, die er zwar als Heilige anspricht, gleichzeitig aber auch in Streit, Fehlverhalten und Sittenlosigkeit befangen sieht. Weil er dabei vor allem die Distanz zwischen Sein und Sollen im Auge hat, konzentriert er sich in den paränetischen Aussagen seiner Briefe zunächst auf die Anprangerung der Mißstände und Laster, von denen er seine Adressaten bedroht sieht. Den Adressaten seines Galaterbriefs gibt er zu bedenken:

> *Offenkundig sind die Werke des Fleisches: Unzucht, Unlauterkeit, Ausschweifung, Götzendienst, Zauberei, Feindschaft, Zank, Eifersucht, Zorn, Streit, Zwistigkeit, Parteiungen, Neid, Trunkenheit, Schlemmerei und dergleichen. Von alledem sage ich, wie ich es schon früher getan habe, voraus: Die solches tun, werden das Reich Gottes nicht erben (Gal 5,19ff).*

Und den Lesern seiner Korintherbriefe ruft er zu:

> *Täuscht euch nicht! Weder Unzüchtige noch Götzendiener noch Ehebrecher noch Lüstlinge noch Knabenschänder noch Diebe noch Habsüchtige noch Säufer noch Lästerer noch Räuber werden Anteil am Reich Gottes haben (1 Kor 6,9f).*

Was ihn besonders aufbringt, ist der Mißbrauch seiner Lehre von der christlichen Freiheit als Vorwand für einen libertinistischen, sich über alle sittliche Normen hinwegsetzenden Lebenswandel, besonders dann, wenn er sich mit der Behauptung rechtfertigt, daß die Unzuchtssünden nur den Leib, nicht aber den Geist berühren; denn:

> *Die Speisen sind zwar für den Bauch da und der Bauch für die Speisen; doch Gott wird diese wie jenen eines Tages vernichten. Der Leib aber ist nicht für die Unzucht da, sondern für den Herrn und der Herr für den Leib (1 Kor 6,13).*

Den Blutschänder übergibt er sogar dem Satan „zum Verderben des Fleisches, damit sein Geist am Tag des Herrn gerettet werde“ (1 Kor 5,5). Besonders hart geht er auch mit denen ins Gericht, die bei der Feier des Herrenmahls die eigene Mahlzeit vorwegnehmen und betrunken sind, während die später Kommenden, bei denen vor allem an die Sklaven zu denken ist, das Nachsehen haben und hungern müssen:

Wer nämlich unwürdig das Brot ißt oder den Kelch des Herrn trinkt, versündigt sich am Leib und Blut des Herrn ... Er ißt und trinkt das Gericht in sich hinein, weil er den Leib des Herrn nicht unterscheidet (1 Kor 11,27. 29).

Doch mit diesen dunklen Farben malt Paulus den Hintergrund, vor dem sich das Leben aus dem Geist, verstanden als die Tätigung der Indikative, nur um so leuchtender abhebt. Deshalb stellt er den „Werken des Fleisches" als Kontrast die „Frucht des Geistes" gegenüber:

Liebe, Freude, Friede, Langmut, Milde, Güte, Treue, Sanftmut, Enthaltsamkeit. Gegen all dies richtet sich kein Gesetz (Gal 5,22f).

Beides, der Stoß ins Dunkel ebenso wie der Aufschwung ins Licht, aber spiegelt sich in der Attitüde, in der sich der Erzieher Paulus der Gemeinde präsentiert:

Was wollt ihr? Soll ich mit dem Stock zu euch kommen oder in Liebe und im Geist der Milde? (1 Kor 4,21)

Wie er persönlich mit beidem vertraut ist,

mit Sattsein ebenso wie mit Hungern, mit Überfluß ebenso wie mit Entbehrung (Phil 4,12),

so verfügt er auch über zwei höchst gegensätzliche Register im Umgangston mit seinen Gemeinden. Wie eng die beiden Tonarten beieinander liegen, zeigt sich daran, daß die Strenge des Pädagogen nicht selten, wie besonders im Philipperbrief, in die Bekundung väterlicher Zärtlichkeit umschlägt. Das aber beweist, daß die Koinzidenz von Indikativ und Imperativ, die alledem zugrundeliegt, nicht theoretisch entschlüsselt, sondern nur auf die existentielle Vereinbarung in der Person dessen zurückgeführt werden kann, der sich mit einem zerbrechlichen Schatzbehälter verglich. Ihm mußte die Zusicherung der göttlichen Gnadenhilfe genügen; denn die Kraft von oben kam gerade in seiner Schwachheit zur Geltung (2 Kor 12,9). Um so dringlicher stellt sich dann aber die Frage, wie er seine Moral theoretisch verarbeitete und in eine konkrete Handlungsanweisung faßte.

Für die Beantwortung standen ihm zwei Modelle zu Gebote: das Gesetz und die von Jesus ausgehende Verpflichtung zur Liebe. Sein Verhältnis zum Gesetz war freilich höchst zwiespältig. Auf der einen Seite gilt die bereits mitgeteilte These:

Das Gesetz ist heilig, und das Gebot heilig, gerecht und gut (Röm 7,12).

Auf der andern Seite bewirkt das Gesetz nur Zorn (Röm 4,15), weil es zur Sünde anreizt (7,7; 1 Kor 15,56) und, zusammen mit ihr, zum Tod führt. Zwar ist es durch Engel in die Hand des Mittlers Mose gegeben (Gal 3,19), um als „Zuchtmeister" auf Christus hinzuarbeiten (3,24); doch wurde es durch ihn in die Liebe überholt, so daß nun die Liebe als die Erfüllung des Gesetzes zu gelten hat (Röm 13,8). In diesem Sinn kann Paulus geradezu von einem „Gesetz Christi" sprechen (Gal 6,2)[18]. In alledem bekundet sich jedoch ein kaum verhohlenes Unbehagen des Apostels gegenüber einer in Vorschriften, Normen und Direktiven gefaßten Moral, weil er sie als ethische Ausfolgerung der durch Christus überwundenen Heteronomie durchschaut. Deshalb gestaltet sich seine Reflexion über Sinn und Gestaltung der Moral zuletzt zur Suche nach einer Alternative zu der vom „Geist der Knechtschaft bestimmten" Gesetzesmoral (Röm 8,15).

Es gehört zu den größten, von der Christenheit aber noch immer nicht eingeholten und beherzigten Leistungen des Apostels, daß er diese Alternative herausgestellt hat. Ihre Erfassung ist freilich durch eine textkritische Problematik des Römerbriefs erheblich behindert. Sie betrifft die paulinische Integrität des Briefs. Seit längerem setzte sich die Erkenntnis durch, daß das Schlußkapitel (Röm 16,1–27) aus personellen, die Vielzahl der aufgeführten und persönlich qualifizierten Namen betreffenden, aber auch aus inhaltlichen Gründen (16,17 ff) nicht zum ursprünglichen Text gehört, sondern zu einer zweiten an Ephesus adressierten Fassung. Wenn man aber redaktionelle Eingriffe dieser Art in Erwägung zieht, ist auch im Fall des Plädoyers für staatskonformes Verhalten (13,1–7) damit zu rechnen. Denn dieser vieldiskutierte Text zerreißt nicht nur den Gesamtzusammenhang (von 12,9–13,10); mit ihm hätte sich Paulus auch buchstäblich um „Hals und Kragen" geschrieben, da er sich damit als Vertreter einer religio illicita der römischen Strafjustiz ausgeliefert hätte. Deshalb wird er ähnlich zu beurteilen sein wie der von der Mentalität Qumrans geprägte Einschub im Zweiten Korintherbrief (2 Kor 6, 14–7,1)[19].

Die Ableitung beginnt dann mit der Mahnung. „Die Liebe sei ungeheuchelt, verabscheut das Böse, schließt euch dem Guten an" (Röm 12,9); sie steigert sich in der Folge zur Ermahnung zu zuvorkommender Bruderliebe (12,9), zur Anteilnahme „an den Notlagen der Heiligen"

18 *F. Hahn,* Theologie des Neuen Testaments I, Tübingen 2002, 222–242.

19 *G. Bornkamm*, Paulus, Stuttgart 1877, 248 f. Nimmt man aber das Plädoyer für Staatstreue als redaktionellen Einschub aus dem Gesamtkontext heraus, dann gewinnt dieser eine imponierende Geschlossenheit, die nun als die große Alternative zur heteronomen Gesetzesmoral lesbar wird.

(12,13). insbesondere aber zu tätiger Feindesliebe (12,19f), verstanden als die Überwindung des Bösen durch das Gute (12,21), und sie schließt mit der Aufforderung:

> *Bleibt niemand etwas schuldig, es sei denn in Erweisen der gegenseitigen Liebe; denn wer den andern liebt, hat das Gesetz erfüllt. Die Gebote: Du sollst nicht ehebrechen, Du sollst nicht töten, Du sollst nicht stehlen, Du sollst nicht begehren, sind ja in dem einen Wort zusammengefaßt: Du sollst deinen Nächsten lieben wie dich selbst! Die Liebe fügt dem Nächsten nichts Böses zu; denn die Liebe ist die Erfüllung des Gesetzes (Röm 13,8ff).*

Das ist mehr als eine bloße Rekapitulation dessen, was jedem Gläubigen als Verpflichtung aufgegeben ist. Es ist auch mehr als nur eine situative Differenzierung des von Jesus ausgehenden Liebesgebots. Denn mit dieser Ableitung wird tatsächlich der Königsweg einer zur Gesetzesethik alternativen Moral eröffnet, die ihr Ziel nicht durch Gebote und Verbote, sondern durch die Einstiftung eines das Böse überwindenden Prinzips erreicht[20]. Es ist der Königsweg der Immunisierung gegen das Böse, den Paulus um so konsequenter beschritt, als ihm (nach Röm 7,7) die Problematik einer normativen Moral vor Augen stand. In seiner Alternative dazu gab er der Christenheit einen seiner bedeutungsvollsten und hilfreichsten Anstöße, der nicht zuletzt im Blick auf den sich immer deutlicher abzeichnenden Umbruch im moralischen Bewußtsein der Gegenwart nicht hoch genug zu veranschlagen ist[21]. Mit dieser Alternative erweist er sich dann auch definitiv als den größten Erzieher der Christenheit.

20 Nach *Bultmann* (A.a.O., 184) verstand *Ferdinand Christian Baur*, wohl im Anschluß an das Schillerwort „Nehmt die Gottheit auf in euren Willen" die Rechtfertigung „als Aufnahme eines neuen Prinzips in den Willen".

21 Es genügt, zur Verdeutlichung dieses Umbruchs auf die Wende von der Schuld- zur Schamkultur und auf den progressiven Schwund des Sündenbewußtseins zu verweisen; dazu meine Programmschrift ‚Glaubenserweckung. Das Christentum an der Jahrtausendwende', Düsseldorf 2000, 196ff.

Viertes Kapitel
DER MYSTIKER

Der innere Mensch

Nichts scheint der Kritik und Pädagogik ferner zu liegen als Mystik. Doch die weltkritischen Aussagen des Apostels führen geradewegs zu einem Gipfelwort seiner Gebetsmystik, wenn er im Blick auf die in Wehen liegende Welt erklärt:

> *Und nicht nur sie, auch wir, die wir doch die Erstlingsgabe des Geistes besitzen, stöhnen in unserm Innern in Erwartung der Kindschaft und der Erlösung des Leibes (Röm 8,23),*

und wenn er dem zur Erklärung dieses „Stöhnens" hinzufügt:

> *Auch nimmt sich der Geist unserer Schwachheit an. Denn wir wissen nicht, wie wir beten sollen, wie sich's gebührt. Da tritt der Geist selbst für uns ein mit unaussprechlichem Seufzen. Der aber die Herzen erforscht, kennt das Ansinnen des Geistes, der im Sinne Gottes für die Heiligen eintritt (8,26).*

Ebenso geht er in der Korrespondenz mit Korinth von dezidiert pädagogischen Wendungen geradezu sprunghaft zu einem Höhepunkt seiner Sozialmystik über, wenn er fordert:

> *Gebt uns Raum! Niemand haben wir Unrecht getan, niemand geschädigt, niemand übervorteilt. Das sage ich nicht, um euch zu verurteilen; denn ich habe euch doch erklärt, daß ihr in unserm Herzen wohnt, euch verbunden im Sterben wie im Leben (2 Kor 7,2f).*

Umgekehrt scheint der Mystik nichts ferner zu liegen als Politik. Doch die Geschichte der christlichen Spiritualität beweist, daß es immer wieder herausragende Gestalten der Mystik, angefangen von *Bernhard von Clairvaux* bis *Dag Hammarskjöld* waren, die sich politisch engagierten[1].

1 Nicht immer glücklich; denn *Bernhard* rief durch seine Predigten zu dem höchst fragwürdigen Unternehmen der Kreuzzüge auf, während es *Hammarskjöld* unterließ, nach Budapest zu reisen, um dort den drohenden Einmarsch der Sowjetunion zu verhindern, doch dazu *K. Beyschlag*, Evangelium als Schicksal, München 1979, 113–116.

Wenn sich der Disput des Apostels mit dem Prokurator *Festus* und dem Herrscherpaar König *Agrippa* und *Berenike*, von dem die Apostelgeschichte berichtet (Apg 25, 13–26.32), nicht als lukanisches Konstrukt erwiese, könnte daraus geschlossen werden, daß auch Paulus versucht hätte, durch sein Wort in politische Vorgänge einzugreifen und dies, wie die Szene zu verstehen gibt, gerade auch unter Berufung auf sein mystisches Ostererlebnis (Apg 26,12–23). Aber war Paulus ein Mystiker und wurde er gerade durch sein Damaskuserlebnis dazu?

Die Antwort gibt der „antwortende Osterzeuge" und das mit jenem dreifachen Bekenntnis, mit dem er als Mensch, Christ und Apostel steht und fällt. Aufs deutlichste tritt der mystische Zug schon in seinem optischen und haptischen Osterzeugnis zutage. Doch zur Mystik gehört, wenngleich nicht zentral, wohl aber faktisch, das Auftreten von Visionen. Wenn Paulus davon spricht, daß ihm die Gottherrlichkeit auf dem Antlitz des Auferstandenen aufgegangen sei (2 Kor 4,6), ist der Tatbestand des Visionären für ihn gegeben[2]. Dann trat für ihn die Wahrheit des sich im Auferstandenen offenbarenden Gottes auf antlitzhaft verfaßte Weise „in Erscheinung". Und wenn er dem hinzufügt, daß er vom Auferstandenen „ergriffen" worden sei (Phil 3,12), spielt er damit auf das aller Mystik eingestiftete Moment der Inversion an, das den Mystiker sein Denken als ein vorgängiges Gedachtsein und seine Liebe als ein zuvor kommendes Geliebtsein erfahren läßt. Den entscheidenden Beweis erbringt jedoch das akustische Osterzeugnis des Apostels, der in seiner grundlegenden Aussage darauf abhebt, daß Gott ihm in der Damaskusstunde „seinen Sohn geoffenbart" habe (Gal 1,16).

Bei aller Anlehnung an die Berufungsszenen alttestamentlicher Propheten wie Jeremia (Jer 1,5) und Jesaja (Jes 49,1) ist das paulinische Selbstzeugnis doch davon grundverschieden. Denn die Propheten werden durch ihre Berufung zu Sprechern von Droh- und Mahnworten, die sie im Namen Jahwes dem Volk auszurichten haben. Bei Paulus ist dagegen der Gottessohn Inhalt des „Evangeliums von ihm", das er unter den Heiden zu verkünden hat. Thema der an ihn ergangenen Mitteilung ist somit keine Botschaft, sondern eine Person: der ihm ins Herz gesprochene Gottessohn. Was ihm Gott mitzuteilen hatte, sagte er ihm nicht wie den Propheten in Worten, sondern in demjenigen, in dem er sich sein Gottsein von Ewigkeit her zusprach: in seinem Sohn. Demgemäß sprach er ihm seine Mitteilung auch nicht ins Ohr, von dem in den Prophetenberufungen die Rede ist, sondern ins Herz als dem – wie Paulus in der Folge begreifen lernte – „Ort" mystischer Einwohnung.

2 *B. Heiniger*, Paulus als Visionär. Eine religionsgeschichtliche Studie, Freiburg 1995, 21–29; 300–303.

Dort ereignete sich die „Kontaktmetamorphose", die ihm das für sein neues Selbstverständnis ebenso wie für sein ganzes Wirken grundlegende Geständnis auf die Lippen legt:

Ich lebe, doch nicht ich – Christus lebt in mir (Gal 2,20).

das sich damit als das Urwort aller christlichen Mystik erweist und von der Religionsgeschichte auch so verstanden worden ist[3]. Im Zentrum der christlichen Mystik steht somit, mit *Ernst Fuchs* gesprochen, ein „Sprachereignis", in welchem Gott sein Gottsein, das er sich in seinem Sohn „gesagt sein ließ" und zusprach, in die dafür ansprechbare Welt hinein aussprach. Privilegierter und „vom Mutterschoß an auserwählter" Hörer dieses Wortes aber war Paulus, der sich damit als Protagonist der christlichen Mystik insgesamt erweist. Mystisch ist für ihn der in seiner Tiefendimension erfaßte Glaube, der zuinnerst davon lebt, daß der Geglaubte sich in den menschlichen Glaubensakt einmischt und ihn zum Ziel führt. Mystisch ist für ihn das Gebet, das seine Mitte darin hat, daß sich der Gottesgeist der Ratlosigkeit des Beters annimmt, in dessen Seufzen einstimmt und es vor das Antlitz des die Herzen erforschenden Gottes trägt. Und mystisch ist seine Praxis, zu der er sich durch den bewogen fühlt, in dem er „alles vermag" (Phil 4,13), und dessen Kraft in seiner Schwachheit zur Geltung gelangt (2 Kor 12,9). Näher bestimmt ist der „Ort" der dazu führenden Metamorphose der „innere Mensch", von dem Paulus thematisch im Römerbrief, unmittelbar vor seinem großen Aufschrei, spricht:

Dem inneren Menschen nach habe ich Freude am Gesetz. Doch fühle ich ein anderes Gesetz in meinen Gliedern, das dem Gesetz meines Denkens widerstreitet und mich in dem in meinen Gliedern waltenden Gesetz der Sünde gefangenhält. Ich unglücklicher Mensch! Wer wird mich von diesem todverfallenen Leib befreien? (Röm 7,22ff)

Diese Klage des Apostels „über seine Zerrissenheit" (*Berger*) liegt zu sehr auf der Linie seiner Metapher vom Schatz im Tongefäß (2 Kor 4,7), als daß daran gezweifelt werden könnte, daß sich der „innere Mensch" auf den Status des Erlösten bezieht, zumal „der Pfahl im Fleisch" (2 Kor 12,7) darauf hinweist, daß er nicht nur unter äußeren, sondern auch unter in-

3 Dazu G. *Springstubbe*, Nun aber lebe nicht mehr ich, sondern Christus lebt in mir. Wege christlicher Mystik, Maltersburg-Katzeldorf 1990. Daß das eindeutige „in mir" der Galaterstelle vielfach zu einem „an mir" oder dativischen „mir" abgeschwächt wurde, geht unverkennbar auf einen sich bis zu exegetischer Voreingenommenheit steigernden Vorbehalt gegen den Mystiker Paulus zurück (*Mussner*), bisweilen auch auf die Sorge, daß das Damaskusgeschehen zu einem rein psychogenen Erlebnis abgeschwächt werden könne (*Wikenhauser*).

neren Konflikten und Anfechtungen zu leiden hatte. Wenn das angenommen werden darf, führt dann aber eine direkte Linie über die in den Aufschrei ausmündende Klage des Apostels zu seinem Ausruf:

> *Ihr habt doch nicht den Geist der Knechtschaft empfangen, so daß ihr euch aufs neue fürchten müßtet. Vielmehr habt ihr den Geist der Kindschaft empfangen, in dem wir rufen „Abba – Vater"! (Röm 8,15)*

Die Stelle wirkt wie eine Extrapolation des über den „inneren Menschen" Gesagten, nur daß der Konflikt, in dem sich dieser zunächst befand, nun überwunden ist und der autobiographischen Notiz des Philipperbriefs zufolge (Phil 3,13) „vergessen" werden kann. Mit dem Eintritt in die Gotteskindschaft ist der Stand der Heteronomie und das Dasein in Angst und Sorge überschritten und jene Gottesnähe erreicht, die sich im Mitvollzug der Abba-Anrede Jesu artikuliert. Damit hat sich aber auch schon geklärt, daß mit dem „inneren Menschen" der zur Gotteskindschaft erhobene gemeint ist. Wer dazu gelangte, ist der Macht der Finsternis und dem Dasein unter dem Joch der Todesfurcht (Hebr 2,15) entrissen und in ein genealogisches, dem Status der kreatürlichen Heteronomie überhobenes Verhältnis zu Gott aufgenommen, das ihn zur Mitsprache der ehrfürchtig-zärtlichen Gottesanrede Jesu befähigt. Das aber ist für Paulus gleichbedeutend mit dem Urwort seiner mystischen Selbstwerdung in und durch Christus.

Unter der „Oberfläche" seiner aus der Interaktion mit der Um- und Mitwelt hervorgegangenen Selbstsetzung bricht damit die Tiefendimension einer Selbstwerdung auf, in dem ihm das zuvor mühsam erstrebte Selbst, zusammen mit dem Sinn seines Daseins, „mystisch zugelegt" wird (*Bergengruen*). Im selben Maß, wie er unter dem Eindruck dieser Zuwendung die „Altlast" seines bisherigen Selbstbesitzes abwirft und auch in diesem Sinn „vergißt", was hinter ihm liegt (Phil 3,13), wird ihm Christus zum „Lebensinhalt" und Sterben zum „Gewinn" (1,21). Wie im Falle Jesu wird ihm dieser Gewinn dann aber auch zur Lebensaufgabe, denn er begreift, daß er dem Empfangenen nur dadurch gerecht werden kann, daß er es weltweit zu veräußern und an die noch im Dunkeln Stehenden weiterzugeben sucht. Weil der göttliche Zuspruch ein Erweis der ewigen Liebe war, und weil die Liebe als diffusivum sui ipsius auf Hingabe und Übereignung besteht, drängt der Zuspruch spontan ins Wort. So ergeht es Paulus wie den angeklagten Aposteln, die ihre Verkündigung mit dem Bekenntnis rechtfertigen:

> *Unmöglich können wir das verschweigen, was wir gehört und gesehen haben (Apg 4,19).*

Dieser geradezu zwanghafte Mitteilungswille setzt den dazu befähigenden Kompetenzgewinn voraus, der nur in einer definitiven Identitätsfindung bestehen konnte. Darauf bezieht sich die Paulus widerfahrene „Gottestat" (*Wikenhauser*), die den „Zerrissenen" dadurch mit sich einte, daß er durch die Kontaktmetamorphose mit dem ihm zugesprochenen Gottessohn zu dem wurde, was er aus eigener Anstrengung niemals hätte werden können. Wie sehr sein ganzes Denken, Fühlen und Wollen davon durchdrungen war, gibt sein Bekenntnis am Schluß des Römerbriefs zu verstehen:

> *Ich werde mich nicht erkühnen, von etwas zu reden, was nicht Christus in Wort und Werk zur Unterwerfung der Heiden in mir bewirkt hat (Röm 15,18).*

Mit seiner Lebenswende ist sein ganzes Bewußtsein, so ist daraus zu schließen, unter eine neue, von ihm aber keineswegs als fremd und entfremdend empfundene Regie geraten, so daß sein Erkennen den Charakter eines vorgängigen Erkanntseins, und sein Wollen den eines ihm zuvorkommenden Bewogenseins gewinnt. Das aber bringt ihn nicht etwa in eine neue Entzweiung, sondern hebt den bisherigen Zwiespalt in ihm auf. Auch das wird man sich nur im Stil einer Fulguration vorstellen können. Immer dann, wenn er nach Ausweis seiner Briefe um ein Problem rang, legte sich ihm die gesuchte Lösung nahe; und immer dann, wenn er sich zunächst nicht entscheiden konnte, trat ihm plötzlich der Lösungsweg vor Augen. Das alles aber nur deshalb, weil er sich von dem ihm einwohnenden Gottessohn geliebt wußte, und das in der denkbar intimsten Form, daß sich ihm dieser – entgegen der satisfaktorischen Tönung der Schlüsselstelle (Gal 2,20) – liebend übereignete und hingab.

Was aber die bisher noch ausgesparte emotionale Seite des Übergangs anlangt, so erklärt sich daraus der wiederholte Hinweis, daß er sich seines Status rühme (Gal 6,13; Phil 3,3; Röm 15,17), ja daß er um Christi willen sogar seine Schwachheit in diese Rühmung einbeziehe (2 Kor 11,30; 12,16ff) und bisweilen geradezu außer sich gerate (2 Kor 5,13). In diesen Worten erweist sich Paulus als „Diener einer Freude" (2 Kor 1,24), die sich unmittelbar aus seinem mystischen Inbesitz herleitet und die ganze Fülle deprimierender Erfahrungen, denen er ständig ausgesetzt war, überstrahlt. Und da sich in seinen „rühmenden" Aussagen der Dank dafür bekundet, daß er angstfrei den Weg seines Apostolats durchmessen wird, kann seine Botschaft ihre Empfänger keinesfalls in neue Ängste stürzen; vielmehr wird er für sie der Botschafter eines Evangeliums der Angstüberwindung und Hoffnung sein. Darin hat seine Botschaft ihren stählernen Kern, den er kompromißlos und entschlossen verteidigt, so kompromißbereit sich der „allen alles“ Gewordene in der Frage ihrer Ausgestaltung zeigte.

Zwar meint Paulus, daß er nur gelegentlich für Gott „außer sich“ gerate, sonst aber im Umgang mit der Gemeinde durchaus normal und vernünftig sei (2 Kor 5,13). Das darf aber nicht darüber hinwegtäuschen, daß er sich in einer insgesamt „exzentrischen“ Verfassung befindet. So sehr er sein „Ich“ mit aller Schärfe artikuliert und ausspielt, hat er sein Zentrum doch nicht in diesem, sondern in dem mystischen Über-Ich, von dem er sich gleicherweise durchdrungen, erfüllt und bewogen wie umgriffen, beherrscht und geleitet weiß. Darin besteht der „Doppelzug“, der die Mystik des Apostels insgesamt bestimmt und ihr das Gepräge eines von zwei Säulen getragenen Gebäudes verleiht. Wie die ältere von *Deissmann, Wikenhauser* und *Schweitzer* getragene Paulusforschung betonte, entsprechen dem die beiden Grundformen und „Säulen“ der paulinischen Mystik, die das gesamte Briefwerk des Apostels, wenngleich in unterschiedlicher Häufigkeit, durchziehen: das von ihm vielfach gebrauchte „in Christus“ und das weit seltenere, aber ebenso charakteristische „Christus in mir“[4].

Wenn Paulus in seiner Korrespondenz betont, daß er wie seine Adressaten „in Christus“ lebe (Röm 6,11), überzeugt sei (14,14), die Wahrheit sage (9,1), vor Gottes Angesicht rede (2 Kor 2,17), sich rühme (1 Kor 1,31; Phil 3,3) und hoffe (Phil 2,19), weil er sich in ihm befreit (Röm 8,1 f; Gal 2,4), reich geworden (1 Kor 1,4 f) und befestigt wisse (2 Kor 1,21), erweckt er den Eindruck, daß für ihn nicht so sehr die Welt als vielmehr der pneumatische Christus das Umgreifende ist, das ihn wie eine lebendige Sphäre in sich aufgenommen hat, ihn umfängt und seinem ganzen Dasein Halt und Stand verleiht. Aus dieser Umhegung, so wird man ergänzen dürfen, empfängt er seine Orientierung und Inspiration, ja sein Selbstbewußtsein als „neues Geschöpf“ (5,17) und Apostel, dem es aufgetragen ist, durch sein Wort und Wirken die Welt in diese Sphäre einzubeziehen[5]. Denn die Vorstellung einer umgreifenden Sphäre verdichtet sich für ihn in der Folge zu der des mystischen Leibes, in den die Gläubigen als Glieder eingefügt und zugleich von dessen Haupt belebt, ge-

4 *A. Deissmann*, Paulus. Eine kultur- und religionsgeschichtliche Studie, Tübingen 1925; *A. Wikenhauser*, Die Christusmystik des Apostels Paulus (1928), Freiburg 1956; *A. Schweitzer*, Die Mystik des Apostels Paulus (1930), Tübingen 1954.

5 *D. Mahnke*, Unendliche Sphäre und Allmittelpunkt. Beiträge zur Genealogie der mathematischen Mystik, Halle 1937; *Th. W. Adorno*. Anmerkungen zum philosophischen Denken. in: Stichworte, Frankfurt 1969, 18. In Erinnerung an *Adornos* Wort vom „Unauslöschlichen“ am ontologischen Argument könnte man in der – paulinisch verstandenen – „Sphäre“ eine Präfiguration der Denkfigur des „unüberdenklich Größten“ (quo maius nihil cogitari potest) des anselmischen Gottesbeweisen erblicken, der dadurch einen christologischen Aspekt gewänne.

lenkt und zur Einheit zusammengefügt sind. In der Fortbildung durch die Paulusschule wird das alles in sich zentrierende Haupt dann überdies zum Ziel der das Ganze durchströmenden Lebensbewegung, die darauf angelegt ist, die Glaubensgemeinschaft in dieses Ziel hineinwachsen und dabei aus ihrer anfänglichen Unmündigkeit zur Reife des „Vollalters Christi" gelangen zu lassen (Eph 4,13).

Ihre zentrierende Mitte hat diese lebendig bewegte Sphäre in der ungleich seltener belegten, dafür aber mit existentiellem Nachdruck eingebrachten Wendung „Christus in uns", mit der Paulus den Grundakkord aller christlichen Mystik anschlägt. Im Unterschied zur außerchristlichen Verschmelzungsmystik ist das eine ausgesprochene Einwohnungsmystik, die das Subjekt des Mystikers nicht auslöscht und im „namenlosen Meer der Gottheit" aufgehen läßt, sondern in der Dialogbeziehung mit dem überhandnehmenden Über-Ich des Einwohnenden wahrt. Doch damit stellen sich drei gewichtige Fragen. Eine erste, die sich auf das Zustandekommen dieser Einwohnung bezieht, eine zweite, die deren Verarbeitung durch Paulus betrifft, und eine dritte, die auf die um die paulinische Mystik entbrannte Kontroverse der Paulusforschung eingeht.

Wie kommt Paulus dazu, von dem in ihm wohnenden Christus zu sprechen und auf ihn sein Leben, Reden und Wirken, ja sogar sein Selbstbewußtsein zurückzubeziehen? Auf diese Frage antwortet Paulus zwar nur mittelbar, dafür aber um so nachdrücklicher mit seinen Äußerungen zur Feier des Brotbrechens und zu Jesu Abschiedsmahl. Um der Gemeinde von Korinth den Unterschied zwischen dem „Kelch des Herrn" und dem „Kelch der Dämonen" vor Augen zu führen, fragt er sie:

> *Ist der Segenskelch, den wir segnen, nicht die Gemeinschaft mit dem Blut Christi? Und ist das Brot, das wir brechen, nicht die Gemeinschaft mit dem Leib Christi? Wie es nur ein einziges Brot ist, so sind wir vielen nur ein einziger Leib, da wir alle das eine Brot teilen (1 Kor 10,26f).*

Schon in dieser Aussage wird klar, daß sich für Paulus die – sich in der Einwohnung erfüllende – Gemeinschaft mit Christus aus dessen Tod herleitet. Das wird noch deutlicher in dem Bericht über das Abendmahl, der ihm durch die bei der Feier des „Brotbrechens" aufgetretenen Mißstände abgenötigt wurde:

> *Vom Herrn habe ich das erhalten, was ich an euch weitergegeben habe. In der Nacht, als er verraten wurde, nahm der Herr Jesus Brot, sagte Dank, brach es und sprach: das ist mein Leib für euch. Ebenso nahm er nach dem Mahl auch den Kelch und sprach: dieser Kelch ist der neue Bund in meinem Blut. Tut dies, sooft ihr ihn trinkt, zu meinem Gedächtnis. Sooft ihr*

also dieses Brot eßt und diesen Kelch trinkt, verkündet ihr den Tod des Herrn, bis er kommt (1 Kor 11,23–26).

Da das Kelchwort bereits kultisch überarbeitet ist, sind Aufschlüsse des angesprochenen Sinns nur von dem Brotwort zu erwarten, wobei zu berücksichtigen ist, daß „Leib" im aramäischen Verständnis so viel wie „ich" besagt. Dann aber gab Jesus mit dieser Symbolhandlung seinem bevorstehenden Tod die authentische Deutung. Wie das Brot beim Verzehr seine Gestalt verliert, um den Essenden zu ernähren, so gibt er im Tod seine empirische Identität auf, um in den Seinen auf- und fortzuleben. Das verdeutlichte *Alfred Wikenhauser* mit dem Paulus in den Mund gelegten Satz:

Der für mich am Kreuz Gestorbene führt nunmehr in mir als Auferweckter sein Leben[6].

Sterbend gibt sich Jesus als Individuum auf, um den Seinen als Lebensinhalt und mystisches Personzentrum einzuwohnen. Das aber ist möglich, weil Jesus durch die Auferstehung, wie Paulus versichert, in eine pneumatische Seinsweise übergeht, durch die er, ebenso wie die Grenzen von Raum und Zeit, so auch die der Individuation durchbricht, um als Pleroma, wie danach die Paulusschule sagt, alles zu durchdringen und zu erfüllen. Weil sich diese Transformation tiefgreifend von jeder Verschmelzungsmystik unterscheidet, ist durch sie weder die Verantwortlichkeit noch die Fehlbarkeit der Christen aufgehoben, wohl aber sind sie, wie ihnen Paulus einschärft, angehalten, als Gotteskinder „tadellos und rein inmitten eines perversen Geschlechts zu leben und zu leuchten wie die Sterne im Weltall" (Phil 2,15).

Damit gab Paulus aber auch schon ein wichtiges Stichwort seiner Verarbeitung des Einwohnungsmotivs. Dabei kam es entscheidend darauf an, seinen mehrheitlich den deklassierten Bevölkerungsschichten entstammenden oder doch unter der um sich greifenden Weltangst leidenden Adressaten den neuen Stand bewußt zu machen, zu dem sie in und durch Christus erhoben wurden. Auch das gelang ihm mit Hilfe des Schlüsselwortes seines Römerbriefs, das mit der Beteuerung einsetzt:

Ihr habt doch nicht den Geist der Knechtschaft empfangen, so daß ihr euch aufs neue fürchten müßtet (Röm 8,15),

und in der Rühmung der Gotteskindschaft gipfelt. Denn mit der Verneinung der Heteronomie und Abhängigkeit ihres bisherigen Daseins wird

6 A. *Wikenhauser,* Die Christusmystik des Apostels Paulus, 44.

ihnen das Glück der Freiheit vor Augen geführt, zu der sie als Gotteskinder gelangten; und mit der Versicherung, daß sie sich nicht mehr wie früher zu fürchten hätten, wird ihnen ein angstfreies Leben in Aussicht gestellt. Als Grund, daß sie aufatmen dürfen, nennt Paulus mit dem Hauptbegriff der Stelle ihre Erhebung zum Stand der Gotteskindschaft, der sie befähigt, die Abba-Anrufung Jesu nach- und mitzusprechen. Daran könnten sie ersehen, daß der ihnen Einwohnende seine Gottessohnschaft an sie übereignete und sie in seine Zugehörigkeit zum Vater hineinnahm.

Dem entspricht seine persönliche Verarbeitung, die nur darin bestehen konnte, daß er sich den ihm Einwohnenden, nicht zuletzt unter dem Druck der Konflikte und des täglichen Andrangs, immer bewußter aneignete, daß er sich also, mit seinem eigenen Bild gesprochen, im Verschleiß des äußeren Menschen des inneren seiner Lebensgemeinschaft mit Christus als seines wahren Lebensinhalts zunehmend bewußt wurde. Da damit aber auch eine Vertiefung seines Selbstverständnisses als Apostel einherging, warf darauf dessen ständige Anfechtung durch seine Gegner ihren Schatten. Dadurch gewann die Verarbeitung eine in doppeltem Sinn kritische Note. Paulus mußte den gegnerischen Invektiven gegenüber eine Abgrenzungs- und Abwehrstrategie entwerfen, und er mußte sich als Voraussetzung dessen eine Zitadelle der Innerlichkeit bauen, in der er, unerreichbar für alle Anfeindung und aufreibende Beanspruchung, bei sich sein und dem „inneren Menschen" nach „von Tag zu Tag erneuern" konnte (2 Kor 4,16). Das erreichte er *Ed Parish Sanders* zufolge auf dem Weg einer Selbstunterscheidung, aufgrund deren sich in seinem Denken zwei Schichten abzeichnen: eine exoterische, die, gleicherweise geprägt von seinen Auseinandersetzungen wie von den Bedürfnissen seiner Missionspredigt, vorwiegend von kritischen und rechtlichen Kategorien bestimmt ist und ebenso der Werbung wie der Abgrenzung dient, und eine esoterische, in der das Motiv der Verbundenheit mit Christus und den Seinen im Vordergrund steht.

Inbegriff der Abgrenzungsstrategie ist die Rechtfertigungslehre, die Paulus keineswegs in verinnerlichender, sondern ausschließlich in funktionaler Absicht und damit zu dem Ziel entwickelte, sein Evangelium der Freiheit und Unabhängigkeit von allen menschlichen Vorleistungen gegen die Vorstellungswelt und die Forderungen der Gesetzesfrömmigkeit, wie sie von seinen Gegnern als unerläßliche Bedingungen des Heils propagiert wurden, zu sichern. Deshalb wurde das Römerbriefwort von der Enthüllung der Gottesgerechtigkeit aufgrund des Glaubens (Röm 1,17) von *Luther* zu Recht zu dem „allein durch den Glauben" verschärft. Luther verfehlt allerdings wie mit ihm die ganze auf die Rechtfertigungslehre eingeschworene Theologie den Stellenwert des Motivs, weil sie Paulus nicht bis in seine Esoterik hinein folgten. Denn sie binden, entgegen ihrer Grundabsicht, das Heil an die Vorleistung des Glaubens, weil sie in der Vorstellung von einem letztlich repressiven, zwischen Güte und Strafgerechtigkeit oszillierenden Gott befangen sind. Dort aber, in der esoterischen Tiefendimension des Apostels, wäre ihnen der von Paulus erlebte Gott zu Gesicht gekommen, der sich dem zelotischen Verfolger seiner Kirche ohne jede Vorleistung mit seinem Innersten, seinem Sohn, mitteilte, der ihn dann allerdings auch ganz für sich in Anspruch nahm und ihm das Äußerste abverlangte.

Doch Paulus grenzt sich nicht nur ab; er schlägt auch zurück. Ihm ist es nicht genug, einen Befestigungswall zur Sicherung seiner Position zu errichten; er geht auch zum Gegenangriff über und gibt sogar Auskunft über die dabei verfolgte Strategie:

> *Die Waffen, die wir führen, sind nicht fleischlich, sondern mächtig für Gott zur Zerstörung von Boll- und Blendwerken und allem, was sich gegen die Erkenntnis Gottes auftürmt. So nehmen wir alles Denken gefangen, um es dem Gehorsam Christi zu unterwerfen (2 Kor 10,4f).*

Das ist eine unverhohlene Kampfansage an jede unchristliche Ideologie, vor allem die an jene Philosophie, die bei all ihrer Weltweisheit den „Herrn der Herrlichkeit“ so sehr verkannte, daß sie ihn durch die von ihr verführten „Herrscher dieser Welt“ ans Kreuz schlug (1 Kor 2,8). Mit seiner Kreuzespredigt verfolgt Paulus somit, ungeachtet seiner missionarischen Hauptabsicht, zugleich ein polemisches Ziel, bei dem es ihm hauptsächlich auf Aufklärung und Widerlegung ankommt. Er sucht den Gegner schon im Vorfeld zu treffen, um dadurch Boden für seine Missionspredigt zu gewinnen. Insofern gehört seine Polemik integrierend zu dem ihm von seinen Gegnern aufgenötigten Kampf, den er jedoch aufgrund seines kämpferischen Naturells wohl auch ohne diese Herausforderung aufgenommen hätte.

Anders verhält es sich freilich mit seiner Verbalpolemik, in die er sich bisweilen bis zu einem Grad hineinsteigert, daß er von ihr förmlich mitgerissen wird. So in seiner Warnung an die Philipper:

> *Gebt acht auf die Hunde! Gebt acht auf die Pfuscher! Gebt acht auf die Männer der Zerschneidung! (Phil 3,2),*

und so wenn er diesen Propagandisten der Beschneidung und „Feinden des Kreuzes Christi“ vorwirft, ihr Gott sei „ihr Bauch“ und sie würden sich mit ihrer Sexualkraft hervortun (Phil 3,18f). Doch auch schon in der Korrespondenz mit Korinth fielen harte Worte, wenn er seine dortigen

Gegner „Pfuscher in ihrer Arbeit“ und Scheinapostel nennt, die den „Dienst an der Gerechtigkeit“ nur vortäuschen, so wie sich manchmal auch der Satan das Aussehen eines „Lichtengels“ gibt (2 Kor 11,13).

Diese unbestreitbare Aggressivität des Apostels könnte tatsächlich den Eindruck erwecken, daß ihm die Qualifikation des Mystikers abgesprochen werden müsse. Wenn das aber noch nicht einmal im Fall des *Bernhard von Clairvaux* angeht, der mit seiner Kreuzzugspredigt immerhin Tausende in den absehbaren Tod schickte, dann noch viel weniger im Fall des Apostels. Denn im Unterschied zum „wohltemperierten“ Erscheinungsbild des heutigen Menschen ist Paulus tatsächlich ein Feuerbrand (*Schell*), der seine Sache um so leidenschaftlicher vertrat, als er sich unter dem Selbstvorwurf, die Kirche Gottes verfolgt zu haben (1 Kor 15,9), für sie einsetzte. Wer ihm mit einer ganzen Reihe älterer und heutiger Paulusforscher vorwirft, „kein Mystiker“ gewesen zu sein, setzt sich deshalb dem Verdacht aus, vor der Sprengkraft des paulinischen Geistes zurückzuschrecken und im Interesse der Aufrechterhaltung der kirchlichen Normalität einem um sein innerstes Aktionszentrum verkürzten und dadurch domestizierten Paulus das Wort zu reden.

Indessen verstärkt diese Tendenz die sich aus alledem nochmals stellende Frage, wie Paulus diese extremen Gegensätze vereinbaren und die „multiple Persönlichkeit“, als die er sich darstellt, zu der aus seinen Briefen sprechenden Ganzheit integrieren konnte. Seine bereits mitgeteilte Antwort lautet:

> *In alledem sind wir unverzagt. Wenn unser äußerer Mensch auch aufgerieben wird, erneuert er sich doch von Tag zu Tag (2 Kor 4,16).*

Dem war das Wort vom Schatz im zerbrechlichen Tongefäß (2 Kor 4,7) vorangegangen, das er mit einer Serie dialektischer Wendungen, angefangen von „bedrängt, aber nicht erdrückt“ bis zu „umgeworfen, aber nicht umgebracht“ umschreibt. Zwar spricht er im Anschluß daran futurisch, wenn er von der „augenblicklichen Trübsal“ sagt, daß sie eine alles überbietende Herrlichkeit erwirke (2 Kor 4,17); doch ist das offensichtlich schon im Vorgefühl des Erhofften gesagt. „Von Tag zu Tag“, so versichert er, fühle er in sich die ihn ständig erneuernden Integrationskräfte und das um so intensiver, als sein „äußerer Mensch“ der vielen Torturen, Enttäuschungen, Anfeindungen und Ängste im Getriebe dieser Zerstörungskräfte „aufgerieben“ werde. Auf die Frage aber, woher ihm diese Integrationsfähigkeit zukomme, würde seine Antwort zweifellos lauten: aus dem mir ins Herz gesprochenen Gottessohn, oder nun wörtlich:

> *Ich vermag alles in dem, der mir die Kraft verleiht (Phil 4,13).*

Dabei bezieht sich dies „alles“ insbesondere auch auf die Vereinbarung der in ihm klaffenden Gegensätze.

Der Lieblingsjünger

In einer Fußnote seines Johanneskommentars erwähnt *Rudolf Bultmann* die Ansicht des englischen Forschers *Bacon*, der den Lieblingsjünger des vierten Evangeliums mit Paulus identifizierte. Unter allen Versuchen, so urteilt er, den Lieblingsjünger mit einer historischen Person gleichzusetzen, sei dieser der „beste“. Doch scheitere er schon daran, daß die johanneische Theologie „keine historische Beziehung zur paulinischen“ aufweise, vor allem aber daran, daß der Lieblingsjünger als eine „Idealgestalt“ zu gelten habe[7]. Wenn nun aber der als Symbolfigur und Lesehilfe begriffene Lieblingsjünger mit Paulus so wenig wie mit einer der zahlreichen mit ihm in Vergleich gezogenen Gestalten identifiziert werden kann, so himdert doch nichts, Paulus umgekehrt auf ihn zu beziehen und in seinem Licht zu deuten[8]. Doch wer ist der Jünger, „den Jesus liebte“?

Wenn man davon ausgeht, daß alle Szenen, in denen dieser auftritt, angefangen von seinem Auftauchen bei der Entlarvung des Verräters (Joh 13,22–26) und seinem Auftritt unter dem Kreuz (Joh 19,26f) bis zu seinem Wettlauf mit Petrus zum Grab (Joh 20,1–10), mühelos aus dem Kontext herausgelöst werden können, ohne daß dieser dadurch in seiner Verständlichkeit gestört wird, sind diese Szenen eindeutig einer Neulektüre (relecture) des Grundtextes zuzuordnen, der es nur um eine bessere Verständlichkeit und tiefere Ausdeutung des Evangeliums gegangen sein konnte. Und wenn man angesichts des Umstands, daß er in diesen Szenen nur die eine – teilnehmende – Frage nach der Identität des Verräters stellt (Joh 13,25), und daß er damit in eine auffällige Affinität zu dem „Fragesteller“ Parsifal tritt, wird man in ihm mit Bultmann eine Idealgestalt erblicken[9]. Auch wenn man die Frage offen läßt, ob tatsächlich eine Entsprechung zur antiken Symposienliteratur vorliegt (*Martin*), drängt sich dann der Gedanke an die mit der Diotima des platonischen „Gastmahls“ einsetzende Reihe der Geniusgestalten großer Dichtungen auf, die sich von der „Philosophie“ in der Consolatio des *Boethius* über die Beatrice in *Dantes* ‚Göttlicher Komödie‘ bis zur Gestalt der Mignon in

7 *R. Bultmann,* Das Evangelium des Johannes, Göttingen 1950, 358f.
8 Zu den bekanntesten Identifizierungsversuchen *J. Kügler*, Der Jünger, den Jesus liebte, Stuttgart 1988, 439–448, der allerdings den von *B. W. Bacon* unerwähnt läßt.
9 Dazu meine Christologie von innen ‚Das Antlitz‘, Düsseldorf 1999, 136–146.

Goethes „Lehr- und Wanderjahren" und des Erwin in *Eichendorffs* ‚Ahnung und Gegenwart' erstreckt (*Emrich*). Da diese Figuren durchweg in ihrer Führungs- und Deutungsfunktion aufgehen, ist dann das Gleiche auch von der Figur des Lieblingsjüngers anzunehmen[10]. Dann symbolisiert er die in und mit seiner Übertextung erreichte Reflexionshöhe des Johannesevangeliums, die in ihm zu einer figuralen Interpretationshilfe und Leseanweisung wird. In seinem Licht will es dann gelesen und mit ihm als leibhaftigem Interpretament gedeutet und verstanden werden. Mit ihm muß Jesus dann nach dem Grund seiner Erschütterung und Herzensnot (Joh 13,21) gefragt werden. Mit ihm muß sich der Leser dann von Jesus ansprechen und in die Lebens- und Leidensgemeinschaft mit sich ziehen lassen (Joh 19,26). Und mit ihm muß er den Auferstandenen schließlich schon an den von ihm verbliebenen Relikten erkennen und sich zum Glauben bewegen lassen (Joh 20,8)[11].

Auf diesen „Hintergrund" bezogen, gewinnt die Gestalt des Apostels tatsächlich neues Profil. Zwar fehlt bei ihm das Motiv des teilnehmenden Miterleidens der Passion Jesu, da ihn erst die Paulusschule sagen läßt, daß er durch seine Leiden ergänze, was am Leidensmaß des in seiner Kirche fortlebenden Christus noch fehlt (Kol 1,24). Wohl aber versichert er:

> *Fortan trete mir niemand mehr zu nahe; denn ich trage die Malzeichen Christi an meinem Leib (Gal 6,17),*

und:

> *Mit Christus bin ich gekreuzigt (2,19).*

Ungleich deutlicher noch bringt die Kreuzesszene das Profil des Apostels zum Vorschein, die in dem an die Mutter gerichteten Wort des Gekreuzigten „Sieh da, dein Sohn!" (Joh 19,26) gipfelt. Denn damit empfängt sie ihren Sohn aufs neue, jetzt aber in Gestalt des neben ihr stehenden Lieblingsjüngers, in dem sich der Gekreuzigte seinem Wort zufolge vergegenwärtigt. Das wirft ein helles Licht auf das Damaskuserlebnis des Apostels. Danach war es nicht nur „Gott in seiner Güte" (Gal 1,16), sondern zugleich der ihm zugesprochene „Sohn", der sich ihm, indem er von ihm Besitz ergriff, zu verstehen gab. Er, der Gottessohn, war, wie sich in diesem Lichte zeigt, ebenso Objekt wie Subjekt der an ihn ergange-

10 *W. Emrich*, Symbolinterpretation und Mythenforschung, in: Protest und Verheißung, Frankfurt 1960, 67–81; dazu die Ausführungen meiner Christologie von innen ‚Das Antlitz', Düsseldorf 1999, 139–146; 330f.

11 Dazu mein Beitrag „Was ist mit diesem? Eine theologische Improvisation über das Thema des von Jesus geliebten Jüngers", in: *C. Breytenbach* und *W. Paulsen* (Hrsg.), Anfänge der Christologie (Festschrift für *Ferdinand Hahn*), Göttingen 1991, 323–336.

nen „Offenbarung“. Erst vor diesem Hintergrund klärt sich die „Kommunikation“, in der er mit dem ihm Zugesprochenen stand, und die ihn zu dem Bekenntnis bewog, daß er nichts zu sagen wage, was nicht von Christus in ihm bewirkt worden sei (Röm 15,18).

Sein volles Relief gewinnt das Profil des Apostels erst im Blick auf den Wettlauf der beiden Jünger zum Grab. Denn in dieser „Konkurrenz“ spiegelt sich der Zusammenstoß in Antiochia, bei dem Paulus „Kephas ins Angesicht widerstand“, weil er die anfänglich eingegangene Tischgemeinschaft mit den Heidenchristen „aus Angst“ vor einigen aus Jerusalem zugereisten Judenchristen aufgegeben hatte (Gal 2,11 ff). Dabei bestand für Paulus an der überragenden Bedeutung des von ihm mit seinem aramäischen Namen genannten Petrus nicht der geringste Zweifel. Wenn er ihn in seiner „Magna Charta“ des Osterglaubens als ersten Empfänger einer Erscheinung des Auferstandenen aufführt (1 Kor 15,3), gibt er sogar zu verstehen, daß es Petrus gelungen sei, den durch den Kreuzestod Jesu verstörten und zersprengten Jüngerkreis neu zu konsolidieren und zur Rückkehr nach Jerusalem, der Stadt des auch ihnen drohenden Todes, zu bewegen. Gleichwohl muß die Stimmung in Antiochia umgeschlagen sein und sich gegen ihn gewendet haben, so daß er diese Stadt seines langjährigen Wirkens, wohl auch zufolge seines Streits mit Barnabas (Apg 15,36 ff), verläßt, um sich seinem großräumigen Missionswerk zuzuwenden.

Im Blick auf die Wettlaufszene spitzt sich das ins Grundsätzliche und damit in die Frage nach den von Petrus und Paulus verkörperten Positionen und ihrer Rolle bei der Konstituierung der Kirche zu. In dieser Zuspitzung symbolisert der langsamere, aber unbekümmerter vorgehende Petrus, der, obwohl hinterherkommend, als erster das Grab betritt und die dort liegenden Relikte erblickt, doch ohne daraus die entscheidende Schlußfolgerung zu ziehen (Joh 20,6 f), das apostolische Amt, während der schnellere, jedoch zurückhaltende, dafür aber als erster zur Einsicht in das Geschehene gelangende Lieblingsjünger den prophetischen Geist verkörpert (Joh 20,8). Dabei vermeidet die Wettlaufszene jede Polarisierung; im Gegenteil: sie zeigt die beiden Repräsentanten der gegensätzlichen Positionen in einem so innigen Beziehungsgeflecht, daß daraus auf ihre gegenseitige Angewiesenheit und Kooperation geschlossen werden muß. Paulus erkundet, was Petrus zu unterbauen hat. Und Petrus befestigt, was Paulus entdeckte, ohne seine Hilfe aber nicht zu integrieren vermöchte.

Doch die nahezu skurril anmutende Szene enthält noch wichtigere Hinweise. Denn sie erreicht ihren Höhepunkt in dem verblüffenden Befund, daß der Lieblingsjünger schon durch den Anblick der Relikte zum Osterglauben gelangt, zu dem Petrus erst die Erscheinung des Auferstandenen verhilft. Insofern gilt bereits ihm das in der Folge dem Zweifler Thomas zugesprochene „Selig, die nicht sehen und doch glauben!" (Joh 20,29)

Das ist in die – nachösterliche – Situation der Nachgeborenen hineingesprochen, die an das verbale und literarische Zeugnis derer verwiesen sind, die als die (nach Apg 10,41) „von Gott vorherbestimmten" Zeugen „den Herrn gesehen haben". Mit seiner Seligpreisung stellt sich Jesus in höchster Autorität auf deren Seite, um so das Defizit des Nichtgesehenhabens zu kompensieren. Doch vor eben diese Situation sieht sich auch Paulus gestellt. Bei seiner Kreuzespredigt muß er nicht nur den auf dem Gekreuzigten lastenden Anschein des „Skandalösen" und „Törichten" niederringen, sondern das Fehlen dessen kompensieren, was in diesem „Skandal" die Macht und in dieser „Torheit" die Weisheit Gottes aufscheinen ließ: die Schau des Auferstandenen. Zweifellos bestand eine der staunenswertesten Leistungen des Apostels darin, daß ihm das gelang. Im Bewußtsein dessen erklärt er:

> *Zwar vollzog sich meine Predigt nicht in ansprechender Weisheitsrede, wohl aber im Erweis von Geist und Kraft (1 Kor 2,4).*

Es dauerte freilich Jahrhunderte, genauerhin bis in die Zeit der Aufklärung, bis der Stellenwert dieses kardinalen Satzes ans Licht gehoben und in seiner Bedeutung erschlossen wurde. Angesprochen ist damit die Flugschrift *Gotthold Ephraim Lessings* gegen den hannoveranischen Lyzeumsdirektor Schumann ‚Über den Beweis des Geistes und der Kraft', in der er unter dem Eindruck des Verdämmerns des von Jesus ausgehenden Impulses in die Klage ausbricht:

> *Das, das ist der garstige breite Graben, über den ich nicht kommen kann, sooft und ernstlich ich auch den Sprung versucht habe. Kann mir jemand hinüberhelfen, der tu' es; ich bitte ihn, ich beschwöre ihn. Er verdienet ein Gotteslohn an mir*[12].

Allen Abschwächungsversuchen gegenüber steht fest, daß *Lessing* damit das Zentralproblem gerade auch der Gegenwartstheologie zur Sprache gebracht hat; ebenso klar ist aber auch, daß er das nur im Anschluß an Paulus und unter Bezugnahme auf dessen Korintherwort vermochte. Im Licht des für die mystische Lektüre des Evangeliums stehenden Lieblingsjüngers ist aber nicht weniger klar, daß dieses Problem, wenn überhaupt, dann nur im Zeichen des durch ihn profilierten Paulus gelöst wer-

12 Näheres dazu in meiner ‚Einweisung ins Christentum', Düsseldorf 1997, 51–56.

den kann. Das aber ist der Paulus, der als erster, bahnbrechend für die gesamte Folgezeit, erkannte, daß die Zukunft des Christentums in seiner Innerlichkeit besteht und der mit dieser Erkenntnis dadurch den Anfang machte, daß er in dem ihm zugesprochenen und einwohnenden Christus die Quelle seiner Inspiration (Röm 15,18) und Kraft (Phil 4,13) entdeckte. Denn nach einem seiner Schlüsselworte lebte er im Glauben an den, der ihn geliebt und sich ihm hingegeben hatte (Gal 2,20). Wenn je einer aus dem Umkreis Jesu, empfand und verstand er sich als den mit der Liebe Jesu Beschenkten und damit als den Lieblingsjünger seines Herrn.

Der Beter

Wenn man nach der Quelle sucht, aus der Paulus die Kraft zu seinem einzigartigen Lebenswerk schöpfte, wird man vor allem in Erinnerung an sein Beten fündig. Auch darin folgt er der Spur Jesu, der insbesondere im Evangelium seines „Biographen“ Lukas als der große Beter, angefangen von der als Gebetserlebnis stilisierten Taufszene (Lk 3,21) bis hin zu seinem letzten Kreuzeswort (Lk 23,46), erscheint. Unter Berufung auf *Nathan Söderblom* sagt *Friedrich Heiler* von ihm, diesem „gewaltigsten Beter der Geschichte“ (*Wernle*), daß die den Raum des Gebets eröffnende „Innerlichkeit in persönlichem Sinn“ eigentlich erst von ihm geschaffen worden sei[13]. Von Paulus aber sagt er, daß er „auf dem von Jesus gelegten Grundstein den Dom der christlichen Gebetsfrömmigkeit“ aufgerichtet habe[14]. Die „wichtigste Bedeutung des Völkerapostels für das christliche Beten“ liege jedoch darin, „daß durch ihn aller Gottesumgang eine unmittelbare Beziehung auf Jesus Christus erhielt“. Für den von Christus Ergriffenen mußte sich diese Ergriffenheit dann aber „notwendig in der persönlichen Gebetsgemeinschaft mit Christus ausströmen“[15]. Sein Beten wird so zu einem ständigen Umgang „mit dem erhöhten Kyrios“ und zur „persönlichen Gebetsgemeinschaft mit ihm“.

Darin war ihm, die historische Chronologie einmal angenommen, nach *Martin Buber* nur der Zweifler Thomas in seiner Begegnung mit dem Auferstandenen zuvorgekommen. Überwältigt von der Erscheinung des Auferstandenen, die seine Zweifel in unfragliche Gewißheit verwan-

13 *F. Heiler*, Das Gebet. Eine religionsgeschichtliche und religionspsychologische Untersuchung, München 1921, 239.

14 A. a. O., 240.

15 A. a. O., 241.

delt, drängt sich ihm der Anruf „Mein Herr und mein Gott!" (Joh 20,28) auf die Lippen. So ist er nicht nur, wie *Buber* urteilt, „der erste Christ im Sinn des christlichen Dogmas", sondern auch der erste Beter ist, dem Jesus zum Adressaten seiner betenden Hinwendung wurde[16]. Da in der Anrufung des Thomas das zweifache „mein" auffällt, das zweifellos seine persönliche Betroffenheit und Hingabe zum Ausdruck bringt, wird man die in seinem Wort mitschwingende Dankbarkeit für die ihm gewährte Vergewisserung nicht überhören können[17]. Dadurch ergibt sich aber ein überraschender Rückbezug zu Paulus. Doch wird seine Einschätzung durch *Heiler* und *Söderblom*, so ist zuvor zu fragen, auch durch den Reflex seiner Persönlichkeit in der Apostelgeschichte und in seinem Briefwerk bestätigt?

Was jene anlangt, so weist im lukanischen Damaskusbericht der Erhöhte die Einwände, die der durch die Verfolgertätigkeit Pauli geängstete Ananias gegen seinen Auftrag erhebt, mit dem lapidaren Hinweis zurück: „Er betet" (Apg 9,11). Entspringt dieser Hinweis, so ist dann aber mit *Karl Hartmann* zu fragen, nur dem von Lukas wiederholt bekundeten Interesse am Gebet, oder spiegelt sich darin ein Wesenszug des Apostels?[18] Auch wenn *Roland Gebauer* den Nachweis dafür nicht in aller Form erbrächte, hätte sich die Bejahung dieser Frage doch durch das Zeugnis der Paulusbriefe geradezu aufgedrängt[19]. Zwar stößt der von Gebauer eingeführte Begriff „Briefgebet" zunächst auf Bedenken, die sich aus dem Mediencharakter der Briefe ergeben. Doch so sehr Paulus die ihm durch das Medium gezogenen Grenzen beklagt (Gal 4,20), durchbricht er sie wie im Fall seines österlichen Selbstzeugnisses überall dort, wo er betet. In diesem Zusammenhang liegt auf den Eingangsgebeten seiner Briefe ein besonderes Gewicht[20].

Das erhellt schon aus der Tatsache, daß diese Gebetsworte das in aller Form bestätigen, was beim Ausruf des Zweiflers „Mein Herr und mein Gott!" nur zu vermuten war. Denn die Eingangsgebete lassen ihrerseits keinen Zweifel daran, daß die tiefste Motivation dieser Gebete in der Dankbarkeit besteht. Nicht umsonst beginnen sie stets mit Bekundungen des Dankes für den Glauben (1 Thess 1,3), die Gnade (1 Kor 1,4), den von Gott geschenkten Trost (2 Kor 1,4), die von ihm geweckte Anteil-

16 *M. Buber*, Zwei Glaubensweisen, Zürich 1950, 130f; dazu meine Schrift ‚Buber für Christen. Eine Herausforderung', Freiburg 1988, 105.

17 *R. Schnackenburg*, Das Johannesevangelium III, Freiburg 1975, 395–398.

18 *K. Hartmann*, Vor Damaskus ein Licht. Wie Lukas die Bekehrung des Paulus erzählt, Stuttgart 1987, 37–44.

19 *R. Gebauer*, Das Gebet bei Paulus. Forschungsgeschichtliche und exegetische Studien, Gießen 1989.

20 A. a. O., 206ff.

nahme am Evangelium (Phil 1,5) und das von der Gemeinde gegebene Glaubenszeugnis (Röm 1,8). Zu dieser Danksagung fühlt sich Paulus vor allem deswegen bewogen, weil er in der Undankbarkeit die Wurzel alles sittlichen Fehlverhaltens erblickt. Weil die Heiden

> *trotz ihrer Gotteserkenntnis Gott nicht verherrlichten und ihm nicht dankten, verfielen sie in ihrem Denken auf Nichtigkeiten und verfinsterte sich ihr unverständiges Herz (Röm 1,21).*

Für den aus der Schöpferhand Gottes hervorgegangenen Menschen (Röm 9,20ff), der nichts hat, war er nicht empfangen hätte (1 Kor 4,7), besteht die elementare Verpflichtung, die sich aus seiner Kreatürlichkeit ergibt, im dankbaren Rückbezug auf den, dem er mit dem Sein auch seinen Platz im Leben (1 Kor 7,20), seine Führung (Röm 8,28) und die Bewahrung seines Herzens und Denkens (Phil. 4,7) verdankt. Der Undankbare sagt sich von dieser Bindung los und verfällt damit den aus seinem Umfeld auf ihn eindringenden niederzwingenden und verstörenden Mächten. Da sich die dankbare Rückbindung, so sehr sie sich dem Menschen nahelegt, doch keineswegs von selbst versteht, muß sie bewußt aufrechterhalten und kultiviert werden. Die Kultivierung der Dankbarkeit vollzieht sich im Gebet[21]. Das bestätigen die paulinischen Eingangsgebete, besonders nachhaltig das zu Beginn des Ersten Korintherbriefs:

> *Ich danke meinem Gott allezeit für die Gnade Gottes, die euch in Christus Jesus verliehen wurde. In ihm seid ihr in jeder Erkenntnis und Lehre reich geworden, ebenso ist das Zeugnis für Christus in euch gefestigt. Deshalb leidet ihr an keiner Gnadengabe Mangel, während ihr der Offenbarung unseres Herrn Jesus Christus entgegenharrt. Er wird euch bestärken, damit ihr am Tag unsres Herrn Jesu Christus untadelig erwiesen werdet. Denn treu ist der Gott, durch den ihr zur Gemeinschaft seines Sohnes, unsres Herrn Jesu Christus, berufen seid (1 Kor 1,4–9).*

Dabei bezieht sich die Danksagung zunächst auf den Erkenntnis- und Gnadenreichtum der Gemeinde, der sich für Paulus besonders in ihrer Bereitschaft zum Glaubenszeugnis manifestiert, nicht weniger dann aber auch auf die Spannung, mit der sie im Bann der Naherwartung der baldigen Parusie entgegensieht. Mit seinem Dankgebet durchbricht der Apostel aber nicht nur die seinem Briefwort gezogenen Grenzen, vielmehr bezieht er damit die angesprochene Gemeinde, der er im weiteren Verlauf der Korrespondenz sogar versichert, daß er sie in seinem Herzen

21 *E. Sommerlath*, Der Ursprung des neuen Lebens nach Paulus, Leipzig 1927, 23f; dazu nochmals mein Beitrag ‚Dankbarkeit als denkerisches Initiationserlebnis', in: *J. Seifert* (Hrsg.), Danken und Dankbarkeit. Eine universale Dimension des Menschseins, Heidelberg 1992, 159–172.

trage (2 Kor 7,8), nachdrücklich in seine Anrufung ein. Danksagend macht er sich zu ihrem Sprecher, während sie ihrerseits als der Beweggrund seiner Danksagung erscheint.

Wenn der volle Tiefgang dieser Wechselbeziehung zum Vorschein kommen soll, muß – kontrastiv dazu – die Stelle in Erinnerung gerufen werden, an der sich Paulus in verzweifelter Sorge um seine „ungläubigen“ Brüder zu einer förmlichen Selbstverfluchung hinreißen läßt:

> *Ich wünschte verflucht und von Christus getrennt zu sein, zum Besten meiner Brüder, meiner Stammesgenossen dem Fleische nach (Röm 9,3).*

Stellvertretend nimmt Paulus hier, im Kontext gesprochen, das Schicksal seiner „undankbaren“ Brüder auf sich, um durch diese Verzweiflungstat ihr das in eine unausdenkliche Ferne gerückte Heil zu erwirken. Daß er sich bis in dieses Extrem vorwagen kann, verdankt er aber weder seiner Kompetenz noch seiner Intuition, sondern allein dem Vorgang dessen,

> *der uns vom Fluch des Gesetzes erlöste, indem er für uns zum Fluch geworden ist (Gal 3,13).*

Im Nachvollzug dessen, mit dem er sich „gekreuzigt“ weiß (Gal 2,19), geht er das ungeheuerliche Wagnis der stellvertretenden Selbstverfluchung ein. Damit verdeutlicht er dann aber zugleich, welchem Schicksal sich der Undankbare ausliefert, der, indem er sich seinem Schöpfer versagt, dem Sog der „stummen Götzen“ verfällt (1 Kor 12,2) und Gefahr läuft, „die Herrlichkeit des unvergänglichen Gottes“ mit nichtigen Idolen zu vertauschen und in den Bann schlimmster Perversionen zu geraten (Röm 1,23–32). Das Gegenteil erstrebt Paulus mit seinen einleitenden Danksagungen: die Einbeziehung der Adressaten in seine Anrufung des „Vaters der Erbarmungen und Gott allen Trostes“ (2 Kor 1,3) und die Auferbauung der „Herzensgemeinschaft“ mit denen, für die er sich in Sorge und Liebe verzehrt (Phil 1,8).

Dabei ist Paulus alles daran gelegen, seine Adressaten zum Mitvollzug seines Betens zu bewegen. Deshalb entwickelt er eine einzigartige, von der christlichen Spiritualität noch immer nicht eingeholte Theorie des Gebets. In ihrem vollen Stellenwert wurde sie von *Johann Sebastian Bach* in seiner Motette ‚Der Geist hilft unserer Schwachheit auf‘ (1729) markiert, die sich thematisch auf die vom Zuspruch des Geistes handelnde Stelle des Römerbriefs bezieht:

> *Der Geist hilft unsrer Schwachheit auf. Denn wir wissen nicht, um was wir beten sollen, wie sich's gebührt. Da tritt der Geist selbst für uns ein mit unaussprechlichem Seufzen. Der aber die Herzen erforscht, kennt das An-*

sinnen des Geistes, daß er nach Gottes Willen für die Heiligen eintritt (Röm 8,28)[22].

Mit niederschmetternder Wucht widersetzt sich Paulus zu Eingang der Schlüsselstelle der unreflektierten Meinung des Beters, sehr wohl zu wissen, um was er beten solle. Die von ihm gemeinten Anliegen sind für den Apostel nur Vorwände, bestenfalls Anlässe des von ihm geforderten „rechten" Betens. Denn dieses bezieht sich gerade nicht auf die das durchschnittliche Beten motivierenden Alltagssorgen, sondern auf Gott. Gebet ist für ihn der Urakt der als Rückbindung (*religio*) verstandenen Religion und, sofern es sein Ziel erreicht, der mit dem Herzen, also existentiell geführte Gottesbeweis. Darin begegnet er sich mit *Martin Bubers* Bestimmung des Gebets als der „Bitte um Kundgabe der göttlichen Gegenwart, als des dialogischen Fühlbarwerdens" dieser Gegenwart[23]. Im Maß, wie sie dem Beter fühlbar wird, kommt für *Buber* der Glaubensakt an sein Ziel. Denn der als emuna verstandene Glaube geht, wie Buber in Abgrenzung vom christlichen Satzglauben betont, darauf aus, in der Wirklichkeit Gottes Halt und Stand zu gewinnen[24]. Glaubend wurzelt sich der Beter in der Gotteswirklichkeit ein, so daß ihm diese zum unerschütterlichen Fundament seines Lebens, Denkens und Handelns wird.

Doch darin ist Paulus mehr Dialogiker als *Buber*. Denn für ihn stellt der Mensch im Gebet jene Frage, die er im Sinn des Augustinuswortes „factus sum mihi quaestio magna" nicht so sehr aufwirft als vielmehr ist[25]. Sie aber wird in der Fühlung der Gotteswirklichkeit zwar beschwichtigt, aber nicht beantwortet. Deshalb vollendet sich das Gebet für Paulus in dem Glauben, der (nach Röm 10,17) „aus dem Hören" kommt, so wie dieses vom Vernehmen des göttlichen Offenbarungswortes lebt. Für ihn ist das Gebet, metaphorisch ausgedrückt, die Wurzel des Glaubens und dieser die Krone des Gebets. Wenn aber erst der Geist zum rechten Beten verhilft und wenn sich dieses erst im Vernehmen des – seinem Wesen nach uneinklagbaren – Gotteswortes erfüllt: wer ist dann das eigentliche Subjekt von beiden? Darauf antwortet Paulus mit dem großem Appell des Römerbriefs:

22 *U. Wilckens*, Der Brief an die Römer II, 160f; *W. Schmithals*, Die theologische Anthropologie des Paulus, Stuttgart 1980, 152–162; *F. Hahn*, Theologie des Neuen Testaments II, 698; ferner der Abschnitt „Bach als Wiederentdecker der paulinischen Heilsbotschaft" in meinem Sammelband ‚Glaubensimpulse. Beiträge zur Glaubenstheorie und Religionsphilosophie', Würzburg 1988, 324–336.

23 *M. Buber*, Gottesfinsternis. Betrachtungen zur Beziehung zwischen Religion und Philosophie, Zürich 1953, 149.

24 *Buber*, Zwei Glaubensweisen, 27; 34ff.

25 *Augustinus*, Confessiones IV, c.4,9.

Ihr habt doch nicht den Geist der Knechtschaft empfangen, so daß ihr euch aufs neue fürchten müßtet; vielmehr habt ihr den Geist der Sohnschaft empfangen, in dem wir rufen „Abba – Vater". Der Geist selbst bezeugt unsrem Geist, daß wir Kinder Gottes sind. Wenn aber Kinder, dann auch Erben: Erben Gottes und Miterben Christi (Röm 8,15ff).

Nur scheinbar fällt die Frage nun doch wieder auf den glaubenden Beter zurück. Denn so sehr er angesprochen – und in Anspruch genommen – ist, läßt die Stelle doch keinen Zweifel an dem in alledem wirkenden Prinzip, das die Glaubenden dem Stand der Heteronomie entreißt und furchtlos Gott entgegentreten lässt: dem Geist. Seinem ermutigenden Zeugnis verdanken sie es dann vor allem, daß sie in die Gottesanrufung Jesu einstimmen und Gott mit der ehrfürchtigen Zärtlichkeitsanrede „Abba-Vater" anrufen können. Da aber (nach 2 Kor 3,17) der Geist der Geist des Herrn und dieser „der Geist" ist, erweist sich der in den Seinen fortlebende und durch den Geist in ihnen fortwirkende Christus als das erfragte Subjekt. Er ist es, der sie durch seinen Geist der Heteronomie und dem Leben im Schatten der Gottesangst entreißt und sie in seine Abba-Anrufung hineinnimmt, so daß auch sie, furchtlos und dankbar, Gott ihren Vater nennen können. Das aber ist nur möglich, weil er seine Gottessohnschaft nicht wie ein Beutestück für sich behielt (Phil 2,6), sondern in liebender Selbstverschwendung an sie verschenkte. Weil sich, so gesehen, alles im Horizont der in die Herzen ausgegossenen Liebe ereignete (Röm 5,5), machte sich der davon berichtende – und ergriffene – Paulus auch zu dessen dankerfülltem Sprecher. In Worten, die zwischen Gebet und Gedicht die Mitte halten, stellte er deshalb die ekstatische Frage:

Wer wird uns trennen von der Liebe Christi: Trübsal oder Bedrängnis oder Hunger oder Blöße oder Gefahr oder das Schwert? (Röm 8,35)

Und er antwortet darauf mit dem nicht minder enthusiastischen Bekenntnis:

Ich bin davon überzeugt, daß weder Tod noch Leben, weder Engel noch Herrschaften, weder Gegenwärtiges noch Zukünftiges, weder Mächte der Höhe noch der Tiefe noch irgendein Geschöpf uns von der Liebe Gottes trennen können, die in Christus Jesus ist, unserm Herrn (Röm 8,38f).

Zur Höhe seines wohl schönsten Gebets aber erhebt sich Paulus aus der Tiefe seiner stellvertretenden Selbstverfluchung, in der er im Abgrund der in Kauf genommenen Verlorenheit Fühlung mit der Gottesweisheit gewinnt. Ohne daß in seiner thematischen Argumentation etwas davon zur Sprache kommt, vollzieht er damit auf existentielle Weise nach, was er in der Korrespondenz mit Korinth in den programmatischen Satz gefaßt hatte, daß der Gekreuzigte für die Glaubenden zu „Gottes Macht und Gottes Weisheit" geworden sei (1 Kor 1,18). Wenn er im Angang zu dem Gebet den gläubig gewordenen Heiden vorhält, daß sie nur „stellvertretend" für die sich verweigernden Juden und anstelle dieser ausgebrochenen Zweige dem heilbringenden Ölbaum eingepflanzt worden seien (Röm 11,17. 24), schimmert dann aber doch etwas von seiner Heils- und Weisheitserfahrung im Dunkel der stellvertretend riskierten Verlorenheit durch. Aus diesem Dunkel erhebt er sich dann mit dem rühmenden Ausruf:

> *O Tiefe der überreichen Weisheit und Erkenntnis Gottes! Wie unerforschlich sind seine Ratschlüsse und wie unerkundbar seine Wege! Wer hat den Sinn des Herrn erkannt, oder wer wäre sein Ratgeber gewesen? Oder wer hat ihm zuerst etwas gegeben, so daß er es ihm vergelten müßte? Denn aus ihm und durch ihn und für ihn ist alles. Ihm sei Ehre in Ewigkeit! Amen (Röm 11,33–36).*

Unverkennbar kommt in diesem Wort, mit dem der vor die letzten Fragen der Heilszuwendung gestellte Apostel alles in die Hände Gottes legt, die Dankbarkeit zum Ausdruck, die sich nun nochmals als der tiefste Beweggrund seines Betens erweist. Lobend und rühmend dankt er mit diesen ergriffenen Worten dem, von dem er sich und die von ihm Gewonnenen ohne Verdienst gerettet weiß.

Wenn nach *Kierkegaard* von Jesus gilt, daß er von keiner seiner Wirkungen überboten werden kann, gilt von Paulus eher das Gegenteil. So groß seine lebensgeschichtliche Leistung zu veranschlagen ist, gelangte er doch erst wirkungsgeschichtlich zu seiner welt- und kirchenhistorischen Effizienz und Bedeutung. Erst im Wechselverhältnis mit seiner Rezeption erlangte er seine volle Größe. Das zeichnete sich bereits in der Tätigkeit seiner Schule ab, soweit sie ihren Niederschlag in deren Briefen gefunden hat. In diesen präsentiert sich nicht nur eine fortentwickelte Theologie; vielmehr enthält der unter seinem Namen herausgegebene Epheserbrief auch ein Gebet, das den Vergleich mit seinen Originalgebeten durchaus besteht. Es beginnt mit einer — freilich kontrovers gedeuteten – Bitte, die in der sich nahelegenden Fassung an die Anrufung der Musen in klassischen Dichtungen erinnert und in der Deutung des „inneren Menschen" als Ort der Einwohnung Christi und als Sensorium seiner alles übersteigenden Liebe seinen Höhepunkt erreicht:

> *So bitte ich denn darum, daß ich wegen der Trübsal, die ich euret- und eurer Verherrlichung wegen erleide, nicht verzage. Deshalb beuge ich mein*

Knie vor dem Vater, der jedem Geschlecht im Himmel wie auf Erden seinen Namen gibt, daß ihr nach dem Reichtum seiner Herrlichkeit am inneren Menschen erstarkt, daß Christus durch den Glauben in euren Herzen wohne und daß ihr in der Liebe fest verwurzelt und begründet seid, damit ihr mit allen Heiligen die Breite, Länge, Höhe und Tiefe ermessen und die alles übersteigende Liebe Christi begreifen lernt und so mit der ganzen Fülle Gottes erfüllt werdet (Eph 3,13–19)[26].

Ungeachtet seiner sprachlich ausladenden Form ist dieses „Apostelgebet" eine einzigartige Zusammenfassung der Anthropologie des Apostels mit seiner Glaubenstheorie und Mystik. Denn es erweist den „inneren Menschen", der sich (nach 2 Kor 4,16) unter dem Druck der äußeren Anfechtungen und Strapazen „immerfort erneuert", als die „Herberge" der Einwohnung Christi, während diese als das letzte Ziel des Glaubens erscheint. Denn so sehr der Glaube nach Ansicht des Apostels nur durch die Mitwirkung des Geglaubten zustandekommt, ist dieser für ihn doch zugleich das Erfüllungsziel, auf das der Glaubensakt hinwirkt und das der Epheserbrief mit dem die ganze Glaubensgemeinschaft einbegreifenden Wort benennt:

damit wir alle zur Einheit des Glaubens und zur Gemeinschaft des Gottessohnes gelangen, zur vollen Mannesreife und zum Vollalter des ganzen Christus[27].

Somit gilt auch in diesem Sinn, daß der Glaube für Paulus im Gebet wurzelt, so wie dieses im Glauben seine krönende Erfüllung erreicht.

Die Christomathie

Wie aber stellt sich die Botschaft des Apostels vor dem Hintergrund seiner Mystik dar? Kann sie überhaupt, wie es gemeinhin geschieht, als „Theologie" gekennzeichnet und im Blick auf ihren Schwerpunkt als „Christologie" bezeichnet werden? Das ist eine Frage, die durch den Streit um die vatikanische Erklärung ‚Dominus Jesus – Über die Einzigkeit und Heilsuniversalität Jesu Christi und der Kirche' (2001) erneut zur

26 *Th. K. Heckel*, Der Innere Mensch. Die paulinische Verarbeitung eines platonischen Motivs, Tübingen 1993, 215–218. Daß die vorgeschlagene Lesart dem Kontext widerspreche, wird von *Rudolf Schnackenburg* zwar behauptet, aber nicht bewiesen: Der Brief an die Epheser, Zürich, 1982, 144; dazu der Abschnitt „Das Apostelgebet" meiner Programmschrift ‚Glaubenserweckung. Das Christentum an der Jahrtausendwende', Düsseldorf 2000, 213.

27 *Schnackenburg*, A. a. O., 187 ff.

Diskussion gestellt wurde, im Grunde aber nur durch eine „Kategorienanalyse" beantwortet werden kann[28]. Denn der Streit bezog sich lediglich auf unterschiedliche Auffassungen der „christlichen Wahrheit", die durch die Auslegung des Evangeliums mit Hilfe hellenistischer Denkformen entstanden war[29]. Völlig unbeachtet blieb in dieser Kontroverse jedoch die alledem vorangehende „Wahrheit Christi", wie sie nach wiederholten Hinweisen *Guardinis* aus dem Munde Jesu hervorging und in seinem Antlitz aufleuchtete[30]. Auf Paulus, der im Bann der ihm in und durch den Gottessohn zugesprocheneen Wahrheit steht, zurückbezogen, wird die gängige Einbringung seiner Botschaft in das Konzept der der theologischen Reflexion entstammenden Wahrheit und damit in ihrer Kennzeichnung als Christologie fragwürdig, dies jedoch so, daß sich damit die Frage nach der Möglichkeit einer alternativen Charakterisierung stellt.

Die Antwort wurde von *Ignatius von Antiochien* gegeben, der sich leuchtend von dem schwärzesten Undank abhebt, mit dem Kleinasien nach dem Urteil *Karl Holls* den Apostel, dem es das Geschenk des Christentums mehr als jedem andern zu verdanken hatte, bedachte[31]. In unverkennbarer Anspielung auf den an die Adressaten des Epheserbriefs gerichteten Vorwurf: „So habt ihr Christus nicht kennengelernt" (Eph 4,20) mahnt er die Gemeinde:

> *nichts aus Streitsucht zu tun, sondern sich von der Christuslehre (Christomathia) leiten zu lassen (Eph 8,1)*[32].

Mit diesem Konzept einer „Christomathie" greift er nach *Reinhold Seeberg* auf das „Archiv" der Kreuz, Auferstehung und Glauben umfassenden „Christuslehre" zurück[33]. Das aber ist jene in dem „gerechten", „barmherzigen", „guten" und zu einem „untadeligen Leben" erziehenden Gott und dem mit göttlichen Attributen ausgezeichneten Christus zentrierte „Theologia Christi", die *Karlmann Beyschlag* als Grundlage der

28 *L. Boff*, Manifest über die Ökumene. Ein Streit mit Kardinal Ratzinger, Düsseldorf 2001.

29 *Cl. Tresmontant*, Biblisches Denken und hellenistische Überlieferung (Originaltitel: Essai sur la pensée ébraique), Düsseldorf 1956, 12; 76f; 156; *F. Ricken*, Das Homoousias von Nikaia als Krisis des altchristlichen Platonismus, in: Zur Frühgeschichte der Christologie. Ihre biblischen Anfänge und die Lehrformel von Nikaia, Freiburg 1970, 74–99; dazu der Abschnitt „Der sprachgeschichtliche Aufbruch" meiner Untersuchung ‚Religiöse Sprachbarrieren, Aufbau einer Logaporetik', München 1980, 163–185.

30 *R. Guardini*. Vom Sinn der Kirche, Würzburg 1955, 19; *Ders*, Christliches Bewußtsein, Versuche über Pascal, Leipzig 1935, 53f; dazu meine Monographie ‚Interpretation und Veränderung. Werk und Wirken Romano Guardinis', Paderborn 1979, 65–80.

31 *K. Holl*, Gesammelte Aufsätze zur Kirchengeschichte II, 66.

32 Dazu die Ausführungen meiner ‚Einweisung ins Christentum', 330–339.

33 *R. Seeberg*, Lehrbuch der Dogmengeschichte I, Darmstadt 1953, 206f.

„gesamten nachapostolischen Kirche“ ausmachte[34]. Auf die paulinische Denkstruktur zurückbezogen, gewinnt die Christomathie im Gegensatz zum retrospektiven Charakter der Christologie einen betont prospektiven Charakter. Als solche ist sie der glaubenstheoretische Mitvollzug der evolutionären Heilsgeschichte, die Paulus in dem einen, zu Fall gekommenen und die ganze Menschheit in seinen Sturz hineinreißenden Adam begonnen, in dem einen Mittler und Heilbringer kulminieren und in dem „Gott alles in allem“ (1 Kor 15,28) ausmünden sieht. Von daher tritt jede Einzelposition bei ihm in einen dynamischen Aspekt.

Wie der heilsgeschichtliche Ansatz bei Adam ahnen läßt, beginnt die paulinische Konzeption so, wie der Dialog des *Theophil von Alexandrien* mit seinem heidnischen Gegner verläuft. Nach seiner Schriftt ‚An Autolykos‘ (1,2) hatte dieser ihn mit dem Ansinnen: „Zeige mir deinen Gott!“ herausgefordert. Darauf erwidert der Apologet mit der Forderung: „Zeige mir zuerst deinen Menschen!“ Denn nur der, „der mit den Augen der Seele sehen und mit den Ohren des Herzens hören“ könne, sei zur Beantwortung der Gottesfrage fähig[35]. Das gilt sowohl in thematischer wie in erkenntnistheoretischer Hinsicht für die Profilierung der paulinischen Botschaft. Denn damit stellt sich vor allem andern die Frage nach ihrer leitenden Kategorie. Angesichts der scharfen Absage des Apostels an die griechische Weltweisheit, die er bezichtigt, mit jenen „Herrschern der Welt“ im Bund zu stehen, die den „Herrn der Herrlichkeit“ ans Kreuz schlugen (1 Kor 2,8) und die deshalb abgetan werden muß (2 Kor 2,6), ist das keinesfalls die Denkform der platonischen Philosophie, die für ihn schon deshalb nicht in Betracht kommt, weil sie von *Hegel* nach dem Vorgang *Augustins* als retrospektiv erwiesen wurde. Von Augustin mit seiner Rede von der abendlichen Seh- und Denkweise, der cognitio vespertina, von *Hegel*, indem er die idealistische Denkform einer alt und grau gewordenen „Gestalt des Lebens“ und dem Flug der „Eule der Minerva“ bei „einbrechender Dämmerung“ zuordnete[36].

Demgegenüber bringt Paulus eine Denkweise ins Spiel, die ihre Gegenstände von ihrer Möglichkeit her aufgreift und sie auf ihre Optimierung hin bedenkt. Deshalb nimmt er den Menschen von seiner Todverfallenheit und seinem möglichen Rücksturz ins Nichts her in den Blick (Röm 7,24); und deshalb sieht er die Schöpfung zunächst der „Nichtigkeit“ unterworfen, bevor er sie auf ihrem Weg zur endzeitlichen Gotteskindschaft aller begleitet (Röm 8,12). Demgemäß setzt Paulus

34 *K. Beyschlag*, Grundriß der Dogmengeschichte I, Darmstadt 1988, 75–81.
35 *Beyschlag*, A. a. O., 121.
36 *Augustinus*, De Genesi ad litteram IV, 22, 39 ff; De civitate Dei XI, 7, 29; *G. W. F. Hegel*, Grundlinien der Philosophie des Rechts (Ausgabe *Hoffmeister*), Hamburg 1955, 17.

dann aber auch thematisch beim Menschen an. Er zeigt, um mit *Theophil* zu reden, zuerst sein Bild vom Menschen, bevor er auf die Frage nach Gott und seinem Heilsweg eingeht. Denn Gott ist für ihn primär der sich Offenbarende, der im Akt seiner Selbstmitteilung auf die an ihn gerichtete Frage antwortet, und das nicht zuletzt deswegen, weil sich Paulus selbst nach seinem Schlüsselerlebnis befragt und als „antwortender Osterzeuge" zur Auskunft über seine Erfahrung aufgefordert fühlt.

Dabei behandelt Paulus die Frage nach dem Menschen nie wie das idealistische Denken aus vergegenständlichender Distanz, sondern als der von ihr stets Mitbetroffene und zur Rede Gestellte. Mit *Ludwig Wittgenstein* könnte man geradezu sagen, er behandle diese Frage in therapeutischem Sinn und deshalb „wie eine Krankheit"[37]. Auch wenn er mit Hilfe eines fiktiven „Ich" seine Zerrissenheit zwischen dem „innern Menschen" und dem niederzwingenden „Gesetz in seinen Gliedern" (Röm 7,22f) und in dem großen Notschrei seine Todverfallenheit (Röm 7,24) beklagt, redet er keineswegs nur einer allgemeinen Befindlichkeit, sondern immer auch seiner eigenen Existenzerfahrung das Wort. Nicht umsonst konvergieren diese Aussagen in seinem autobiographischen Begriffsbild vom Schatz im zerbrechlichen Tongefäß (2 Kor 4,7).

Mit dieser Selbstcharakteristik legt Paulus den Grund für eine ausgesprochene Modalanthropologie, die den Menschen mit *Nietzsche* als ein über den Abgrund seiner Möglichkeit gespanntes „Seil" begreift[38]. Denn wie der todverfallene Mensch stets in der Möglichkeit des Rücksturzes ins Nichts schwebt, steht dieser „Fallstrecke" auch stets die auf *Johannes Climacus* zurückgehende Vorstellung der „Paradiesesleiter" seines möglichen Aufstiegs zu seiner integralen Zielgestalt entgegen. Deswegen rührt Paulus mit seiner Beschwörung des innermenschlichen Konflikts an eine tiefere Region des Gewissens als die der moralischen Gewissenskonflikte, die man zulänglich nur als die des „Existenzgewissens" bezeichnen kann. In ihr geht es nicht um die Entscheidung zwischen Gut und Böse, sondern um die Annahme oder Verweigerung seiner selbst, also um den Urkonflikt, in dem sich der um seine Identität ringende und sie doch immer wieder verfehlende Mensch begriffen sieht[39]. Zwar stehen Paulus dafür nur moralische Kategorien zu Gebote. Doch zeigt die Rede vom „inneren Menschen" und die Personifizierung der „Sünde", daß er tatsächlich das Existenzgewissen und die von diesem registrierte „Ge-

37 *L. Wittgenstein*, Philosophische Untersuchungen (255), Frankfurt 1971, 117.

38 *A. Pieper*, „Ein Seil geknüpft zwischen Tier und Übermensch". Nietzsches erster „Zarathustra", Stuttgart 1990; ferner meine Studie ‚Der Mensch – das uneingelöste Versprechen', Düsseldorf 1995.

39 A. a. O., 187–196.

schichte des Menschen mit sich selbst" im Blick hat. Vor allem aber unterscheidet er sich dadurch von der „Eindimensionalität" der philosophischen Anthropologie, daß er den Menschen als ein „plastisches", zur Erhebung über sich selbst fähiges. aber auch vom Absturz unter sein eigenes Niveau bedrohtes Wesen versteht. Deutlicher Beweis dafür ist die von ihm mit aller Schärfe herausgearbeitete Profilierung des Zielbegriffs der Optimierung des Menschen im Motiv der Gotteskindschaft. Trotz der an ihm im Zweiten Petrusbrief geübten Kritik (2 Petr 3,15) stimmt ihm darin der Erste Johannesbrief geradezu enthusiastisch zu, wenn er seine Leser zur Selbstwahrnehmung in diesem Zentralbegriff der christlichen Anthropologie mit den Worten aufruft:

> *Seht doch, welch große Liebe der Vater zu uns hegt, daß wir Gottes Kinder nicht nur heißen, sondern sind! (1 Joh 3, 1)*[40].

Im Spiegel dieses Bildes vom Menschen läßt Paulus dann das seines Gottes aufscheinen. Dabei widerfährt ihm jedoch dasselbe Mißgeschick wie der Menschheit, die bei ihrer Suche nach einem letzten Erklärungsgrund für ihre zwischen den Gezeiten von Glück und Unheil schwankenden Geschichtserfahrung die eigene Zerrissenheit in das Gottesgeheimnis hineinprojizierte und so das Bild des ambivalenten, zwischen Mysterium tremendum und Mysterium fascinosum oszillierenden Gottes entwarf. Offensichtlich erlag auch Paulus der Versuchung, den von ihm ebenso erlittenen wie reflektierten Bruch im Menschen auf Gott zurückzuspiegeln, und dies mit der Folge, daß er zwar nicht von einem Gott des Zornes, wohl aber vom „Zorn Gottes" (Röm 1,18), gleichzeitig aber auch von dem „Vater der Erbarmungen und Gott allen Trostes" (2 Kor 1,3) und dem Gott der Liebe und des Friedens (2 Kor 13,11) spricht. Nach der Darstellung der Apostelgeschichte erschreckte Paulus den Prokurator Felix im Sinn seiner Rede vom Zorn Gottes mit seiner Botschaft von der „Gerechtigkeit, Enthaltsamkeit und dem künftigen Gericht" (Apg 24,25). Das bestätigt seine Redewendung, wonach „wir alle vor dem Richterstuhl Gottes erscheinen müssen" (Röm 14,10), die er, auf den „Richterstuhl Christi" bezogen, schon in der Korrespondenz mit Korinth gebraucht hatte.

Die Spannung zu den esoterischen Aussagen des Apostels, in denen er von der Einwohnung Christi in den Glaubenden und von der alles schenkenden und keine Trennung duldenden Macht der göttlichen Liebe spricht, springt in die Augen. Erlischt das alles im Tod, so daß die Konfrontation mit der Gerechtigkeit Gottes das letzte Wort im Weltge-

40 *H.-J. Klauck*, Der erste Johannesbrief, Zürich 1991, 178–185.

schehen bleibt? Oder greift Paulus in diesen betont exoterischen Aussagen, womöglich unter dem Eindruck einer inneren Verdüsterung, wie sie sich in den besorgten Äußerungen über seine Aufnahme in Jerusalem spiegeln (Röm 15,30f), auf die in seinem Umfeld umlaufenden Gerichtsvorstellungen der frühjüdischen Apokalyptik zurück?[41] Angesichts der Widersprüche, die seine Konzeption auch sonst wie Risse durchziehen, ist das durchaus in Betracht zu ziehen.

Das Zentrum der Gottesvorstellung des Apostels liegt aber dort, wo er im Wissen um sein „unsichtbares Wesen" (Röm 1,19f) in die „Tiefen der Gottheit", die nur der Gottesgeist erforscht, Einblick zu gewinnen sucht (1 Kor 2,10). Um dorthin vorzudringen, bedarf es einer Inversion des Denkens. Denn wenn einer Gott erkennt und liebt, weil nur die Liebe die Erkenntnis „auferbaut" (1 Kor 8,1), ist er von ihm erkannt (1 Kor 8,3; Gal 4,9). So allein können die „falschen Vorstellungen von Gott" beseitigt werden, in denen Paulus zumindest „einige" seiner Adressaten befangen sieht (1 Kor 15,34). Ihm selbst aber trat in dieser „Tiefe", die ihm Gott in seiner Güte erschloß, das Geheimnis seines Sohnes entgegen (Gal 1,16), des – wie der Kolosserbrief erläutert – „Sohnes seiner Liebe" (Kol 1,13). Diese Tiefe war gleichbedeutend mit der Höhe des „dritten Himmels", in die er entrückt wurde, um Zeuge jener Worte des göttlichen Selbstgesprächs zu werden, „die ein Mensch nicht nachzusprechen vermag" (2 Kor 12,4). Nur in Worten der Verneinung, also der apophatischen Gottesrede, kann Paulus davon sprechen, wenn er den für seine Weisheitslehre unansprechbaren Adressaten in Korinth erklärt:

> *Was kein Auge geschaut, kein Ohr vernommen und keines Menschen Herz jemals empfunden hat, das hat Gott denen vorbehalten, die ihn lieben (1 Kor 2,9).*

Damit gibt er der in Streitigkeiten verstrickten Gemeinde zugleich zu verstehen, was ihr abgeht: die Liebe, die allein die Augen des Herzens zu öffnen, sie zu „erleuchten" und so, wie der Epheserbrief erläutert, zur Schau des seit ewigen Zeiten verborgenen, jetzt aber durch Christus erschlossenen Gottesgeheimnisses zu befähigen vermag (Eph 1,17–23). So steht im Zentrum seines Gottesbegriffs, ungeachtet seines Selbstwiderspruchs, der „Gott der Liebe und des Friedens", zu dem er sich am Schluß seiner Korrespondenz mit der schwierigen Gemeinde von Korinth bekennt (2 Kor 13,11). Wenn der angesprochene Selbstwiderspruch behoben werden soll, dann zuletzt nur im Rekurs auf dessen Aufhebung im Selbstverhältnis des Apostels, das auch in Fragen seiner Lehre als letzte

41 *F. Hahn*, Frühjüdische und urchristliche Apokalyptik, Neukirchen-Vluyn 1998, 158–162.

Berufungsinstanz in Anspruch genommen werden muß. Denn Paulus redet nicht nur in Worten; vielmehr „gestikuliert" er, wie *Kierkegaard* dies von dem Paulusenthusiasten *Chrysostomus* behauptete, zugleich „mit seiner ganzen Existenz"[42]. Das bestätigt *Chrysostomus* in seinem Kolosserkommentar, wonach ihm, wenn man ihm die Wahl ließe, Paulus entweder vom Himmel her oder aus seinem Gefängnis reden zu hören, er das letztere vorziehen würde. Denn die Engel des Himmels fänden sich gewiß auch im Gefängnis ein. Die Fesseln, die der Apostel dort trage, aber seien das Band, das seiner Predigt Festigkeit und dem durch sie erweckten Glauben jenen Halt verleihe, der ihm das Herz aufgehen lasse. Erst mit dem gefesselten Paulus vor Augen verstehe man seine Freiheitsbotschaft und seine Überzeugung, daß „das Wort Gottes nicht gebunden" sei[43].

Die Freiheit aber ist das mit der Damaskusvision verbundene Urerlebnis des Apostels. Deshalb kommt er in den drei Fragen, mit denen er seine Schau des Auferstandenen umkreist, zunächst auf sie zu sprechen:

> *Bin ich nicht frei?*
> *Bin ich nicht Apostel?*
> *Habe ich nicht Jesus, unsern Herrn, gesehen? (1 Kor 9,1)*

Vordergründig ist damit zunächst die emanzipatorische Freiheit von den in die Heteronomie zwingenden Direktiven des Gesetzes angesprochen, hintergründig aber vor allem die elevatorische, die den Schauenden zu den größeren Möglichkeiten seines Daseins aufruft, wie sie sich in Pauli Bestallung zum Apostel bekundet. Sinngrund dieser Freiheit ist aber weder eine Idee noch ein Prinzip, sondern der, der den von ihm Ergriffenen dadurch befreit, daß er ihn zu sich und seinem Rang als Gottessohn erhebt. Das ist eine Freiheit, die zu sich selbst befreit, ebenso wie eine Liebe, die zu sich selbst bewegt[44]. Dann aber war der Gottessohn, der Paulus ins Herz gesprochen wurde, nicht nur der Inbegriff der an ihn ergangenen Offenbarung und somit das „Wort" des sich ihm mitteilenden Gottes, sondern derjenige, der in seinem Mitgeteiltsein selbst zu Wort kam. Was er zu sagen hat und was sich in der Lehre von ihm niederschlägt, ist dann nicht so sehr Christologie als vielmehr „Christomathie" im ignatianischen Sinn dieses Ausdrucks. Nicht umsonst hatte *Ignatius* in seinen Briefen an Smyrna Jesus Christus den „vollkommenen Glauben" genannt (10,2) und sich von der Gemeinde von Philadelphia mit dem Wort verabschiedet:

42 *S. Kierkegaard,* Die Tagebücher IV, Düsseldorf und Köln 1970, 284.
43 *Chrysostomus*, Kolosserkommentar, 10. Homilie.
44 Dazu meine Schrift ‚Provokationen der Freiheit. Antriebe und Ziel des emanzipatorischen Bewußtseins', München und Salzburg 1974.

Lebt wohl in Christus Jesus, unsrer gemeinsamen Hoffnung (Ignatius, Philad. 11,2).

Ebenso sagt er in seinem Römerbrief von der Liebe, vielleicht sogar in Erinnerung an den, der die „Wundmale Christi" an seinem Leib trägt (Gal 6,17):

Meine Liebe (eros) ist gekreuzigt (Röm 7,2).

Was Paulus in diesem Sinn entwirft, ist eine zutiefst „responsorische" Christuslehre, die so von Christus spricht, daß sie sich von ihm zugleich ansprechen läßt und von ihm die „erlösenden" Antworten auf die Fragen der Menschheit erwartet. Die Ausgangsfrage aber heißt für Paulus:

Ich unglücklicher Mensch! Wer wird mich von diesem todverfallenen Leib befreien? (Röm 7,24)

Darauf antwortete der dem Apostel ins Herz Gesprochene, als er aus dem „Text" des toten Buchstabens seines Kreuzes hervortrat und als der vom Tod Erweckte „von allen Menschen gelesen und verstanden" wurde (2 Kor 3,2). Diese „Lektüre" aber bestand für Paulus zentral in der Überwindung der Heteronomie, insbesondere in Gestalt des alle in seinen „Gewahrsam" nehmenden Gesetzes, aber nicht weniger auch der Angst, insbesondere in Gestalt der alle unter ihr Joch beugenden Todesfurcht (Hebr 2,15). Denn das Christentum ist für ihn die Religion, die es als einzige mit dem Terror des Todes aufgenommen und die daher als die Religion der Todesüberwindung zu gelten hat. Da aber der Tod seine Schatten in Form der Angst vorauswirft, ist es für ihn ebenso die Religion der Angstüberwindung, positiv ausgedrückt, die Religion der Entmachtung der von ihm als „Weltelemente" gekennzeichneten Daseinsgewalten mit dem Tod an ihrer Spitze und darum die Religion der Freiheit. Wenn es eine Erklärung des Siegeszugs der paulinischen Botschaft in der nach dem Verfall des Götterglaubens von einem lähmenden Fatalismus heimgesuchten Antike gibt (*Bultmann*) dann die, daß sie die im Bann der Schicksalsgewalt stehenden Menschen aufatmen und an ein Hoffnungsziel glauben ließ[45].

Auf dieses Ziel bezog sich die Antwort auf die zweite Frage, vor die sich die paulinische Botschaft gestellt sah. Denn durch die Angst war der antike Mensch auf sich selbst zurückgeworfen, sprachlos und einsam geworden, dadurch aber auch auf eine neue Weise mit sich selbst konfrontiert. Wie *Karl Löwith* nachwies, brach mit der durch den Götter-

45 *R. Bultmann*, Das Urchristentum im Rahmen der antiken Religionen, Zürich 1949, 163–192.

himmel befestigten Vorstellung von einer alles umgreifenden und ordnenden Weltharmonie auch das Gefühl der kosmischen Geborgenheit ein, so daß sich der Menschen eine tiefe Sinnkrise bemächtigte. Wie es ein dieser Zeit entstammendes Fragment beklagt, wurde der zuvor als anbetungswürdig empfundene Kosmos für sie geradezu zur verachtungswürdigen „Last“, mit deren Abwurf auch die universale Orientierungshilfe verloren ging[46]. Mit dem aus der Angst aufkeimenden Selbstbewußtsein wurde dann aber die Frage nach dem Lebenssinn unabweislich. Und auch auf sie antwortete die Christomathie mit ihrer zentralen Botschaft, die sich auf das Fortleben des Auferstandenen bezog. Denn für Paulus stand fest, daß die – heute sträflich vernachlässigte – Frage nach dem „Wohin“ des Auferstandenen letztlich nur so beantwortet werden kann, wie er es in seinem Damaskuserlebnis erfahren hatte, und wie es der Paulusforscher *Wikenhauser* in die auf ihn bezogenen Worte faßte:

> *Der für mich am Kreuz Gestorbene führt nun als Auferstandener in mir sein Leben*[47].

Somit antwortet die Christomathie auf die Sinnfrage nicht mit einer Formel oder einer Idee, sondern mit dem sich durch sie im Fragenden vergegenwärtigenden Christus, der so, wie er der leibhaftige Inbegriff seiner Botschaft ist, auch leibhaftig auf die menschliche Sinnfrage eingeht. Vernommen wird diese Antwort freilich nur in Form jenes Identitätstauschs, zu dem sich Paulus durch sein Damaskuserlebnis geführt wußte. Denn der ihm zugesprochene Gottessohn wurde für ihn nicht nur zum „Ursprung seiner Theologie“ (*Dietzfelbinger*), sondern – wie sich bereits zeigte – zu seinem Über-Ich, das (nach Gal 2,20) an die Stelle seines empirischen Selbstbegriffs trat[48]. Diese bis zur Einwohnung gesteigerte Heilserfahrung schließt eine lehrhafte Strukturierung der an Paulus ergangenen Offenbarung keineswegs aus; im Gegenteil: er erfährt sie schon im Ansatz als Offenbarung des „Gottessohnes“, die sich nach der von ihm zu Eingang des Römerbriefs aufgenommenen Formel unmittelbar aus der Auferstehung Jesu ergibt:

> *Er entstammt dem Fleische nach dem Geschlechte Davids; dem Geist der Heiligkeit nach aber wurde er eingesetzt zum Gottessohn mit Macht durch die Auferstehung von den Toten (Röm 1,3f)*[49].

46 *K. Löwith*, Gott, Mensch und Welt in der Metaphysik von Descartes bis Nietzsche, Göttingen 1967, 15f.
47 Dazu nochmals *A. Wikenhauser*, Die Christusmystik des Apostels Paulus, 44.
48 *Chr. Dietzfelbinger*, Die Berufung des Paulus als Ursprung seiner Theologie, Neukirchen-Vluyn 1989,126–197.
49 *J. Becker*, Paulus. Der Apostel der Völker, Tübingen 1989, 117f.

Ungeachtet seiner menschlichen Herkunft und seines Kreuzestodes ist Jesus dadurch in eine zugleich übergeschichtliche Seinsweise versetzt, die ihn als den von Ewigkeit her Vorbestimmten und Präexistenten denkbar werden läßt. Das bringt Paulus in der Korrespondenz mit Korinth durch die streng symmetrisch gebaute „Akklamationsformel" (*Schenke*) zum Ausdruck:

> *Wir haben nur einen Gott und Vater, aus dem alles ist und für den auch wir sind; und wir haben nur den einen Herrn Jesus Christus, durch den alles geworden ist und durch den auch wir sind (1 Kor 8,6)*[50].

Wie Paulus derselben Gemeinde mit größtem Nachdruck einschärft, ist die Auferstehung Jesu in seiner Sicht ein die ganze Menschheit umgreifendes und alle der Todverfallenheit entreißendes Ereignis. Das betont er in geradezu „seitenverkehrter" Argumentation mit dem Satz:

> *Falls keine Toten erweckt werden, ist auch Christus nicht auferweckt worden. Ist aber Christus nicht erweckt worden, dann ist euer Glaube nichtig. Dann seid ihr noch in euren Sünden, und dann sind auch die in Christus Entschlafenen verloren (1 Kor 15,16ff).*

So aber wirkt sich die Auferstehung nicht nur auf die Toten, sondern erst recht auf die Lebenden aus. Für Paulus wird die Einwohnung demzufolge zum Weltgesetz. Wie der Blick in die Terminologie seiner Mystik lehrt, gebraucht er die Formel „in Christus" leitmotivartig, und das selbst dort, wo er damit nur die christliche Qualifikation einer Person oder Verhaltensweise kennzeichnen will. In der großen Mehrzahl ihrer Verwendungen aber insinuiert die Formel ein universales Umgriffensein, das *Wikenhauser* mit dem Bild einer die Gemeinschaft der Glaubenden umfassenden „Sphäre" verdeutlichte, und dem bei Paulus selbst das Motiv des mystischen Leibes entspricht[51]. Bei ihm ist das „in" somit nicht formal, sondern „vital" aufgefaßt und zu der Vorstellung von dem den ganzen Organismus krönenden, einenden, belebenden und inspirierenden „Haupt" fortentwickelt. In einen heilsgeschichtlichen Kontext stellte der Epheserbrief dieses Begriffsbild, als er es als das Ziel des göttlichen Heilsplans bezeichnete, in der „Fülle der Zeiten das All in Christus wieder zusammenzufassen, das himmlische wie das Irdische" (Eph 1,10). Obwohl die Abhängigkeit der Rekapitulationslehre des *Irenäus von Lyon* von die-

50 *L. Schenke,* Die Urgemeinde, 131 ff; *H. Merklein*, Studien zu Jesus und Paulus, Tübingen 1987, 233 ff; 253 f.

51 *Wikenhauser*, A. a. O.; 28; 32. Wenn er dann aber mit der temporären Begrenztheit dieser „Sphäre" rechnet, gibt er seine These zugunsten der von Paulus nur beiläufig geäußerten Vorstellung von Endgericht auf.

ser Stelle umstritten ist, geht doch auch sie wie der Epheserbrief von der Vorstellung einer Zersplitterung der ursprünglich – im Sinn der Makrokosmosidee – geeinten Welt aus, die durch die Heilstat Christi wiederhergestellt und in ihm als Haupt zusammengefaßt wurde[52].

Paulus selbst verharrt dagegen bei der ekklesiologischen Entfaltung seines Ansatzes. Insofern erscheint sein Konzept des mystischen Leibes wie eine Extrapolation seiner Idee der Einwohnung ins Kollektiv-Universale, vorausgesetzt nur, daß das „in Christus" in seinem Wechselbezug zu dem „Christus in mir" aufrechterhalten bleibt. Danach ist der Einwohnende zugleich der Umfangende, der als Garant der Einheit das bewahrt, was jener mit seinem Geist und Leben erfüllt.

Dem widerspricht freilich *Helmut Merklein* mit dem Argument, daß dadurch die Kirche einerseits zu einer „Funktion oder gar zu einer Variante der Christologie" herabsinke, andrerseits aber, zu dem die Erlösten umfassenden „Heilsraum" geworden, geradezu „soteriologische Relevanz" gewinne[53]. Doch damit treibt er nicht nur einen Keil zwischen Paulus und seine, zumal vom Epheserbrief repräsentierte Schule; vielmehr zerreißt er auch den Gesamtzusammenhang der paulinischen Konzeption, der konsequent von seinem Ursprung im Damaskuserlebnis des Apostels über das Einwohnungsmotiv zu seinem Konzept des mystischen Leibes und zur Eschatologie des „Gott alles in allem" führt[54]. Wenn er schließlich den einleuchtenden Gedanken entwickelt, daß Paulus im Kolosser- und Epheserbrief „selbst zum Inhalt der Verkündigung" gehöre, öffnet er sich, wenngleich nur indirekt, der Frage, ob Gleiches nicht auch von der „Christologie" des Apostels gilt, die dann allerdings durch die Einbeziehung des Geglaubten, konsequent zur „Christomathie" würde.

In deren Licht ist die Lehre von der Kirche die soziale Entfaltung des Einwohnungsmotivs, in die die christomathische Deutung des „Mysterium Jesu" (*Pascal*) und die Mystik des Apostels ausmündet. So richtig *Merklein* beobachtete, daß Paulus den Leib-Christi-Gedanken in der Auseinandersetzung mit der Gemeinde von Korinth entwickelte, so falsch ist seine Folgerung, daß damit dessen Herkunft aus dem Einwohnungsmotiv „dahin falle"[55]. Vielmehr lag Paulus dieses Motiv aufgrund seines „multiplen" Selbstbegriffs, wie er sich in seinem „allen alles" Gewor-

52 *R. Schnackenburg*, Der Brief an die Epheser, Zürich 1982, 57–60; *N. Brox*, Offenbarung, Gnosis und gnostischer Mythos bei Irenäus von Lyon, Salzburg und München 1966, 186–189.

53 *H. Merklein*, Studien zu Jesus und Paulus, 321 f.

54 So aber wird Paulus auch von der durch *Irenäus, Pascal. Newman* und *le Fort* markierten Position seiner Wirkungsgeschichte abgeschnitten und damit sowohl von der Rekapitulationstheorie als auch von der Vorstellung des in der Geschichte fortleidenden Christus. Ursache dieser Distanzierung ist zweifellos *Merkleins* Fixierung auf die Satisfaktionslehre, die ihm den Blick für die paulinische Herkunft der irenäischen Alternative verstellt.

55 A. a. O., 322.

densein (1 Kor 9,22), bekundet, von vornherein nah, so daß es nur noch des konkreten Anstoßes zur Ausarbeitung bedurfte. Den fand Paulus in der zu religiösem Enthusiasmus neigenden Gemeinde von Korinth, die ihm aufgrund ihres synkretistischen Umfelds auch die soziomorphe Kosmosidee vermittelt haben dürfte. Diese nach damals verbreiteter Ansicht in der Polis konkretisierte Idee übertrug Paulus auf die Gemeinde, die er nun erst recht als eine mystische Lebenseinheit begreifen lernte[56]. Zur Differenzierung dieses Bildbegriffs aber veranlaßten ihn die dort kultivierten und nur zu oft miteinander konkurrierenden Charismen, unter denen sich zu seinem Verdruß die als Glossolalie bezeichnete „Engelsprache" besonderer Beliebtheit erfreute[57]. Denn dazu äußert er sich fast wegwerfend mit dem Hinweis:

> *Wenn ihr bei eurer Versammlung alle in der Zungensprache redet, muß doch ein Uneingeweihter oder Ungläubiger den Eindruck gewinnen, daß ihr verrückt seid ... Wenn ihm aber alle ins Gewissen reden und ihn überführen, wird er Gott anbetend auf sein Antlitz fallen und bekennen: „Wahrhaftig, Gott ist in eurer Mitte!" (1 Kor 14,23ff).*

Hier bedurfte es nicht nur des „selbstkritischen" Charismas der „Unterscheidung der Geister" (1 Kor 12,10), sondern ebenso sehr eines ordnenden Leitgedankens, der sich Paulus mit dem Begriffsbild des mystischen Leibes gleichzeitig von innen, also vom Motiv des „in Christus", wie von außen, und damit von der soziomorphen Kosmosvorstellung seines Umfelds her, aufdrängte. Zudem galt es, diese Geistesgaben mit der sich in der Gemeinde ausbildenden Ämterhierarchie in Einklang zu bringen. Die Unterscheidung vollzog der Apostel mit der differenzierenden Qualifikationszuweisung:

> *Dem einen wird durch den Geist das Wort der Weisheit verliehen, dem andern dagegen im selben Geist das Wort der Erkenntnis, einem andern der Glaube im gleichen Geist, wieder einem andern die Heilungsgabe in ein und demselben Geist, noch einem andern die Gabe der Wunderkraft, einem weiteren die Prophetengabe, einem andern die Unterscheidung der Geister, einem andern mancherlei Zungenrede und wieder einem andern deren Auslegung. All das aber bewirkt ein und derselbe Geist, der einem jeden nach seiner Eigenart zuteilt, wie er will (1 Kor 12, 8–11).*

Auf die Koordinierung mit den Ämtern hatte Paulus aber schon im Angang zu dieser Stelle mit der Bemerkung hingewiesen:

56 *G. Theissen*, Psychologische Aspekte paulinischer Theologie, Göttingen 1983, 328.
57 *W. Schmithals*, Die Gnosis in Korinth. Eine Untersuchung zu den Korintherbriefen, Göttingen 1943, 141f.

Es gibt unterschiedliche Ämter; doch ist es derselbe Geist; und es gibt unterschiedliche Wunderkräfte, doch ist es derselbe Gott, der alles in allem bewirkt (1 Kor 12,4f).

Und darauf kommt er, bezeichnend für die Dringlichkeit dieses Anliegens, nochmals am Schluß dieser Sequenz mit der Feststellung zurück:

So hat Gott die Einzelnen in der Kirche bestimmt: erstens zu Aposteln, zweitens zu Propheten, drittens zu Lehrern. Ferner gibt es Wunderkräfte, außerdem Heilungsgaben, Hilfsdienste, Dienstleistungen und mancherlei Sprachengaben. Sind etwa alle Apostel? Alle Propheten? Alle Lehrer? Alle Wundertäter? Besitzen alle Heilungsgaben? Reden alle in Sprachen? Legen alle aus? Strebt doch nach den höheren Gnadengaben! (1 Kor 12,28–31)

Im Zentrum dieser Ausführungen aber steht das Begriffsbild des mystischen Leibes, nach *Alfred Wikenhauser* eine „Anschauung von der Kirche", im Vergleich zu der Tieferes nie gesagt worden ist und gesagt werden kann, zumal diese Anschauung „eng mit seiner Christusmystik" zusammenhänge[58]. Zwar spricht Paulus auch im Römerbrief davon, daß „wir viele ein Leib in Christus" sind (Röm 12,4), und hier in einer Weise, die diesen Bildgedanken so eng mit der Formel „in Christus" verknüpft, daß beide geradezu als Wechselbegriffe erscheinen[59]. Doch entfaltet er das Motiv am deutlichsten im Ersten Korintherbrief, wenn er erklärt:

Wie der Leib nur einer ist, jedoch viele Glieder besitzt, und wie alle Glieder des Leibes trotz ihrer Vielfalt einen einzigen Leib bilden, so verhält es sich auch mit Christus. Denn in dem einen Geist sind wir zu einem Leib getauft worden, gleichviel ob Juden oder Heiden, Sklaven oder Freie: wir alle wurden mit einem Geist getränkt (1 Kor 12,12f).

Das ist in deutlichem Rückbezug auf die Frage gesagt, mit der Paulus die Gemeinde an ihre Erfahrung beim Herrenmahl erinnert:

Ist denn der Segenskelch, den wir segnen, nicht die Gemeinschaft mit dem Blut Christi? Und ist das Brot, das wir brechen, nicht die Gemeinschaft mit dem Leib Christi? Es ist doch ein einziges Brot; so sind wir trotz unserer Vielheit ein einziger Leib, da wir alle das eine Brot teilen (1 Kor 10,16f).

Zum Geistempfang bei der Taufe kommt hier die Eucharistie als gemeinschafts- und einheitsstiftender Faktor hinzu. Wenn Paulus im Fortgang der

58 *A. Wikenhauser,* Die Kirche als der mystische Leib Christus nach dem Apostel Paulus, Münster 1937, 1f.

59 A. a. O., 95–99.

Stelle betont, daß er mit dieser Erinnerung verhindern wollte, daß seine Adressaten „Tischgenossen der bösen Geister" werden (1 Kor 10,21), rückt die ganze Ableitung so sehr in den sie letztlich verursachenden charismatischen Aspekt, daß die Frage nach der Bewußtseinsbildung im Ganzen des Herrenleibes unabweislich wird. Darauf weist der Apostel auch ausdrücklich hin, wenn er betont, daß er nicht nur „mit dem Geist, sondern auch mit dem Verstand beten" wolle (1 Kor 14,15), und wenn er die Gemeinde auffordert, „keine Kinder", sondern „reife Menschen an Urteilskraft" zu sein (1 Kor 14,20).

Die Frage ist letztlich nur im Licht der mystischen Inversion zu beantworten, auf die Paulus zweifach, wie hier nochmals in Erinnerung zu rufen ist, schon im Galaterbrief (Gal 4,9) und dann nochmals in der Korrespondenz mit Korinth (1 Kor 8,3), zu sprechen kommt. Noch verhalten, aber zielstrebig nimmt das der Epheserbrief auf, wenn er den Sinn der Ämter und Dienstleistungen dahin bestimmt,

> *daß wir alle zur Einheit des Glaubens und zur Erkenntnis des Gottessohns gelangen, zur vollen Mannesreife und zum Vollmaß der Fülle Christi (Eph 4,13)*[60].

Wenn das im Nachsatz der zuvor herrschenden „Unmündigkeit" entgegengesetzt wird, kann der Sinn der Stelle nur in der Umschreibung eines Glaubensbewußtseins bestehen, das auf der Basis einer kollektiven Vereinbarung auf die Integration in dem Geglaubten ausgeht. Glauben heißt dann, in fortschreitender Erkenntnis des Gottessohnes in das Erkanntsein durch ihn aufgenommen zu werden. Das heißt dann aber umgekehrt, daß der Glaube der vielen gleichbedeutend ist mit seiner Selbsterkenntnis in ihnen, so daß hier der von *Walter Schmithals* herausgearbeitete Tatbestand des „erlösten Erlösers" gegeben ist[61]. Bei all seiner Autarkie ist er der Seinen doch zugleich bedürftig, weil er erst in der Geistesgemeinschaft mit ihnen seine erfüllende Fülle, sein Pleroma, erreicht. So spiegelt sich sein Bild vor allem in den Apokryphen, in denen neben ihren gnostischen Hauptinhalten auch Ansätze der Deuteropaulinen fortgeschrieben sind. So ist Jesus für die Thomasakten „bedürftig wie ein Armer", aber zugleich „erlöst wie einer, der keinen Mangel leidet" (Thomasakten c. 47). Im Christushymnus der Johannesakten aber erklärt er selbst:

> *Gerettet werden will ich, und retten will ich.*
> *Erlöst werden will ich, und erlösen will ich.*
> *Verwundet werden will ich, und verwunden will ich.*

60 *R. Schnackenburg*, Der Brief an die Epheser, Zürich 1982, 185–190.
61 *W. Schmithals*, A. a. O., 82–134.

Gezeugt werden will ich, und zeugen will ich.
Essen will ich, und gegessen werden will ich.
Hören will ich, und gehört werden will ich.
Gedacht werden will ich, der ich ganz Gedanke bin (Johannesakten 95,4–10)[62].

Danach ist er derer, die ihn in sich aufnehmen, hören und essen, in einer Weise bedürftig, daß er sich, wenn sie ihn denken, selbst begreift, doch so, daß er sich dabei als ihren Zentralgedanken und den in ihnen Denkenden erweist. Deshalb kann er dann in den Oden Salomons versichern:

Ich bin auferstanden und in ihrer Mitte:
Durch ihren Mund will ich reden (OdenSal42,6)[63].

Darin berührt sich die paulinische Christomathie mit der johanneischen, da das Johannesevangelium seine Mitte in den Ich-bin-Worten hat, in denen sich der von ihm Bezeugte so ausspricht, daß die ganze Schrift als seine Selbstaussage begriffen werden muß. Denn Paulus rückt nun, trotz der Unmöglichkeit einer historischen Identifizierung (*Bultmann*), fast ununterscheidbar an die Gestalt des johanneischen Lieblingsjüngers heran. Vor allem aber zeigt sich, daß sich das Neue Testament sowohl bei Paulus wie bei Johannes zu einem Selbstbegriff erhebt, der seine Lehre von Christus zu einer „Christomathie" verinnerlicht.

Die Geistesgegenwart

Wenn die paulinische Moral ihren Höhepunkt in der Einstiftung eines gegen das Böse immunisierenden Prinzips erreicht, stellt sich der Zusammenhang mit der Christomathie mit der Erkenntnis her, daß dieses Prinzip in dem den Glaubenden einwohnenden Christus und seiner Selbstübereignung an sie besteht. Sofern er sie inspiriert, führt er sie als Auferweckter (nach Röm 10,9) zum Glauben; sofern er sie motiviert, bewegt er sie zu dessen Betätigung in der Liebe (Gal 5,6). Beides hat somit seinen Grund in der mystischen Einwohnung Jesu, die für Paulus so wenig in Frage steht, daß er sogar die schwierige Gemeinde von Korinth damit auf ihr wirkliches Christsein hin testen kann. Als sie ihm in ihrer

62 *E. Henneke*, Neutestamentliche Apokryphen (Ausgabe Schneemelcher) II, Tübingen 1964, 203f.
63 A.a.O., 426; 624.

Arroganz einen Beweis dafür abverlangt, daß Christus wirklich durch ihn rede, gibt er dieses Ansinnen mit der Aufforderung an sie zurück:

> *Prüft euch doch selbst, ob ihr im Glauben steht; stellt euch selbst auf die Probe! Oder erseht ihr an euch nicht, daß Christus in euch ist? Wenn nicht, hättet ihr die Probe nicht bestanden (2 Kor 13,5)*[64].

In Wirklichkeit hatten sie den ihnen abgeforderten Beweis längst durch die in ihnen florierenden Charismen erbracht. So wie sie sich vor ihrer Bekehrung im Bann der enthusiastischen Riten der Mysterienreligionen zu den „stummen Götzen" hatten hinreißen lassen (1 Kor 12,2), so erfreuten sie sich jetzt der unterschiedlichsten Geistesgaben, der Gabe der Weisheit ebenso wie der der Erkenntnis, der Wunderkraft, der Prophetengabe und der der Unterscheidung der Geister bis hin zu der von ihnen besonders hochgeschätzten Gabe, in „Engelzungen" zu reden und diese „übersprachliche" Rede auszulegen. Denn all das bewirkte, wie Paulus erklärend hinzufügt, „ein und derselbe Geist, der einem jeden zuteilt, wie er will" (1 Kor 12,8–11). Wenn sie in dieser vielfältigen „Begabung" aber zugleich „hingerissen" wurden, erhebt sich die Frage nach dem Grund dieser kollektiven Ekstase. Sie ist gleichbedeutend mit der Frage nach dem Verhältnis des Geistes zu Christus. In Beantwortung dieser Frage wies *Alfred Wikenhauser* auf die zahlreichen Stellen hin, in denen Paulus auf durchaus ähnliche Weise vom Leben „in Christus" wie vom Leben „im Geist" spricht und diesen Lebensformen ähnliche Auswirkungen zuschreibt, ohne daß er allerdings je eine Identität von Christus und seinem Geist behauptet. So versichert er:

> *Der Herr ist der Geist, und wo der Geist des Herrn waltet, da herrscht Freiheit (2 Kor 3,17).*

Doch wird selbst in dieser Stelle die im Vordersatz ausgesprochene Identität im Nachsatz durch die Rede vom „Geist des Herrn" widerrufen[65]. So bleibt nur die Annahme einer „dynamischen Identität", die den erhöhten Christus als den Spender des Geistes und diesen als die pneumatische Selbstvergegenwärtigung Christi erscheinen läßt. Denn so wenig an dieser Selbstvergegenwärtigung zu zweifeln ist, ließ doch sogar die Christomathie die Frage nach ihrem Zustandekommen und nach dem sie bewirkenden Prinzip offen. Daß diese Frage schon die Urgemeinde beweg-

64 *W. Schmithals*, Die Gnosis in Korinth. Eine Untersuchung zu den Korintherbriefen, Göttingen 1956, 162ff.

65 *A. Wikenhauser*, Die Christusmystik des Apostels Paulus, 26–69; *R. Giesriegl*, Die Sprengkraft des Geistes. Charismen und Apostolischer Dienst des Paulus im 1. Korintherbrief, Thaur 1989, 85–195.

te und zu einer Beantwortung drängte, beweist die – in ihrem österlichen Zusammenhang begriffene – Pfingstperikope der Apostelgeschichte. Sofern diesem Bericht die Erinnerung an ein von der Öffentlichkeit beachtetes charismatisches Erlebnis der Urgemeinde in Jerusalem zugrunde liegt, stellt sich nach *Joachim Jeremias* unwillkürlich die Frage, ob ein derart „spektakuläres Ereignis" ohne Niederschlag in den übrigen Quellen bleiben konnte[66]. Und diese Frage stellt sich um so dringlicher, als das in einer Ostervision gipfelnde Martyrium des Stephanus (Apg 7,55), an dem (nach Apg 7,5) Paulus, wenngleich nur als „Statist" (*Lüdemann*), selbst teilnahm, ohne jede Erwähnung in den Paulusbriefen blieb[67]. Macht von diesem Schweigen wenigstens das Pfingstereignis eine Ausnahme?

Das ist der Fall, wenn man sich gegen den Einspruch *Jacob Kremers* bereitfindet, die im Osterkatalog des Apostels genannte Erscheinung vor den „fünfhundert Brüdern auf einmal, von denen die meisten noch leben, einige aber bereits entschlafen sind" (1 Kor 15,6), als Niederschlag des Pfingstgeschehens gelten zu lassen und sie mit *Jeremias* als „das Aufbrechen der Glossolalie bei einer Christophanie vor einer großen Menschenmenge" anzusehen[68]. Dann gibt das als kollektive Ostererscheinung begriffene Pfingstereignis aber auch Antwort auf die immer noch offene Frage nach dem Wirkprinzip der Einwohnung, als das sich nun der mit Jesus „dynamisch" identische Geist erweist. In ihm ist der Erhöhte ebenso Mitgeteilter und Mitteilender, Inhalt und Wirkursache seiner Vergegenwärtigung in den Glaubenden. Die Sorge *Kremers*, daß durch die Gleichsetzung des pfingstlichen Geistempfangs mit einer Ostererscheinung deren Unwiederholbarkeit in Zweifel gezogen werden könnte, ist in glaubensgeschichtlicher Hinsicht berechtigt, nachdem *Symeon der Neue Theologe* den Anspruch erhob, ebenso wie Paulus Christus in einer lichten Wolke gesehen zu haben und von ihm angesprochen worden zu sein, da, wie er begründend hinzufügt, jedes Geschlecht seinen eigenen Führer benötigt[69].

In seiner Sorge verkennt *Kremer* jedoch den Kern des Problems, zu dem gerade die Pfingstgeschichte den Schlüssel bietet. Denn so hoch die Unwiederholbarkeit der Ostervisionen zu veranschlagen ist, so ist doch

66 *J. Jeremias*, Neutestamentliche Theologie I, Gütersloh 1971, 292.

67 Da Paulus bei seinen wiederholten Selbstbezichtigungen (Gal 1,13; Phil 3,6) eine Teilnahme am Stephanusmartyrium mit keinem Wort erwähnt, so hat diese in der Apostelgeschichte eine rein darstellerische Veranlassung. Dagegen hält es *Christoph Burchard* für vertretbar, daß Paulus schon in der von Lukas verarbeiteten Tradition „als Kleiderwächter bei Stephanus' Steinigung genannt war": Der dreizehnte Zeuge. Traditions- und kompositionsgeschichtliche Untersuchung zu Lukas' Darstellung des Frühzeit des Paulus, Gütersloh 1970, 26–31.

68 *J. Kremer*, Pfingstbericht und Pfingstgeschehen. Eine exegetische Untersuchung zu Apg 2,1–13, Stuttgart 1973, 232–238.

69 *K. Holl*, Gesammelte Aufsätze zur Kirchengeschichte II, 50; 406.

die Klärung des Zustandekommens der Einwohnung ungleich wichtiger, da es bei jener zwar um die Sicherung der kirchlichen Ämterordnung, bei der Einwohnung jedoch um das Überleben des Christentums geht. Es war der Organisator und Wächter über die Kirchenordnung in Paulus, der ihn veranlaßte, seine Ostererscheinung ausdrücklich als die – unwiderruflich – „letzte" zu bezeichnen (1 Kor 15,8); doch war es gleichzeitig der Mystiker in ihm, der sein Ostererlebnis als das des ihm geoffenbarten und sich an ihn hingebenden Gottessohnes deutete (Gal 1,16; 2,20) und damit der Glaubensgeschichte zu ihren entscheidenden Impulsen verhalf. Hinter der von ihm mit dem Einsatz seiner ganzen Lebens- und Geisteskraft betriebenen Abgrenzung vom Judentum stand die intuitive Erkenntnis, daß sich das Christentum als Alternative zu seiner Mutterreligion nur unter der Voraussetzung behaupten konnte, daß es sich im Unterschied zu ihr nicht als moralische, sondern als mystische Religion begriff und daß es seine Identität darin fand, daß sein Stifter in ihm und einem jeden seiner Anhänger fortlebt. Alle diese Komponenten versammeln sich im Begriff der Geistesgegenwart. Er bezeichnet somit ebenso sehr die geistgewirkte Einwohnung Christi wie deren Fortwirken im Gang der Glaubensgeschichte, ebenso sehr die Gestaltung des individuellen Gaubensvollzugs wie dessen Beitrag zur Konsolidierung und Fortentwicklung der Glaubensgemeinschaft, und nicht zuletzt deren Rückwirkung auf den Denkakt des Glaubenden.

Der Schöpfer dieses Begriffs, *Franz Rosenzweig*, hat sich mit seiner Kritik der christlichen Denkform ebenso tief in die Geschichte des Christentums eingeschrieben wie sein Weggefährte *Martin Buber*, und dieser mit seiner Kritik der christlichen Glaubensform, die er der Abkünftigkeit gegenüber der jüdischen überführt[70]. Doch in diesem Fall stellt sich Paulus so entschieden auf die Seite des Glaubenden, daß sich der Widerspruch zu einem Dialog entwickelt, während er *Rosenzweigs* Kritik der Denkform in vollem Umfang aufnimmt und bestätigt. Denn mit ihr legt er sich mit der philosophischen Denkform an, die er, ungeachtet ihrer spektakulären Ergebnisse in der philosophischen und wissenschaftlichen Interpretation der Welt als defizient und – mit *Hegel* – als retrospektiv erweist[71]. Als retrospektiv, weil sie nur die „alt und grau" gewordenen Daseinsgestalten in den Blick zu bringen vermag und dabei stets „das Nach-

70 Dazu meine Untersuchung ‚Die Glaubensgeschichtliche Wende. Eine theologische Positionsbestimmung', Graz 1986, 177–193; ferner mein Sammelwerk ‚Die Entdeckung des Christentums. Der alte Glaube und das neue Jahrtausend', Freiburg 2000, 325–328.

71 *R. Rosenzweig*, Das Büchlein vom gesunden und kranken Menschenverstand (Ausgabe *Glatzer*), Düsseldorf 1964; dazu die Ausführungen meiner Studie ‚Theologie als Therapie. Zur Wiedergewinnung einer verlorenen Dimension', Parchim 2000, 42–47.

sehen“ hat[72]. Aber auch als defizient, weil ihre Erfassung dem in das philosophische Staunen eingemischten Element der „Starrheit“ entspricht und ihre Inhalte demgemäß vergegenständlicht, anstatt sie zu vergegenwärtigen. Insofern ist ihre Sicht der Dinge eine ausgesprochene cognitio vespertina (*Augustin*), die in die „Morgenschau“ einer cognitio matutina überholt werden müßte[73]. Als Therapie befürwortet *Rosenzweig* deshalb eine am biblischen Schöpfungsbericht orientierte „nennende“ Denkweise, die die Dinge, anstatt sie aus dem Strom des Geschehens auszugliedern, in diesem beläßt, um sie dann zu der jeweils benötigten Bedeutung „aufzurufen“. Das gelingt nur dem, der sich selbst in diesem Geschehen vergegenwärtigt, also in einem Akt der „Geistesgegenwart“, durch den die philosophische „Vergegenständlichung“ in eine sapientiale „Vergegenwärtigung“ überholt wird. Was aber hat es mit dem „Geist“ in dieser Vergegenwärtigung auf sich?

Darauf antwortet *Buber*, indem er Rosenzweig in seiner „Geschichte des dialogischen Prinzips“ bis auf *Kierkegaards* Philosophie des „Einzelnen“ und deren Widerpart in *Feuerbachs* „Philosophie der Zukunft“, verstanden als das „zu Verstand gebrachte Herz“, und damit auf die Anfänge seiner eigenen Philosophie des dialogischen Prinzips zurückführt[74]. Es ist die Philosophie, die der philosophischen Konstitution des Ich in der Abgrenzung von der gegenständlichen Ding- und Es-Welt durch die seines Dialogs mit dem Du und der personalen Mitwelt zuvorkommt. Den Einwand *Michael Theunissens*, daß damit die Frage nach den Prioritäten in dieser Beziehung unentscheidbar werde, ist mit *Buber* entgegenzuhalten, daß es ihm dabei überhaupt nicht um eine ursächliche Herleitung zu tun ist, sondern um den erstaunlichen Befund, daß im dialogischen Fall das Verhältnis der Relate, also von Ich und Du, mehr ist als deren arithmetische Summe[75]. Zur Verdeutlichung dessen hatte er seinem Durchblick im selben Jahr (1954) den Essay ‚Elemente des Zwischenmenschlichen‘ vorangehen lassen, in dessen „Nachbemerkung“ er auf die überraschende Übereinkunft mit *Alexander von Villers* hinweist, der in seinen ‚Briefen eines Unbekannten‘ (1877) erklärt:

> *Ich habe einen Aberglauben an den Zwischenmenschen. Ich bin es nicht, auch du nicht, aber zwischen uns entsteht einer, der mir Du heißt, dem*

72 Dazu nochmals die bereits angegebene Stelle aus *Hegels* ‚Grundlinien einer Philosophie des Rechts‘, 17.

73 Näheres dazu in meiner ‚Glaubensprognose. Orientierung in postsäkularistischer Zeit‘, Graz 1991, 301–308.

74 *M. Buber*, Zur Geschichte des dialogischen Prinzips, in: Werke I: Schriften zur Philosophie, München und Heidelberg 1962, 291–305;. *Feuerbach*, Philosophie der Zukunft, § 34, Stuttgart 1922, 71.

75 *M. Theunissen*, Der Andere. Studien zur Sozialanthropologie der Gegenwart, Berlin 1977, 273.

Andern ich bin ... Der aber denkt, fühlt und spricht, das ist der Zwischenmensch, und ihm gehören die Gedanken; das macht uns frei[76].

Diese „Sozialanthropologie“ (*Theunissen*) hat eine lange Vorgeschichte, die sich über *Franz von Baaders* Vorstellung von einem „Zentral-Herz“ (Coeur-Centre), von und in dem sich die Menschen gegenseitig „sättigen und erneuern“ bis auf die Sozialmystik des Mittelalters zurückverfolgen läßt, in der ein Kommentator des *Claudianus Mamertus* erklärt:

Du bist mir gegenwärtig, und ich bin dir gegenwärtig in deinem Gebet. Sei nicht erstaunt darüber, daß ich von Gegenwart rede. Denn wenn du mich liebst und deshalb liebst, weil du in mir das Bild Gottes erblickst, das du liebst, bin ich dir ebenso gegenwärtig, wie du dir selbst[77].

Aber hatte nicht Paulus, lange zuvor, der Gemeinde von Korinth erklärt, daß sie in seinem Herzen wohne, ihm verbunden im Leben wie im Sterben (2 Kor 7,3), und hatte er nicht im Brief an die Gemeinde von Philippi sogar Gott zum Zeugen dafür angerufen, daß er sich „im Herzen Christi Jesu“ nach ihr sehne (Phil 1,8)? Doch in allen diesen Zeugnissen fehlte der Hinweis auf das „einigende Band“. Dieses Defizit beseitigte der Kronzeuge der Sozialmystik, *Joseph Bernhart*, als er im Mittelteil seines ‚De profundis‘ unvermittelt von der darstellenden Rede in die dialogische Anrede überging und mit Worten wehmütig verschatteter Zärtlichkeit erklärte:

Ich halte deine Hand in der meinigen, und dennoch sehne ich mich nach dir. Unsere Nähe, so innig sie ist, bleibt angefochten von einem noch tieferen Gefühl der Ferne von dir zu mir ... Du weißt, wir sind berufen für die große Gemeinschaft derer, die im Hinübergehen ganz zu sich selbst und zueinander kommen. Reißt der Tod – Mein Gott, der Tod! – reißt der Tod uns auseinander, so reißt er Antlitz von Antlitz, aber er reißt uns nicht von dem Dritten, auf den die unsrigen, seine Ebenbilder gerichtet waren[78].

Aus dem vorausgefühlten Schmerz der Trennung im Tod steigt hier die Vision des „Dritten“ auf, der die Getrennten unzertrennlich in sich eint. Das ist im Blick auf die jenseitige Gemeinschaft im göttlichen Urbild gesagt. Im Sinn der realized eschatology (*Dodd*), die sich nicht erst im Johannesevangelium, sondern spurenhaft schon bei Paulus findet, muß dem

76 *M. Buber* Elemente des Zwischenmenschlichen, in: Werke I, 267–289.

77 Nach *H. de Lubac*, Katholizismus als Gemeinschaft, Einsiedeln und Köln 1943, 72f; dazu meine Studie ‚Menschsein in Anfechtung und Widerspruch‘, Düsseldorf 1980, 132–138; ferner mein Taschenbuch ‚Buber für Christen‘, Freiburg 1988, 78–85.

78 *J. Bernhart*, De profundis (Ausgabe *Biser*), Weissenhorn 1985, 143–148; dazu die Akademieveröffentlichung ‚Joseph Bernhart‘ (1881–1965), Augsburg 2000, 95–117.

schon eine gegenwärtig-aktuelle Heilserfahrung entsprechen, wie sie die paulinische Gemeinde machte, als sie sich in der Verschiedenheit der sie belebenden Charismen „mit einem Geist getränkt", in diesem Geist „zu einem Leib getauft" und in einen existentiellen „Verweisungszusammenhang" gezogen sah (1 Kor 12,12–27). Wenn die Enthusiasten in ihren Reihen auch weit überzogen, als sie zum Schrecken des Apostels, der sie darin sogar bewußt mißverstand (1 Kor 15,12), behaupteten, bereits im Stand der Auferstandenen zu sein, gehörte es doch zur elementaren Erfahrung der Gemeinde, daß die Kräfte des künftigen Äon bereits in ihr wirksam und spürbar wurden[79]. Doch mit ihnen wußte auch Paulus, daß die Glaubenden jetzt schon die „Erstlingsgabe des Geistes besitzen" (Röm 8,23) und, obwohl sie noch „im Glauben wandeln, nicht im Schauen" (2 Kor 5,7), jetzt schon beim unverhüllten Anblick der Herrlichkeit des Herrn seinem Bild anverwandelt werden (3,18). Wenn sie beten, sind sie nicht sich selbst in ihrer Ratlosigkeit überlassen; vielmehr nimmt sich der Geist ihrer Schwachheit an, indem er sich seufzend in ihr Gestammel einmicht und es so vor den die Herzen erforschenden Gott trägt (Röm 8,26).

Aufs neue wird damit deutlich, daß sich Paulus, so sehr er auf seinem Rang als gleichberechtigter Osterzeuge besteht, zugleich auf die Seite der auf ihr Zeugnis hin Glaubenden stellt, um als der einzig antwortende Osterzeuge ihnen zur gläubigen Zustimmung zu verhelfen. Das ist gemeint mit seinem wirkungsgeschichtlich eminent wirksam gewordenen Wort vom „Beweis des Geistes und der Kraft" (1 Kor 2,4), mit dem er im Grunde schon das vorwegnahm, was *Lessing* mit seiner titelgleichen Flugschrift daraus folgerte. Wenn er sich, „von der Liebe Christi gedrängt" fühlte und dies mit dem Satz begründete:

> *Ist einer für alle gestorben, dann sind alle gestorben, denn er ist für alle gestorben, damit die Lebenden nicht mehr für sich selbst leben, sondern für den, der für sie gestorben und auferweckt worden ist (2 Kor 5,14f),*

umschreibt er damit das Prinzip seines Umgangs mit seinem eigenen Ostererlebnis. Das umschreibt er dreifach, um damit auf die unausdrücklich an ihn gestellten Fragen zu antworten. Wie ihm der Gottessohn ins Herz gesprochen wurde, will er, mit dem Epheserbrief gesprochen, daß Christus auch in den Herzen der Glaubenden wohne (Eph 2,17). Wie ihm die Gottherrlichkeit auf dem Antlitz Christi erstrahlte, sollen auch sie in dasselbe Bild hineinverwandelt werden (2 Kor 3,18). Und wie er

79 *R. A. Knox,* Christliches Schwärmertum. Ein Beitrag zur Religionsgeschichte (Originaltitel: Enthusiasm), Köln 1957, 21–35.

sich in seiner Damaskusstunde von Christus ergriffen fühlte, müht auch er sich in göttlicher Eifersucht darum, sie als Brautwerber „Christus zuzuführen" (2 Kor 11,2). Da er aber fürchten muß, daß sie von Quertreibern wie Eva von der Schlange betrogen und „von der schlichten Treue zu Christus abspenstig gemacht" werden (11,3), bleibt ihm nur die Zuflucht zu dem, der die „Tiefen der Gottheit" erforscht und sein Wissen den Glaubenden mitteilt (1 Kor 2,10ff). So muß *Albert Schweitzer* empfunden haben, als er in seiner ‚Mystik des Apostels Paulus' schrieb:

> *Mit Gewalt stößt Paulus den Menschen durch Selbstbekenntnisse, in denen er sich ihm preisgibt, in ein Erleben hinein, das dem seinen gleich werden soll*[80].

Nur hätte er dem noch hinzufügen müssen, daß diese Herzensentblößung als Anrufung des Gottesgeistes und als die an diesen gerichtete Bitte gemeint war, das, was dem der Grenzen seiner invasiven Mitteilungskraft nur zu bewußten Apostel nicht erreichbar war, durch seinen Selbsterweis herbeizuführen. Was im Fall der Erfüllung dieses Wunsches geschieht, wird allerdings durch einen Vorgang belegt, der Paulus nicht nur berechtigte Kritik eintrug, sondern von ihm – die durchaus zweifelhafte Integrität des Zweiten Korintherbriefs einmal angenommen – zuletzt auch kritisch beurteilt wurde (2 Kor 7,7–10): durch den Fall des korinthischen Blutschänders. Denn da versammelt sich der Apostel im Namen und in der Kraft Christi, zusammen mit der Gemeinde und seinem Geist, um dem Schuldigen in einer Art „Femegericht" das Urteil zu sprechen und ihn dem Satan zu übergeben (1 Kor 5,3ff). Die ungleich beweiskräftigeren Stellen sind jedoch die, in denen er von der – zweifellos vom Geist bewirkten – mystischen Inversion spricht und den Galatern versichert:

> *Jetzt erkennt ihr Gott, oder vielmehr: ihr seid von Gott erkannt (Gal 4,9),*

so wie er dann auch seine Adressaten in Korinth wissen läßt:

> *Wenn jemand Gott liebt, ist er von Gott erkannt (1 Kor 8,3).*

Da alles dafür spricht, die Folgen der moralischen Kopflastigkeit in der Selbstdarstellung der christlichen Kirchen ebenso wie die sich häufenden spirituellen Aufbrüche, daß die Prognose *Karl Rahners*, wonach der Christ der Zukunft ein Mystiker sein werde, zu Recht besteht, geht es in diesem Konzept der Geistesgegenwart tatsächlich um das Überleben der Christenheit. Dann aber kommt alles darauf an, den Glaubensbegriff des Apo-

80 *A. Schweitzer*, Die Mystik des Apostels Paulus, 376.

stels im Sinn der Geistesgegenwart zu entfalten. Die paradigmatische Stelle des Römerbriefs, in der es heißt:

> *Wenn du mit deinem Mund Jesus als den Herrn bekennst und in deinem Herzen glaubst, daß Gott ihn von den Toten erweckt hat, erlangst du das Heil (Röm 10,9),*

darf dann nicht nur als bekennende Zustimmung zum Ereignis der Auferstehung verstanden werden; vielmehr gilt es, sie im Sinn der pneumatischen Übereignung von Pauli Ostererlebnis als Aufforderung zum spirituellen Nach- und Mitvollzug seiner Erfahrung zu begreifen. Glauben heißt dann, an der Hand des Apostels mit ihm Osterzeuge zu werden. Seine Sonderstellung als einer der Auserwählten, die sich mit dem Protokollsatz „Ich habe den Herrn gesehen" (1 Kor 9,1) in das Fundament des Christentums eingeschrieben haben, bleibt davon unberührt. Doch hat er die mit ihm Glaubenden – und dies nach *Schweitzer* sogar „mit Gewalt" – in sein eigenes Erleben hineinzureißen und damit den „garstigen breiten Graben" des Zeitenabstands zu überbrücken gesucht. Ihm darin zu folgen, hat nicht nur die Verabschiedung der retrospektiven Denkform, sondern auch die Bereitschaft zur Voraussetzung, der Einwohnung des in den Seinen Fortlebenden durch Akte spiritueller Selbstverleugnung Raum zu schaffen. Insbesondere bedarf es dann aber dabei des Beistands jenes „Dritten", der den Identitätstausch im Ereignis der Geistesgegenwart zustandebringt.

Fünftes Kapitel

DER AUTOR

Das Briefwerk

Angesichts seiner Sprachgewalt hätte es nahegelegen, daß sich Paulus an das Beispiel Jesu hielt, der nur geredet, aber weder selbst geschrieben noch irgend jemandem den Auftrag gegeben hat, seine Worte aufzuzeichnen. Doch er entschied sich anders und wurde zum ersten Medienverwender der Christenheit. Denn zu dem inneren Zwang, dem er unterstand, kamen äußere Nötigungen hinzu, die seine Strategie zunehmend bestimmten. Etwas davon klingt am Schluß des Römerbriefs an, wenn Paulus berichtet, daß es ihm in der knappen Zeit seines missionarischen Wirkens gelungen sei, die christliche Botschaft „in weitem Bogen von Jerusalem bis Illyrien" zu tragen (Röm 15,19), daß er jedoch seine Ehre darein setze, nicht dort zu wirken, „wo der Name Christi schon bekannt geworden sei" und so „auf fremdem Grund zu bauen" (Röm 15,20); deshalb könne er im bisherigen Wirkraum „kein Arbeitsfeld mehr finden" (Röm 15,23). Aus diesen Sätzen spricht die „Not" angesichts eines überdimensional angewachsenen Tätigkeitsfeldes. Sie hatte Paulus aber schon viel früher befallen, als er vom Einbruch jener Gegenmissionare erfuhr, die seine galatische Gründung von „seinem" Evangelium abzubringen und zur Annahme des jüdischen Gesetzes zu veranlassen suchten. Das war für ihn der ungeheuerliche Krisenfall, der ihn zum unverzüglichen Einschreiten nötigte. Daß ihm das persönlich nicht möglich war, spricht aus seiner Klage, daß er den verunsicherten Adressaten am liebsten „mit anderer", also dialogisch präsenter Stimme zugeredet hätte, in seiner Zwangslage aber „ganz ratlos" sei (Gal 4,20).

Indessen blieb ihm in dieser Ratlosigkeit der Weg, den er bereits im Umgang mit der Gemeinde von Thessalonike eingeschlagen hatte: Er bediente sich des effektivsten Mediums, das die antike Schriftkultur für solche Fälle bereithielt, des Lehrbriefs, den er nun als sermo absentis einsetzte, um die verunsicherten Adressaten vor dem drohenden Abfall zu bewahren. So wurde er tatsächlich zum ersten Medienverwender, aber auch, wie die an die Galater gerichtete Klage erkennen läßt, zum ersten

Medienkritiker der Christenheit. Daß er sich dazu bereitfand, läßt sich aus der gegen ihn erhobenen Kritik erschließen:

> *Seine Briefe, so heißt es, sind wuchtig und kraftvoll, sein persönliches Auftreten ist dagegen schwächlich und seine Rede ist dürftig (2 Kor 10,10).*

Dem stimmt Paulus sogar zu, wenn er seinen korinthischen Adressaten erklärt:

> *Ich hatte mir vorgenommen, unter euch nichts anderes zu kennen als Christus und ihn als den Gekreuzigten. Zudem bin ich in Schwachheit, Furcht und großer Zaghaftigkeit unter euch aufgetreten. In meiner Botschaft und Predigt erging ich mich nicht in gewinnender Weisheitsrede, sondern im Erweis von Geist und Kraft (1 Kor 2,2ff).*

Daß dazu auch ein bisweilen abstoßendes Äußeres kam, betont er im Galaterbrief:

> *Ihr wißt doch noch, daß ich euch das erstemal das Evangelium in körperlicher Schwäche verkündet habe. Da habt ihr der Versuchung, die von meinem Aussehen ausging, widerstanden, habt nicht vor mir ausgespuckt, sondern mich wie einen Gottesboten, ja wie Christus selbst aufgenommen. Wo bleibt eure damalige Euphorie? Denn ich kann euch bezeugen, daß ihr, wenn es möglich gewesen wäre, eure Augen ausgerissen hättet, um sie mir zu geben (Gal 4,13ff)*[1].

Das hätte Paulus sehr wohl dazu veranlassen können, zum Medium der Briefe zu greifen, um sich, zusätzlich zu seinem Hauptgrund, mit seinem unansehnlichen Erscheinungsbild hinter dieser imponierenden Selbstdarstellung zu verstecken.

Von hier aus zieht sich ein Netz durch alle Paulusbriefe, sofern sich in ihnen auf unterschiedliche Weise die Notwendigkeit, das Medium Lehrbrief in den Dienst der Verkündigung zu stellen, spiegelt. Am ausdrücklichsten geschieht das im Galaterbrief, der als schriftliche Kompensation der durch die Umstände verwehrten Mitteilung „mit anderer", also dialogisch zuredender Stimme, zustande kam. Indirekt bestätigt das auch die Korrespondenz mit Korinth, sofern Paulus hier sogar thematisch auf das Gefälle zwischen seinen „wuchtigen Briefen" und seiner schwächlichen Rede zu sprechen kommt (2 Kor 10,19) und sofern er hier sein grundlegendes Theorem von „Geist und Buchstaben" entwickelt (2 Kor 3,6). Ähnliches gilt aber auch für den Römerbrief angesichts der bereits hervorgehobenen Tatsache, daß Paulus hier die Enge

1 *F. Mussner*, Der Galaterbrief, Freiburg 1981, 307ff.

seines ohnehin schon überdimensionalen „Arbeitsfeldes" beklagt und in noch weitere Räume strebt (Röm 15,24), die mit den früheren, wenn überhaupt, nur noch schriftlich verspannt werden konnten. Dabei ist der vermutlich in Korinth abgefaßte Römerbrief selbst das beste Beispiel für Intention, Konzept und Realisierung der schriftlichen Kommunikation.

Wenn man die Situation des Apostels bei der Abfassung des unter akuter Todesdrohung diktierten Philipperbriefs bedenkt (Phil 1,21–27), hat dieser Brief den Charakter einer, wie man im Blick auf *Boethius* sagen könnte ‚Consolatio Theologiae', so daß er sich mindestens ebenso sehr an den gefangenen Paulus selbst wie an seine Lieblingsgemeinde richtet: Dokument der Selbstreflexion eines Glaubenszeugen auf der Schwelle zwischen Leben und Tod. Unter dieser Voraussetzung wird der biographische, zwischen Depression und Hoffnung oszillierende Hintersinn des von Paulus eingefügten Hymnus auf den bis zum Kreuzestod erniedrigten und über alles Nennbare erhöhten Christus lesbar (2,5–11), aber auch des Wortes von der definitiven Beheimatung „im Himmel" (3,20) und deren Vorwegnahme in dem „Herzen und Gedanken in Christus bewahrenden" Frieden (4,7) erkennbar. Für die angesprochene Gemeinde ist damit dann aber die Insinuation verbunden, ihre Differenzen zu überwinden (4,2f) und sich um dieselbe Gesinnung zu bemühen, wie sie Jesus hegte (2,5). Dann würde sie die auch dem Missionswirken angelegten „Fesseln" kompensieren, die Paulus zu tragen hat (1,13). Mehr noch: Sie würde, wie Paulus der Gemeinde von Korinth zu verstehen gibt, selbst zu einem „von allen Menschen gelesenen und verstandenen Brief" (2 Kor 3,2), so daß von ihr dasselbe gälte, was er schon der Gemeinde von Thessalonike mit den Worten zugute hielt:

> *Ihr seid zum Vorbild geworden für alle Gläubigen in Mazedonien und Achaia; denn von euch erklang das Wort des Herrn weiter, nicht nur in Mazedonien und Achaia, nein, allerorts ist euer Glaube an Gott bekannt geworden, so daß kein Wort mehr darüber verloren zu werden braucht (1 Thess 1,7f).*

So aber wüchse die Gemeinde, wie Paulus dies der von Thessalonike zugesteht, in eine Multiplikatorenrolle hinein und damit in die ihr von dem gefangenen Apostel zugedachte Rolle als „Brief" mit dem „Text" seiner an die Weltöffentlichkeit gerichteten Botschaft.

Den Höhepunkt dieser medienbezogenen Lektüre der Paulusbriefe aber bildet fraglos der Philemonbrief, der in dieser Sicht sich geradezu spiegelbildlich zur Position des Apostels darstellt. Lebt dieser in seiner Sprache und, wie immer schon wahrgenommen wurde, in seinen Briefen, so handelt es sich bei dem Billett an Philemon um den umgekehrten Fall, daß Paulus seinen Brief dem entlaufenen Sklaven Onesimus als dessen authentischen Kommentar mit auf den Weg gibt. „Wenn du etwas auf unsere Freundschaft hältst“, schreibt er dem Adressaten, „dann nimm ihn auf wie mich selbst“ (Phlm 1,17), ja „wie mein eigenes Herz“ (1,12). Einsichtig wird diese Spiegelbildlichkeit allerdings erst aufgrund von zwei Voraussetzungen. Einer sprachtheoretischen zunächst, die mit *Nietzsche* davon ausgeht, daß nicht so sehr das verstanden wird, was gesprochen oder geschrieben wurde, als vielmehr „die Musik hinter den Worten, die Leidenschaft hinter dieser Musik“, vor allem aber, „die Person hinter dieser Leidenschaft“[2]. Wie sehr das auf den Apostel zutrifft, erkannte schon einer der besten Pauluskenner der Patristik, *Johannes Chrysostomus*, als er zu Beginn seines Kommentars zum Römerbrief erklärte, daß er bei der Verlesung der Paulusbriefe geradezu erglühe, weil der Klang dieser ihm so kostbaren Stimme den Eindruck erwecke, als sähe er den sprechenden Apostel leibhaftig vor sich stehen[3].

Die zweite Voraussetzung betrifft das Verhältnis des Apostels zu dem Sklaven, der ihm durch seine Bekehrung zum „Kind“ und „Bruder“ (Phlm 1,10.16) und damit zum Paradigma seines Grundsatzes wurde:

> *Hier gibt es nicht mehr Juden und Griechen, Sklaven und Freie, Mann oder Frau, vielmehr sind alle eins in Christus Jesus (Gal 3,28).*

Vor diesem Hintergrund gewinnen die Paulusbriefe erst ihr volles Profil. Allerdings muß mit seinen Interpreten beachtet werden, mit welcher Mühe er sich durch das ihm vorgegebene Sprachmaterial durchringt, um sich optimal verständlich zu machen. Dabei fällt er, wie *Otto Kuss* bemerkt, wie im Galaterbrief, buchstäblich „mit der Tür ins Haus“, wobei er alle Brücken überspringt und alle Stützen beiseite stößt, um so nah wie möglich an seine Adressaten heranzukommen. Und *Hans Lietzmann* vervollständigt dies mit den einfühlsamen Sätzen, daß man spüre, wie alles in ihm arbeitet, wenn er seine Briefe diktiert:

> *Er setzt an, verfängt sich im Satzgefüge, verfolgt einen Nebengedanken, bringt ein schiefes Bild. Nun hebt er nochmal an, aber wieder überstürzen die Gedanken die mühsam nachhinkenden Worte und verschlingen sich erneut zu einem seltsamen Satzgebilde.*

Im Umgang mit seinen Gegnern begnügt er sich nicht selten sogar mit „gehackten, grimmig hingeworfenen Satzbrocken“; doch:

2 *F. Nietzsche,* Aufzeichnung vom Sommer 1882: Kritische Studienausgabe X, München 1980, 89.

3 Damit widerspricht er allerdings der pessimistischen Selbsteinschätzung des Apostels.

derselbe Mann kann mit hinreißendem Zauber der Gestaltung sein Gefühl ausströmen lassen in die Herzen der Leser oder vor Gottes Thron, wenn er um die Seelen der wankenden Galater ringt oder den Korinthern das hohe Lied der Liebe, den Philippern den Hymnus von Christus dem Kyrios singt: als ein Sprachmeister von Gottes Gnaden, dem alle Register des menschlichen Organon gehorchen[4].

In dem von *Lietzmann* zunächst erwähnten Galaterbrief zeigt sich das besonders deutlich, weil Paulus hier nach Ausweis seines Klagerufs (Gal 4,20) an die Grenze des schriftlichen Ausdrucks stößt, die ihn im Streben nach der Balance förmlich dazu zwingt, auf sein Innerstes in Gestalt des akustischen Ostererlebnisses zurückzugreifen und von dem ihm übereigneten Gottessohn zu sprechen (1,16). Daraus erklärt sich dann die Schärfe, mit der er die Adressaten attackiert und sie fragt, wer sie denn verhext und in die Gefahr des Abfalls gebracht habe (3,1), aber auch der Zynismus, zu dem er sich in der Kontroverse mit den Gegnern hinreißen läßt (5,12). Womöglich hängt es mit dieser Spannung aber auch zusammen, daß er mit der Ausdeutung der beiden Frauen Abrahams in diesem Brief erstmals von der Allegorese Gebrauch macht (4,22–27) und daß er mit seltener Schärfe die repressive Seite des Israel in Gestalt des Gesetzes verordneten Zuchtmeisters herausstellt (3,24), um dann, gestützt auf seine Demaskierung der „Weltelemente" (4,28), mit größtem Nachdruck die durch Christus errungene Freiheit zu feiern (5,1).

Was im Galaterbrief leidenschaftlich erlebt ist, wird in der Korrespondenz mit Korinth reflektiert. Im ersten Brief schon dadurch, daß Paulus darüber Klage führt, daß er der zerstrittenen Gemeinde seine Weisheitslehre nicht nahebringen kann, sondern sie angesichts ihrer unzulänglichen Fassungskraft mit der „Milch" des Allgemeinverständlichen abspeisen muß (1 Kor 3,1 ff); denn damit nennt er erstmals den Grund der seinem Mitteilungswillen gezogenen Grenze. Geht deswegen ein reduktiver Zug durch diesen ohnehin – schon aufgrund der Gesamtanlage als Beantwortung der dem Apostel vorgelegten Anfragen – auf einen lehrhaften Ton abgestimmten Brief? Fehlt deshalb, anders als im zweiten Brief, der Rekurs auf sein Ostererlebnis und jeder Hinweis auf mystisch-visionäre Erfahrungen? Auffällig ist auf jeden Fall, daß er hier auf seine Damaskusvision nur in der referierenden Form des Protokollsatzes „Ich habe den Herrn gesehen" (1 Kor 9,1; 15,8) zu sprechen kommt und daß er seine dynamische Schau des Weltendes (15,28) mit der bildhaft-umschreibenden Sicht der antiochenischen Tradition überlagert (15,51 f).

4 *H. Lietzmann*, Paulus, in: Das Paulusbild der neueren deutschen Forschung, 351; *Ders*, An die Korinther I/II, 143.

Demgegenüber erreicht der zweite Brief die volle Reflexionshöhe mit dem Theorem von Geist und Buchstaben (2 Kor 3,6), das seine existentielle Entsprechung im Bildwort vom Schatz im Tongefäß (4,7) und seine christologische in der Distanzierung des Autors vom historischen Jesus (5,16) hat. Zwar nimmt er das halbwegs zurück, wenn er in der Folge auf die bereichernde Armut Jesu zu sprechen kommt (8,9), so wie er der Gemeinde im ersten Brief bereits die Abendmahlsworte Jesu in Erinnerung gerufen hatte (1 Kor 11,23ff). Insgesamt aber dominiert der Gedanke an den Auferstandenen, auch wenn er bei dem Bericht über seine Entrückung in den „dritten Himmel" zur Verwunderung *Lietzmanns* die Damaskusvision unerwähnt läßt. Dafür hatte er auf dem ersten Höhepunkt des Briefs sein optisches Osterzeugnis erstattet, in dem er seine Schau des verklärten Angesichts Christi auf den Lichtanbruch am Schöpfungsmorgen zurückbezog (2 Kor 4,6) und sie damit als Ursprung der Neuschöpfung zu verstehen gab (5,17). Wie tief er den Gegensatz von Geist und Buchstaben, Innen und Außen, Schatz und Tongefäß an sich selbst erlebte, sagt er dann in der Polarisierung seiner Narrenrede (11,23–33) mit dem betont distanzierten Bericht von seiner Ekstase (1 Kor 12,1–6). Was diese Differenz schließlich für die Gemeinde bedeutet, wird ihr im Briefschluß zu Bewußtsein gebracht, wenn Paulus das an ihn gerichtete Ansinnen mit der Frage an sie zurückgibt:

> *Erseht ihr denn an euch nicht, daß Christus in euch ist? Wenn nicht, hättet ihr die Probe nicht bestanden (2 Kor 13,5).*

Eine Zwischenstellung nimmt in dieser Hinsicht der Römerbrief ein, da dem Apostel in diesem Fall der inspirierende Kontakt mit der Gemeinde zumindest anfänglich – bis er sich auch mit ihr wie mit der von Korinth „im Geist versammelt" (1 Kor 5,3f) – fehlt. Demgemäß ergeht er sich eingangs, wie nur je ein Apostel, in einer breiten Schilderung der Heiden und Juden gleicherweise betreffenden Unheilssituation (Röm 1,18–3,20), um von da aus im Blick auf Abraham, den Vater des Glaubens (4,1–25), seine Lehre von der Gottesgerechtigkeit aus dem Glauben zu entfalten (5,1–21). Daß er sich so breit und pessimistisch über die Gottvergessenheit und sittliche Verwilderung im Umfeld seiner Adressaten ergeht, könnte – wie bei dem zunehmend rigoristisch denkenden *Augustin* – durch enttäuschende Missionserfahrungen veranlaßt sein, wie sie seinem Hinweis, daß er im Osten kein Tätigkeitsfeld mehr finde (15,23), zu entnehmen sind (*Vielhauer*). Da im Unterschied zu den übrigen Briefen Hinweise auf eine konkrete Veranlassung fehlen, zielt die Auseinandersetzung auf einen allgemeinen Gegner; der mit *Günther Bornkamm* im „jüdischen Heilsverständnis und Heilsanspruch" zu suchen ist. Wie auf

Stufen erhebt sich Paulus von da über eine mystagogische Deutung der Taufe (6,1–11) und Erwägungen über die Freiheit vom Gesetz (7,1–5) zu dem nun ebenfalls breit entwickelten Ziel des Briefs in den Ausführungen über den Glauben, die Gotteskindschaft und das Leben aus ihr, unterbrochen durch eine bewegende Reflexion über das sich trotz seiner Erwählung verweigernde Israel (9,1–11,32), die Paulus hymnisch mit einem Bekenntnis zur „Tiefe des Reichtums der Weisheit und der Erkenntnis Gottes" (11,33–36) beschließt. Drehpunkt der Wende vom anfänglichen Pessimismus zu diesem strahlenden Schlußteil ist der im Namen der todverfallenen Kreatur ausgestoßene Notschrei:

> *Ich unglücklicher Mensch! Wer wird mich von diesem todverfallenen Leib befreien? (Röm 7,24).*

der seinen Widerpart im Hymnus auf die in Christus erschienene Liebe Gottes findet, von der keine Todesgewalt und keine Macht der Höhe oder Tiefe zu trennen vermag (8,31–39). Einen Höhepunkt bildet aber auch die Antithese zu der von Paulus kritisierten Gesetzesethik (7,7–23), der er – durch den störenden Einschub über das Recht der staatlichen Gewalt unterbrochen (13,1–7) – den Königsweg der Immunisierung gegen das Böse durch das Prinzip Liebe entgegensetzt (12,17–21; 13,8ff).

Den äußersten Gegensatz zu dem an eine unbekannte Gemeinde gerichteten Römerbrief bildet der Brief an die Philipper, denen der gefangene Paulus versichert, daß er sie, ungeachtet der äußeren Trennung, in seinem Herzen trage (Phil 1,7). Da sich diese Zusicherung im Fortgang des Briefs eher noch vertieft, erweckt er den Eindruck, daß sich Paulus darin nicht so sehr nach außen als vielmehr, im Medium der angesprochenen Gemeinde, an sich selbst im Stil einer Selbstreflexion wendet. Unter dieser Voraussetzung werden dann die vielfach beobachteten und meist mit redaktionellen Manipulationen erklärten Brüche verständlich und gegenstandslos. Dann erklärt sich der bittere und dann doch rasch verwundene Gedanke an die „aus Neid und Streitsucht" predigenden Gegner (1,15–18) aus der Resignation eines großen Herzens, dann das Schwanken zwischen Todessehnsucht und Lebenswillen (1,21–26) aus der gläubigen Bewältigung einer akuten Todesdrohung, dann der Hymnus auf den Erniedrigten und „über alle Namen" erhöhten Christus (2,5–11) aus der Spiegelung des eigenen Schicksals im Lebens- und Heilsweg Jesu, dann aber auch der jähe Stimmungsumschwung mit den Ausfällen auf die Gegner (3,1f) aus der inmitten der Meditation auftauchenden Erinnerung an die Quertreiber, dann aber auch, wie im Gegenzug dazu, das haptische Osterzeugnis (3,12ff), aus dem Willen, erneut in der Verbundenheit mit dem ihm zum „Leben" Gewordenen (1,27)

Halt und Stand zu gewinnen, und dann das Wort von dem „Herzen und Gedanken" umgreifenden Frieden Christi (4,7) wie eine Vorwegnahme der Geborgenheit in der „himmlischen Wohnstatt" (3,20f), nach der sich Paulus in diesem ebenso an sich selbst wie an die Lieblingsgemeinde gerichteten Brief sehnte. Da Paulus den entlaufenen Onesimus annähernd im selben Sinn sein „Herz" nennt (Phlm1,12), wie er den Philippern versichert, daß er sie in seinem Herzen trage, wirkt der Philemonbrief wie ein Epilog zu dem an sie gerichteten Brief, nur mit dem Unterschied, daß er sich in dieser seiner kleinsten schriftlichen Äußerung, wenngleich ganz unthematisch, der Sklavenfrage stellt und es dadurch mit dem größten Sozialproblem der Antike aufnimmt.

Die Denkstruktur

Mit seinem Hinweis auf die Begriffspaare „Geist und Buchstabe", „Gesetz und Evangelium", „Gerechter und Sünder" hat *Luther* auf Grundformen der paulinischen Denkstruktur aufmerksam gemacht. Und *Gerhard Ebeling* ergänzte das, indem er die Überlegenheit von Luthers – nur von Paulus her verständlicher – Deutung des Menschseins als Fortschritt von der Sündhaftigkeit zur Rechtfertigung gegenüber dem philosophischen Begriffsbild des animal rationale betonte[5]. Damit gibt die Wirkungs- und Rezeptionsgeschichte einen nicht zu übersehenden Fingerzeig zur Erkundung der paulinischen Denkstruktur.

Im Sinn des Notschreis, der die Todverfallenheit des Menschseins beklagt (Röm 7,24), muß diese beim Aufbruch des menschlichen Selbstbewußtseins ansetzen. Entgegen der gängigen – und dem anthropologischen Flachrelief des animal rationale entsprechenden – Ansicht, daß die Denkbewegung mit einem Akt des Staunens beginne, muß dieser Ansicht mit *Franz Rosenzweig* die Abkünftigkeit und Gebrochenheit des Staunens entgegengehalten werden. Denn in dem als Prolegomena zum ‚Stern der Erlösung' vorgesehenen ‚Büchlein vom gesunden und kranken Menschenverstand' (1964) verwies *Rosenzweig* auf die lähmende Wirkung des Staunens, wie sie in der Redewendung „starr vor Staunen" zum Ausdruck kommt. Wenn man die ursprüngliche Zweckbestimmung des Essays berücksichtigt, ist damit die Starrheit des Todes gemeint. Denn „vom Tode", so betont das Hauptwerk:

Vom Tode, von der Furcht des Todes, hebt alles Erkennen des Alls an[6].

5 *G. Ebeling*, Luther, 185.
6 *F. Rosenzweig*, Der Stern der Erlösung, Frankfurt 1990, 3.

Das „Ich", das sich beim Aufbruch des Bewußtseins artikuliert, ist somit ein „Ach" und als solches der Notschrei, der sich dem zu sich selbst erwachenden Menschen angesichts des von ihm als Todesdrohung empfundenen „Lebensraumes" entringt. Es ist, biblisch gesehen, der Notschrei des sinkenden Petrus, den die Hand des Retters dem Verderben entreißt (Mt 14,30f). Und es ist, kusanisch gesehen, jene erste Bewußtseinsregung, die der „inwendige Lehrer" mit der Zusage „sei dein eigen, dann bin auch ich dein eigen" beantwortet. Jetzt erst gewinnt der zu sich Erwachende die Fähigkrit zur Entdeckung, daß entgegen seiner ursprünglichen Befürchtung „etwas ist und nicht nichts". Das aber ist gleichbedeutend mit dem Akt des „philosophischen" Staunens, mit dem die Weltwahrnehmung des Staunenden ihren Anfang nimmt[7]. Dabei wird, wie *Martin Buber* betonte, das Seiende zunächst als die Du-Welt der mütterlichen Zuwendung wahrgenommen, bevor es als sachliche Es- und Gegenstandswelt erfaßt wird[8].

Was jetzt bewußtseinsleitend wird, ist zweifellos die von *Hans Blumenberg* rehabilitierte curiositas, verstanden als die zu immer umfänglicherer Welterkundung antreibende Neugierde[9]. Ebenso unzweifelhaft sah jedoch *Heidegger* in diesem Fall tiefer, als er das Denken nach seinem Urimpuls befragte und auf einen Akt des Dankens zurückführte[10]. Denn in das Staunen mischt sich die Erinnerung an die Urangst vor der zunächst empfundenen Todesdrohung ein, die nun die wahrgenommene Welt in den Aspekt einer – nur dankbar zu würdigenden – Gewährung und Gabe rückt[11]. So aber wird das von Dankbarkeit erfüllte Staunen und die staunende Dankbarkeit zum denkerischen Initiationsakt.

Wie diese Besinnung mit Paulus begann, führt sie jetzt auf ihn hin. Denn für ihn gibt es kein größeres Unrecht als die Undankbarkeit und keine größere Verpflichtung als die zur Dankbarkeit. Bei seiner Abrechnung mit der Dekadenz der Antike schreibt er es der Undankbarkeit der Heiden gegenüber dem an seinen Werken erkennbaren Gott zu, daß sich ihr Denken trübte und sich ihre Herzen verfinsterten (Röm 1,20f). Umgekehrt bestätigt er der Gemeinde von Korinth, daß sie „an jeder Art von Güte reich" und so von ihm zur „Danksagung gegenüber Gott" geführt wurde (2 Kor 9,11). Nimmt man hinzu, daß Paulus alle seine Briefe mit Ausnahme des mit einer Attacke auf die wankend gewordenen Gemein-

7 *G. Krüger,* Die Herkunft des philosophischen Selbstbewußtseins, in: Freiheit und Weltverwaltung, Freiburg und München 1958, 11–69.

8 *M. Buber,* Ich und Du, in Werke I, München und Heidelberg 1962, 79–101.

9 *H. Blumenberg* Die Legitimität der Neuzeit, Frankfurt 1966, 201–432.

10 *M. Heidegger,* Was heißt Denken?, Tübingen 1954, 91f.

11 Dazu nochmals mein Beitrag ‚Dankbarkeit als denkerisches Initiationserlebnis, in: *J. Seifert* (Hrsg.), Danken und Dankbarkeit, Heidelberg 1992, 159–172.

den einsetzenden Galaterbriefs mit einer Danksagung beginnt, vertieft sich der Eindruck, daß für ihn die Dankbarkeit nicht nur die Qualität einer Verpflichtung, sondern eines Erkenntnisprinzips hat. Sie öffnete, mit einer Wendung des Epheserbriefs (Eph 1,18) gesprochen, die „Augen" seines Herzens zur Schau des Gottesgeheimnisses, das er seinen Adressaten zu erschließen sucht; und nicht weniger gibt sie ihm die Worte ein, die ihn das sagen lassen, „was kein Auge geschaut, kein Ohr vernommen und keines Menschen Herz jemals empfunden hat" (1 Kor 2,9). Wenn er dem hinzufügt: „was Gott aber denen vorbehalten hat, die ihn lieben" (ebd), wird die Dankbarkeit für Paulus nahezu zu einem Synonym für Liebe. Vor allem erweist sie sich als einer jener Impulse, die seinem Denken den prospektiv-vorwärtsdrängenden Grundzug verleihen.

Prospektiv ist das paulinische Denken aber nicht erst in seinem Vollzug, sondern bereits in seinem Ansatz. Dadurch erscheint es in einer verblüffenden Affinität zu jener Denkstruktur, die *Heinrich von Kleist* in seiner Reflexion ‚Über die allmähliche Verfertigung der Gedanken beim Reden' (1810) beschrieb[12]. Damit kann Paulus schon deshalb in Vergleich gezogen werden, weil seine Briefe bis auf verschwindende Ausnahmen in Form von Diktaten – und vermutlich dann wohl teilweise auch im Dialog mit dem jeweiligen – im Römerbrief (Röm 16,22) sogar namentlich genannten – Schreiber entstanden. Als habe er diese Situation vor Augen, rät Kleist seinem „sinnreichen Freund", daß er immer dann, wenn er in seiner Meditation nicht weiterkomme, mit dem nächstbesten Bekannten darüber reden möge. Weil er immerhin eine dunkle Vorstellung von dem Gesuchten habe, trete dieses dann unversehens in „völliger Deutlichkeit" hervor. Denn das ihm zugewandte Antlitz werde für ihn zu einem „Quell der Begeisterung" und der Blick, der „einen halb ausgedrückten Gedanken schon als begriffen" ankündige, schenke oft den Ausdruck für die noch ausstehende restliche Hälfte. Denn die Sprache sei keine Fessel und keineswegs „ein Hemmschuh am Rade des Geistes, sondern ... ein zweites, mit ihm parallel laufendes Rad an seiner Achse". Das begründet er mit dem profunden Satz:

> *Denn nicht wir wissen, es ist allererst ein gewisser Zustand unser, welcher weiß.*

Daß das „allmähliche Verfertigen der Gedanken beim Reden" auf Paulus zutrifft, beweisen die Stellen, in denen seine oft mühsam zustandegebrachte Prosa unversehens in eine dichterische Sprache übergeht und im

12 *H. von Kleist,* Über die allmähliche Verfertigung der Gedanken beim Reden, in: Sämtliche Werke, München 1961, 784–788.

Einzelfall sogar in einer Weise in sich zu kreisen beginnt, daß der Eindruck entsteht, daß sie nicht mehr gesprochen wird, sondern sich selber aussagt. Das gilt schon vom Vergleich des Apostelschicksals mit den als Todeskandidaten im großen Welttheater zur Schau gestellten Gladiatorenkämpfern im Ersten Korintherbrief (1 Kor 4,9–13), erst recht aber von der Wiederholung dieser Charakteristik im Zweiten Korintherbrief, wenn es heißt:

> *In allem sind wir bedrängt, aber nicht erdrückt, im Zweifel, aber nicht verzweifelt, verfolgt, aber nicht verloren, zu Boden geworfen, aber nicht umgebracht. Allzeit tragen wir das Todesleiden Jesu an unserem Leib, damit auch das Leben Jesu an unserm sterblichen Leib offenbar werde (2 Kor 4,8–12).*

Eine vergleichbare Motivverkettung begegnet im Römerbrief, wenn sich Paulus der von ihm erlittenen Bedrängnis mit der Begründung rühmt:

> *Bedrängnis bewirkt Geduld, Geduld Bewährung, Bewährung Hoffnung. Die Hoffnung aber kann nicht trügen, denn die Liebe ist in unsern Herzen ausgegossen durch den heiligen Geist, der uns gegeben ist (Röm 5,3ff).*

Auch die beiden Hymnen auf die Liebe sind ähnlich gestaltet. So schon der frühe, wenn es von der Liebe in eskalierenden Verneinungen heißt:

> *Sie handelt nicht taktlos, sie sucht nicht den eigenen Vorteil, sie läßt sich nicht erbittern, sie trägt das Böse nicht nach und freut sich nicht über das Unrecht (1 Kor 13,5f).*

Erst recht dann der späte Hymnus, wenn sein Dichter fragt:

> *Wer kann uns trennen von der Liebe Christi? Trübsal oder Bedrängnis oder Verfolgung oder Hunger oder Blöße oder Gefahr oder das Schwert? (Röm 8,35),*

und wenn er abschließend versichert:

> *Ich bin gewiß, daß weder Tod noch Leben, weder Engel noch Herrschaften, weder Gegenwärtiges noch Zukünftiges, weder die Mächte der Höhe noch der Tiefe noch irgendein Geschöpf uns trennen können von der Liebe Gottes, die in Christus Jesus ist, unserm Herrn (8,38f).*

Wie schon in der Apostelcharakteristik des Zweiten Korintherbriefs kommt hier die von *Luther* hervorgehobene Vorliebe des Apostels für Antithesen zum Ausdruck, die dann in den Begriffspaaren Fleisch und Geist, Gesetz und Gnade, Knechtschaft und Freiheit, Sünde und Heil, Tod und Leben sein ganzes Denken beherrscht. Nicht umsonst trägt schon das

Hauptwerk des Paulusenthusiasten *Markion* den Titel ‚Antithesen'. Wenn Paulus diese Antithetik wie im Gegensatz der „Sklavin" Hagar und der „Freien" im Galaterbrief (Gal 4,22–31) und dem zwischen Adam und Christus im Ersten Korintherbrief (1 Kor 15,22.45) und ebenso im Römerbrief (Röm 5,12–19) personalisiert, betont er mit Hilfe einer „Überbietungslogik" die Ungleichwertigkeit der verglichenen Gestalten, am deutlichsten, wenn er seinen römischen Adressaten erklärt:

> *Mit der Gnadengabe aber verhält es sich nicht wie mit dem Fall. Wenn nämlich die Vielen durch den Fall des Einen starben, so strömte die Gnade Gottes und die Heilsgabe des einen Menschen Jesus Christus in weit höherem Maß auf die Vielen über … Wenn durch den Fall des Einen und um dieses Einen willen der Tod zur Herrschaft gelangte, so werden in weit höherem Maß diejenigen, die das reiche Gnadengeschenk der Gerechtigkeit empfangen, im Leben durch den einen Jesus Christus herrschen (Röm 5,15. 17).*

In alledem bewegt sich Paulus noch im Denkraum der von der antiken Philosophie entwickelten Logik. Indessen überschreitet er diesen, sofern er sich gleichzeitig, seiner Verwurzelung in der alttestamentlichen Denktradition getreu, als erklärter Sprachdenker präsentiert. Doch der Bruch geht tiefer. Paulus bricht nämlich nicht nur mit der antiken, sondern auch mit seiner eigenen alttestamentlich-jüdischen Denktradition, wenn er zu Beginn des Ersten Korintherbriefs erklärt:

> *Die Juden fordern Wunderzeichen, die Heiden suchen Weisheit. Wir aber verkünden Christus, den Gekreuzigten, den Juden ein Skandal, den Heiden eine Torheit, den Berufenen aber, Juden wie Heiden, Christus als Gottes Kraft und Gottes Weisheit (1 Kor 1,22ff).*

Dem setzt er eine Verkündigung entgegen, die ihre Mitte in dem „von Gott zur Weisheit" Gewordenen (1 Kor 1,30) hat und sich auf den „Beweis des Geistes und der Kraft" stützt (2,4), mit ihr zusammen dann aber auch ein Denken, das von eben diesen Prinzipien getragen ist. Danach ist Paulus mehr noch Weisheits- als Wahrheitsdenker und gleichzeitig der Repräsentant eines Denkens, das nicht nur im Worte lebt, sondern den „Beweis der Kraft" dadurch erbringt, daß es das worthaft Bezeichnete vergegenwärtigt. Daraus erklärt es sich, daß er von Tod, Sünde und Gesetz, aber auch von der Liebe nicht nur wie von Sachverhalten, sondern wie von Entitäten und Daseinsmächten redet. So in den beiden Hymnen auf die Liebe, wenn es von dieser heißt, daß sie „alles glaubt, alles hofft und alles übersteht" (13,7), und wenn ihr nachgerühmt wird, daß keine Macht der Höhe oder Tiefe von ihr zu trennen vermag (Röm 8,39). Den

Rahmen des bloßen Bezeichnens überschreitet Paulus aber auch, wenn er seinen korinthischen Adressaten erklärt:

> *So waltet in uns der Tod, in euch jedoch das Leben (2 Kor 4,12),*

und wenn er den Tod mit den Worten herausfordert:

> *Tod, wo ist dein Sieg? Wo ist, o Tod, dein Stachel? (1 Kor 15,55).*

Daß Gleiches aber auch von der Sünde und vom Gesetz gilt, bestätigen die Sätze, in denen er gesteht, daß er sich nicht mehr verstehe, weil er nicht das tue, was er wolle, sondern das, was er verabscheue (Röm 7,10), und wenn er das mit dem Geständnis begründet:

> *Ich tue nämlich nicht das Gute, das ich will, sondern das Böse, das ich nicht will. Wenn ich aber das tue, was ich nicht will, dann handle nicht ich, dann handelt vielmehr die in mir wohnende Sünde … Dem innern Menschen nach habe ich zwar Freude am Gesetz. Doch finde ich ein anderes Gesetz in meinen Gliedern, das dem Gesetz meines Denkens widerstreitet und mich in dem in mir waltenden Gesetz der Sünde gefangenhält (Röm 7,19–23).*

Den Höhepunkt dieses vergegenwärtigenden Denkens aber bildet der an die Denkfigur des anselmischen Gottesbeweises erinnernde Friedenswunsch des Philipperbriefs:

> *Und der Friede Gottes, der alles Begreifen übersteigt, bewahre eure Herzen und Gedanken in Christus Jesus (Phil 4,7).*

Denn in diesem Wunsch bezieht sich die bewahrende Macht, der Friede, geradezu ebenbürtig auf das bewahrende Prinzip, das Paulus mit der Formel „in Christus“, dieser Grundformel seiner Mystik, umschreibt.

Voll ist die paulinische Denkstruktur jedoch erst ausgeleuchtet, wenn sie im Sinne ihres progressiven Grundzugs auch in ihrer Tendenz zur Selbstüberschreitung gesehen wird. Denn auch von ihr gilt:

> *Eins tue ich: ich vergesse, was hinter mir liegt und strecke mich aus nach dem, was vor mir liegt (Phil 3,13).*

Das ist schon dort der Fall, wo er sein evolutionäres, der universalen Gotteskindschaft entgegenstrebendes Weltbild, – fast nach Art der Makrokosmosidee – auf den Menschen bezieht und seine betende Erhebung zu Gott ins innergöttliche Selbstgespräch ausmünden läßt:

> *Und nicht nur sie: auch wir, die wir die Erstlingsgabe des Geistes besitzen, seufzen in Erwartung der Kindschaft und der Erlösung unsres Leibes …*

Denn wir wissen nicht, um was wir beten sollen, wie sich's gebührt. Da tritt der Geist selbst für uns ein mit unaussprechlichem Seufzen. Der aber die Herzen erforscht, kennt das Ansinnen des Geistes, der im Sinne Gottes für die Heiligen eintritt (Röm 8,23–27).

Erst recht trifft das auf die Stelle zu, in der Paulus von der Entfernung der auf dem Alten Testament liegenden Hülle und der Verwandlung der sehend Gewordenen spricht:

Von solcher Hoffnung erfüllt, treten wir mit großem Freimut auf. Dabei handeln wir nicht wie Mose, der sein Antlitz verhüllte, damit die Kinder Israels nicht dessen verblassenden Glanz bemerken sollten ... Denn bis heute liegt, wenn Mose vorgelesen wird, eine Hülle auf ihren Herzen. Sobald es sich aber zum Herrn bekehrt, wird die Hülle weggenommen. Der Herr ist der Geist und wo der Geist des Herrn waltet, da ist Freiheit. Und wir alle, die wir mit unverhülltem Antlitz die Herrlichkeit des Herrn widerspiegeln, werden von Klarheit zu Klarheit in dasselbe Bild verwandelt, wie es der Wirkung des vom Herrn ausgehenden Geistes entspricht (2 Kor 3,12–18).

Indessen betrifft die Selbstüberschreitung nicht so sehr den Horizont als vielmehr das Subjekt des paulinischen Denkens. Kronzeugnis dessen ist die an die apostolische Selbstcharakteristik anschließende Stelle des Zweiten Korintherbriefs (2 Kor 6,3–10), die allerdings durch das schon längst als unpaulinisch, der Mentalität von Qumran entsprechende Emissionsgebot (6,14–7,2) unterbrochen ist, und die in ihrer ursprünglichen Fassung geradezu den Tatbestand einer Bewußtseinserweiterung erfüllt:

Unser Mund hat sich euch gegenüber, ihr Korinther, aufgetan, und unser Herz ist weit geworden. In uns habt ihr ja keinen leeren Raum, nur in euren Herzen ist es eng. Vergeltet doch Gleiches mit Gleichem, denn wie zu Kindern rede ich, und macht auch euer Herz weit ... Gebt uns Raum! Niemand haben wir Unrecht getan, niemand geschädigt, niemand übervorteilt. Das sage ich nicht, um euch zu verurteilen. Denn ich habe euch doch gerade erklärt, daß ihr in unserm Herzen wohnt, mit uns verbunden auf Leben und Tod. Groß ist mein Freimut euch gegenüber, groß mein Rühmen über euch. Voll des Trostes bin ich, übervoll von Freude, bei all unsrer Trübsal (2 Kor 6,11ff; 7,2ff).

Aus diesen Sätzen spricht ein gleicherweise expansives wie konzentratives Bewusstsein, mit dem Paulus über die antike und mittelalterliche Denkwelt hinweg bereits auf den neuzeitlichen Subjektivismus vorgreift. Das hätte Paulus freilich nicht ohne die Rückendeckung seiner Mystik vermocht. Denn erst seine Selbstfindung in dem ihm einwohnenden Christus befähigte ihn dazu, so emphatisch „ich" zu sagen, wie dies keinem Denker und Dichter vor und nach ihm gegeben war.

Wie aber stellt sich die Botschaft des Apostels vor dem Hintergrund seiner Mystik dar? Kann sie überhaupt noch, wie es gemeinhin geschieht, als „Theologie" gekennzeichnet und im Blick auf ihren Schwerpunkt als „Christologie" bezeichnet werden? Das ist eine Frage, die durch den sich ständig zuspitzenden Konflikt zwischen Legalismus und Menschlichkeit immer wieder aufgeworfen, durch den Rückgriff auf traditionelle Modelle aber niemals beantwortet wird. Eine zulängliche Antwort ergibt sich nur durch den Rückgriff von der aus der philosophisch interpretierten Heilsbotschaft hervorgegangenen christlichen Wahrheit auf die aus dem Antlitz Jesu hervorleuchtende Wahrheit Christi, der nur ein Neuansatz nach Art der Christomathie gerecht wird. Nach dem, was sich unter diesem Titel abzeichnete, muß die Botschaft des Apostels insgesamt als eine fortwährende Einübung in diese christomatische Lesart des Evangeliums verstanden werden. Bei dieser Einübung bleibt der Leser jedoch nicht sich selbst überlassen; vielmehr bietet sich ihm Paulus selbst als Lesemeister und Vermittler an. Das muß nunmehr herausgearbeitet werden.

Der Lesemeister

In der Sprache der Mystik wurden Lesemeister von Lebemeistern unterschieden. Paulus war, wie ein Blick in seine Briefe lehrt, beides. Er lehrte lesen, um zum Leben zu führen und für ihn war Leben ein Synonym für Geist, Weisheit und Erkenntnis. Denn für ihn war der Glaube, so sehr er ihn als Lebensquelle begriff, unzertrennlich mit der Erkenntnis verbunden. So sehr der Glaube nach dem Grundsatz „ich glaube, darum rede ich" (2 Kor 4,13) ins bekennende Wort drängte, hat er doch in seiner Glaubenstheorie auch schon das anselmische Credo ut intelligam vorweggenommen und damit den Glauben als Erkenntnisweg erwiesen. Deshalb muß nach dem Autor auch der Lesemeister in ihm wahrgenommen werden.

Diese Würdigung muß mit einer Unterscheidung beginnen. Mit dem Siegeszug der von der Aufklärung in Gang gesetzten historisch-kritischen Methode bestätigte sich der schon lange gehegte Verdacht, daß die im neutestamentlichen Kanon aufgeführten dreizehn Paulusbriefe, denen die Synode von Karthago (397) noch mit leichter Distanzierung den Hebräerbreief zuordnete, aus literarischen, theologischen und kirchensoziologischen Gründen nur teilweise vom Apostel stammen können und daß ihm im Zug der in der Antike beliebten Pseudoepigraphie Briefe aus fremder Hand zugesprochen wurden[13]. Nach heutigem Forschungsstand reduziert sich somit der Bestand der als authentisch geltenden Paulusbriefe auf den Ersten Thessalonicherbrief, den Galaterbrief, die beiden Korintherbriefe, den Philipperbrief, den Römerbrief und den Philemonbrief, während der Kolosser- und Epheserbrief als Schöpfungen der Paulusschule und die Pastoralbriefe als Werke der Paulusepigonen zu gelten haben. Das gilt auch vom Zweiten Thessalonicherbrief, während der Hebräerbrief als mystagogische Mahnrede eines dem Gedankenkreis des Apostels fernstehenden „unbekannten" und unbekannt bleibenden Autors anzusehen ist (*Vielhauer*). Lesemeister ist Paulus in diesen Fällen, sofern er sich mit seiner Sprach- und Gedankenwelt in geringerem Maß von seiner Schule, um so deutlicher jedoch von seinen Epigonen abhebt[14].

In die Tiefe dieser Bezeichnung führt erst der Vergleich mit *Nietzsche*, der in seinem Lebensrückblick ‚Ecce homo' versichert, daß er niemals Personen angreife, sondern sie immer nur nach Art eines „starken Vergrößerungsglases" heranziehe, um einem schwer sichtbar zu machenden Notstand auf die Spur zu kommen. Das ist insofern rückbezüglich gesagt, als das Mittelstück seiner exorbitanten Autobiographie den Eindruck erweckt, als trage er sich selbst nach Art eines Prismas an seine zuvor veröffentlichten Werke heran, um ihnen zusätzliche Perspektiven abzugewinnen und neue Glanzlichter aufzusetzen[15]. Die wachsende Animosität in *Nietzsches* Verhältnis zu Paulus läßt auf eine unterschwellige Affinität zu diesem schließen, die es nahelegt, den Apostel in eine gleichsinnige Konstellation zu seinen Briefen zu bringen. Dann kann auch er nach Art eines Interpretaments an seine Briefe herangetragen werden, die dann im Licht seiner Person auf neue Weise lesbar werden müßten. So fragt *Nietzsche* im Rückblick auf die Entstehungsgeschichte seines ‚Zarathustra':

> *Hat jemand, Ende des neunzehnten Jahrhunderts, einen deutlichen Begriff davon, was Dichter starker Zeitalter Inspiration nannten? Im andern Falle will ich's beschreiben – Mit dem geringsten Rest von Aberglauben in sich würde man in der Tat die Vorstellung, bloß Inkarnation, bloß Mundstück,*

13 Dazu *N. Brox*, Falsche Verfasserangaben. Zur Erklärung der frühchristlichen Pseudoepigraphie, Stuttgart 1975; *F. Hahn*, Theologie des Neuen Testaments I, 333f.

14 *Ph. Vielhauer*, Geschichte der urchristlichen Literatur, Berlin 1975, 58–251; *E. Lohse*, Die Entstehung des Neuen Testaments, Stuttgart 2001, 28–65.

15 Dazu meine Abhandlung ‚Nietzsche – Zerstörer oder Erneuerer des Christentums?' (Darmstadt 2002)

bloß Medium übermächtiger Gewalten zu sein, kaum abzuweisen wissen. Der Begriff Offenbarung, in dem Sinn, daß plötzlich, mit unsäglicher Sicherheit und Feinheit, etwas sichtbar, hörbar wird, etwas das einen im Tiefsten erschüttert und umwirft, beschreibt einfach den Tatbestand. Man hört, man sucht nicht; man nimmt, man fragt nicht, wer da gibt ...[16]

Mit den Worten sichtbar, hörbar, im Tiefsten erschütternd berührt sich *Nietzsche*, über den abgründigen Zeiten- und Geistesabstand hinweg, mit dem optischen, akustischen und haptischen Osterzeugnis des Apostels, der auf vergleichbare Weise auch von dem auf ihm lastenden Zwang und der ihn drängenden Liebe spricht. Und fragt nicht auch er:

Wer wird schwach, und ich werde es nicht mit ihm? Wer kommt zu Fall, und es geht mir nicht brennend nahe? (2 Kor 11,29),

um dann auf seine Visionen und Offenbarungen einzugehen und von den „unsagbaren Worten" zu berichten, die ihm, dem zum „dritten Himmel" Entrückten, hörbar wurden (2 Kor 12,4). Bei *Nietzsche* führte die in seinem Licht erfolgte Lektüre des ‚Zarathustra' zur furiosen Schilderung von dessen Entstehungsgeschichte, bei Paulus zur Konzeption seines Theorems vom toten Buchstaben und dem lebendigmachenden Geist:

Nicht, als ob wir von uns aus fähig wären, etwas aus eigener Kraft zu ersinnen; vielmehr stammt unsre Befähigung aus Gott. Er befähigte uns auch, Diener des neuen Bundes zu sein, nicht des Buchstabens, sondern des Geistes; denn der Buchstabe tötet, der Geist aber macht lebendig (2 Kor 3,5f).

Darauf kommt Paulus dann nochmals im Römerbrief zurück, wenn er seinem imaginären Gesprächspartner die Verurteilung durch den in Aussicht stellt, der als ein „von Natur aus Unbeschnittener" das Gesetz beobachtet, während er es „trotz Buchstaben und Beschneidung" übertritt, und wenn er das mit der Begründung unterbaut:

Denn nicht der ist ein wahrer Jude, der es nur äußerlich ist, sondern der, der es innerlich ist, und die wahre Beschneidung ist die des Herzens durch den Geist, nicht die nach dem Buchstaben (Röm 2,27ff).

Natürlich ist *Ernst Käsemann* zuzugestehen, daß dies für das so gewichtige Theorem eine „äußerst schmale" Textbasis ist; ganz anders jedoch, wenn man bedenkt, daß Paulus mit dem Gewicht seiner ganzen Person und

16 *F. Nietzsche*, Ecce homo. Warum ich so gute Bücher schreibe. Also sprach Zarathustra, § 3. Zur Würdigung des Textes *Th. Mann*, Nietzsches Philosophie im Lichte unserer Erfahrung, in: Neue Studien, Frankfurt 1948, 121.

Lehre als lebendiges Interpretament hinter ihm steht. Denn in diesem Theorem spiegelt sich nicht nur seine Gesetzeskritik und seine in dem Satz „wo der Geist des Herrn waltet, da ist Freiheit" (2 Kor 3,17) gipfelnde Freiheitsbotschaft, sondern nicht weniger auch sein Selbstverständnis. Sein ganzes Persönlichkeitsbild erweckt den Eindruck, daß er seine Konzeption ebenso wie seine Aktivität der befreienden Gottestat verdankte, die ihm in seiner Damaskusstunde widerfuhr. Lebensgeschichtlich vollzog er sie nach in seinem Kampf gegen die lähmenden Daseinsgewalten und das Gesetz in dessen repressiver Auslegung, denkerisch in seinem Evangelium der von Christus erwirkten Freiheit. So aber spricht alles dafür, daß auch seine Unterscheidung des inneren und äußeren Menschen (2 Kor 4,16; Röm 7,27f) und sein Bildwort vom Schatz im Tongefäß (2 Kor 4,7) in diesem Zusammenhang stehen. Und führt er nicht auch in seinem schriftstellerischen Ringen mit dem sperrigen Medium Sprache einen fortwährenden Kampf mit dem Ziel, dem toten Buchstaben den Geist seines von Christus entflammten Denkens einzuhauchen? Auch wenn *Käsemann* in der Frage der „Textbasis" recht behält, so doch keinesfalls mit seiner Behauptung, daß Paulus „keine feste exegetische Methode" entwickelt habe[17]. Nicht umsonst wirkte er gerade mit diesem Ansatz theologiegeschichtlich nach, insbesondere, wie *Gerhard Ebeling* nachwies, auf die Schriftauslegung *Luthers*[18]. Doch wie entschlüsselt sich mit Hilfe dieses Theorems sein eigenes Werk? Wie wurde er, anders gefragt, zum Lehr- und Lesemeister?

Sofern er sich damit selbst in dessen Lektüre einbringt, ist das am deutlichsten am Galaterbrief zu ersehen. Wie nirgendwo sonst erlebt Paulus in diesem Brief die Tyrannei des toten Buchstabens, der ihm den Dienst zu verweigern scheint, wenn er darüber Klage führt, daß er der Gemeinde nicht „mit anderer" als der in den Text eingefrorenen Stimme, also persönlich und dialogisch zureden könne (Gal 4,20). Mit diesem Satz wird, wie sich hier erneut zeigt, der erste Medienverwender der Christenheit auch schon zu deren erstem Medienkritiker. Das Medium war für ihn, wie hier deutlich wird, nur Ersatz für das mündliche Wort, das ihm durch den sich rapide ausdehnenden Aktionsraum verwehrt war und durch den von ihm in den Dienst seiner Verkündigung gestellten Lehrbrief kompensiert werden mußte. Dabei stellte sich ihm aber gerade dieses Medium nach Art einer Schallmauer entgegen, an der sein Mitteilungswille nur zu oft abprallte. Wenn er sich dann aber, wie im Fall des korinthischen Blutschänders, mit der angesprochenen Gemeinde „im

17 *E. Käsemann*, Geist und Buchstabe, in: Paulinische Perspektiven, Tübingen 1972, 238; 282.
18 *G. Ebeling*, Luther. Eine Einführung in sein Denken, Tübingen 1987, 100–119.

Geist versammelte“ (1 Kor 5,3), erlangte er jene von *Franz Rosenzweig* entdeckte, Raum und Zeit übergreifende „Geistes-Gegenwart“, der es gelang, für Augenblicke die Schallmauer zu durchbrechen und sein Gefühl „mit hinreißendem Zauber der Gestaltung“ in die Herzen der Leser ausströmen zu lassen (*Lietzmann*). Der Galaterbrief ist der Beweis dafür. daß ihm das sogar im Zorn gelingt, wenn er seine Adressaten mit dem Vorwurf attackiert:

> *Ihr blöden Galater, wer hat euch nur verhext, euch, denen doch Christus am Kreuz vor Augen gestellt wurde? (Gal 3,1)*

Doch hinter der Borniertheit der verführten Adressaten fühlt Paulus den Grund ihrer Verzauberung: das ihnen offenbar als Inbegriff von Ordnung und Sicherheit propagierte Gesetz, das sie der kaum gewonnenen Freiheit abspenstig zu machen und seiner Despotie erneut zu unterwerfen droht. Denn dieses Gesetz hatte sein gutes Recht, solange das Gottesvolk noch in seinem „Gewahrsam“ gehalten und „auf Christus hin“ erzogen werden mußte (Gal 3,23f). Seine Funktion aber war erfüllt und seine Geltungszeit abgelaufen, als das unter der Vormundschaft stehende Volk in der Zeitenfülle durch die Sendung des Gottessohnes zur Mündigkeit gelangte (4,4–7). Doch das Gesetz hat für Paulus einen welthaften Hintergrund, auf dem sich seine Faszination und Macht erst voll erklärt, in Gestalt der von Christus entmachteten „Weltelemente“ (4,3. 9), in denen man mit *Walter Kern* die repressiven, letztlich aus der Kontingenz der (nach Röm 8,12) der „Nichtigkeit“ unterworfenen Schöpfung hervorgegangenen Weltstruktur erblicken muß[19]. Die Schwierigkeit der Deutung ergibt sich daraus, daß bei Paulus die spätere Unterscheidung der stofflichen (stoichia) von der bildhaften (idola) Perspektive noch nicht erfolgt, so daß bei ihm Sache und Sicht noch zusammenfließen. Um so nachdrücklicher tritt dafür der repressive Zug des Gemeinten zutage. Doch auch dessen Macht ist für ihn schon seit der Sendung, erst recht aber durch die Erlösungstat Christi gebrochen. Erlösung ist für ihn daher primär die von Gott in Christus bewirkte Befreiung, wie dies dann die Paulusschule durch das Wort verdeutlicht:

> *Er hat uns der Macht der Finsternis entrissen und in das Reich des Sohnes seiner Liebe versetzt (Kol 1,15).*

Vor diesem Hintergrund wird begreiflich, daß der Galaterbrief einen seiner Höhepunkte in dem pleonastischen Satz erreicht:

> *Zur Freiheit hat uns Christus befreit (Gal 5,1).*

19 *W. Kern*, Die antizipierte Entideologisierung, in: Geist und Glaube. Fundamentaltheologische Vermittlungen, Innsbruck 1992, 233–269.

Es ist, im Blick auf Gesetz und Weltelemente, die emanzipatorische Freiheit, im Blick auf das Ziel der Sendung des Sohnes, die Gotteskindschaft, jedoch die elevatorische, da Freiheit für Paulus primär in der Erhebung auf die Seinsstufe der Gottessohnschaft besteht.

Wie aber verhält es sich mit der Korrespondenz mit Korinth, in der Paulus das Theorem entwickelt hatte? Hier fehlt sowohl die Auseinandersetzung mit dem Gesetz als auch die mit den Weltelementen. Wohl aber entwickelt Paulus schon im ersten Brief seine Kreuzestheologie und dies in scharfer Absage an die auf Wunderzeichen bestehenden Forderungen des Judentums und den Weisheitsanspruch der griechischen Philosophie, die er der Blindheit bezichtigt, weil sie in den von ihr verführten Machthabern „den Herrn der Herrlichkeit ans Kreuz" schlug (1 Kor 2,8). Wie er im zweiten Brief zu verstehen gibt, kämpft er hier gegen „Bollwerke", gegen die er mit den Waffen seiner Kreuzesweisheit anstürmt (2 Kor 10,5). Um ihre Macht zu erklären, verfolgt er ihre ideologischen „Turmbauten" zurück auf jene Idole, zu denen sich seine Adressaten vor ihrer Bekehrung „hinreißen" ließen und die als solche über eine gewaltige Verführungsmacht verfügten (1 Kor 12,2). Ihnen setzt er die befreiende Macht des Kreuzes und die in ihm verborgene Weisheit entgegen, die kein Auge erblickte, kein Ohr vernahm und von keines Menschen Herz erfühlt wurde, die Gott aber denen erschloß, die ihn lieben (2,9).

Doch tiefer besehen geht es ihm dabei um Gott. Wenn er seinen Adressaten zuruft: „An Christi Stelle bitten wir: Laßt euch mit Gott versöhnen!" (2 Kor 5,20) geht er von einem gestörten Gottesverhältnis der Angesprochenen aus. Und wenn er einigen von ihnen – und dies zu deren Beschämung – vorwirft, daß sie in einer „falschen Vorstellung von Gott" befangen sind (1 Kor 15,34), nennt er auch den, zumindest einen Grund dieser Entfremdung. Er hängt, nach dem Kontext zu schließen, mit der kontrovers gedeuteten Ansicht „einiger" zusammen, daß es keine Auferstehung gebe (15,12); für Paulus die nahezu blasphemische Unterstellung, daß Gott nicht die uneingeschränkte Macht über Leben und Tod besitze. Wer so über Gott denkt, hat tatsächlich einen defizienten Begriff von ihm. Entweder denkt er ihn in deistischer Verkürzung, oder er spricht ihm angesichts der Vernichtungsgewalt des Todes die Attribute der Allmacht und Barmherzigkeit ab, um wenigstens seine Verständlichkeit zu retten. Denn wäre Gott allmächtig, so könnte er die Verstorbenen nicht im Tod belassen; wäre er barmherzig, so würde er es nicht tun.

Das ist im Blick auf *Hans Jonas* gesagt, der in seinem Essay über den ‚Gottesbegriff nach Auschwitz' die Ansicht vertrat, daß nach diesem Völkermord die Verständlichkeit Gottes nur unter der Bedingung aufrecht erhalten werden könne, daß die Attribute der Allmacht und Barmherzigkeit aufgegeben werden[20]. Doch das ist eine Annahme, die Paulus im Blick auf seine Kreuzestheologie, wie er sie im ersten Brief entwickelte, ebenso annehmen wie zurückweisen müßte: Annehmen, sofern das Kreuz auch für ihn Gott in den Anschein der Torheit bringt; aber auch zurückweisen, sofern sich diese „Torheit" als die aller Philosophie weit überlegene Gottesweisheit erweist. Wenn man den Zusammenhang bis zu dieser Konsequenz verfolgt, wird deutlich, worauf sich die von Paulus erbetene Versöhnung bezieht: sie gilt dem Gott, der eine Schöpfung im Zeichen der Todverfallenheit hervorrief und dem Menschen damit das Todesschicksal zumutete. Denn der Tod ist für den ins Leben gerufenen und dadurch zum Leben bestimmten Menschen das radikal Unannehmbare, gegen das sogar sein Denken aufbegehrt, weil er sich nicht wegzudenken vermag. Damit gerät er in die Position des Propheten Jeremia, der Gott um Rettung gebeten hatte und sich durch seinen Schüler Baruch selbst die ihm gegebene Antwort zuspricht:

> *Siehe, ich breche nieder, was ich gebaut habe und reiße aus, was ich gepflanzt habe. Und da verlangst du Großes für dich? Verlange es nicht (Jer 45,4f).*

Doch Paulus weiß um die ungleich größere und tröstlichere Antwort, die Gott auf den aus der menschlichen Todverfallenheit (nach Röm 7,24) aufsteigenden Notschrei durch die Auferweckung des Gekreuzigten gab. Deshalb bezieht sich das „Wort der Versöhnung", das Paulus in sich „hineingelegt" weiß (2 Kor 5,19), ebenso auf die Versöhnung Gottes mit der von ihm abgefallenen Welt wie auf die Versöhnung des Menschen mit dem Gott, der ihm das Todesschicksal zumutet. Das eine wie das andere aber geschah durch Christus, durch den Gott Welt und Mensch mit sich versöhnte (5,18), und das in Form der Bewältigung seiner Todverfallenheit. Abgesehen davon, daß Paulus im Ersten Korintherbrief nach der Auferstehung ausdrücklich gefragt worden war, ist das der Grund, weshalb er in der Korrespondenz mit der Gemeinde nachdrücklicher als in jedem andern Brief auf dieses Ereignis und seine Konsequenzen zu sprechen kommt. Wie aber stellt sich der Zusammenhang im Römerbrief dar, in dem das Theorem gleichfalls angesprochen (Röm 2,27 ff) und erwähnt wird (7,6).

Angesichts der Tatsache, daß in ihm der einzige Fall vorliegt, wo sich Paulus an eine ihm fremde oder doch nur vom Hörensagen her bekannte Gemeinde wendet, wird man davon ausgehen dürfen, daß er hier

20 *H. Jonas*, Der Gottesbegriff nach Auschwitz. Eine jüdische Stimme, Frankfurt 1886; dazu mein Beitrag ‚Der Verlust der Atttribute' in: *A. Franz* (Hrsg.), Glauben, Wissen, Handeln (Festschrift für *Philipp Kaiser*), Würzburg 1999, 3–16.

rückbezüglicher als sonst argumentiert und sich demgemäß auch stärker als in der übrigen Korrespondenz, abgesehen von den Briefen an Philippi und Philemon, ins Spiel bringt. Dem steht freilich der weithin lehrhafte Charakter des Briefs entgegen, der selbst dort nicht aufhört, wo sich Paulus auf das einzige ihm bekannt gewordene Problem der Gemeinde, den Streit zwischen den im Vollbewußtsein ihrer Freiheit lebenden „Starken" und den verunsicherten „Schwachen", bezieht (Röm 14,1–15,13). Doch verblaßt dieser Einwand angesichts der Tatsache, daß sich Paulus in seiner verzehrenden Sorge um das Heil Israels gerade in diesem Brief zu dem erschütternden Satz versteigt:

> *Ich sage die Wahrheit in Christus, nein, ich lüge nicht, und mein Gewissen bezeugt es im heiligen Geist, daß ich tiefe Trauer und unaufhörlichen Schmerz in meinem Herzen trage, ja, ich wünschte, verflucht und getrennt von Christus zu sein zum Besten meiner Brüder, meiner Volksgenossen dem Fleische nach (Röm 9,1ff).*

Denn damit setzt Paulus den Kontrapunkt zu dem, was seit seiner Lebenswende vor Damaskus im Zentrum seines Selbstbewußtseins steht und auf das er, wie *Jürgen Becker* hervorhob, in seinen Briefen, der Römerbrief eingeschlossen (Röm 1,3ff), immer wieder als auf seine grundlegende „Ersterfahrung" zurückkommt[21]. Seit jener Stunde steht er in einem geradezu symbiotischen Verhältnis zu Christus, das sich am Ende des Römerbriefs in dem bekenntnishaften Satz ausdrückt:

> *Ich werde mich nicht erkühnen, von etwas zu reden, was nicht Christus durch mich in Wort und Werk zur Unterwerfung der Heiden bewirkt hat (Röm 15,18).*

Doch jetzt, in schreiendem Gegensatz dazu der Wunsch, zum Besten der von der Verwerfung Bedrohten deren Schicksal vorwegzunehmen und „verflucht und von Christus getrennt" zu sein! Das ist der schrecklichste Ausruf, der im Munde des Apostels denkbar ist und, auf den Ausgangspunkt zurückbezogen, die Spannung von Geist und Buchstaben aufs äußerste steigert. Dabei bezieht sich der „Buchstabe" auf das verblendete Israel, das noch im „Dienst des Todes" und des „auf Stein gemeißelten Buchstabens" befangen ist, weil sich ihm dessen erlösender Sinn noch nicht enthüllte (2 Kor 3,6–16). Paulus aber unterwirft sich mit seiner Selbstverfluchung diesem Zustand, wenngleich in der unverhohlenen Hoffnung, durch diese Solidarisierung Israels „Bekehrung zum Herrn" (3,16) befördern zu können.

21 *J. Becker*, Paulus. Der Apostel der Völker, Tübingen 1989, 195f.

Indessen forderte es schon die Ökonomie des Ganzen, daß der Gegenpol zu diesem Tiefpunkt nicht weniger deutlich herausgearbeitet wurde. Das geschieht, wenn Paulus auf das De profundis, in das seine Klage über die menschliche Zerrissenheit ausklang (2 Kor 7,24), das von *Johann Sebastian Bach* in seiner Motette ‚Jesu, meine Freude' (1723) gewürdigte Kapitel über den Sieg des Geistes über das Fleisch (8,1–11) folgen und dieses in den Zuspruch ausmünden läßt:

> *Ihr habt doch nicht den Geist der Knechtschaft empfangen, so daß ihr euch aufs neue fürchten müßtet, sondern den Geist der Kindschaft, in dem wir rufen: „Abba – Vater!" (Röm 8,15)*[22].

Auch in diesem Wort ist er mit seiner ganzen Heilserfahrung präsent; denn es zeigt, rückbezüglich, wie der ihm zugesprochene Gottessohn in ihm beredt wurde, so daß er am Ende des Römerbriefs tatsächlich versichern kann, daß er nichts zu sagen wage, was nicht durch Christus in ihm bewirkt worden sei (15,18). Gleichzeitig umschreibt er mit diesem Wort von der Gotteskindschaft den Schlüsselbegriff seiner und, nach Ausweis der johanneischen Parallelaussage (1 Joh 3,1), der gesamten christlichen Anthropologie. Was er in seinem Aufschrei (Röm 7,24) erfragte, wird hier durch ihn selbst beantwortet.

Mit dieser Antwort wurde die von dem Theorem „Geist und Buchstabe" bezeichnete Differenz in ihrem vollen Umfang ausgemessen. Denn der „Buchstabe" steht hier für die Heteronomie, die Paulus mit dem von ihm verneinten „Geist der Knechtschaft" angesprochen hatte. Und wenn er dem den Halbsatz „so daß ihr euch aufs neue fürchten müßtet" hinzufügt, verneint er, zusammen mit der Heteronomie, auch jeden Versuch, dem ohnehin unter das „Joch der Todesangst" gebeugten Menschen (Hebr 2,15) zusätzliche Ängste aufzubürden. Damit interpretiert er aber sein Evangelium der Freiheit unmißverständlich als das der Angstüberwindung; denn der Gedanke der Gotteskindschaft, in dem seine Argumentation gipfelt, bezeichnet jenes durch die Abba-Anrufung besiegelte Intimverhältnis zu Gott, das zugleich rettende Geborgenheit an seinem Herzen besagt und alle Ängste beseitigt.

Wenn Paulus davon spricht, daß mit der von Christus errungenen Freiheit auch die Gefangenschaft des Gesetzes und des „veralteten Buchstabens" gebrochen sei, gibt er dem Theorem überdies einen zeit- und heilsgeschichtlichen Sinn. Dann bezeichnet es das Ende der Bevormundung durch den „Zuchtmeister" des Gesetzes (Gal 3,23f) und den Anbruch der „Zeit der Gnade und den Tag des Heils" (2 Kor 6,2), damit

22 Dazu mein Beitrag ‚Bach als Wiederentdecker der paulinischen Heilsbotschaft', in: Glaubensimpulse. Beiträge zur Glaubenstheorie und Religionsphilosophie', 324–336.

dann aber auch die Einladung an Israel, der Weisung des Gottesgeistes in diese „Neuzeit“ seines Glaubens zu folgen. Denn Paulus sieht sich zu seinem „unaufhörlichen Schmerz“ mit der Tatsache konfrontiert, daß sich Israel, ungeachtet der ihm gegebenen Verheißungen dieser Einladung verweigert, während Heiden zunehmend an seine Stelle treten und den Weg zum Heil finden. So wurden sie, die „Wildlinge“, anstelle der Edelhölzer in den Wurzelstock des von Gott gepflanzten Ölbaums eingepfropft (Röm 11,16–24). Für die Heiden ist das allerdings kein Grund zur Überheblichkeit; denn:

> *Bedenke, nicht du trägst die Wurzel, sondern die Wurzel trägt dich (2 Kor 11,18).*

Zudem weiß Paulus, daß „Gottes Gnadengaben unwiderruflich“ sind (11,29) und daß er in seiner Weisheit den Ungehorsam Israels nur zuließ, um die Heiden an seine Stelle treten zu lassen und ihnen die Chance der Rettung zu gewähren (11,30). Gott selbst schloß Israel – und damit nimmt Paulus das Bild vom „Gewahrsam des Gesetzes“ nochmals auf – in den Ungehorsam ein, um sich aller erbarmen zu können (11,32). Doch damit dringt Paulus, wie schon in der Korrespondenz mit Korinth, in die „Tiefen der Gottheit“ ein (1 Kor 2,10), vor denen er nur anbetend zurückschaudern kann:

> *O Tiefe des Reichtums, der Weisheit und Erkenntnis Gottes! Wie unerforschlich sind deine Ratschlüsse und wie unerkundbar deine Wege! Wer hat je den Sinn des Herrn erkannt, oder wer wäre sein Ratgeber gewesen? Oder wer hätte ihm zuerst gegeben, so daß er ihm vergelten müßte? Denn aus ihm und durch ihn und in ihm ist alles. Ihm sei die Ehre in Ewigkeit. Amen (Röm 11,33ff).*

An eben diesem Geheimnis entzündet sich das Sendungsbewußtsein des Apostels; und das Wissen um Gottes „unerkundbare Wege“ bewegt ihn dazu, und dies sogar entgegen der ausdrücklichen Warnung Jesu, „auf den Weg zu den Heiden abzubiegen“ (Mt 10,5). Dort erwartet ihn freilich ein ähnliches Dilemma. Während sich Israel der Botschaft verweigert, kommt diese in dem sich überdimensional erstreckenden Missionsfeld nicht an die heidnischen Adressaten heran. Zwar will Gott, daß alle unterschiedslos, Juden wie Heiden, gerettet werden; denn er ist „reich für alle, die ihn anrufen“ (9,11f):

> *Wie aber sollen sie den anrufen, an den sie nicht glauben? Wie sollen sie an den glauben, von dem sie nicht gehört haben? Und wie sollen sie hören, wenn niemand predigt? (1 Kor 10,14f)*

Denn „der Glaube kommt aus dem Hören, und das Hören aus dem Wort Gottes" (1 Kor 10,17. So sieht sich Paulus erneut in eine Aporie getrieben, die ihn jetzt nicht als Juden, sondern als Botschafter in die Enge treibt. Und wiederum rettet er sich in das Gottesgeheimnis hinein, jetzt aber nicht in das Geheimnis der unerforschlichen Weisheit, sondern in das der alternativelosen Liebe Gottes, die er in seinem definitiven Hymnus auf die Liebe besingt, und der er nachrühmt, daß Gott mit der Hingabe seines Sohnes der Welt „alles gegeben" hat, so daß „weder Trübsal noch Angst, weder Hunger noch Blöße, weder Gefahr noch das Schwert", ja „weder Höhe noch Tiefe" noch irgendeine Macht der Welt von seiner Liebe trennen können (Röm 8,23–39). Damit erreicht er dann aber auch den Gegenpol zu den Zwängen des „tötenden Buchstabens" und den frustrierenden Weiten seines Missionsfeldes, zu denen, wie er nur andeutet, die bittere Tatsache hinzukommt, daß er aus den östlichen Gebieten, in denen er so erfolgreich war, durch seine Gegner verdrängt wurde, so daß er seine Zukunft nur noch im Westen sieht. Dort gedenkt er, nach einem „erquickenden" Aufenthalt in Rom, seine Tätigkeit fortzusetzen (15,23f); tatsächlich erwartet ihn dort jedoch, wie die Pastoralbriefe wissen, statt dessen die Märtyrerkrone (2 Tim 4,6ff).

Den gegenteiligen Fall zu dem an eine ihm fast unbekannte Gemeinde gerichteten Römerbrief bildet der Brief an seine Lieblingsgemeinde in Philippi, der einzigen Ausnahme von der für ihn sonst rigoros durchgehaltenen Regel, für seine Tätigkeit keine Entschädigung anzunehmen (Phil 4,10ff. 15f). Der Brief bildet aber auch den Grenzfall seines hermeneutischen Verhältnisses zu der angeschriebenen Gemeinde. Denn zu dieser steht er in einem derart intimen Verhältnis, daß er ihr einleitend versichern kann, daß er sich nicht nur „im Herzen Christi Jesu" nach ihr sehne (1,8), sondern sie in seinem Herzen trage (1,7). Doch dadurch kehrt sich sein hermeneutisches Verhältnis in einer Weise um, wie das im ganzen der neutestamentlichen Schriften sonst nur noch auf das Verhältnis Jesu zum Johannesevangelium zutrifft, in dem er sich, mit *Klaus Berger* gesprochen, selbst aussagt. Im Fall des Philipperbriefs ist es daher zu wenig, von Paulus nur als Interpretament dieses Textes zu sprechen; vielmehr gilt das Umgekehrte: es spricht sich in diesem selber aus.

Das zeigt sich schon bei seiner einleitenden Selbstdarstellung, die in dem Bekenntnis gipfelt: „Leben, das heißt für mich Christus, und Sterben ist für mich Gewinn" (1,21). Es zeigt sich aber auch in der überraschenden Toleranz, mit der er in schroffem Gegensatz zu seiner sonstigen, selbst vom gleichen Schreiben dokumentierten Polemik (3,2f), den konkurrierenden Missionaren begegnet:

Einige verkündigen Christus freilich aus Streitsucht, andere in gutes Absicht. Die, weil sie wissen, daß ich zur Verteidigung des Evangeliums bestellt bin. Jene andern aber predigen Christus aus Streitsucht, nicht in reiner Absicht, weil sie meinen, mir so in meinen Fesseln Kummer bereiten zu können. Doch was macht das schon aus? Wenn nur, ob mit Hintergedanken oder aufrichtig, Christus verkündet wird. Darüber freue ich mich (Phil 1,15–18).

Am besten läßt sich diese versöhnliche Indifferenz aus dem Gefühl der Todesnähe (Phil 1,20) erklären. Vorausgesetzt, daß die vehemente Attacke auf die „Pfuscher" und „Hunde" nicht, wie die vielfach vertretene Kompilationstheorie annimmt, einem andern – und aus anderer Stimmung verfaßten – Schreiben an die Gemeinde entstammt (3,2), handelt es sich dabei um einen emotionalen Rücksturz in die frühere Konfliktsituation, wie sie sich im Zweiten Korintherbrief (2 Kor 11,13ff) spiegelt. Doch bald danach erhebt sich der Apostel erneut zur Höhe der Bewußtseinslage, in der er den Brief diktiert hatte, und jetzt sogar unter ausdrücklichem Bezug auf sein Damaskuserlebnis, das er nun haptisch, als ein überwältigendes und sein ganzes Dasein neu strukturierendes Ergriffensein schildert (Phil 3,7–14). Wenn Paulus hier davon spricht, daß er vergesse, was hinter ihm liegt, und sich nach dem vor ihm liegenden Ziel ausstrecke (3,11.13), darf das wohl auch als hermeneutischer Fingerzeig verstanden werden. Dann strebt er gerade in diesem Brief eine höhere Stufe der Aussage als der der vordem erreichten Mitteilungsformen an. Dann spricht er sich in diesem Brief tatsächlich wie nie zuvor selber aus. Dann weckt der aus der Liturgie der Gemeinde übernommene Hymnus auf den erniedrigten und „über alle Namen" erhöhten Christus (2,5–11) die Erinnerung an sein Selbstporträt im Bild vom Schatz im Tongefäß (2 Kor 4,7); dann erinnert sein Wort von der himmlischen Wohnstatt (Phil 3,20f) an seine Himmelsreise (2 Kor 12,2ff), und dann wirkt insbesondere der abschließende und vom Vorgefühl der nahen Parusie eingegebene Friedenswunsch wie eine Selbstvergegenwärtigung in der geliebten und zu sorgenfreier Freude aufgerufenen Gemeinde:

Und der Friede Gottes, der alles Begreifen übersteigt, bewahre eure Herzen und Gedanken in Christus Jesus (2 Kor 4,7).

Mit diesen Wunsch nähert sich Paulus, wie bereits deutlich wurde, der Denkfigur des amselmischen Gottesbeweises an, vorausgesetzt, daß der Friede so, wie es seiner Konzeption entspricht, in seiner Alternativelosigkeit gedacht wird. Dann gewinnt er Macht über die sich allzu oft an Vergebliches verschwendenden Herzen und über die nicht minder oft ins

Sinnlose abschweifenden Gedanken, die er nun statt dessen der sanften Herrschaft Christi unterwirft und in ihm zentriert. Damit gewinnt der von despotischen Denkern wie *Hegel* wegen seiner angeblichen Schwäche getadelte Friede jene ungeahnte Macht, die dort, wo emotionales Chaos drohte, innere Ordnung, und dort, wo die Gefahr des Irrtums drohte, Gewißheit stiftet. Wie in seinem frühen Liebeshymnus die Liebe, begreift Paulus hier den Frieden als eine selbständig agierende, wenngleich mit Gott identische Entität, die die Welt der Gefühle und Gedanken unter ihre Direktive beugt. Doch in seinem Friedenswunsch teilt er sich gleichzeitig im tiefsten Sinn des Ausdrucks der Gemeinde mit; durch ihn nimmt er sie – und sich selbst mit ihr – in die von ihm zuvor gerühmte himmlische Wohnstatt auf. In diesem Wunsch erreicht er die von Anfang an erstrebte Selbstvergegenwärtigung in ihr.

Wie ein krönender Epilog dazu wirkt der Philemonbrief. Denn in diesem persönlichsten seiner Briefe gibt Paulus dem von ihm ausgefertigten Text einen authentischen Kommentar in Gestalt des entlaufenen Sklaven mit, den er, zusammen mit seinem Billet, dem Adressaten „zugehen läßt". Doch dieser Nichtsnutz, wie Paulus den Namen Onesimus geistvoll umdeutet, steht nicht nur für den Text, er steht auch, wie Paulus mit Nachdruck betont, für den Autor, der Philemon auffordert: nimm ihn auf wie mich selbst, ja wie „mein eigenes Herz" (Phlm 1,12). Dadurch reduziert sich das, was Paulus schreibt, auf das, was er ist. Und im gleichen Maß wird der Brief zu einer Selbstanzeige, so daß hier definitiv der Fall gegeben ist, daß sich Paulus in seinem Wort selbst aussagt und mitteilt. Doch das gelingt ihm nur, weil er in die Fußspur dessen trat, der (nach 2 Kor 8,9) für die Seinen arm wurde, damit sie durch seine Armut reich wurden, und dessen Lebenswerk deshalb als das einer fortgesetzten Selbstentäußerung und Selbstübereignung begriffen werden muß. Das ist der Hintergrund, vor dem sich Leben und Denken des Apostels abspielt und von dem insbesondere auch sein schriftstellerisches Werk geprägt und inspiriert ist.

Die Vermittlung

Wenn die Aktualität des Apostels vollends zum Vorschein kommen soll, muß seine Beziehung zu dem, der nicht nur eine Botschaft hat, sondern diese in präsentisch-personaler Verkörperung ist, noch konsequenter ausgeleuchtet werden. Denn Jesus kann so wenig wie seine Botschaft jemals zu etwas Vergangenem werden (*Kierkegaard*), weil er mit ihr identisch ist und in ihrer Bezeugung gegenwärtig bleibt. Auf der im Johannesevangelium erreichten höchsten Reflexionsstufe des neuen Testaments versichert er deshalb. „Die Worte, die ich zu euch sprach, sind Geist und Leben" (Joh 6,63), und das besagt: erfüllt von seiner Geistes-Gegenwart, unablösbar an ihn zurückgebunden und getragen von seiner Präsenz. Im Licht dieser Aussage wird dann das Eingangswort des Prologs erst ganz verständlich, das alle in diese Initiale gesetzten inhaltlichen Erwartungen dadurch frustriert, daß es nicht, wie vom Kontext des Evangeliums her anzunehmen wäre, die Wahrheit oder, wie es im Sinn der paulinischen Botschaft lauten könnte, die Freiheit, sondern „das Wort" zum Anfang aller Dinge erklärt. Unter dem Eindruck dieser Frustration erklärt dann folgerichtig auch Faust:

Ich kann das Wort so hoch unmöglich schätzen,
ich muß er anders übersetzen.

Und in dem Bestreben, dem vermuteten „Notstand" durch „Sinn", „Kraft" und „Tat" abzuhelfen, ruft er dann auch tatsächlich die Inhalte auf, die im Zug des neuzeitlichen „Gangs der Geister" (*Heiss*) bewußtseins- und formbestimmend wurden. Mittelbar liegen auf seiner Linie dann aber auch die vielfältigen exegetischen Versuche, den „Sinn" des Wortes aus alttestamentlichen oder gnostischen Quellen zu erheben[23]. Wie nicht zum ersten Mal in der Theologiegeschichte kam die Lösung von außen, näherhin von dem kanadischen Medienkritiker *Marshall McLuhan*, der mit dem Satz „the medium is the message" das entscheidende Stichwort in die Diskussion warf[24]. Denn im Licht dieser Wendung klärt sich der Sinn des johanneischen Eingangssatzes: als Bote, Mittler und Medium der Gottesoffenbarung ist der (nach Joh 1,18) vom Herzen Gottes herabgesandte Botschafter zugleich Sinn und Inhalt seiner Botschaft und als dieser zugleich seine eigene Vermittlung. In diesem Sinn ist er das Medium, das seinerseits nur von ihm spricht, weil es ihn enthält. Das alles ist auf der Basis des bereits zur Schriftkultur übergegangenen Christentums gesagt. Wie aber steht es um den wichtigsten Initiator dieses Übergangs? Vor allem aber: wie rechtfertigt er ihn?

Daß in dieser Frage ein Rechtfertigungsbedarf herrschte, wurde von einem der effizientesten Mitgestalter der christlichen Schriftkultur, *Martin Luther*, herausgestellt. Für ihn war es „ein großer Abbruch" und ein „Gebrechen des Geistes", daß im Gegensatz zu Jesus, der nicht

23 *M. Theobald,* Im Anfang war das Wort. Textlinguistische Studie zum Johannesprolog, Stuttgart 1983, 39; 48.

24 *M. McLuhan,* Die magischen Kanäle – Unterstanding Media, Frankfurt und Hamburg 1970,17; dazu die Ausführungen meiner ‚Glaubenserweckung', Düsseldorf 2000, 99f; 168f; 236.

schrieb und niemand mit der Aufzeichnung seiner Lehre beauftragte, überhaupt Bücher geschrieben werden mußten[25]. In der ironischen Sprache Mephistos heißt das:

> *Das Wort erstirbt schon in derFeder,*
> *die Herrschaft führen Wachs und Leder.*

Im Blick auf die „Passion", die das Wort im Verschriftungsakt erleidet, hatten Kirchenväter wie *Gregor von Nyssa* und *Hilarius von Poitiers* lange zuvor schon von der „Abbreviatur" und „Extension" des göttlichen Wortes gesprochen[26]. Wie aber konnte das Wort angesichts dieser Verfremdung und Minderung dann doch dem „toten Buchstaben" unterworfen werden? Die Antwort gab der Schöpfer des Theorems von „Geist und Buchstabe" mit seiner Klage über den von ihm erlittenen kerygmatischen Notstand mit der Klage:

> *Wie sollen sie an den glauben, von dem sie nicht gehört haben? Und wie sollen sie hören, wenn niemand predigt? (Röm 10,14f)*

Wie er am Schluß des Römerbriefs seinen Blick auf die noch unmissionierte Westhälfte des Reiches wirft, so hier auf die Weiten, in die der von ihm begleitete Triumphzug Christi noch nicht vorgedrungen ist, und dies unter den Druck der ihn immer noch beseelenden Naherwartung. Da er den Gesetzesleuten ein Gesetzesmann, den Gesetzlosen ein Gesetzloser, den Schwachen ein Schwacher, kurz, „allen alles geworden" ist (1 Kor 9,20ff), wächst in ihm das Bedürfnis, auch tatsächlich bei allen zu sein. Aus diesem Bedürfnis greift er nach dem dafür geeignetsten Medium, dem Lehrbrief, um mit Hilfe dieses Sermo absentis diejenigen zu erreichen, die durch eine allzu große – oder wenigstens augenblicklich nicht zu überbrückende – Distanz von ihm getrennt sind. So wird er, selbst wenn Sammlungen der Jesusworte nach Art der Logienquelle schon vorlagen, zum ersten Medienverwender der Christenheit[27]. Da Paulus aufgrund der in Antiochien zentrierten hellenistischen Tradition vom Martyrium des Stephanus Kenntnis gehabt haben dürfte, und da er bisweilen mit seinem gewaltsamen Tod rechnete, könnte ihm – wie dann vor allem den Evangelisten – noch ein zweiter Grund zur Niederschrift seiner Botschaft nahegelegen haben. Denn mit dem Tod der Augenzeugen und erstberufenen „Diener des Wortes" schwand die durch *Papias*

25 *G. Ebeling,* Luther, 145; dazu meine Akademieabhandlung ‚Die Bibel als Medium. Zur medienkritischen Schlüsselposition der Theologie', Heidelberg 1990, 7–10.

26 *Gregor von Nyssa,* Große Katechese, C. 32,2; *Hilarius,* De Trinitate IX, c.4.

27 *A. Deissmann,* Licht vom Osten. Das Neue Testament und die neuentdeckten Texte der hellenistisch-römischen Welt, Tübingen 1923, 194–205; *Ders,* Paulus. Eine kultur- und religionsgeschichtliche Skizze, Tübingen 1925, 5–22.

von Hieropolis bezeugte Möglichkeit, bei ihnen nachzufragen, um sich bei ihnen über die christlichen Ursprünge zu vergewissern, während mit der wachsenden Distanz die Gefahr des Vergessens und der Verfälschung des mündlich Überlieferten wuchs[28]. Seine Rückfrage bei den Zeugen der Urtradition begründet Papias mit der medienkritischen Bemerkung:

> *Denn ich war der Ansicht, daß aus Büchern geschöpfte Berichte für mich nicht denselben Wert haben können wie das lebendige und beständige mündliche Zeugnis*[29].

Diese skeptische Einschätzung der Schriftlichkeit verhinderte es, daß das Christentum nach dem Urteil *Adolf von Harnacks* wie der Islam eine „Religion des Buchs“ geworden ist[30]. Als es unter dem übermächtigen Eindruck des Alten Testaments dann doch nahezu dazu gekommen war, wehrte Paulus durch seine konstruktive Kritik die drohende Entwicklung ab. Zwar gelangte das Christentum, nicht zuletzt auch aufgrund seiner Briefe, in den Besitz heiliger Schriften, dies jedoch im Unterschied zum Islam nur im Sinne einer sekundären Schriftreligion. Denn seine Briefe waren, abgesehen vom Römerbrief, nie Primärbotschaften, sondern immer nur – und dies am deutlichsten im Fall des Galaterbriefs – Notbehelfe, mit denen er die ihm entweder durch zu große Distanz oder durch Gefangenschaft verunmöglichte Kommunikation von Mund zu Mund zu kompensieren suchte. Sekundär veranlaßt waren aber auch die übrigen Schriften des neutestamentlichen Kanons, da sie die Botschaft wie im Fall der Evangelien entweder vor Vergessen bewahren oder, wie in dem der Pastoralbriefe, gegen Verfälschung absichern wollten. Indessen beweist der Galaterbrief mit seiner Polemik gegen die Propagandisten eines „anderen Evangeliums“, daß es auch Paulus um Abgrenzung und Bewahrung zu tun war. Zwar begegnet Paulus den Lesern nur im Medium seiner Briefe, aus denen ihnen, wie *Hans Lietzmann* betonte, ein Autor entgegentritt, der „sein Gefühl mit hinreißendem Zauber der Gestaltungen … in die Herzen der Leser oder vor Gottes Thron“ ausströmen lassen kann; „als ein Sprachmeister von Gottes Gnaden, dem alle Register des menschlichen Organon“ zu Gebote stehen[31]. Doch erleben sie ihn ebenso oft im verzweifelten Kampf mit diesem widerspenstigen Medium, wie er sich von ruhig argumentierender Darstellung in kom-

28 *Eusebius von Caesarea,* Kirchengeschichte III, 39,3 (Ausgabe *Kraft*, München 1967, 189).

29 *A. von Harnack*, Die Mission und Ausbreitung des Christentums in den ersten drei Jahrhunderten, Leipzig 1902, 204.

30 Zwar drohte diese Fortentwicklung im Calvinismus (*Harnack*), doch wurde sie nach *Eduard Meyer* erst im Mormonentum erreicht; dazu *G. Lanczkowski*, Heilige Schriften. Inhalt, Textgestalt und Überlieferung, Stuttgart 1956, 148–153.

31 Stellenangabe auf Seite 143, Anm. 4.

plizierte Deduktionen verstrickt und, aufgehalten durch Nebengedanken und schiefe Bilder, schließlich steckenbleibt, um dann nochmals anzusetzen und sich in mühsam nachhinkenden und zugleich überladenen Satzgebilden zu verlieren, bis sich dann endlich „die Form dem Inhalt fügt“[32]. Das aber zeigt, daß Paulus kein Schriftsteller ist und nicht wie ein solcher in seinen Niederschriften lebt, sondern sich das von ihm eingesetzte Medium stets neu aneignen, um nicht zu sagen erobern muß. Dafür steht er auch Jesus und seiner Sprachwelt der Mündlichkeit viel zu nahe. Und dafür weiß er nur zu genau um die Grenzen, die dem von ihm als Instrument der grenzüberschreitenden Kommunikation benutzten Medium in qualitativer Hinsicht gezogen sind[33]. Zwar bescheinigen ihm seine Gegner, daß seine Briefe „wuchtig“ seien, während sein persönliches Auftreten „schwach und kraftlos“ wirke (2 Kor 10,10). Doch verweist er angesichts der Fragwürdigkeit dieses Urteils darauf, daß gerade seine mündliche Predigt von den Hörern „nicht als Menschenwerk, sondern als Wort Gottes, was sie auch tatsächlich war“, aufgenommen wurde (1 Thess 2,13):

> *Ihr wißt doch, daß wir jeden einzelnen von euch wie je nur ein Vater seine Kinder ermahnt, ermutigt und beschworen haben (1 Thess 2,11f).*

Dennoch ist Paulus die Hauptursache dafür, daß das Christentum in Kurzform die von Judentum und Hellenismus längst durchlaufene Wende von der Mündlichkeit zur Schriftlichkeit nachvollzog. Doch zeigt sein Wort an die Thessaloniker, daß er bei allem, was er an Engagement und Geist in seine Briefe investierte, doch dem dialogischen Zuspruch die größere Wirkung zumaß. Und in seiner Korrespondenz mit Korinth unterstreicht er das zusätzlich noch mit der Rede vom „Beweis des Geistes und der Kraft“ (1 Kor 2,4), von dem er seine Predigt begleitet und befeuert wußte. Dabei entgingen ihm die Vorzüge der schriftlichen Ausarbeitung durchaus nicht. Denn die Schriftlichkeit ist die Mutter der Systematik. Auf dem Boden der Oralkultur entstanden zwar Sprüche wie das Wessobrunner Gebet und Epen wie Ilias und Odyssee oder das Nibelungenlied, aber keine Werke, die aus der vergleichenden, koordinierenden Systematisierung der entwickelten Gedanken hervorgingen, wie sie dann, gerade auch im christlichen Raum, beginnend mit den neutestamentlichen Briefen und den Schriften der Apologeten entstanden. Wenn Paulus den Brief, wie er ihn etwa an Philemon richtete, in der Regel zur Epistel und zum Lehrschreiben fortbildete und wenn er innerhalb dieser Texte seine Gedanken bisweilen im Sinn rabbinischer Argumenta-

32 Ebd.
33 *N. Fuerst*, Der Schriftsteller Paulus, Darmstadt 1989, 89–106.

tion oder stoischer Diatribe entwickelte, dann nur, weil er die Vorteile des von ihm in den Dienst seiner Verkündigung gestellten Mediums zu nutzen wußte[34]. Darin zieht dieser einsame Denker, mit *Hans Lietzmann* gesprochen, seine ebenso originellen wie „einsamen Bahnen". Ohne sich dabei wie andere Briefschreiber seiner Zeit in artistische Gestaltungsformen zu verlieren, gleitet dabei sein Blick über die Adressaten, zu denen er mit der „Gewalt eines Propheten" spricht, hinweg, um sich schließlich in die „Tiefen der Ewigkeit" zu verlieren[35]. Lange vor *Lietzmann* hatte der selbst mit dem Ehrentitel „Goldmund" ausgezeichnete *Johannes Chrysostomus* in der bereits mitgeteilten Äußerung zum Ausdruck gebracht, daß er beim Vorlesen der Paulusbriefe die ihm so kostbare Stimme zu hören glaube und den Eindruck gewinne, als sähe er „den im Sprechen begriffenen Apostel leibhaftig" vor sich stehen[36].

Im Fall des Galaterbriefs, wo alles auf personale Präsenz angekommen wäre, hatte Paulus selbst freilich den entgegengesetzten Eindruck, wenn er wünscht, leibhaftig bei seinen Adressaten zu sein, um ihnen „mit anderer Stimme", also mündlich, unvermittelt und dialogisch zureden zu können (Gal 4,20), und wenn er diese zentrale Stelle mit dem resignierenden Geständnis beschließt: „so aber bin ich ganz ratlos". Ungeachtet der bis zu den verunsicherten Adressaten reichenden Dehnung seines Aktionsraums, die er mit dem Einsatz des Mediums erreicht, ist ihm daher zugleich die qualitative Minderung der brieflich vermittelten Aussage bewußt. Ihr fehlt, mit seinem Schlüsselwort gesprochen, der „Beweis des Geistes und der Kraft" und damit jene Überzeugungskraft, die seine mündliche Rede getragen hätte. Die Sprachsuggestion, die von seinem Wort in diesem Fall ausgegangen wäre, geht in die schriftliche Mitteilung allenfalls vom Rande her ein. Dabei handelt es sich um jene Fälle, in denen sich sein Wort, wie etwa bei seiner Selbstcharakteristik als der zugleich Unbekannte und Wohlbekannte, der zugleich Todverfallene und doch Überlebende, der Betrübte und doch allzeit Fröhliche, der Habenichts und doch alles Besitzende (2 Kor 6,8ff) aus dem Regelsystem der Literalität emanzipiert und in den Tonfall der Mündlichkeit verfällt. Doch diese Fälle sind die seltenen Ausnahmen von der Regel, in der das Wort die verflachende und ausdünnende Wirkung des Mediums erleidet, sofern es in der Feder nicht vollends „erstirbt".

Insofern hätte Paulus teilweise dem Gott Theut zugestimmt, der

34 Zum Unterschied von Brief und Epistel *A. Deissmann*, Licht vom Osten, 194; dazu *M. Dibelius*, Geschichte der urchristlichen Literatur II, Berlin und Leipzig 1926, 9–32; *O. Roller*, Das Formular der paulinischen Briefs, Stuttgart 1933, 20f; *Ph. Vielhauer*, Geschichte der urchristlichen Literatur, 58–70; *E. Lohse*, Paulus. Eine Biographie, 116–131.

35 Wie auf Seite 142f.

36 Ebd.

nach dem von *Platon* im „Phaidros" mitgeteilten Mythos die von ihm erfundene Schrift dem ägyptischen Großkönig als Mittel zur Stärkung des Gedächtnisses rühmte, mehr aber wohl noch diesem, der sich das Endurteil über diese Erfindung vorbehielt[37]. Als er sich dann aber, nach der – gemessen an seiner Lebensgeschichte – relativ späten und wohl nicht ohne Zögern erfolgten Entstehung seines Briefwerks doch noch zur Verwendung dieses Mediums durchrang, legte er damit der Theorie *Walter Wimmels* zufolge den Grundstein für die Verwandlung des christlichen Kulturkreises in einen „Großtext" mit den in alle Bereiche eindringenden Auswirkungen dieses Vorgangs[38]. Wenn Paulus die Überwindung des Gesetzes durch das Evangelium der Liebe mit der Differenz von „Geist und Buchstabe" verdeutlichte und wenn er seinen Adressaten in Korinth im Blick auf die von seinen Gegnern vorgewiesenen Empfehlungsschreiben erklärte:

> *Unser Brief seid ihr, eingeschrieben in unsre Herzen, von allen Menschen verstanden und gelesen; denn ihr steht vor aller Augen da als der von uns ausgefertigte Brief Christi, geschrieben nicht mit Tinte, sondern mit dem Geist des lebendigen Gottes (2 Kor 3,2f),*

muß ihm diese Konsequenz wenigstens ansatzweise bewußt geworden sein. Das aber ließ ihn, den ersten Medienverwender und Medienkritiker der Christenheit, dann folgerichtig auch zu ihrem ersten Medientheoretiker werden.

Wenn Paulus sich im Galaterbrief als Polemiker und im Ersten Korintherbrief als Lehrer präsentiert, dann im zweiten Brief an Korinth als Theoretiker. Denn hier unterbaut er sein schriftstellerisches Wissen mit dem noch im Römerbrief nachklingenden Theorem vom „Geist und Buchstaben". Während er dort „die wahre Beschneidung am Herzen, durch den Geist und nicht durch den Buchstaben" geschehen sieht (Röm 2,28f), greift er hier vom Bild des inneren Briefs auf das des auf Steintafeln geschriebenen Gesetzes zurück, um dann im Vollbewusstsein seiner Sendung zu versichern:

> *Er hat uns befähigt, Diener des Neuen Bundes zu sein, nicht des Buchstabens, sondern des Geistes. Denn der Buchstabe tötet, der Geist aber macht lebendig (2 Kor 3,6)*[39].

37 *H.-G. Gadamer,* Unterwegs zur Schrift?, in: *A. und J. Assmann, Chr. Hardmeier* (Hrsg.), Archäologie der literarischen Kommunikation I, München 1983, (7 ff) 1;.19; 141–157.

38 *W. Wimmel,* Die Kultur holt uns ein. Die Bedeutung der Textualität für das geschichtliche Werden, Würzburg 1981, 90–101.

39 *E. Käsemann,* Geist und Buchstabe, in: Paulinische Perspektiven, 237–285; ferner der von *G. Ebeling* zum gleichen Thema verfaßte Artikel in: Religion in Geschichte und Gegenwart II, Tübingen 1959, 1290–1296.

Mit dem lebendigmachenden Geist nennt Paulus dann aber auch das Interpretament, in dessen Licht der im toten Buchstaben verborgene Sinn des – hier erstmals mit diesem Ausdruck bezeichneten – Alten Testaments auf neue Weise lesbar und im Zug dieser Neulektüre deutlich wird, daß es in Christus aufgehoben wurde (2 Kor 3,14). Denn wie auf dem Antlitz des Mose liegt, wie Paulus in gewaltsamer Umdeutung der Exodusstelle sagt (Ex 34,33), auch auf dem Herzen seiner Anhänger eine Hülle. Wenn sie sich jedoch unter dem Eindruck der Glaubensverkündigung „dem Herrn zuwenden", fällt diese Hülle von ihnen ab. Das begründet der Apostel mit dem großen Wort:

> *Denn der Herr ist der Geist; wo aber der Geist des Herrn waltet, da ist Freiheit (2 Kor 3,17)*[40].

Das paulinische Theorem war von größter Auswirkung auf die christliche Hermeneutik. Während es *Origenes* als Rechtfertigung der Allegorese diente, gab ihm *Augustin* in seiner antipelagianischen Schrift ‚Vom Geist und Buchstaben' eine Wendung ins Moralische, so daß an die Stelle des im Titel angezeigten Gegensatzpaares das von Gesetz und Gnade trat. Das Ergebnis faßte er in den „klassischen Satz" (*Söhngen*) zusammen:

> *Das Gesetz ward gegeben, damit die Gnade gesucht würde; die Gnade ward gegeben, damit das Gesetz erfüllt würde*[41].

Das Gesetz ist für Paulus solange „tötender Buchstabe", als die „lebendigmachende Gnade" nicht hinzukommt. Was das Gesetz durch Drohung bewirkt, das erreicht der Glaube aus Gnade: Im ersten Fall sagt Gott: „Tue, was ich befehle", im zweiten wendet sich der Glaubende an Gott mit der Bitte: „Gib, was du befiehlst"[42]. Die Schrift machte auf den jungen *Luther* starken Eindruck, der daraus wiederholt zitierte und sie mit einer von ihm verfaßten Vorrede neu herausgab. Anfänglich übernahm Luther bei seiner Rezeption die von Origenes angeregte und in der mittelalterlichen Exegese voll entfaltete Lehre vom vierfachen, dem buchstäblichen, allegorischen, moralischen und übertragenen Schriftsinn[43]. Dann aber nimmt er diese Vielfalt auf die entscheidende Frage zurück, ob im Schrifttext die Stimme Christi vernommen werde, ob also er als Schlüssel an den Text herangetragen oder dieser auf ihn bezogen und so zum Reden gebracht werde:

40 *G. Theissen,* Psychologische Aspekte paulinischer Theologie, Göttingen 1983, 146–149.
41 *G. Söhngen,* Gesetz und Evangelium. Ihre analoge Einheit, Freiburg und München 1957, 91.
42 *W. von Loewenich,* Augustin. Leben und Werk, München und Hamburg 1956, 105 ff.
43 *G. Ebeling,* Luther. Einführung in sein Denken, 100–117; *H. de Lubac,* Der geistige Sinn der Schrift, Einsiedeln 1952.

Andere machen Umwege und, als flöhen sie geflissentlich vor Christus, unterlassen sie es auf diese Weise, mit dem Text zu ihm zu kommen. Ich jedoch, wann immer ich einen Text habe, der für mich eine Nuß ist, deren Schale mir zu hart ist, werfe ihn alsbald an den Felsen und finde den süßesten Kern[44].

Gegenüber dieser zweifachen Abwandlung des Theorems ins Moralische (*Augustin*) und Christologische (*Luther*) führt es *Schleiermacher* in seinen Reden an die Gebildeten unter den Religionsverächtern wieder auf seine hermeneutische Ausgangsposition, wenngleich jetzt mit einer Wendung ins Medienkritische zurück, wenn er betont:

Jede heilige Schrift ist nur ein Mausoleum der Religion, ein Denkmal, daß ein großer Geist da war, der nicht mehr da ist: denn wenn er noch lebte und wirkte, wie würde er dann einen so großen Wert auf den toten Buchstaben legen, der nur ein schwacher Abdruck von ihm sein kann?[45]

Die Stelle weckt die Erinnerung an die patristische Rede von der Abbreviatur und Zerdehnung des göttlichen Wortes und mehr noch an das Lutherwort von dem „großen Abbruch", den die mündliche Verkündigung im Akt ihrer Verschriftung erleide. Diese medienkritische Linie zog dann *Walter Benjamin* in seinem Essay über ‚Das Kunstwerk im Zeitalter seiner technischen Reproduzierbarkeit' (1936) aus[46]. Zum Gegenstand technisch vermittelter Ubiquität geworden, verliert das Kunstwerk, zusammen mit seinem originären Standort, seine Aura und damit den Nimbus seiner unwiederholbaren Einmaligkeit. Noch stärker hebt *Hartmut von Hentig* darauf ab, wenn er mit seiner These vom ‚Allmählichen Verschwinden der Wirklichkeit' auf den von den modernen Medien bewirkten Wirklichkeitsentzug hinweist[47]. Daß von diesem Entzug aber auch der vermittelte Inhalt betroffen ist, verdeutlichte der Medienkritiker *Neil Postman* mit der geistvollen Gegenüberstellung:

Orwell fürchtete diejenigen, die Bücher verbieten. Huxley befürchtete, daß es eines Tages keinen Grund mehr geben könne, Bücher zu verbieten, weil keiner mehr da ist, der Bücher lesen will. Orwell fürchtete jene, die uns Informationen vorenthalten. Huxley fürchtete jene, die uns mit Informationen so sehr überhäufen, daß wir uns vor ihnen nur in Passivität und Selbstbespiegelung retten können. Orwell befürchtete, daß die Wahrheit vor

44 *Ebeling*, A. a. O., 113.
45 *F. D. E. Schleiermacher*, Über die Religion. Reden an die Gebildeten unter ihren Verächtern, Leipzig 1911, 77.
46 *W. Benjamin*, Illuminationen. Ausgewählte Schriften, Frankfurt 1961, 148–184.
47 *H. von Hentig*, Das allmähliche Verschwinden der Wirklichkeit, München 1984.

uns verheimlicht werden könne. Huxley befürchtete, daß die Wahrheit in einem Meer von Belanglosigkeiten untergehen könne[48].

Auch Paulus kennt die Verunsicherung, die – darin *Huxley* näher als *Orwell* –, immer dann entsteht, wenn in der Gemengelage der widerstreitenden Stimmen nicht erkennbar ist, was gespielt oder welches Signal gegeben wird:

> *Wenn man bei leblosen Instrumenten, die wie eine Flöte oder eine Laute einen Ton geben, die Töne nicht unterscheiden kann, wie soll man dann wissen, was geblasen oder gespielt wird? Oder wenn eine Trompete nur undeutliche Töne von sich gibt, wer wird dann schon zum Kampf antreten? So geht es auch bei euch zu! Wenn ihr bei der Zungenrede keine deutlichen Worte hervorbringt, wie soll man dann das Gesprochene verstehen? Ihr redet dann doch in die Luft! (1 Kor 14,7ff)*

Mit *Orwell* verbindet ihn jedoch die größere Sorge, daß die Wahrheit durch die Propaganda seiner Gegner unterdrückt werde. Wenn man sich dabei an die von diesen (nach 2 Kor 3,1) vorgelegten Empfehlungsschreiben erinnert, könnte man sogar an den in diesem Zusammenhang von den Medien ausgeübten Einfluß denken. Dann aber käme Paulus hier der These *Postmans* nah, wonach die Unterdrückung mit dem Tod der Diktatoren keineswegs aus der Gesellschaft verschwunden ist, sondern lediglich ihr Erscheinungsbild und ihre Methode gewechselt hat, sofern die Medien das Erbe der Diktatoren antraten und mit ihren persuasiven Mitteln das weit erfolgreicher erreichen, was jene, oft vergeblich, mit ihrer Repression anstrebten. Und in der schon wiederholt zitierten Klage des Galaterbriefs, in der er förmlich an den Gitterstäben des von ihm herangezogenen Mediums rüttelt (Gal 4,20), würde er sich sogar mit *Hentigs* Sorge berühren, wonach das Medium „das Verschwinden der Wirklichkeit" betreibt; in seinem Fall: den Autor mit der Wucht seiner Überzeugungskraft nicht wirklich an seine Adressaten herankommen läßt. Diese Verdrängung verwandelt den Autor, so könnte man den paulinischen Ansatz fortschreiben, in ein Schattenbild seiner selbst, während er als mitteilungswilliger Sprecher und Mensch „vor der Tür" bleibt.

Bevor dieser Ansatz auf die moderne Medienszene angewendet werden kann, muß er zunächst auf das „Arbeitsfeld" des Apostels, die Schriftauslegung, bezogen werden. Zwar bedient sich Paulus dabei vor-

48 *N. Postman*, Wir amüsieren uns zu Tode. Urteilsbildung im Zeitalter der Unterhaltungsindustrie (Originaltitel: Amusing Ourselves to Death), Frankfurt 1985, 7f.

zugsweise der ihm von der rabbinischen Exegese her bekannten Allegorese, wenn er die beiden Frauen Abrahams im Galaterbrief als die „beiden Testamente" (Gal 4,24), den Wüstenzug Israels in der Korrespondenz mit Korinth als „sinnbildliche" Warnung der Gemeinde (1 Kor 10,11) und den Felsen, aus dem die dürstenden Juden tranken, als zeichenhafte Vorwegnahme Christi deutet (10,4). Doch zeigt das gewalttätige Verfahren bei diesem letzten Beispiel ebenso wie die nicht minder gewaltsame Umdeutung der Hülle auf dem Antlitz des Mose (2 Kor 3,13ff), daß er auch mit der Handhabung der Allegorese der Kritiker und „Aufklärer" bleibt, der er von seinem ganzen Selbstverständnis her ist. Deshalb entfernte sich die Bibelkritik der Aufklärung nicht allzu weit von ihm, als sie sein Verfahren auch auf die neutestamentlichen Schriften und in *Hermann Samuel Reimarus* insbesondere auf die Ostergeschichten der Evangelien anwendete und daraus unter dem Einfluß *Lessings* die historisch-kritische Methode entwickelte[49]. Wenn man sich mit *Ferdinand Hahn* vor Augen führt, daß Paulus ebenso für die Identität wie für die Differenz von Evangelium und darin verarbeiteter Tradition eintritt, wird man bei ihm sogar Ansätze entdecken, die auf die Fortbildung der historischen Kritik zur formgeschichtlichen Methode hinweisen[50]. Wenn man mit *Hahn* überdies davon ausgeht, daß „alle Tradition von Menschen gestaltet, empfangen und weiter gegeben ist", und wenn man diese Ansicht in seinem Sinn auch Paulus unterstellt, wird man in diesem Zusammenhang auch seine Anstöße zu einer Alternative zur historisch-kritischen Methode berücksichtigen müssen, deren erster Schritt dann im Entwurf einer rezeptionsgeschichtlichen Methode bestehen müßte[51]. Wenn man schließlich Stellen hinzunimmt, in denen Paulus alttestamentliche Aussagen wie die vom wasserspendenden Felsen gewaltsam auf Christus bezieht (1 Kor 10,4), entsteht der Eindruck, daß Paulus überdies einer Methode das Wort redet, die Christus als Interpretament an die biblischen Schriften heranträgt und demgemäß als eine reduktions- und integrationstheoretische zu kennzeichnen wäre[52]. Gleichzeitig erweckt Paulus im Römer-

49 *E. Troeltsch,* Über historische und dogmatische Methoden in der Theologie, in: Gesammelte Schriften II, Aalen 1962, 729–753; *W. Kern* und *F.-J. Niemann,* Theologische Erkenntnislehre, Düsseldorf 1981, 81–91.

50 *F. Hahn* „Schrift und Tradition" im Urchristentum, in: Exegetische Beiträge zum ökumenischen Gespräch, Göttingen 1986, 18.

51 *F. Hahn,* Methodische Überlegungen zur Rückfrage nach Jesus, in: *K. Kertelge* (Hrsg.), Rückfrage nach Jesus, Freiburg 1974, 67–70 (mit einem Hinweis auf weitere Äußerungen zu dieser Fragestellung); ferner der Abschnitt „Habt ihr das alles verstanden? Umriß einer rezeptionsgeschichtlichen Methode" meines Sammelwerks ‚Die Entdeckung des Christentums', Freiburg 2000, 76–91.

52 Dazu die Abschnitte „Er muß wachsen" und „Eine Christus-Hermeneutik" im gleichen Sammelband, 92–119.

brief den Eindruck, daß er, besonders in dem „Traktat über die Juden" (Röm 9,1–11,35) das Schriftwort durch das Prisma seiner eigenen, bis zur Selbstverfluchung hingegebenen Person zu lesen sucht (9,14), um ihm rettende Aspekte abzugewinnen. Was aber besagt das für die moderne Medienszene?

Als hätte Paulus geradezu auf diese Frage gewartet, antwortet er darauf im Blick auf die vorchristliche Verfassung seiner korinthischen Adressaten:

> *Ihr wißt doch, daß ihr, solange ihr noch Heiden wart, von den stummen Götzen, zu denen man euch hinführte, fortgerissen wurdet (1 Kor 12,2).*

Von einer „Verzauberung", jetzt sogar durch die gegnerische Propaganda, spricht er auch schon im Galaterbrief (Gal 3,1). Paulus ist somit sehr wohl mit Einflüssen vertraut, wie sie heute vorwiegend von den audiovisuellen Medien und der Transformation der von ihnen wiedergegebenen Inhalte ausgehen[53]. Denn die Medien stilisieren ihre Inhalte in zweifacher Hinsicht. Einmal dadurch, daß sie diese, oft in jener verkürzenden Form, auf die schon die These von der Abbreviatur des Logos (*Gregor von Nyssa*) hinwies, auf ihren Informationswert reduzieren, sodann aber auch dadurch, daß die audiovisuellen Medien die von ihnen gebotenen Sachverhalte in eine Szene von Traum und Show verwandeln. Im ersten Fall werden die transinformativen Sprachqualitäten wie insbesondere das assertorische, persuasive und performative Element des Sprechens ausgeblendet, im zweiten – und gravierenderen – Fall der Realitätswert der sprachlichen Mitteilung. An beidem aber ist Paulus vorzugsweise gelegen, wenn er sich bei seinem Sprechen, ungeachtet des von seinen Gegnern beanstandeten „schwächlichen" Redestils, auf den damit einhergehenden „Beweis des Geistes und der Kraft" (1 Kor 2,4) und die sie bekräftigenden „Zeichen und Machterweise" (2 Kor 12,12) beruft und wenn er überdies davon ausgeht, daß darin Gott selbst zu Wort kommt (1 Thess 2,13). Beides aber fällt umso mehr ins Gewicht, als Paulus nach der schon wiederholt erwähnten Galaterstelle (Gal 4,20) sich der Grenzen der von ihm eingesetzten Schriftlichkeit vollauf bewußt ist. Wer schreibt, so könnte man im Anschluß an *Nietzsche* sagen, erreicht seinen Adressaten zwar mit dem, was er ihm inhaltlich zu sagen hat, aber schon nicht mehr mit der „Musik hinter den Worten" und der „Leidenschaft hinter dieser Musik", vor allem aber nicht mit der „Person hinter dieser Leidenschaft"[54].

53 Dazu meine Schrift ‚Zur Situation des Menschen im Medienzeitalter', München 1988.

54 *F. Nietzsche*, Nachgelassenes Fragment vom Herbst 1882, in: Sämtliche Werke. Kritische Studienausgabe X, München 1980, 89.

Daran gemessen, verdanken die elektronischen Medien ihre Suggestivwirkung in erster Linie der Kompensation dieses Defizits. Anstelle der „Musik" des gesprochenen Wortes bieten sie Bilder und Showeffekte; anstelle der „Leidenschaft" der mit persönlichem Engagement vorgetragenen Rede eine illusionäre Traumszene und anstelle der „Person" ein Subjekt, das sich aus den Rollen der jeweiligen Sprecher ergibt. In umgekehrter Reihenfolge gesehen versetzen sie damit den Rezipienten seinerseits in die Rolle des „Empfängers", in die Verfassung eines „Träumers" und nicht zuletzt in den Zustand eines „Genießers". So entspricht es auch der Veränderung ihrer Herkunft. Ursprünglich aus dem militärischen Bedürfnis nach möglichst raschem Informationstransfer hervorgegangen, wurden sie zunehmend zu einem Instrumentarium der hedonistischen Konsumgesellschaft, das so sehr dem Zweck der Unterhaltung unterworfen wurde, daß es die von ihnen vermittelten Informationen zunehmend in diesem Sinn stilisierte. So verwandelte sich die dargestellte Wirklichkeit selbst im Fall entsetzlichster Fakten in ein illusionäres Schaubild. Entscheidend aber ist dabei der von ihnen ausgehende Realitätsentzug. Was sie vermitteln, verliert zunehmend alle Erdenschwere. Was sie betreiben, ist eine permanente Einübung der „Leichtigkeit des Seins".

Damit ist aber auch schon ihre Rückwirkung auf den Rezipienten angesprochen. Denn er verliert im Maß seiner Illusionisierung auch seinen personalen Stand, da er zunehmend in den Bann dessen gerät, war er hört und sieht. So verfällt er der Suggestivität der herrschenden Identitätskrise, die sich seiner um so mehr bemächtigt, als er sich im Bann seiner Eindrücke der Last der Selbstwerdung enthoben fühlt. An die Stelle der Selbstbestimmung tritt, mit *David Riesman* gesprochen, die ihn übermächtigende Außenlenkung. So aber verfällt er der von *Herbert Marcuse* befürchteten Eindimensionalität. Während er sein personales Profil verliert, wird er mehr und mehr zu dem, wozu die Medien seine Welt stilisieren: zu einer Metapher seiner selbst[55]. Unwillkürlich stellt sich die Erinnerung an den vorchristlichen Zustand ein, in welchem Paulus seine korinthischen Adressaten befangen sah: hingerissen zu den stummen Idolen, zu denen sie verführt worden waren (1 Kor 12,2), kaum weniger aber auch die Erinnerung an die durch die Gegenmission „verzauberten" galatischen Gemeinden (Gal 3,1). Denn damit ist bereits das Stichwort für die Initiative angegeben, die im Interesse der Überwindung dieses desintegrativen Medieneffekts ergriffen werden muß: Entzauberung.

55 *D. Riesman,* Die einsame Masse (Originaltitel: The Lonely Crowd), Hamburg 1958, 120–174; *H. Marcuse,* Der eindimensionale Mensch (Originaltitel: The One-Dimensional Man), Neuwied 1970, 21–158.

Unter diesem Stichwort entwarf *Max Weber* seine bekannte Zeitdiagnose, die vor allem auf den Problemkern des Medienzeitalters zutrifft:

> *Die vielen alten Götter, entzaubert und daher in Gestalt unpersönlicher Mächte, entsteigen ihren Gräbern, streben nach Gewalt über unser Leben und beginnen untereinander wieder ihren ewigen Kampf*[56].

Das ist eindeutig aus der Perspektive einer nachchristlichen Zeit gesehen, für die nach *Wolfgang Schivelbusch* auf die Aufklärung eine neue Verzauberung folgt, da die zu anonymen Mächten gewordenen Götter lediglich ihren numinosen Nimbus verloren, ihre alte Gegnerschaft aber voll beibehielten. So sähe sich der Halbgott Theut, der sich nach *Platons* ‚Phaidros' dem ägyptischen Großkönig als Erfinder der Schrift empfahl, heute in den Streit mit den zu persuasiver Macht gelangten audiovisuellen Medien hineingezogen, ohne daß ein Ende dieses Konflikts absehbar wäre[57]. Für Paulus haben diese entzauberten Götter einen anderen Namen. Er nennt sie im Galaterbrief die den Menschen versklavenden „Weltelemente" (Gal 4,3), deren Identität trotz des von *Walter Kern* minutiös beschriebenen Forschungsaufwands bis zur Stunde nicht voll geklärt, wohl aber dahin bestimmt werden kann, daß es sich dabei, so Kern, um „Weltinstanzen" handelt, die durch ihre Idealisierung „zu quasi-göttlichen dämonischen Mächten" aufgewertet wurden[58]. In ihrer Nähe zum Gesetz üben sie auf den Menschen einen entmündigenden, ihn in einen Zustand der Heteronomie versetzenden Einfluß aus, der seinen Blick abblendet, seine Freiheit fesselt und ihn rituellen Zwängen verfallen läßt. Doch dieser Unmündigkeit ist der Gläubige schon durch die Menschwerdung des Gottessohnes (Gal 4,4), erst recht aber durch dessen befreienden Ostersieg entrissen, so daß er nun „nicht mehr Sklave, sondern Sohn, wenn aber Sohn, dann auch Erbe durch Gott" ist (4,7)[59].

Wie zur Bestätigung der medienkritischen Sicht, in der Paulus in diesem Zusammenhang erscheint, sieht Kern in dieser Kritik der Weltelemente die moderne Entideologisierungsthese vorweggenommen[60]. Dafür spricht nicht zuletzt der von ihm nur beiläufig erwähnte Befund, daß mit den „Weltelementen" (stoicheia) bisweilen auch die Buchstaben

56 *M. Weber*, Wissenschaft als Beruf, in: Gesammelte Schriften zur Wissenschaftslehre, Tübingen 1973, 605; dazu *K. Löwith*, Mein Leben in Deutschland vor und nach 1933. Ein Bericht, Stuttgart 1986, 16ff.

57 *W. Schivelbusch* Lichtblicke; *Ders.*, Licht, Schein und Wahn.

58 *W. Kern*, Die antizipierte Entideologisierung. „Weltelemente" des Galater- und des Kolosserbriefes heute, in: Geist und Glauben. Fundamentaltheologische Vermittlungen, Innsbruck 1992, 233–269.

59 *F. Mussner*, Der Galaterbrief, Freiburg 1981, 209–303.

60 *W. Kern*, A. a. O., 251–269.

des Alphabets gemeint sind[61]. Dann ist damit der „kleinste Teil" einer Wort- oder Tonfolge bezeichnet. Auch die im Hebräerbrief mit etwas abwertender Tendenz erwähnte „Elementarlehre" (Hebr 5,12) verweist in diesen Zusammenhang (*Delling*)[62]. Den vollen Anschluß an die moderne Medienszene vollzog der Begründer der Medien-Theologie *Vilém Flusser*, der die Debatte in einer Weise fortführte, daß sie wieder auf den paulinischen Grundgedanken und damit auf die Frage nach der Präsenz des Autors in dem als Stellvertreter seiner selbst geschaffenen Text durchsichtig wurde[63]. Denn *Flusser* hatte sich als „ungläubiger Glaubensstifter" aus anfänglicher Skepsis, die in den audiovisuellen Medien vorwiegend „regressive Instrumente" erblickte, zu der völlig entgegengesetzten Überzeugung durchgerungen:

> *Alle vortelematischen Bilder sind Holzwege, die von Gott wegführen. Die telematischen, dialogisch synthetisierten Bilder hingegen sind ‚Medien' von Mensch zu Mensch, durch welche hindurch ich des Antlitzes des anderen ansichtig werde. Und durch dieses Antlitz hindurch wieder Gottes ansichtig werde*[64].

Bei aller Neigung, dem aufgrund seines restriktiven Medienbegriffs, wie er sich ihm in der Korrespondenz mit den Galatern aufdrängte, zu widersprechen, hätte ihm Paulus zuletzt dann doch, wenngleich mit Vorbehalt zugestimmt. Dabei bezog sich der Vorbehalt auf die „Projektionsfläche", auf der das gesuchte Antlitz zum Vorschein kommt. Denn die liegt für Paulus eindeutig im „inneren Menschen" und damit in dem „auf Herzenstafeln" geschriebenen Brief, der das Antlitz Christi widerspiegelt; denn:

> *Wir alle, die wir mit unverhülltem Antlitz die Herrlichkeit des Herrn widerspiegeln, werden von Klarheit zu Klarheit in dasselbe Bild hineinverwandelt, wie es der Wirkung des Geistes, der vom Herrn ausgeht, entspricht (2 Kor 3,18)*[65].

Umgekehrt aber hätte Flusser dem aus seiner jüdischen Position zugestimmt, sofern er Mensch und Computer in einem symbiotischen Verhältnis sieht, aufgrund dessen die auf die Ich-Es-Relation abgestimmte

61 *Kern*, A. a. O., 234; 368.

62 *G. Delling*, Stoicheion; in: Theologisches Wörterbuch zum Neuen Testament VII, Stuttgart 1964, 670–687.

63 *E. Neswald*, Neue Medien-Theologie. Das Werk Vilém Flussers, Köln 1998; dazu auch mein in den fünfziger Jahren des vorangehenden Jahrhunderts entwickeltes Konzept einer „Radio-Theologie".

64 *V. Flusser* Krise der Linearität, Bern 1992, 172.

65 *G. Theissen*, Psychologische Aspekte paulinischer Theologie, 144ff.

Beziehung von Mensch und Maschine im Computerzeitalter über die Ich-Du-Beziehung in ein technisch vermitteltes Selbstverhältnis übergeht. Für ihn ist das Medium nicht nur wie für *McLuhan* „die Botschaft", sondern die Instanz, die die gegenständliche Außenwelt in eine reflektierte und reflektierende Innenwelt verwandelt[66]. Die verbleibende Differenz betrifft die Einschätzung des Subjekts, das Flusser auf einer technisch expandierenden Schwundstufe angesiedelt sieht, während es für Paulus – wie dann wieder für *Kierkegaard* – die Perle ist, die er aus dem Meer der noch ungehobenen Möglichkeit hervorholte und als seine große Entdeckung zum Vorschein brachte[67]. Doch damit stellt sich die Frage nach seinen Entdeckungen und, grundsätzlicher noch, nach seiner Wirkungsgeschichte.

Die Wirkungsgeschichte

Die Auswirkung der Lebensleistung des Apostels auf die Geschichte setzt nicht erst mit *Markion* ein, sondern beginnt schon viel früher mit der Wechselwirkung, in der er mit seinem Schülerkreis steht. Nach Ausweis der Briefe verfügte Paulus über einen beträchtlichen, wenn auch vielfach – und das nicht nur aus situativen Gründen – wechselnden Mitarbeiter- und Schülerkreis. Aus ihm ragte Timotheus, sein „Mitarbeiter" (Röm 16,21) und „geliebtes und treues Kind" (1 Kor 16,10) hervor, im Vergleich zu dem er keinen „ebenso Gleichgesinnten" hat (Phil 2,19–22) und den er zu Eingang des Philipperbriefs sogar als „Mitverfasser" nennt (1,1). Kaum weniger hilfreich war für Paulus aber auch Titus, der ihm vor allem wichtige Vermittlerdienste in der Auseinandersetzung mit Korinth leistet (2 Kor 2,13; 7,6.13). Mit diesen zusammen setzen sich auch andere wie Philemon, Epaphras und Epaphroditus unter „großer Mühe" (Röm 16,12) für die Sache des Evangeliums ein, allen voran das Ehepaar Aquila und Priszilla, die für Paulus sogar ihr Leben riskiert haben (16,4). Nach den Präskripten zu schließen, standen diese Mitarbeiter aber auch in einem regen Gedankenaustausch mit dem Apostel, so daß es nur natürlich war, daß aus ihrem Umkreis nach seinem Tod die vor allem durch den Kolosser- und Epheserbrief repräsentierten Schriften der Paulusschule hervorgingen.

66 *Neswald*, Medien-Theologie, 138–151.

67 *G. Brandes*, Søren Kierkegaard. Eine kritische Darstellung (Originaltitel: En kritisk fremstilling i Grundride), Leipzig 1992, 84.

Demgegenüber waren die originalen Paulusbriefe zu beträchtlichen Teilen durch die den Weg des Apostels von Anfang an begleitenden Gegner verursacht, die sich so als unfreiwillige Mitarbeiter erwiesen. Der Konflikt wurde zweifellos durch die kompromißlose Verkündigung des gesetzesfreien Evangeliums des Apostels ausgelöst, das die Urgemeinde mit Petrus an der Spitze um so mehr befremden mußte, als es von Paulus (nach Gal 1,17) ohne Rücksprache mit ihr konzipiert worden war. Nicht umsonst berichtet der Galaterbrief, der aus dem Konflikt mit Emissären aus Jesusalem hervorging, von einem Zerwürfnis mit Petrus (2,11–14), das Paulus in einer auf seinen mystischen Identitätsgewinn zurückgreifenden Reflexion verarbeitete (2,19ff). Auch wenn der Name des Petrus in der Folge „nirgendwo im Zusammenhang negativer Beurteilung der paulinischen Mission" auftaucht (*Lohse*), versteigt sich doch der Verfasser des fiktiven Zweiten Petrusbriefs zu der im Namen des „Symeon Petrus, Knecht und Apostel Jesu Christi" erhobenen Bezichtigung, daß in den Briefen „unsres lieben Bruders Paulus" vieles schwer Verständliche stehe, „was Unkundige und Ungefestigte zu ihrem eigenen Verderben verdrehen" (2 Petr 3,15): unverkennbares Zeugnis einer von judenchristlicher Seite anhaltend an Paulus geübten Kritik[68].

Anders das Profil der Gegner in der Korrespondenz mit Korinth und Philippi, denen es darum zu tun ist, unter Vorlage von Empfehlungsschreiben anderer Gemeinden (2 Kor 3,1) die Autorität des Apostels (11,5; 12,11) ebenso wie seine Person (10,1.10) herabzusetzen, obwohl sie aus ihrer Verkündigung ein Geschäft machen (*Gnilka*) und ihr Missionswerk aus unredlicher Absicht betreiben (2 Kor 2,17; Phil 1,16ff). Bezeichnend für die Fruchtbarkeit dieser Provokation ist die Tatsache, daß sich Paulus in der Reaktion darauf zu ausgesprochenen Spitzenaussagen steigert. So kontert er die von den Gegnern vorgelegten Empfehlungsschreiben mit der Frage:

> *Haben wir auch, wie gewisse Leute, Empfehlungsschreiben an oder von euch nötig? Nein: Unser Brief seid ihr; eingeschrieben in unser Herz, verstanden und gelesen von allen Menschen (2 Kor 3,1f).*

Der Angriffe der „Hunde" und „Pfuscher" des Philipperbriefs (Phil 3,2) aber erwehrt er sich, indem er sich auf seine Damaskusvision beruft und

68 *O. Kuss*, Paulus. Die Rolle des Apostels in der theologischen Entwicklung der Urkirche, Regensburg 1971, 232; anders freilich *K. H. Schelke*, Die Petrusbriefe. Der Judasbrief, Freiburg 1961,237; ferner *A. Vögtle*, der dem „fiktiven Petrus" eine solidarisierende Apologie des „schwer verständlichen" Paulus unterstellt: Der Judasbrief, der 2. Petrusbrief, Solothurn und Düsseldorf 1994, 262ff; dazu *E. Dassmann*, Der Stachel im Fleisch, Paulus in der frühchristlichen Literatur bis Irenäus, Münster 1979, 119–123.

sie in der haptischen Form seines Ergriffenseins durch den Auferstandenen wiedergibt (3,12). So tragen die Gegnerschaften, deren sich Paulus fortwährend zu erwehren hat, entscheidend zur Profilierung seiner Briefe bei. Die ungleich wichtigere Folge der paulinischen Wirkungsgeschichte bestand jedoch in der Entstehung der als deuteropaulinisch geltenden Briefe der Paulusschule, denen als Fernwirkung die epigonalen Pastoralbriefe folgten.

Der in chronologischer und thematischer Hinsicht frühere Kolosserbrief präsentiert sich als ein Meisterstück neutestamentlicher Pseudoepigraphie[69]. Denn dem unbekannten Verfasser gelingt es nicht nur, sich überzeugend in die Rolle des Apostels hineinzuspielen, sondern auch, sein Schreiben geschickt mit dem Philemonbrief zu verflechten. Dabei ist Paulus für ihn die überragende Autorität, die er auf ähnliche Weise in sich zur Sprache kommen läßt, wie dies die urchristlichen Propheten, die sich nach den Oden Salomons als Mundstück des Auferstandenen fühlten (42,6), für sich in Anspruch nahmen. Im selben Maß macht er sich aber auch die Herausforderungen der gewandelten Zeitverhältnisse zu eigen, die vor allem durch den Siegeszug der Gnosis geprägt waren. So im Weltbild des von ihm zu Eingang zitierten Christushymnus, den er auf eine Weise interpoliert, daß die gnostischen „Mächte" von vornherein als gegenstandslos erwiesen sind (*Vielhauer*). Im zweiten Teil des symmetrisch gebauten Hymnus setzt er dieser kosmologischen Sicht eine soteriologische entgegen, in der dem im „Bild des unsichtbaren Gottes" gipfelnden Kosmos die von Christus als ihrem „Haupt" geeinte Kirche gegenübertritt:

> *Er ist das Bild des unsichtbaren Gottes, der Erstgeborene vor aller Schöpfung. Alles ist in ihm geschaffen, das Sichtbare und Unsichtbare, Throne, Herrschaften, Mächte und Gewalten. Alles ist durch ihn und für ihn geschaffen. Er ist vor allem, und das All hat in ihm Bestand. Er ist auch das Haupt des Leibes, der Kirche; denn er ist der Anfang, der Erstgeborene von den Toten, damit er in allem den Vorrang habe. Denn es gefiel Gott, die ganze Fülle in ihm wohnen zu lassen, um so das All mit sich zu versöhnen (Kol 1,15–20).*

Zu diesem Hymnus hatte der Verfasser mit einem Satz übergeleitet, der ebenso vom Freiheitsimpuls, wie von der Sprachgewalt des von ihm repräsentierten Apostels getragen ist:

69 *N. Brox*, Falsche Verfasserangaben. Zur Erklärung der frühchristlichen Pseudoepigraphie, Stuttgart 1975,18; 74f; *K. H. Schelkle*, Paulus. Leben – Briefe – Theologie, Darmstadt 1981, 128–133; *E. Lohse*, Die Entstehung des Neuen Testaments, Stuttgart 2001, 53–65; *F. Hahn*, Theologie des Neuen Testaments I, 332–384.

Er hat uns der Macht der Finsternis entrissen und uns in das Reich seines geliebten Sohnes versetzt (Kol 1,13).

Von dem seit dem Tod des Apostels eingetretenen Wandel zeugt dann ebenso, daß an die Stelle von dessen Naherwartung eine präsentische Eschatologie tritt, daß die Rechtfertigungslehre völlig zurücktritt, und daß zu der Vorstellung von einem Fortleben Christi nun der seines „Fortleidens" in den Seinen hinzutritt, die das ergänzen, „was am Leidensmaß Christi noch aussteht" (Kol 1,24). Fortgeschritten ist aber auch die Strategie in der Abwehr der Gegner. An die Stelle der Polemik des originalen Paulus tritt hier der Versuch, ihnen den ideologischen Boden zu entziehen. Denn bei ihren restriktiven Vorschriften (2,16–23) bauten sie auf den Einfluß der „Weltelemente", die durch den Kreuzessieg Christi entmachtet und an den Pranger gestellt sind (2,15). Und ihrer „Philosophie" begegnet der Verfasser mit dem Hinweis auf den, „in dem alle Schätze der Weisheit und Gotteserkenntnis verborgen sind" (2,3).

Der Epheserbrief überrascht durch das Fehlen der Ortsangabe in den ältesten Textzeugen. Die geistvolle Konjektur *Adolf von Harnacks*, daß es sich bei dem Schreiben ursprünglich um den im Kolosserbrief (4,16) erwähnten Brief an Laodizea gehandelt habe, daß diese Adresse jedoch angesichts der Aburteilung der Gemeinde in dem an sie gerichteten Briefwort der Apokalypse (Offb 3,14ff) gegen die jetzige ausgetauscht worden sei, wird trotz ihrer Plausibilität heute kaum noch vertreten, so daß der Brief nach gegenwärtiger Einschätzung mit einem ungelösten Rätsel beginnt. Rätselhaft bleibt aber auch der Verfasser, der trotz zahlreicher Rückgriffe auf den Kolosserbrief nicht mit dessen Autor identisch ist, sich jedoch noch intensiver als jener mit Paulus identifiziert[70]. Stärker als jener lehnt er sich auch an die gnostische Vorstellungswelt an, so etwa, wenn er seine Adressaten an die Zeit ihrer Entfremdung und ihres Lebens „ohne Hoffnung und ohne Gott in dieser Welt" erinnert und ihnen versichert:

Jetzt aber in Christus Jesus seid ihr, die ihr einst fern wart, nahegebracht worden. Denn er ist unser Friede. Er hat die beiden geeint, die trennende Wand niedergerissen und die alte Feindschaft beseitigt (Eph 2,12ff).

Das kann er seinen Lesern, denen er dafür „erleuchtete Herzensaugen" wünscht (Eph 1,18), zusichern, weil er sich mit ihnen „auferweckt und in den Himmel versetzt fühlt" (2,6). Vor allem aber beruft er sich dabei in deutlicher Anspielung auf das Damaskuserlebnis des Apostels auf seine eigene Einweihung in das Gottesgeheimnis mit den Worten:

70 *Schelkle*, Paulus, 133–139; *Lohse*, A.a.O., 58.

Mir, dem Geringsten von allen Heiligen, wurde die Gnade zuteil, den Heiden die Frohbotschaft von dem unergründlichen Reichtum Christi zu verkünden und allen den geheimnisvollen Heilsplan zu erschließen, der seit Ewigkeit her in Gott, dem Schöpfer des Alls, verborgen war (Eph 3,8f).

Nach einer – wie die Anrufung der Musen in der antiken Dichtung klingenden – Selbstermunterung erklärt er sodann:

Daher beuge ich meine Knie vor dem Vater, der jedem Geschlecht im Himmel wie auf Erden seinen Namen gibt, daß ihr nach dem Reichtum seiner Herrlichkeit dem inneren Menschen nach erstarkt, daß Christus durch den Glauben in euren Herzen wohne und daß ihr in der Liebe fest wurzelt und begründet seid (Eph 3,14–17)[71].

Dieses Gebetswort faßt mit der Erwähnung des „inneren Menschen" und der Einwohnung nicht nur Grundmotive der paulinischen Mystik zusammen, vielmehr bezeichnet es auch den Höhepunkt der vom Verfasser erstrebten Identifikation mit dem Apostel, der in diesen Worten wie kaum einmal sonst zur Sprache kommt. Im übrigen verrät der Brief jedoch einen bereits „nachpaulinischen" Stand des Glaubensbewußtseins. Er ist stärker als das paulinische kollektiv verfaßt und im Sinn einer fortwirkenden Selbstüberschreitung auf ein Erfüllungsziel hin ausgerichtet. Darauf wirken die kirchlichen Dienstleistungen hin,

damit wir alle zur Einheit des Glaubens und der Erkenntnis des Sohnes Gottes gelangen, zur vollen Altersreife und zum Vollmaß der Fülle Christi (Eph 4,13)[72].

Auch Kirchenstruktur und Tugendlehre weisen, verglichen mit der paulinischen, ein deutlich fortgeschrittenes Stadium auf. Während für Paulus Christus der einzige Grund ist, „außer dem kein anderer gelegt werden kann" (1 Kor 3,11), ist die Kirche im Epheserbrief „auf das Fundament der Apostel und Propheten" auferbaut, während Christus den ganzen Tempel als Schlußstein zusammenhält (Eph 2,19ff). Und während Paulus Geduld und Hoffnung in der Liebe ausmünden sieht (Röm 5,5), spricht der Epheserbrief im Rückgriff auf die „Tugendinvestitur" des Kolosserbriefs (Kol 3,12ff) von der „Waffenrüstung", bestehend aus dem Gurt der Wahrheit, dem Panzer der Gerechtigkeit, dem Schuhwerk der

71 Nach *E. Dassmann* enthält auch der Codex *Jung* im „Tractatus Tripartitus" (54) ein ‚Gebet des Paulus', in dem dieser um die Fülle der Offenbarungen und um die Vereinigung mit dem „geliebten Erwählten" bittet: Der Stachel im Fleisch, 197.

72 *R. Schnackenburg*, Der Brief an die Epheser, Zürich 1982, 187ff.

Friedensbereitschaft, dem Schild des Glaubens, dem Helm des Heils und dem Schwert des Geistes, mit dem die Christen zum Kampf gegen die „Herrscher der Finsternis" antreten sollen (Eph 6,10–17). Darin spiegelt sich die neue Situation, die der Verfasser im Geist des Apostels und in selbständiger Fortentwicklung seiner Ansätze zu bewältigen sucht.

Ein noch weit fortgeschritteneres, aber zugleich rückschrittlich anmutendes Stadium spiegeln die epigonalen Pastoralbriefe, in denen das konservative Element den paulinischen Impuls zum Stillstand brachte, so sehr sie im Geist ungebrochener Verehrung verfaßt sind. Sie sind an die beiden Vorzugsschüler des Apostels, an Timotheus und Titus adressiert[73]. An den im Versuch der Befriedung der schwierigen Gemeinde von Korinth bewährten Titus, der nun die Aufgabe erhält, in Kreta Ordnung zu schaffen (Tit 1,5), wo Paulus in einer in seiner tatsächlichen Lebensgeschichte jedoch nicht unterzubringenden Tätigkeit (*Vielhauer)* Gemeinden gründete, die er der Betreuung seiner Schüler hinterließ. Ebensowenig lassen sich die beiden Timotheusbriefe in den gesicherten Lebensablauf des Apostels einbringen. Sie arbeiten vielmehr mit fiktiven Annahmen über die letzten Aktivitäten und Schicksale des Apostels und bestätigen so die im Vergleich zu dem Kolosser- und Epheserbrief größere Distanz zur Lebens- und Denkwelt, nicht zuletzt aber auch zur Sprachwelt des Apostels. Auffällig ist in diesem Zusammenhang die seinem vorwärtsdrängenden Impuls widersprechende, aber wiederholt gebrauchte Formel „wahr ist das Wort" (Tit 3,8; 1 Tim 1,15; 3,14; 2 Tim 2,11), die auf ein eher traditionsverhaftetes Denken schließen läßt. Vollends setzen sich die Pastoralbriefe in Widerspruch zu Paulus, wenn sich dieser in ihnen als den „ersten der Sünder" bezeichnet (1 Tim 1,15), während der historische Paulus seine Verfolgertätigkeit zwar bitter beklagt (Gal 1,13; Phil 3,6), sie aber nie als eine „Versündigung" empfindet. Im übrigen setzen sie eine bereits stark gewandelte glaubens- und kirchengeschichtliche Situation voraus. Sie entstammen einer Zeit der Konsolidierung und Traditionsbewahrung, der eine erheblich fortentwickelte Ämterhierarchie entspricht, aber auch einer Zeit neuer Verunsicherung durch eine aufgrund ihres Asketismus faszinierende Gnosis, die die Gläubigen mit der Behauptung zu bestechen sucht, daß „die Auferstehung schon geschehen sei" (2 Tim 2,18). Wenn Timotheus gemahnt wird, „die gottlosen Redensarten und Widersprüche" zu fliehen (1 Tim 6,20), könnte darin eine Anspielung auf die ‚Antithesen' des *Markion* enthalten sein, die dann einem wichtigen Hinweis auf die Entstehungszeit der Pastoralbriefe gleichkäme.

73 *Schelkle*, Paulus, 139–148; *Lohse*, A. a. O., 60–65.

Obwohl in diesen die „gesunde Lehre" an die Stelle des paulinischen „Evangeliums" tritt (Tit 1,9; 2,1; 1 Tim 1,10; 2 Tim 4,3), gelingt ihnen doch eine eindrucksvolle Vergegenwärtigung seines Zentralmotivs, wenn sie die „Erscheinung" der Huld und Güte Gottes in einer von Haß und Irrtum verfinsterten Welt beschwören, so vor allem in dem hymnischen Wort des Titusbriefs:

> *Erschienen ist die Güte und Menschenfreundlichkeit Gottes, unseres Retters, der uns zum Heil geführt hat, nicht wegen der von uns vollbrachten guten Werke, sondern nach seiner Erbarmung durch das Bad der Wiedergeburt und der Erneuerung im heiligen Geist. Ihn hat er in reichem Maß über uns ausgegossen durch Jesus Christus, unsern Retter. So sollen wir, gerechtfertigt durch seine Gnade, Erben des ewigen Lebens werden, wie wir es erhoffen (Tit 3,4–7).*

Wenn *Franz Overbeck* meint, daß Paulus im Grund nur einen Schüler gehabt und daß dieser ihn mißverstanden habe, *Markion*, führt er die Krise der altchristlichen Paulusrezeption auf diesen zurück[74]. Dabei traf dieser „Erzketzer" mit seinem für das vulgäre Vorverständnis „neuen" und „fremden" Gott durchaus einen Grundzug der paulinischen Verkündigung, als er diesen Gott zu dem der „barmherzigen, erlösenden Liebe" erklärte (*Dassmann*). Durch seine dualistische Metaphysik brachte dieser Paulusenthusiast den Apostel dann aber so sehr in ein schiefes Licht, daß er für *Tertullian* geradezu zum „Apostel der Häretiker" wurde[75]. In der Folge kam es zu dem von *Dassmann* registrierten faktischen oder gar absichtlichen „Verschweigen des Paulus", insbesondere im Vorzugsfeld seiner Missionstätigkeit, das den Kirchenhistoriker *Karl Holl* zu dem bitteren Urteil veranlaßte:

> *Mit dem schwärzesten Undank ... hat ihm Kleinasien gelohnt. Dort preist zwar noch Ignatius die Epheser (ad Eph. 12,2), daß sie symmystai des Paulus gewesen seien, und die Thekla-Akten halten die Erinnerung an seine Mission aufrecht. Aber wie im Osterstreit Kleinasien mit dem Aufgebot seiner ganzen Kraft um das Recht seiner eigenen Überlieferung kämpft, da führt Polykrates von Ephesus wohl den Philippus und Johannes ... ins Feld, der Name des Paulus dagegen wird von ihm überhaupt nicht erwähnt*[76].

74 *F. Overbeck*, Christentum und Kultur. Gedanken und Anmerkungen zur modernen Theologie (Ausgabe *Bernoulli*), Basel 1919, 218f.

75 *Dassmann*, Der Stachel im Fleisch, 176–200.

76 *K. Holl*, Gesammelte Aufsätze zur Kirchengeschichte II, 66.

Und er fügt die Vermutung hinzu, daß Paulus ohne die Hinterlassenschaft seiner Briefe wohl völlig in Vergessenheit geraten wäre. Dieser Umschlag von Euphorie zur Verdrängung ist umso bedeutsamer, als er für den weiteren Verlauf der Wirkungsgeschichte durchaus symptomatisch ist. Nach der Zeit des Verschweigens nimmt die Paulusrezeption mit *Johannes Chrysostomus* einen neuen Aufschwung, für den der Apostel durch seine „herrlichen Briefe" nicht nur „den Gläubigen seiner Zeit, sondern auch denen, die es seither geworden sind, Segen gebracht" hat. Und er beschreibt den Eindruck seiner eigenen Pauluslektüre mit den bereits erwähnten Worten:

> *So oft ich aus den Briefen des heiligen Paulus vorlesen höre, …gerate ich in Entzücken und erglühe vor Sehnsucht. Denn es kommt mir vor, als sähe ich den im Sprechen begriffenen Apostel leibhaftig vor mir*[77].

Für ihn entspricht der zu ihm sprechende Apostel somit der im Sinn *Johann Georg Hamanns* an ihn gerichteten Bitte: „Rede, daß ich dich sehe!" Ähnlich muß es aber auch *Augustin* ergangen sein, der in seinen ‚Confessiones' vor allem die von Paulus vollzogene Sprach-Inversion übernahm und, gestützt auf die „Narrenrede" des Apostels, die erste ausgearbeitete Autobiographie der Weltliteratur verfaßte. Veranlaßt durch seine von einer Pauluslektüre (Röm 13,13f) angestoßene Bekehrung, die allerdings nach *Max Zepf* „keine Damaskusstunde" war, gipfelt sie in seiner Ostiavision, die sehr wohl den Vergleich mit dem paulinischen Schlüsselerlebnis aushält[78]. *Augustin* ist allerdings auch der Präzedenzfall einer fatalen Paulus-Rezeption, sofern er sich in seinem späten Rigorismus einseitig auf die selbstquälerische Reflexion des Apostel über die – für ihn keineswegs endgültige – Heilsverweigerung Israels berief.

Mit seinen mystischen Impulsen und seiner Lehre von der gegenwärtigen Rätselschau und der künftigen „von Angesicht zu Angesicht" (1 Kor 13,12) gewann Paulus aber noch weit stärkeren Einfluß auf die apophatische Theologie der Kappadokier und die Mystik der Folgezeit. So versichert *Gregor von Nazianz:*

> *Weil sein Aufstieg ziel- und endlos war und weil seine Wißbegierde nie ans Ziel gelangte, denn immer wieder tauchte ein noch unbegriffener Rest auf – o Wunder, möchte ich doch dasselbe erfahren! –, beschloß er seine*

77 *Chrysostomus*, Kommentar zum Römerbrief, hom.1, c.1.

78 *M. Zepf*, Augustins Confessiones, Tübingen 1926, 20. Nicht umsonst zitiert *Augustin* auf dem Höhepunkt seiner Vision das Pauluswort von den „Erstlingen des Geistes" (Röm 8,23). Zum plotinischen Modell der Vision: *P. Henry*, Die Vision zu Ostia (Originaltitel: La vision d'Ostie. Sa place dans la Vie et l'Oeuvre de saint Augustin), in: *C. Andresen* (Hrsg.), Zum Augustin-Gespräch der Gegenwart, Darmstadt 1962, 201–270.

Erörterung staunend, nennt er das von ihm überblickte Gebiet den Reichtum und die Tiefe Gottes und preist er die Unbegreiflichkeit der göttlichen Ratschlüsse[79].

Von *Dionysius Pseudo-Areopagita*, der mit seiner Schrift über die Göttlichen Namen und die Mystische Theologie eminenten Einfluß auf die Mystik der Folgezeit ausübte, meinte *Thomas von Aquin*, der ihn noch für einen Paulus-Schüler hielt, daß er die Visionen seines Lehrers in seine Denk- und Sprachwelt übersetzt habe. Tatsächlich ist sein Grundsatz, daß Gott mehr noch durch Leiden als durch Forschen erkannt werde – non discens, sed patiens divina – ganz im Geist des Apostels konzipiert.

Seine Krönung fand dieser von *Maximus Confessor* fortgeführte Gedankenzug in dem ebenfalls schon erwähnten *Symeon dem Neuen Theologen*, der für sich beanspruchte, zur selben Schau wie Paulus entrückt worden zu sein[80]. Nicht weniger stehen die Vertreter der deutschen Mystik, allen voran *Meister Eckhart* und *Heinrich Seuse*, im Bann der von Paulus ausgehenden Impulse. Sofern sich die Mystiker als „Erwachende" empfanden, vollzogen sie diese von Paulus angestoßene „Einsicht in sich selbst" nach, die schon im Mittelalter zur Geburt des Subjekts in seinem neuzeitlichen Verständnis führte[81]. Vollends kommt dieser Impuls dann bei *Luther* zum Durchbruch, und bei ihm in überraschender Übereinkunft mit *Descartes*. Wie *Luther* die Sache der Religion auf den Glauben begründet, so *Descartes* die Sache der Philosophie auf das sich selbst reflektierende Ich. Und wie bei *Luther* aus dieser Begründung die Glaubensgewißheit erwächst, so bei *Descartes* aus dem „Cogito ergo sum" die „Générosité", verstanden als die wissende Hochschätzung seiner selbst[82]. Sie aber läßt sich nach *Gerhard Krüger* über *Thomas von Aquin* auf das Pauluswort zurückverfolgen, wonach „wir nicht von uns aus fähig sind, etwas zu ersinnen, sondern unsre Befähigung dazu Gott zu verdanken" haben (2 Kor 3,4f)[83]. In dem nach *Philipp Jakob Spener* als protestantische Reformbewegung zu verstehenden Pietismus wird dieser Ansatz im Sinn

79 Nach *J. Hochstaffl*, Negative Theologie. Ein Versuch zur Vermittlung des patristischen Begriffs, München 1976, 108.

80 *W. Völker*, Praxis und Theoria bei Symeon dem Neuen Theologen. Ein Beitrag zur byzantinischen Mystik, Wiesbaden 1974, 312–404.

81 *E. Biser*, Paulus – der Entdecker der christlichen Subjektivität; *N. Largier*, Subjekt und Subjektivität bei Meister Eckhart; *B. K. Vollmann*, Die Wiederentdeckung des Subjekts im Hochmittelalter; *R. Heinzmann*, Ansätze und Elemente moderner Subjektivität bei Thomas von Aquin, in: *R. L. Fetz*, *R. Hagenbüchle* und *P. Schulz* (Hrsg.), Geschichte und Vorgeschichte der modernen Subjektivität I/II, Darmstadt 1998, 298–297; 380; 393; 414–433; 460–486.

82 *G. Krüger*, Die Herkunft des philosophischen Selbstbewußtseins, in: Freiheit und Weltverwaltung, Freiburg und München 1958, 11–59.

83 A. a. O., 61.

des paulinischen Einwohnungsmotivs vertieft[84]. Was ihn bewog, faßte sein Popularisator *August Hermann Franke* in den Satz:

> *Christum in der Schrift finden, ist köstlich; aber noch köstlicher ist es ihn finden in seinem Herzen. Ja, sonst findet auch niemand Christum recht und in der Wahrheit in der Schrift, er findet ihn denn auch in seinem Herzen*[85].

In dichterischer Umsetzung begegnet diese Spiritualität dann in den „Bekenntnissen einer schönen Seele" in *Goethes* ‚Wilhelm Meisters Lehrjahren', obwohl es zutrifft, daß der Geist, „der Goethe und seine Generation inspirierte", nicht mehr „der zum Herzen redende Christus" war (*Schrader*). Unverkennbar gehört der Pietismus jedoch zu jenen Kräften, die versuchten, den Apostel aus der Randposition, in die er immer wieder abgedrängt wurde, herauszuholen und sein Licht auf den Leuchter zu stellen: Radikale, die mit *Markion* und *Luther* darauf ausgingen, dem Christentum dadurch einen insgesamt paulinischen Zuschnitt zu geben, oder gemäßigte, die mit *Chrysostomus*, *Augustin*, den mittelalterlichen Mystikern, *Wesley* oder *Barth* lediglich die Denkweise des Apostels erneut zum Zug bringen wollten. Sie alle empfanden ihn, mit *Ernst Dassmann* gesprochen, als den „Stachel" im Fleisch der Christenheit, der sie der Lethargie entriß und zu jeweils neuer Selbstreflexion anspornte.

Das gilt insbesondere von *Lessing*, der mit seiner Flugschrift ‚Über den Beweis des Geistes und der Kraft' (1777) nachdrücklich in die Paulus-Rezeption der Neuzeit eingriff. Zwar konnte er sich nicht zu dem „Sprung" verstehen, zu dem ihn *Jacobi* angesichts des „garstigen breiten Grabens" des von ihm beklagten Zeiten- und Erlebnisabstands zu bewegen suchte. Wohl aber wurde sein Notschrei, ein volles Menschenalter nach seinem Tod, von *Kierkegaard* aufgenommen und zweifach, sowohl in seinen ‚Philosophischen Brocken' (1844) als auch insbesondere in seiner ‚Einübung im Christentum' (1850) beantwortet. Doch gleichzeitig mit dieser Antwort entzog *David Friedrich Strauß* dem sie tragenden Grundpfeiler, der Auferstehung Jesu, den Boden ihrer Denkbarkeit, als er in seinem ‚Leben Jesu' die Denkunmöglichkeit eines göttlichen Eingriffs in die Geschichte behauptete[86]. Sein Einwand könnte nur unter zwei Voraussetzungen widerlegt werden. Einmal, wenn sich die Einsicht durch-

84 *J. Wallmann*, Was ist Pietismus, in: Pietismus und Neuzeit. Ein Jahrbuch zur Geschichte des neueren Protestantismus, Göttingen 1994, 11–27.

85 Nach *H.-J. Schrader*, Vom Heiland im Herzen zum inneren Wort, in: A. a. O., 55–74.

86 Dazu meine Programmschrift ‚Glaubenserweckung. Das Christentum an der Jahrtausendwende', Düsseldorf 2000, 78–82; ferner der Abschnitt „Fehlten Tote?" meiner Denkschrift ‚Hat der Glaube eine Zukunft?', Düsseldorf 1996, 85–96.

setzen würde, daß dem großen Zeitgeschehen in Gestalt des freiheitlichen Aufbruchs von 1989 letztlich eine göttliche Intervention zugrundelag und dadurch der Einspruch durch den faktischen Gang der Geschichte widerlegt wurde. Sodann, und vor allem, wenn das paulinische Osterzeugnis in seiner die Glaubenden einbeziehenden Bedeutung begriffen und die von *Lessing* beklagte Not dadurch behoben würde. Deshalb mündet der Durchgang durch die Wirkungsgeschichte des Apostels in die Erkenntnis aus, daß Paulus heute wie kaum einmal zuvor „an der Zeit" ist[87].

Während die Wirkungsgeschichte des Apostels einen dramatischen Verlauf nahm, ist der seiner Rezeptionsgeschichte ausgesprochen tragisch. Wie angesichts der gegenwärtigen Verfassung der Christenheit zu befürchten ist, wird davon auch die Einsicht in seine Aktualität keine Ausnahme machen. Denn kaum etwas spricht dafür, daß die Kirchen aus dem Schatten der Fehleinschätzung heraustreten, der sie unter dem Eindruck der Aufklärung verfielen. So sehr sie diese als eine Ausgeburt der Hölle empfanden, ließen sie sich doch von ihr einreden, daß sie nur im Rahmen der praktischen Vernunft und somit nur als moralische Institutionen überleben könnten. Das aber steht der Bestimmung des Christentums als therapeutischer und mystischer Religion entgegen und hindert es daran, seine Kompetenz der Angstüberwindung gegen die nahezu perfekte Angstverdrängung im heutigen Kulturbetrieb durchzusetzen und seine Antwort auf die menschliche Sinnfrage im Sog der um sich greifenden Identitätskrise glaubhaft zu machen. Insofern läßt sich die These, daß Paulus noch nie so sehr wie heute an der Zeit war, nur mit der Einschränkung aufrechterhalten, daß ihm auch kaum einmal so große Widerstände erwuchsen wie in dieser Zeit.

Doch in dieser Weise war seine Rezeptionsgeschichte von Anfang an verschattet. Schon in den Pastoralbriefen ist ein erster Abschwung, verstanden als das zunehmende Verebben des von Paulus ausgehenden Impulses, zu verzeichnen. Bei aller Verehrung des in seiner letzten Kerkerhaft geschilderten, vereinsamten und im Stich Gelassenen – so der Zweite Timotheusbrief –, der schon das Märtyrerdiadem für sich bereitliegen sieht (2 Tim 4,6–18), erscheint Paulus doch im Gegensatz zu seinem originären Protagonistentum hier als der große Traditionshüter, der anstelle seines Evangeliums nun „die gesunde Lehre" vertritt (1 Tim 1,10; 2 Tim 4,3; Tit 1,9; 2,1) und zu einem „ruhigen und stillen Leben" anleitet (1 Tim 2,2). An die Stelle der in den Paulusbriefen herrschenden

87 Den innertheologischen Stand der paulinischen Wirkungsgeschichte hat *Joachim Gnilka* in seinem Werk ‚Paulus von Tarsus' (Freiburg 1966, 12–17) eindrucksvoll dargestellt.

Aufbruchstimmung ist die Tendenz zur Stabilisierung und Konsolidierung getreten.

Zwar übertreibt *Franz Overbeck,* wenn er *Markion* als den einzigen Schüler des Paulus bezeichnet, der ihn verstanden habe; doch behält er darin Recht, daß Paulus von ihm zugleich mißverstanden worden sei. Daß sich aber auch innerkirchlich eine nur aus Mißverständnis zu erklärende Skepsis gegenüber Paulus breit macht, bestätigt die als Lob getarnte Warnung des zweiten Petrusbriefs vor einer „mißbräuchlichen" Lektüre der Paulusbriefe (2 Petr 3,16)[88]. Doch wie es sich damit auch verhält; auf jeden Fall verschieben sich in der Folgezeit die Gewichte zwischen den als „Säulen" der Kirche geltenden „Uraposteln" und Paulus zu dessen Ungunsten. Darauf wirkte ebenso die Beanspruchung des Apostels durch den „Erzketzer" *Markion* wie die Ausbildung der Kirchenstrukturen hin, der die Dynamik des Apostels im Weg zu stehen schien.

Folgenschwer für die Folgezeit wurde insbesondere die Paulusrezeption *Augustins,* der vor seinen Freunden im Juni 394 eine Vorlesung über den Römerbrief hielt und sich sogar mit dem Gedanken trug, einen Kommentar zu allen Paulusbriefen zu verfassen, dabei jedoch einen durchgreifenden Perspektivenwechsel vollzog. Galt ihm Paulus anfänglich als Kronzeuge für den mystischen Aufschwung zu Gott und seiner ewigen Weisheit, so trat später an die Stelle dieser vertikalen Sicht die horizontale, in der Paulus als Wegweiser aus dem Konflikt vom inneren und äußeren Menschen, von Geist und Fleisch erscheint (*Brown*)[89]. Bezeichnend dafür ist die Stelle des Römerbriefs, die für seine „Bekehrung" entscheidend wurde. Während diese mit dem Aufruf beginnt:

> *Die Stunde ist da, vom Schlaf aufzustehen; denn nun ist das Heil schon viel näher als damals, als wir zum Glauben kamen. Die Nacht ist vorgerückt, der Tag bricht an! Laßt uns also die Werke der Finsternis abwerfen und die Waffen des Lichts anlegen (Röm 13,11f),*

fielen seine Augen nur auf den Nachsatz:

> *Nicht in Eß- und Trinkgelagen, nicht in Wollust und Unzucht, nicht in Streit und Mißgunst, sondern zieht den Herrn Jesus Christus an und pflegt den Leib nicht bis zur Erregung der Begierde (Röm 13,13f)*[90].

In dieser „Verabschiedung" der Mystik zugunsten der Ethik kündigt sich bereits die Wende des späten *Augustinus* zum Rigorismus an. Zwar hatte

88 Dazu nochmals die Literaturhinweise auf Seite 181, Anm. 68.

89 *P. Brown*, Der heilige Augustinus. Lehrer der Kirche und Erneuerer der Geistesgeschichte (Originaltitel: Augustine of Hippo), München 1975, 130ff.

90 *K. Flasch*, Augustin. Einführung in sein Denken, Stuttgart 1980, 44–55.

er noch in der Paulus zutiefst verpflichteten Schrift über ‚Geist und Buchstabe' (4,2) scharf zwischen einer Religiosität des Gesetzes und der knechtischen Furcht und der der kindlichen Liebe unterschieden und dieser die entscheidende Hilfe im sittlichen Kampf zugeschrieben. Dann aber verfällt er unter dem Eindruck des Niedergangs des Römischen Reiches, fortwährender Kämpfe mit den Donatisten und seelsorgerlicher Mißerfolge jener – auch bei Paulus zu vermutenden – Verdüsterung, die ihn daran zweifeln ließ, daß ein Mensch sich je ganz kennen lernen und „seines Verhaltens am folgenden Tag sicher" sein könne, und ihn schließlich, „erschaudernd" vor den Gerichten Gottes, zur Annahme einer von Ewigkeit her getroffenen Vorentscheidung über Rettung oder Verwerfung führte[91]. Letzte anthropologische Ursache dessen ist die Erfahrung Augustins, daß sich die meisten Menschen zum Absoluten relativ, zum Relativen aber absolut verhalten (*Kierkegaard*), so daß Gott, wie Augustin in seiner Spätschrift über ‚Die Prädestination der Heiligen' (428) sagt, statt ihrer die Wahl treffen und sie zu ihrem definitiven Schicksal vorherbestimmen muß[92]. Mit keiner andern These hat *Augustin* so verhängnisvoll auf die Geschichte der Christenheit eingewirkt und, schlimmer noch, die von Jesus verkörperte und in die Welt hineingesprochene Gottesvision verdunkelt, wie mit dieser. Und mit keiner hat er sich zugleich weiter von Paulus entfernt, der ihm doch den Anstoß zu seiner Lebenswende gegeben hatte.

‚Geist und Buchstabe' aber war auch die Schrift, an der sich der frühe *Luther* orientierte[93]. Wie bei *Symeon dem Neuen Theologen* und dann wieder bei *John Wesley* war es ein an die paulinische Damaskusvision erinnerndes Erleuchtungserlebnis, das seine Lebenswende herbeiführte. Ein „ungewöhnlich brennendes Verlangen" hatte ihn an das Pauluswort von der Enthüllung der Gottesgerechtigkeit (Röm 1,17) verwiesen und ihn doch davor zurückschaudern lassen, bis er nach beharrlichem Anklopfen in dessen Schlußsatz „der Gerechte lebt aus dem Glauben" (Hab 2,4) zur befreienden Lektüre dieses Schlüsselworts gelangte:

> *Da hatte ich das Empfinden, ich sei geradezu von neuem geboren und durch geöffnete Tore in das Paradies selbst eingetreten … Wie sehr ich die Vokabel „Gerechtigkeit Gottes" vorher haßte, so pries ich sie nun mit entsprechend großer Liebe als das mir süßeste Wort*[94].

91 *Epistola* 130, 2,4; *Brown*, A. a. O., 348–356.
92 *W. von Loewenich*, Augustin. Leben und Werk, München und Hamburg 1965, 107 f.
93 A. a. O., 105 f; *G. Ebeling*, Luther, 105–110.
94 *Ebeling*, A. a. O., 34.

Daß *Luther* diese Erleuchtung als großes Freiheitserlebnis empfand, spiegelt sich schon in seinem Ansturm gegen die von den „Romanisten" errichteten „drei Mauern", vor allem aber in seiner Schrift „Von der Freiheit eines Christenmenschen' (1520) und der im gleichen Jahr erschienenen ‚Von der babylonischen Gefangenschaft der Kirche', die zwar die Freiheit von kirchlicher Bevormundung proklamierten und damit in ihrer Fernwirkung die Voraussetzung für *Kants* Beantwortung der Frage „Was ist Aufklärung?" schufen, die aber nicht zum Ausbruch aus der Befangenheit im spätmittelalterlichen Bild des drohenden Richtergottes führten. Zwar fand *Luther* unter Berufung auf Paulus auch dafür eine Lösung in Gestalt seiner – nach *Ebeling* freilich nur auf schmaler Schriftbasis entwickelten – Rechtfertigungslehre[95]. Dabei wird die drohende Gottesgerechtigkeit jedoch durch die Intervention des Erlösers im Grunde nur unterlaufen. Deswegen ist die Rechtfertigung auch nur ein Gotteswerk „in progress". Zwar ist der Mensch durch sie im Schoß des Vaters geborgen, bekleidet mit dem denkbar schönsten Gewand, mit seinen Füßen aber noch immer den Angriffen des Satans ausgesetzt, so daß er sich lebenslang bemühen muß, auch das „Füßlein mit unter den Mantel zu ziehen"[96].

Zuletzt verhält es sich mit der lutherischen Rechtfertigungslehre wie mit der Satisfaktionstheorie des *Anselm von Canterbury*, der diese zwar in seinem ‚Cur deus homo' argumentativ entwickelt, am Ende jedoch die Argumentationsleiter zurückstößt und Gott zum Sünder sagen läßt: „Nimm meinen Eingeborenen und gib ihn mir statt deiner", und wenn sich dieser dann selbst in das Gespräch mit den stupenden Worten einmischt: „Nimm mich hin und erlöse dich selbst!"[97] Bei *Luther* wiederholt sich das in seinem Sendungsbewußtsein ebenso wie in seiner Glaubenstheorie. Um wirklich zum Glauben zu kommen, muß der Christ die eigene Person (nach Gal 2,20) wegwerfen, um nur noch Christus, den Gekreuzigten und Auferweckten, vor Augen zu haben; denn:

> *Der Glaube macht aus dir und Christus gleichsam eine Person, so daß du nicht zu trennen bist von Christus, vielmehr ihm anhaftest, als ob du dich Christus nenntest, und umgekehrt er: Ich bin jener Sünder, weil er mir anhängt*[98].

95 A. a. O., 122.
96 A. a. O., 184.
97 *Anselm von Canterbury*, Cur deus homo II, c. 20; dazu meine ‚Einweisung ins Christentum', Düsseldorf 1997, 69.
98 *Ebeling*, A. a. O., 189.

In seinem Angriff auf das Papsttum aber geht er, bezeichnend für sein reformatorisches Sendungs- und Selbstbewußtsein, tatsächlich so weit, sich als „Christi Mund“ zu fühlen:

> *Ich bin ja gewiß, daß mein Wort nicht mein, sondern Christi Wort sei. So muß mein Mund auch dessen sein, dessen Wort er redet*[99].

Wie sehr in diesem Ausspruch urchristliches Charismatikertum in ihm aufbricht, zeigt das sinngleiche Christuswort der Oden Salomons:

> *Ich bin auferstanden und in ihrer Mitte; durch ihren Mund will ich reden (OdenSal 42,6).*

Damit verglichen wirkt die heutige Paulusrezeption, die sich weitgehend auf die Rechtfertigungsthematik festgelegt hat, als ausgesprochen rückschlägig. Denn wie viel besser wäre es um die protestantische Paulusrezeption bestellt, wenn sie sich anstatt auf die – von einer wachsenden Mehrheit kaum noch verstandene – Rechtfertigungsthematik auf die Freiheitsproklamation *Luthers* gestützt und im Anschluß an Paulus das Christentum in diesem Zeitalter der offenen und geheimen, direkten und strukturellen Zwänge, erst recht aber angesichts des freiheitlichen Aufbruchs (1989), als die Religion der Freiheit herausgestellt hätte! Und um wieviel effektiver stünde es um die katholische Paulusrezeption, wenn sie sich im Blick auf den mystischen *Luther* auf den Mystiker Paulus zurückbesinnen und dem – nach *Söhngen* vergessenen – Einwohnungsmotiv den ihm zukommenden zentralen und für das Überleben des Christentums entscheidenden Stellenwert zumessen würde! Angesichts der faktisch bestehenden Sachlage ist tatsächlich zu fürchten, daß die Chance, die sich mit der Aktualität der paulinischen Botschaft bietet, auch angesichts der dafür wie kaum einmal zuvor ansprechbaren Zeitlage verspielt wird. Doch Paulus hätte darauf nur die Antwort, die er bereits im Blick auf die schwierige Situation in Philippi gab:

> *Was macht das schon aus? Wenn nur Christus verkündet wird. Darüber freue ich mich (Phil 1,18).*

99 A. a. O., 65.

Sechstes Kapitel

DER INITIATOR

Der Protagonist

Die Rolle des Bahnbrechers und Protagonisten, die Paulus nach Ausweis der Glaubens- und Geistesgeschichte auf eminente Weise zukommt, ist nur zu begreifen, wenn sich auch sein Selbstverhältnis im Sinn einer fortwährenden Selbstüberschreibung gestaltete. Trotz der von *Hahn* und *Lohse* erhobenen Einwände spricht daher mehr für eine Bejahung der von *Udo Schnelle* aufgeworfenen Frage nach „Wandlungen im paulinischen Denken"[1]. Das bekräftigt sein evolutionäres, der universalen Gotteskindschaft entgegenstrebendes Weltbild (Röm 8,19ff) ebenso wie die von ihm in Anspruch genommene Rolle als Herold im Siegeszug Jesu durch die Geschichte (2 Kor 10,4f). Und das bestätigt er selbst, wenn er betont:

> *Wer in Christus ist, der ist eine neue Schöpfung. Das Alte ist vergangen, siehe: Neues ist geworden (2 Kor 5,17),*

und wenn er das mit den autobiographischen Sätzen unterstreicht:

> *Was mir einst Gewinn bedeutete, habe ich in Christus als Verlust einzuschätzen gelernt. Wahrhaftig, ich halte alles für Verlust um der Erkenntnis meines Herrn Christus Jesus willen. Seinetwegen habe ich alles aufgegeben und als Mist erachtet, um nur Christus zu gewinnen und in ihm erfunden zu werden (Phil 3,7ff).*

In diesen Sätzen waltet ein Impuls, der im Gegenzug zu allen Systematisierungsversuchen der paulinischen Botschaft nötigt, Paulus als das Paradigma eines dezidiert progressiven, vorwärts drängenden und die gewonnenen Positionen stets überschreitenden Denkens zu begreifen. Daß sich Paulus dieses progressiven Zuges seines Denkens und Strebens auch vollauf bewußt ist, bringt er mit dem geradezu programmatischen Satz zum Ausdruck:

1 *U. Schnelle*, Wandlungen im paulinischen Denken, Stuttgart 1989; *E. Lohse*, Paulus. Eine Biographie, 241–246; *F. Hahn*, Gibt es eine Entwicklung in den Aussagen über die Rechtfertigung bei Paulus? in: Evangelische Theologie 53 (1993) 342–366; ferner seine ‚Theologie des Neuen Testaments' I, 180f.

> *Ich vergesse, was hinter mir liegt und strecke mich nach dem aus, was vor mir liegt. Das Ziel im Auge, jage ich dem Siegespreis der himmlischen Berufung Gottes in Christus Jesus nach (Phil 3,13f).*

Das bezieht sich zwar thematisch auf die große Umwertung, die mit der Lebenswende des Apostels einherging; doch tritt dem Schlußsatz zufolge darin auch eine durchgängige Haltung zutage, die auf eine fortwährende Selbstüberschreitung schließen läßt. Danach will Paulus auf keine der von ihm eingenommenem Positionen festgelegt werden, so sehr die früheren in den jeweils neuen fortwirken mögen. Sicher erklärt sich dieser Prozeß zu einem nicht unbeträchtlichen Teil auch aus den wechselnden Herausforderungen und Gegnerschaften, mit denen sich Paulus auseinandersetzen mußte. Doch fordert der vorwärts drängende Grundzug seines Denkens eine tiefere Begründung, die Paulus mit dem Bekenntnis gibt:

> *Ihn will ich kennen lernen, die Kraft der Auferstehung, die Leidensgemeinschaft mit ihm und die Gleichförmigkeit mit seinem Tod, damit ich zur Auferstehung von den Toten gelange. Nicht, als ob ich es schon ergriffen hätte oder bereits vollendet wäre. Doch suche ich es zu ergreifen, weil ich von Christus Jesus ergriffen worden bin (Phil 3,10ff).*

Die Stelle mündet in das haptische Osterzeugnis des Apostels aus und gewinnt von dort ihre ganze Dynamik. Deshalb läßt sie auch keinen Zweifel daran, daß sich die progressive Denkstruktur des Apostels letztlich aus dem Versuch herleitet, sich das zunehmend anzueignen, was ihm seinem akustischen Zeugnis zufolge ins Herz gesprochen worden war. Da sich der ihm zugesprochene Gottessohn jedoch, wie sich zeigte, vom Gegenstand der Offenbarung zu deren Subjekt und Sprecher wandelte, wußte sich der Apostel beim Versuch der Aneignung von dem geführt und inspiriert, den er immer vollkommener zu begreifen suchte. Das brachte es neben den von der Forschung hervorgehobenen äußeren Anstößen mit sich, daß Themen seiner Verkündigung wie die Beurteilung der Welt, des Gesetzes oder der Erlösung, insbesondere aber auch der Rechtfertigung, in neue Perspektiven traten, wie es der jeweils erreichten Annäherung an sein Strebeziel entsprach. So kommt es, daß er die Welt, die er in der Korrespondenz mit Korinth im Verfall begriffen sieht (1 Kor 7,31), im Römerbrief, geradezu synchron mit der eigenen Ausgestaltung, als ein dem Endziel der Gotteskindschaft entgegenstrebendes Geschehen deutet (Röm 8,18–21), daß er dem Gesetz, das er im Galaterbrief als Gewahrsam bezeichnet (Gal 3,23), im Römerbrief eine pädagogische Seite abgewinnt (Röm 7,1.25), daß er die Erlösung, die für ihn im Galaterbrief unter einem vorwiegend emanzipatorischen Aspekt steht (Gal 5,1), in der Korrespondenz mit Korinth als eine Neuschöpfung begreift (2 Kor 5,17), und daß die Rechtfertigung, die im ersten Teil des Römerbriefs noch ein Hauptthema bildet, im zweiten Teil völlig hinter der Würdigung der Gotteskindschaft (Röm 8,14.23) und der Einweisung in eine Ethik der Liebe zurücktritt (12,9–21; 13,8ff).

Der progressive Zug des paulinischen Denkens hat aber noch eine ganz andere Dimension, die sich erst erschließt, wenn man Paulus aus seiner Affinität zu Jesus wahrnimmt. Denn der einzige Satz, mit dem er, abgesehen vom Abendmahlsbericht, auf die Lebensgeschichte Jesu Bezug nimmt, spricht von der Armut Christi, durch die die Menschheit reich wurde (2 Kor 8,9). Damit stimmt sich Paulus auf den Ausspruch Jesu ein, daß er nicht gekommen sei, um sich bedienen zu lassen, sondern um zu dienen (Mk 10,45). In beiden Sätzen aber entschlüsselt sich die Lebensleistung Jesu als die einer fortwährenden Selbstübereignung, durch die er seine Gottessohnschaft weltweit veräußert und weitergibt. So ergibt es sich, johanneisch gesehen, aus der Herkunft Jesu vom Herzen Gottes (Joh 1,18) und aus seiner als äußerster Liebeserweis Gottes begriffenen Sendung, die ihn dem der Liebe eingeschriebenen Gesetz der Selbstverschwendung zufolge nötigt, das, was er ist, in seinem Lebenswerk weltweit mitzuteilen. Wenn Christus, wie Paulus im Philipperbrief versichert (Phil 1,21), sein „Leben" ist, gilt aber dasselbe Gesetz auch für ihn. Dann liegt deswegen ein „Zwang" auf ihm (1 Kor 9,16) und fühlt er sich deshalb von der Liebe zu seinem Werk „gedrängt" (2 Kor 5,14).

Damit unterläuft Paulus die Differenz, die er zwar thematisch nur in kommunikationstheoretischer Hinsicht beklagt, wenn er im Römerbrief die bohrenden Fragen nach den Vermittlern der Botschaft stellt (Röm 10,14–21), die sich aber grundsätzlich auf das von *Lessing* aufgeworfene Problem bezieht[2]. Jetzt klärt sich dann auch der Grund der „Indiskretion", mit der er wiederholt von seinem Ostererlebnis spricht. Denn der bestand nicht nur in seiner Befähigung zu konfessorischer Rede. Daß er davon Gebrauch machte, war vielmehr darin begründet, daß er seine Adressaten in sein Ostererlebnis hineinnehmen und ihnen dadurch zum Glauben verhelfen wollte. Das verleiht seiner Zeugenschaft eine einzigartige Qualität. Denn er steht, so gesehen, zwischen den genuinen Osterzeugen und denen, die auf ihr Wort hin glauben. Antwortender Osterzeuge ist er somit nicht nur insofern, als er – als einziger – über sein Erlebnis Auskunft gibt, sondern auch insofern, als er diese Auskunft gezielt in den Dienst seiner Verkündigung stellt. Sein Wort war nicht nur Bericht über das österliche Ereignis, sondern die verbale

2 Dazu nochmals die Ausführungen auf Seite 107.

Koruskation dieses Ereignisses selbst. Wer ihn hörte, war mit ihm von Gott angerufen, vor das Antlitz des Auferstandenen gestellt und von diesem ergriffen. So gesehen, hatte die Stoßrichtung seines Denkens ein doppeltes Ziel. Sie richtete sich ebenso auf den „Siegespreis der himmlischen Berufung“ (Phil 3,14) wie auf die Herzen derer, ohne die er nicht damit gekrönt werden wollte. Deshalb war sein Denken ebenso teleologisch wie dialogisch.

Darin liegt der Schlüssel dafür, daß Paulus in Zeiten der Stabilität vernachlässigt oder gar verdrängt, in den Krisenstunden der Glaubensgeschichte aber stets wiederentdeckt und in Anspruch genommen wurde. Auch war es keineswegs Zufall, daß dazu meist Häretiker und Dissidenten, nicht aber Vertreter des kirchlichen und theologischen Establishments die Initiative ergriffen. In der christlichen Frühzeit war das *Markion*, der bei aller Hinneigung zur Gnosis das seiner Meinung nach judaistisch überfremdete Christentum auf seine paulinische Grundgestalt und auf den im Vergleich zur alttestamentlichen Gottesvorstellung „fremden Gott“ Jesu zurückführen wollte. Denn dieser habe nicht etwa neuen Wein in alte Schläuche gegossen, sondern das Gesetz aufgehoben und den Menschen verwandelt. Paulus verdankt er vor allem die von ihm mit Nachdruck vertretene „Einzigartigkeit der Offenbarung Gottes in Christus“ (*Seeberg*) und seinem ebenso eklektischen wie intensiven Bibelstudium die Erkenntnis, daß das Gottesreich als Synonym für seinen Verkünder zu gelten hat. Indessen wurde dieser „Erstgeborene Satans“ (*Polykarp*) für die Kirche mehr durch seinen Widerspruch als durch seine Entdeckungen fruchtbar.

Um die erste Jahrtausendwende war es *Symeon der neue Theologe*, von dem in einer Zeit der Entzweiung und Erstarrung ein mystischer Innovationsschub ausging[3]. Um weiter zu sehen, stellte er sich, mit der von *Bernhard von Chartres* eingeführten Metapher gesprochen, aber nicht etwa auf die Schultern des Apostels; vielmehr erhob er den Anspruch, ihm ebenbürtig zu sein[4]. Zwar vertritt er nachdrücklicher als jeder seiner Vorgänger den paulinischen Grundsatz der Rechtfertigung aus Gnade, nicht aus Werken. Und nicht weniger nachdrücklich lehrt er, „daß Religion nicht Knechtsdienst und Last, sondern Seligkeit und Freiheit in Gott“ sei; doch geht er mit der Begründung, „daß jedes Geschlecht seine eigenen Führer brauche“, davon aus, daß er genau so gut wie Paulus die Herrlichkeit Gottes auf dem Antlitz Christi geschaut habe und von ihm

3 Dazu auch das auf Seite 131 und 138 Ausgeführte.

4 *R.K. Mertin*, Auf den Schultern von Riesen (Originaltitel: On the Shoulders of Giants), Frankfurt, 1980.

aus einer lichten Wolke angesprochen worden sei. Wieder und wieder habe ihn der Strahl dieses Lichtes getroffen:

> *Wieder öffnet es den Himmel und vertreibt es die Nacht. Und der über allen Himmeln ist, den keiner der Menschen je erblickte, der kehrt wieder in meinen Geist ein, ohne den Himmel zu verlassen, ohne die Nacht zu zerteilen, ohne die Luft zu durchbrechen, ohne das Dach des Hauses einzuschlagen, ohne irgendein Ding zu durchdringen. Und in die Mitte meines Herzens, o erhabenes Geheimnis, da alles bleibt, wie es ist, stürzt mir das Licht und hebt mich über alles empor*[5].

Mit Paulus geht *Symeon* auch in der Überzeugung einig, daß diese Lichterfahrung nicht nur wenigen Auserwählten, sondern jedermann zugänglich ist, zumal nur Selbsterlebtes zum vollen Glauben verhilft. Für *Luther*, den großen Wiederentdecker des Apostels zu Beginn der Neuzeit, öffneten sich die Pforten des Paradieses, als ihm in seinem „Turmerlebnis" der Sinn des Wortes „der Gerechte lebt aus dem Glauben" (Röm 1,17) aufging und in ihm eine wahre Wiedergeburt bewirkte. Dabei konnte Luther das Pauluswort nur deswegen als eine lebensrettende Befreiung empfinden, weil er noch ganz im Bann der spätmittelalterlichen Gottesverdüsterung stand, in der es wie ein Lichteinfall wirkte. Zwar konnte er nicht sehen, daß er mit seiner Rechtfertigungslehre in einem „Nebenkrater" der paulinischen Heilsbotschaft ansetzte (*Schweitzer*), ebenso wenig, wie ihm schon erkennbar werden konnte, daß sich, entgegen seiner wiederholten Versicherung, weder die „gesamte Schrift", noch die „Erkenntnis der ganzen Theologie" auf den Gegensatz von „Gesetz und Evangelium" zurückführen lassen; wohl aber hätte ihm das von ihm als grundlegend erkannte Theorem von „Geist und Buchstabe" verdeutlichen können, daß er sich dabei auf einer nur schmalen Textbasis bewegte. So kam es dazu, daß er bei seiner Paulus- Rezeption hinter der des „neuen Theologen" zurückblieb. Dominant blieb für ihn infolgedessen die exoterische Botschaft des Apostels, während er ihm in seine Esoterik nur zögernd folgte. Insofern brachte es die Reformation nur zu einer partiellen Vergegenwärtigung des Apostels, die der im Gegenzug dazu entstandene Pietismus vergeblich zu vervollständigen suchte.

Unter diesem Gesichtspunkt erscheint die Pauluskritik *Nietzsches* in einem neuen Licht. Anders als in dessen Verhältnis zu Jesus kommt es in seinem Verhältnis zu Paulus nicht zu dem von *Karl Jaspers* beobachteten Stillstand inmitten des Kampfes, geschweige denn zu einer Identifi-

5 Nach *M. Buber*, Ekstatische Konfessionen, Leipzig 1921, 62; *K. Holl*, Symeon der neue Theologe, in: Gesammelte Aufsätze zur Kirchengeschichte II, Tübingen 1928, 403–408.

kation mit dem Angegriffenen. Vielmehr ist Paulus das Ziel einer sich fortwährend steigernden Polemik und einer sich geradezu überschlagenden Aggression. Indem *Nietzsche* dem Apostel unterstellt, die Prädestinationslehre erfunden zu haben – „welche grausame und unersättliche Eitelkeit muß in der Seele dessen geflackert haben, der so etwas zuerst oder zu zweit ausdachte!" –, ist und bleibt er für ihn „der Verfolger Gottes". Denn „dies war der Augenblick von Damaskus: er begriff, daß er den Unsterblichkeitsglauben *nötig* hatte, um „die Welt" zu entwerten ..., daß man mit dem Jenseits das Leben tötet". So wurde dieses „Genie im Haß, in der Vision des Hasses, in der unerbittlichen Logik des Hasses" zum ersten Christen und „Erfinder der Christlichkeit"[6].

Doch in dieser hemmungslosen Aggression bekundet sich unverkennbar die Rivalität dessen, dem es seinerseits in die Hand – in diese von ihm bisweilen mit einiger Skepsis betrachtete Hand – gelegt war, die Geschichte der Menschheit in zwei Stücke zu zerbrechen und der sich als Mensch des „Verhängnisses" zugleich als ihren Wohltäter empfand. Denn damit entschlüsselt sich *Nietzsches* Philosophie als die eines erklärten Antipaulinismus, dessen Schöpfer es, so gesehen, darum ging, Paulus aus dem Bewußtsein der Menschheit zu verdrängen und sich selbst an dessen Stelle zu setzen. Sein Appell „Brüder, bleibt der Erde treu" erweist sich dann, zusammen mit seiner Absage an das idealistische und christliche „Jenseits", als Widerspruch zu dem, was er Paulus unterstellte, seine Lehre „von der ewigen Wiederkehr des Gleichen" als Antithese zu dem evolutionären und zielgerichteten Weltbild des Apostels, und seine Idee vom „Übermenschen" als Gegenbild zu dessen Lehre von der Gotteskindschaft. So aber wird *Nietzsche* zum „Doppelgänger" des Antipoden, den er in Paulus gefunden hatte, und dieser zum „Provokateur" seines vielfältigen Widerspruchs[7]. Die Wirkungsgeschichte aber erweist sich so zugleich als Entdeckungsgeschichte, in der Denkstrukturen zutage treten, die zuvor, in der Gemengelage mit ihren Anwendungen, in dieser Deutlichkeit noch nicht erkennbar waren[8].

6 *F. Nietzsche*, Menschliches, Allzumenschliches II, § 85; Der Antichrist, §§ 42; 58; Morgenröte I, § 68; dazu der Exkurs „Paulus und Nietzsche" meiner Studie ‚Paulus. Zeugnis – Begegnung – Wirkung', Darmstadt 2003, 269–283.

7 *M. Montinari*, Friedrich Nietzsche. Eine Einführung, Berlin 1991, 86f.

8 Mit *Nietzsche* verglichen, verdienen neuere Dokumente der Gegnerschaft allenfalls marginale Beachtung. So der Versuch *Hermann Deterings*, Paulus ins Reich der Fabel zu verweisen und seine Briefe als Fälschungen *Markions*, der dann aber auch die Apostelgeschichte gefälscht haben müßte, auszugeben; aber auch der „Nachruf", den *Gerd Lüdemann* dem Apostel widmet, um ihn aus der Glaubensgeschichte zu verabschieden. Wer so urteilt, braucht selbst nicht mehr verabschiedet zu werden.

Wie ein Blick in die Wirkungsgeschichte des Apostels zeigt, gehen von Paulus mächtige, bis heute fortwirkende Impulse aus. Und das sogar von jener Initiative, zu der er sich „von der Not gezwungen“ (*Luther*) nur zögernd durchrang, deren Zwiespältigkeit er sich bewußt blieb und mit der er zugleich eine reaktive Wirkung von höchster Bedeutung auslöste. Angesprochen ist damit der von ihm vollzogene Schritt von der Mündlichkeit zur Schriftlichkeit. Es war die „Not“ des sich rapide vergrößernden und nur noch schriftlich – durch den Brief als „sermo absentis“ – zu überbrückenden Aktionsraums, tiefer besehen jedoch die Not der ihn „drängenden Liebe“ (2 Kor 5,14). Im Fall des an die Gemeinde in Thessalonike gerichteten ersten seiner Briefe ist es unverkennbar der von der Sehnsucht nach einem baldigen Wiedersehen beflügelte seelsorgerliche Elan, der Paulus zur Abfassung dieses medialen Vorboten seiner selbst veranlaßte (1 Thess 2,17; 3,6.10). Dabei wird die auffällige inhaltliche Leere des Briefs dadurch um ein Vielfaches kompensiert, daß Paulus hier mehr als jemals sonst mit seiner Botschaft verschmilzt und sich in einer Weise in seine Mitteilung einbringt, daß mit der damit bekundeten Zuwendung auch bereits alles, was er inhaltlich zu sagen hätte, gesagt ist (1Thess 1,5; 2,7.11f). Das muß berücksichtigt werden, wenn man einsehen will, daß Paulus sich erst im nächsten seiner Briefe, also in dem an die Galater, der Grenzen des von ihm in den Dienst seiner Verkündigung gestellten Mediums bewußt wird und sich in dem Wunsch verzehrt, den Adressaten „mit anderer Stimme“, also in leibhaftiger Präsenz zureden zu können (Gal 4,20).

Diese Klage fällt um so schwerer ins Gewicht, als sich Paulus in der Korrespondenz mit Korinth von seinen Gegnern bestätigen läßt, daß seine Briefe zwar „wuchtig“ wirkten, seine mündliche Rede dagegen „matt und kraftlos“ sei (2 Kor 10,10). Wenn er dennoch seinem Wort – und dabei insbesondere dem (nach 1 Thess 2,11) „an jeden einzelnen“ gerichteten[9] – die ungleich größere Durchschlagskraft als seinen schriftlichen Äußerungen zutraut, wiederholt sich bei ihm und dem von ihm paradigmatisch vollzogenen Übergang des Christentums von der Mündlichkeit zur Schriftkultur die mythische Szene, die *Platon* im ‚Phaidros‘ beschreibt. Danach empfiehlt sich der Halbgott Theut dem ägyptischen Großkönig mit der Präsentation einer Erfindung, die das Gedächtnis der Menschen stärken werde: der Schrift. Doch in dem von dem Erfinder entdeckten Vorteil entdeckt der Großkönig das Gegenteil: eine Schwächung des Ge-

9 *Sanders*, Paulus, 132ff.

dächtnisses[10]. Bei Paulus bezieht sich diese Minderung aber nicht auf das Gedächtnis, sondern auf den seine Predigt auszeichnenden „Beweis des Geistes und der Kraft“, der in der schriftlichen Reproduktion der Worte verloren geht. Bei Platon entspricht dem der „Funke“, der nach der Schlüsselstelle seines siebenten Briefs (341c) beim Zusammensein der um ein Problem Bemühten überspringt und ein Licht in ihnen aufleuchten läßt, das durch eine Schrift niemals vermittelt werden könnte[11].

Indessen stehen diesem Mangel auch folgenreiche Vorzüge gegenüber. Denn die Schrift ist von ihrem Ursprung her ebenso Vor-Schrift und Dekret wie Nach-Schrift und Urkunde, die als solche das überlieferte Wort in einer synchron gestalteten und daher überblickbaren Form vor Augen stellt. Dadurch ermöglicht sie die argumentative Zuordnung der Inhalte und damit die Möglichkeit ihrer systematischen Darstellung. Die Schrift ist die Mutter des Systems. Mit seinem Schritt in die Schriftlichkeit hat Paulus somit auch schon den Grundstein für die theologischen Systeme gelegt. Freilich hätte er zugleich dem Systembauer mit *Kierkegaard* vorgeworfen, daß es ihm zwar gelungen sei, einen großen „hochgewölbten Palast“ zu errichten, daß er es aber verabsäumt habe, darin auch eine Wohnung für sich vorzusehen, so daß er nebenan, in einer Scheune, wenn nicht gar in einer Hundehütte hausen müsse[12].

Trotz aller Vorbehalte und aller retardierenden Momente war aber der Zwang zur Schriftlichkeit, der, abgesehen von den alttestamentlichen Schriften auch von der hochentwickelten Schriftlichkeit des griechisch-römischen Umfelds ausging, so übermächtig, daß „Bücher geschrieben werden mußten“ (*Luther*). Im Fall der Entstehung der Evangelien ist bei der Aufhellung der dazu führenden Motive allen Ernstes zu fragen, ob dabei nicht indirekt auch das paulinische Briefwerk ins Spiel kam, das durch seinen Schwerpunkt im Motiv des erhöhten Christus (2 Kor 5,16) die Tendenz begünstigte, diesen auf den geschichtlichen Jesus in seiner Lebenswelt und seiner Lebensleistung zurückzuverlegen, zumal auf diesem Weg reichhaltiges Material für die Verkündigung und Unterweisung zu gewinnen war. Eine Zwischenrolle dürfte dabei die Spruchquelle gespielt haben, die zwar kaum Angaben über die „Geburts-, Wunder-, Leidens- und Ostergeschichten“, dafür aber eine Fülle von Jesusworten enthält und, was ihre Entstehung anlangt, von *James M. Robinson* als das

10 *H. G. Gadamer*, Unterwegs zur Schrift, in: *A. und J. Assmann, Chr. Hardmeier* (Hrsg.), Schrift und Gedächtnis, Beiträge zur Archäologie der literarischen Kommunikation, München 1983, 10–19; ferner *J. Goody* und *I. Watt*, Konsequenzen der Literalität, in: *J. Goody* (Hrsg.), Literalität in traditionalen Gesellschaften, Frankfurt 1984, 45–104.

11 *Th. A. Szlezák*, Platon und die Schriftlichkeit der Philosophie, Berlin 1985, 342–347.

12 *S. Kierkegaard*, Tagebücher II, Düsseldorf und Köln 1962, 42.

literarische „Osterwunder" gewürdigt wurde. Auf den Zusammenhang mit Paulus geht er in der Form ein, daß er im Unterschied zu dem von der Kirchengeschichte bisher eingeschlagenen „Weg über Paulus" für einen direkten Rückgang auf Jesus, ohne den Umweg über „Damaskus", plädiert[13]. Wenn Paulus aber schon indirekt derart bedeutsame Wirkungen auslöste, stellt sich nun erst recht die Frage nach den von ihm ausgehenden Impulsen.

Der erste und in geistesgeschichtlicher Hinsicht folgenschwerste betrifft seinen Anstoß zur Entdeckung der christlichen, für den gesamten abendländischen Kulturraum bestimmend gewordenen Subjektivität[14]. Mit Recht hat man *Augustin* den „Urheber des modernen Denkens" genannt (*Windelband*), der in seinem Bekenntniswerk den Bruch mit der antiken Daseinsorientierung mit den Worten vollzog:

> *Jetzt erforschen wir nicht mehr die Himmelskreise, noch messen wir die Zwischenräume der Gestirne oder den Horizont der Erde aus: Ich bin es vielmehr selbst, der über sich nachdenkt, ich, der Menschengeist*[15].

Doch in dieser Verabschiedung des antiken Kosmosgedankens steht *Augustin* genau so auf den Schultern des Paulus wie bei seiner autobiographischen Selbstdarstellung. Denn lange vor ihm vollzog dieser die Wende vom äußeren, der Ding- und Mitwelt zugewandten zum inneren Menschen, den er für die ganze Folgezeit entdeckte. Und er fand dort nicht nur den subjektiven Bezugspunkt, von dem aus in der Folge dann *Descartes* die ganze Philosophie aufbaute, sondern den „Schatz", der in seiner Berufungsstunde in das tönerne Gefäß seiner vielfach angefochtenen und geschlagenen Existenz hineingesenkt worden war. Das war um eine ganze Ordnung mehr als das, was *Augustin* und der von ihm inaugurierte Subjektivismus der Selbstreflexion des „Menschengeistes" (animus) entnahmen. Es war sogar mehr als das, was *Nikolaus von Kues* als den inneren Zuspruch zur Selbstaneignung vernahm. Denn der dem Apostel eingesenkte Schatz bestand in der Einwohnung dessen, der ihn, ohne sein selbstverantwortliches Ich aufzuheben, zu dem paradoxen Geständnis veranlaßte:

> *Ich lebe, doch nicht ich – Christus lebt in mir (Gal 2,20).*

13 *J. M. Robinson*, Der wahre Jesus? Der historische Jesus im Spruchevangelium Q, in: Zeitschrift für Neues Testament 1 (1998), 17–26.

14 Dazu mein Beitrag, Paulus – der Entdecker der christlichen Subjektivität, in: *R. L. Fetz, R. Wagenbüchle* und *P. Schulz* (Hrsg.), Geschichte und Vorgeschichte der modernen Subjektivität I, Berlin 1998, 285–296.

15 *Augustinus*, Confessiones X, 16,25, dazu *C. von Bormann*, Der praktische Ursprung der Kritik, Stuttgart 1974, 22.

Das versteht Paulus, wie er seiner Lieblingsgemeinde in Philippi zu verstehen gibt, als das Programm einer prozessualen Selbstwerdung, sofern er versichert:

> *Nicht als ob ich es ergriffen hätte oder schon vollendet wäre …; eins aber tue ich: ich vergesse, was hinter mir liegt und strecke mich nach dem aus, was vor mir liegt, nach dem Ziel des Siegespreises meiner himmlischen Berufung durch Gott in Christus Jesus (Phil 3,12ff).*

Was ihm in seiner Berufungsstunde zugesprochen und „eingegeben" wurde, begreift er jetzt als das erst postmortal einzuholende Ziel. Doch gerade so wird Paulus zum Wegbereiter einer prozessualen Subjektivität, die sich auf den hin ständig entwirft, in dem sie ebenso ihr End-Ziel wie ihren Neubeginn gefunden hat, und die zugleich das offenkundig gewordene Ende des neuzeitlichen Subjektivismus überholt, indem sie auf die Anfrage der inzwischen epidemisch gewordenen Identitätskrise eingeht. Wie sehr er damit aber zum Pionier des von *Alfred N. Whitehead* entworfenen Prozeßdenkens und der von ihm dadurch inaugurierten Prozeß-Theologie wurde, erhellt wiederum im Hinblick auf *Augustin*, der in einem seiner Briefe genau das schreibt, was Paulus ebenso hätte sagen können, wenn er betont, daß er im „Weiterschreiben geschrieben habe und im Schreiben immer weiter vorangekommen" sei[16]. Wenn es aber auch bei Paulus eine „allmähliche Verfertigung der Gedanken beim Schreiben" gab, ist, da diese Erfahrung ihn erst im Nachhinein zur Abfassung seiner Briefe bewogen haben konnte, nun nach dem letzten Grund und Antrieb seines Schreibens zu fragen. Vorausgesetzt, daß er tatsächlich den entscheidenden Anstoß zum Übergang des Christentums von der Mündlichkeit zur Schriftlichkeit gegeben hat, stellt sich die Frage dann aber, unabhängig von seiner persönlichen Veranlassung, grundsätzlich und jetzt in ihrer ganzen Schwere. Wie in kaum einer anderen Frage, konnte sich die Urkirche, die diesen Übergang vollzog, nicht auf Jesus berufen. Denn er hatte weder selbst geschrieben, noch irgendjemand den Auftrag gegeben, seine Worte, die er (nach Lk 12,49) als Feuerbrand auf die Erde schleuderte, und die deswegen beherzigt, nicht jedoch „Schwarz auf Weiß" nach Hause getragen werden wollten, aufzuzeichnen. Selbst wenn es sich im Sinne *Rainer Riesners* nachweisen ließe, daß

16 *A. N. Whitehead*, Abenteuer der Ideen, eingeleitet von *R. Wiehl* (Originaltitel: Adventures of Ideas), Frankfurt 1971; *Ders*, Wie entsteht Religion? (Originaltitel: Religion in the Making), Frankfurt 1985, dazu die Ausführungen meiner ‚Glaubensprognose. Orientierung in postsäkularistischer Zeit', Graz 1991, 81 ff; 307 f; *J. B. Cobb* und *D. R. Grittin*, Prozeßtheologie. Eine einführende Darstellung, Göttingen 1979; *R. Faber*, Prozeß-Theologie. Zu ihrer Würdigung und kritischen Erneuerung, Mainz 2000; *Augustinus*, Epistola 143, 2 (An Marcellinus).

es derartige Notizen gab, entsprachen sie doch keineswegs der Intention Jesu, der außerdem in dem verhöhnenden Kreuzestitel „König der Juden“ (Mk 15,26) in einen extrem kritischen Zusammenhang mit der Schrift gebracht wurde[17]. Ungleich richtiger urteilte *Martin Dibelius*, als er der in glühender Naherwartung befangenen Urgemeinde jede Neigung zu einer „schriftstellerischen Tätigkeit“ absprach[18]. Entschiedener noch aber sah das so Luther, nach dem

> *Christus selbst nichts geschrieben, sondern nur geredet und seine Lehre nicht Schrift, sondern Evangelium, das ist eine gute Botschaft oder Verkündigung, genannt hat, das nicht mit der Feder, sondern mit dem Mund soll getrieben werden*[19].

Wenn das noch einer Begründung bedürfte, würde sie von *Goethes* Faust erbracht, der dem „Pedanten“ Mephisto, der ihm in der Paktszene „was Geschriebnes“ abfordert, entgegenhält:

> *Allein ein Pergament, beschrieben und beprägt,*
> *Ist ein Gespenst, vor dem sich alle scheuen.*
> *Das Wort erstirbt schon in der Feder,*
> *die Herrschaft führen Wachs und Leder*[20].

Deshalb bezeichnet es *Luther* als einen „großen Abbruch und ein Gebrechen des Geistes“, daß von der „Not erzwungen“ überhaupt Bücher geschrieben werden mußten[21]. Es war bei Paulus zunächst die „Not“ der Liebe, die ihn, wie im Fall des an Korinth gerichteten „Tränenbriefs“ zum Schreiben bewog:

> *Ich schrieb auch in vielfacher Not und Herzensangst und unter vielen Tränen, nicht um euch zu kränken, sondern um euch die Liebe zu beweisen, die ich in grenzenlosem Maß zu euch habe (2 Kor 2,4).*

In der Folge war es demgegenüber der mit der rapiden Ausbreitung des Missionsfelds und dem Tod der „Augenzeugen und Diener des Wortes“ (Lk 1,2) eingetretene „Notstand“, der die schriftliche Kommunikation und Dokumentation erforderte. Das eine, weil nur so die wachsenden Entfernungen überbrückt werden konnten, das andere, weil sich die Botschaft nur so gegen Fehlinterpretation und Verfälschung sichern ließ. Gemessen an der von Luther geahnten Gefahr, daß durch die Umsetzung

17 *R. Riesner*, Jesus als Lehrer. Eine Untersuchung zum Ursprung der Evangelien-Überlieferung, Tübingen 1988, 499–498.
18 *M. Dibelius*, Geschichte der urchristlichen Literatur, München 1958, 26.
19 Nach *G. Ebeling*, Luther, Einführung in sein Denken, 145.
20 *J. W. von Goethe*, Faust. Der Tragödie erster Teil: Studierzimmer (1725 ff).
21 Wie die vorletzte Anmerkung und das auf Seite 166 Gesagte.

der Botschaft in einen Text das Evangelium in ein „Gesetzbuch" und Jesus selbst in einen Gesetzgeber nach Art des „Moses" verwandelt werden könne, reichen die angeführten Gründe zur Erklärung des Übergangs zur Schriftkultur jedoch nicht aus. Ein ungleich mächtigerer Anstoß mußte hinzugekommen sein, der nur in der Auferstehung des Gekreuzigten bestanden haben konnte. Denn hätte das Kreuz, wie alte und neue Gegner des Christentums und mit ihnen zusammen auch Verfasser tendenziöser Jesusbücher annahmen, das Ende der Lebensgeschichte Jesu besiegelt, wäre kein denkender Mensch auf die Idee verfallen, den Worten und Lehren dieses durch die turpissima mors crucis so radikal und schmählich Widerlegten und dazu noch (nach Gal 3,13) von Gott Verfluchten nachzugehen, sie zu sammeln und am Ende gar schriftlich zu dokumentieren. Da aber gerade nicht dieser schreckliche Tod, sondern die den dadurch erweckten Anschein sprengende Auferstehung das letzte Wort über Jesus sprach, änderte sich die Situation von Grund auf. Der scheinbar radikal Widerlegte war im Gegenteil aufs wunderbarste von Gott bestätigt und beglaubigt worden. Und der scheinbar Verfluchte war in die denkbar engste Beziehung zu seinem Gott aufgenommen und als sein „Sohn" und Botschafter erwiesen worden. Daher lag nun alles daran, dem, was von Jesus noch in Erfahrung zu bringen war, nachzuspüren und es für das Gedächtnis der Nachwelt zu bewahren.

Daß von der Auferstehung Jesu der entscheidende Anstoß zur Verschriftung der Botschaft ausging, beweist die Logienquelle, die nach *James M. Robinson* als das literarische „Osterwunder" zu gelten hat, obwohl sie die Worte Jesu gerade nicht „als eine wehmütige Erinnerung an den gescheiterten Wunschtraum" eines Idealisten, sondern als das neu „auflebende Wort des Vertrauens" auf den seine Sache auch im scheinbaren Erliegen zum Sieg führenden Gott zur Sprache bringt[22]. Das aber bezieht sich letztlich auf den Gott, der mit der Auferweckung des Gekreuzigten den Menschen insgesamt das von ihnen lebenslang zu tragende Sklavenjoch der Todesangst (Hebr 2,15) von den Schultern nimmt, und damit auf den Gott, von dem der Kolosserbrief erklärt:

> *Er hat uns der Macht der Finsternis entrissen und uns in das Reich des Sohnes seiner Liebe versetzt (Kol 1,13).*

Mit der „Macht der Finsternis" ist die Gesamtheit der niederzwingenden, repressiven und ängstigenden Daseinsmächte angesprochen, die sich in Gestalt des mit dem Verfall des Götterglaubens um sich greifenden

22 *J. M. Robinson,* Der wahre Jesus? Der historische Jesus im Spruchevangelium Q, 21, in: Zeitschrift für Neues Testament 1 (1998) 17–26.

Fatalismus wie eine lähmende Fessel um die Herzen der Menschen legte[23]. Auf der Suche nach dem Grund, der der paulinischen Botschaft zum Siegeszug durch die antike Welt verhalf, wird man an dieser Stelle fündig. Denn diese Botschaft brach den in Gestalt des Schicksalsglaubens auf den Menschen lastenden Bann, weil sie von ihren Hörern als Freiheitsbotschaft empfunden wurde. Dem stimmte Paulus mit dem pleonastischen Satz des Galaterbriefs zu:

Zur Freiheit hat uns Christus befreit (Gal 5,1),

den er im Zweiten Korintherbrief mit der Begründung unterbaut:

Der Herr ist der Geist, und wo der Geist des Herrn waltet, da ist Freiheit (2 Kor 3,17).

Mit diesem Satz greift Paulus ebenso auf den Freiheitsbegriff der Antike zurück wie auf den des neuzeitlichen Idealismus vor, während er gleichzeitig den Kern seiner Botschaft offen legt. Während für die Antike die „eigentliche Frage" nicht „was ist Freiheit?", sondern „wo ist Freiheit?" lautet (*Nestle*), weil sie nach deren Verständnis nur in der Lebensgemeinschaft der Polisbürger, also in einem von der Unfreiheit der barbarischen Welt abgehobenen Lebensraum gegeben ist, geht es Paulus vorwiegend um das mit der Freiheit gewonnene Werdeziel[24]. Mit *Nietzsches* Zarathustra bezieht er sich dabei nicht so sehr auf das „frei wovon?" als vielmehr auf das „frei wozu?" und „frei wofür?"[25] Freiheit ist für ihn primär die Freigabe und Freisetzung für das mit der Gotteskindschaft gegebene Optimum der menschlichen Selbstverwirklichung. Damit greift er zugleich auf jenes Sinnziel aller Geschichte vor, das *Hegel* in dem durch das Christentum ermöglichten „Fortschritt im Bewußtsein der Freiheit" erblickte[26]. Das aber erinnert unmittelbar an die paulinische Vorstellung vom Endgeschehen, das sich als fortschreitende Unterwerfung der sich der Herrschaft Christi widersetzenden gegnerischen Mächte gestaltet und schließlich in dem „Gott alles in allem" (1 Kor 15,28) erfüllt.

Mit dem Satz „der Herr ist der Geist" (2 Kor 3,17) geht Paulus dabei aber vor allem auf sein eigenes Freiheitsverständnis ein. Was dieser „die Tiefen der Gottheit" erforschende Geist ans Licht hob, erfuhr er in der Stunde seiner Lebenswende, als durch die Einstiftung des neuen Lebensinhalts der Zwang der Gesetzeshörigkeit und der Verstrickung in die

23 *R. Bultmann*, Das Urchristentum im Rahmen der antiken Religionen, Zürich 1949, 163–173.
24 *D. Nestle*, Eleitheria. Studien zum Wesen der Freiheit bei den Griechen und im Neuen Testament I, Tübingen 1967, 135.
25 *F. Nietzsche*, Also sprach Zarathustra I. Vom Wege des Schaffenden.
26 *G. W. F. Hegel*, Die Vernunft in der Geschichte (Ausgabe *Hoffmeister*), Hamburg 1955, 63.

antichristliche Polemik von ihm genommen und der Weg zu seiner wahren Identität erschlossen wurde. Im Antlitz dessen, der von ihm in dieser Stunde Besitz ergriff, gewahrte er ebenso das der ihn befreienden Wahrheit wie das der ihn fortan bewegenden Hoffnung und des ihn umhegenden Friedens. Im Zentrum dieses Erlebnisses aber stand die Gewißheit, den bisher auf ihm lastenden Zwängen und Verstrickungen entrissen und definitiv zu sich selbst gebracht worden zu sein. Deshalb hat sein Freiheitsbild ebenso emanzipatorischen wie elevatorischen Charakter. Mit ihm führt er seinen Adressaten vor Augen, daß sie den kosmischen Gewalten enthoben und der gesellschaftlichen Versklavung entzogen sind. Das eine betonte er in seinem Wort an die Leser seines Galaterbriefs, die offensichtlich nicht nur im Begriff standen, die kaum errungene Freiheit mit der alten Gesetzeshörigkeit zu vertauschen (Gal 3,2ff), sondern sich auch aufs neue dem Glauben an kosmische Mächte auszuliefern (4,8–11). Das andere bringt er den noch im Sklavenstand befindlichen Adressaten seiner Paränese zum Ausdruck, die er, ob Juden oder Hellenen, Sklaven oder Freie, in einem Leib geeint und mit einem Geist getränkt sieht (1 Kor 12,13; Gal 3,28).

Doch den Kern seines Freiheitsverständnisses bringt Paulus erst zum Vorschein, wenn er sein Damaskuserlebnis auf seine Adressaten extrapoliert und ihnen im selben Atemzug die Gotteskindschaft zuspricht, die sie der Heteronomie des Daseins entreißt und den Bann der Angst von ihnen nimmt:

> *Ihr habt doch nicht den Geist der Knechtschaft empfangen, so daß ihr euch aufs neue fürchten müßtet, sondern den Geist der Kindschaft, in dem wir rufen: Abba – Vater! (Röm 8,15)*

Man wird dieser schon wiederholt angeführten Stelle wohl erst dann gerecht, wenn man Paulus als den Vermittler der zentralen „Dienstleistung" Jesu (Mk 10,45) begreift, die in letzter Sicht darin besteht, daß er in seinem Leben, Wirken und Leiden seine Gottessohnschaft den Seinen übereignet[27]. In seiner Damaskusstunde war Paulus der Gottessohn selbst ins Herz gesprochen worden, damit er ihn, wie er in seinem akustischen Osterzeugnis versichert, „unter den Heiden verkünde" (Gal 1,16). Daher geht sein Missionswerk in der sich jetzt erschließenden Sicht darauf aus, die ihm zugesprochene Gottessohnschaft im Medium seines Wortes an dessen Adressaten weiterzugeben und sie, wie es in der Schlüsselstelle dann auch tatsächlich geschieht, zum Bewußtsein ihrer Gotteskindschaft

27 Das hatte schon *William Wrede* mit dem Satz vorweggenommen: „Christus, der Sohn Gottes, gibt die Sohnschaft auf…, damit wir, die Menschen, zu Söhnen Gottes werden"; nach *K. H. Rengstorf* (Hrsg.), Das Paulusbild der neueren deutschen Forschung, Darmstadt 1964, 60.

zu führen[28]. Und das nicht etwa nur informativ, sondern performativ-aktivierend, also in der Form, daß sie ihrer bewußt werden, indem sie diese Würde in der Anrede Gottes als „Vater" artikulieren. Indem sie sich zur Gottesanrede Jesu erkühnen, sind sie vergewissert, daß sie Kinder Gottes sind. Im Vorgriff darauf fühlten sie sich der Heteronomie des Daseins enthoben, während gleichzeitig das Joch der Lebens- und Todesangst von ihren Schultern fiel. Und doch bestand der Kern der damit gegebenen Freiheitserfahrung nicht schon darin, daß die Daseinszwänge von ihnen abfielen, sondern erst darin, daß sie sich als die freigeborenen Gotteskinder und nicht mehr als die unter die alte Vormundschaft gebeugten Knechte begreifen durften (Gal 4,1–7). Das Letzte aber ist noch nicht einmal mit dieser Vergewisserung – „So bist du nicht mehr Sklave, sondern Sohn" (Gal 4,7) –, sondern erst mit der Zueignung des neuen Standes gesagt, also mit der von Gott zu erhoffenden Erwiderung der Abba-Anrede, die, wenn sie an den Beter ergeht, nur „du bist mein geliebtes Kind" lauten kann. Denn erst in diesem – uneinklagbaren – Augenblick bricht der innerste Ring der Angst, weil das Wort der göttlichen Liebe sie in ihrer Radikalform, als Gottesangst, in sich aufzehrt.

Von daher ist der Gang der paulinischen Wirkungsgeschichte identisch mit dem der Freiheitsgeschichte, die in ihrem bisherigen, vor allem von der Reformation dokumentierten Verlauf, allerdings fast ausschließlich Emanzipationsgeschichte war und den vom Apostel ausgehenden Freiheitsimpuls insofern nur zur Hälfte ausschöpfte. Zwar wurde sein elevatorisches Freiheitskonzept wiederholt von Mystikern wie insbesondere von *Symeon dem Neuen Theologen* aufgenommen; als epochenbildender Impuls aber wartet es noch immer auf eine angemessene Rezeption. Das muß vor allem im Blick auf die Gegenwart gesagt werden, in der die Ereignung der Freiheit in einem bestürzenden Mißverhältnis zu ihrer theoretischen Deutung und einer dem Ereignis entsprechenden Würdigung steht. Wie im Feld der Technik das machbar Werdende dessen theoretische Bewältigung ständig überholt, bleibt auch im Bereich der Politik die Theorie hinter den Geschehnissen auffällig zurück. Im andern Fall hätte die im Geschichtsgang einzig dastehende „sanfte Revolution" von 1989 die Theoretiker, zusammen mit den Literaten und Künstlern, auf den Plan rufen und zu einer „konzertierten" Deutung dieses stupenden Ereignisses bewegen müssen. Nachdem der freiheitliche Aufbruch gerade nicht kausal, sondern unkalkulierbar und inkommensurabel auf den vorangehenden Terror folgte, hätte spontan

28 Näheres dazu in meiner Monographie ‚Das Antlitz. Eine Christologie von innen', Düsseldorf 1999, 164–177.

eingesehen werden müssen, daß Freiheit nicht als Kontrast zu Notwendigkeit und Zwang, sondern in strenger Alternativelosigkeit gedacht werden muß. Das hat sie mit der Idee der Wahrheit, des Guten und des Friedens gemeinsam[29]. Wer dem Alternativismus verhaftet bleibt, hat sie im Grunde schon aufgegeben und an den dann bereits einkalkulierten Terror verraten.

Innerster Grund der Alternativelosigkeit des paulinischen Freiheitsmotivs aber ist dessen elevatorischer Aspekt, der sich aus der Einwohnung des Befreiers ergibt. Denn die von dem Paulus ins Herz gesprochenen und von ihm den Glaubenden vermittelten Gottessohn ausgehende Freiheit kennt ebenso wenig eine gleichsinnige Alternative wie die von ihm verkörperte Wahrheit, wie die von ihm erweckte Hoffnung und der von ihm gewährte Friede. Mit den vermeintlichen Gegenbegriffen wie Knechtschaft, Irrtum, Angst und Krieg werden eben nicht, wie die landläufige Ansicht meint, Alternativen genannt, sondern Unbegriffe ins Spiel gebracht, die lediglich deren Abwesenheit und Fehlen bezeichnen. Mit der „Knechtschaft", der Paulus die Glaubenden (nach Röm 8,15) enthoben sieht, beschreibt er daher nicht das negative Äquivalent zu Freiheit, sondern den Zustand der Versklavung, dem sie als Gotteskinder entrissen wurden. Deshalb steht die von ihm proklamierte Freiheit in ihrem eigenen Licht. Sie steht auch nicht in einem Zusammenhang mit anderen Motiven, von denen sie hergeleitet oder doch wenigstens beleuchtet werden könnte; vielmehr steht sie für ihr Licht und ihre Würde selber ein. Mehr noch: sie wirbt, wie dies von der alttestamentlichen Weisheit gesagt wird (Spr 1,20ff; 8,1ff; Sir 24,1ff), für sich selbst und wird in eigener Sache, insinuierend und provozierend, initiativ[30]. Wenn der johanneische Jesus versichert: „die Wahrheit wird euch frei machen" (Joh 8,32), nennt er zwar nominell ein vorgängiges Motiv; doch ist dieses, wie aus paulinischer Sicht zu ergänzen ist, ebenso wie die Freiheit mit ihm identisch, so daß ebenso gesagt werden kann, daß die von ihm bewirkte Freiheit zu sich selbst befreit.

Das hätte für die Gegenwartstheologie ein zusätzlicher Anreiz sein müssen, dem ihr vorauseilenden Zeitgeschehen nachzusinnen und den Glauben in den Aspekt der Freiheit zu rücken. Und niemand hätte ihr dabei tatkräftiger beigestanden als Paulus, der im Galaterbrief den vom Rückfall in die kaum überwundene Gesetzeshörigkeit bedrohten Adressaten den Glauben als das durch die Sendung des Gottessohnes bewirkte Freiheitsgeschehen vor Augen führte. Angesichts der Verdunkelung des

29 *W. G. Frankfurt,* Freiheit und Selbstbestimmung. (Ausgabe *Betzler* und *Gucker*), Berlin 2001.

30 Dazu meine Schrift ‚Provokationen der Freiheit. Antriebe und Ziele des emanzipierten Bewußtseins', München und Salzburg 1974, 29–85.

freiheitlichen Aufbruchs durch Terrorismus und Gegengewalt hätte alles für eine Erneuerung der paulinischen Sicht gesprochen, weil dadurch die zumindest Mitteleuropa geschenkte Freiheit den Menschen als Antwort auf die Frage nach dem Sinn des aktuellen Geschichtsgangs glaubhaft geworden wäre. Denn Paulus ist, das lehrt die geschichtliche Stunde, heute wie kaum einmal zuvor „an der Zeit".

Das aber gilt nicht weniger für Paulus als Boten und Denker des Friedens. Zwar hat erst die Paulusschule seinen Ansatz zuende gedacht, als sie im Epheserbrief erklärte:

> *Er ist unser Friede; denn er hat die beiden geeint und die trennende Scheidewand der Feindschaft niedergerissen ... So stiftete er Frieden, und er versöhnte die beiden mit Gott in dem einen Leib durch das Kreuz. Er tötete die Feindschaft in seiner Person und verkündete bei seinem Kommen Frieden, euch, den Fernen und den Nahen (Eph 2,14–17)*[31].

Doch nahm das Paulus im Grunde schon dadurch vorweg, daß er den Gott Jesu Christi den „Gott der Liebe und des Friedens" nannte (2 Kor 13,11), vor allem aber, als er seinen Philipperbrief mit dem Wunsch krönte:

> *Und der Friede Gottes, der alles Begreifen übersteigt, bewahre eure Herzen und Gedanken in Christus Jesus (Phil 4,7).*

Denn in diesem Wunsch wird der Friede, wie sonst nur der Geist, zum Medium der Selbstmitteilung Jesu, der im Lukasevangelium mit einem gleichsinnigen Bild dem sich ihm verweigernden Jesusalem vorgeworfen hatte:

> *Wie oft wollte ich deine Kinder um mich sammeln, so wie eine Henne ihre Brut unter ihre Flügel nimmt; ihr aber habt nicht gewollt (Lk 13,34).*

Das Bild der ihre Kücken beschirmenden Henne erinnert nach *Josef Ernst* an die „als Ausdruck der schützenden Gegenwart Gottes" gedachte Schechina, deren Rolle nun Jesus „als Repräsentant der göttlichen Weisheit" übernommen hat[32]. Damit gewinnt der Friedenswunsch erst sein volles Profil. Es ist nicht nur der als Idee gedachte Friede, der in Christus bewahrt, sondern Christus selbst, der als der person- und menschgewordene Friede in sich bewahrt und dadurch als das in sich befestigende Prinzip erscheint. Die Aussage erinnert, so gesehen, unmittelbar an die Denkfigur des „unüberdenklich Größten", die dem anselmischen Got-

31 *R. Schnackenburg,* Der Brief an die Epheser, Zürich1982, 104; dazu meine Schrift ‚Wege des Friedens', Augsburg 2003.

32 *J. Ernst,* Das Evangelium nach Lukas, Regensburg 1993, 323.

tesbeweis zugrundeliegt und die durch diesen Zusammenhang das „womöglich Unauslöschliche an ihm" (*Adorno*) zum Vorschein bringt[33]. Wie die anselmische Denkfigur zur Vergewisserung über die Existenz Gottes verhilft, so der Friedenswunsch zur Vergewisserung über den für sich selbst einstehenden und zu sich selbst verhelfenden Frieden. Das aber schließt, ebenso wie im Fall der Freiheit, die Einsicht in seine Alternativelosigkeit ein. Wer mit der durch den Tolstoj-Titel sanktionierten Redewendung „Krieg und Frieden" sagt, hat die Sache des Friedens bereits aufgegeben und an den Krieg, dessen dämonische Negation, verraten. Vom Frieden kann auch nicht wie in der notorischen Fehlübersetzung von „et in terra pax" im Optativ gesprochen werden. Wer von ihm verantwortlich spricht, muß vielmehr indikativisch oder besser noch assertorisch von ihm sprechen. Das gilt auch für den Satz aus *Kants* Schrift ‚Zum ewigen Frieden', wonach „ein Volk sagt. Es soll unter uns kein Krieg sein", der ohnehin unter dem Vorbehalt steht, daß der „Friedenszustand unter Menschen", anders als der „Zustand des Krieges" „kein Naturzustand" ist, sondern immer erst gestiftet werden muß[34]. Doch der auf seinen Grund und Urheber zurückverfolgte Friede stiftet, wie seine Epiphanie beim freiheitlichen Aufbruch bewies, sich selbst. Ungeachtet aller auf ihn hinwirkenden kontingenten Ursachen ist und bleibt er eine ungeschuldete, uneinklagbare Gewährung. Dem aber wird, anders als der kantische Optativ, nur der Imperativ „Friede muß sein!" gerecht[35].

Kaum einmal bewies Paulus seine Gegenwartsnähe deutlicher als mit seinem Friedenswunsch. Denn seit der Entstehung des „gemeinsamen Hauses Europa" (*Gorbatschow*) wuchs die Hoffnung, als breite sich, ausgehend von dieser Zitadelle des Friedens ein schützender Schirm über den aktuellen und potentiellen Bewohnern dieses Hauses aus, der nun aber durch die Ausbrüche des Terrorismus und die gegen ihn entfesselte Gegengewalt zerbrach. Nichts ist daher dringlicher geboten als der Versuch, den Frieden, seiner schirmenden und bewahrenden Funktion gemäß, dem öffentlichen Bewußtsein einzustiften. Wenn sich das auch auf die politische Willensbildung auswirken soll, müssen dafür aber auch die vor- und außerpaulinischen Denkmodelle in Anspruch genommen und in ihrer Aktualität herausgestellt werden. Das gilt in erster Linie vom alttestamentlichen Gedanken des wie alle gesellschaftlichen Konflikte so auch die naturalen, mit „Wolf" und „Lamm" bezeichneten Gegensätze

33 *Th. W. Adorno,* Anmerkungen zum philosophischen Denken. in: Stichworte. Kritische Modelle 2, Frankfurt 1969, 18.

34 *I. Kant,* Zum ewigen Frieden. Ein philosophischer Entwurf; *K. von Raumer,* Ewiger Friede. Friedensrufe und Friedenspläne seit der Renaissance, Freiburg und München, 1953, 424; 431.

35 Dazu meine Schrift ‚Wege des Friedens', Augsburg 2003, 14ff; 158ff.

(Jes 11,6ff) umspannenden und in sich aufhebenden Weltfriedens, nicht weniger aber auch von der Denkwende, die das Neue Testament in der Friedensfrage herbeiführte. Gilt aus alttestamentlicher Sicht der Grundsatz „Gerechtigkeit schafft Frieden" (Jes 32,17), so betont der Jakobusbrief die umgekehrte Konsekution mit dem Bildwort:

> *Die Frucht der Gerechtigkeit wird im Frieden gesät für jene, die Frieden halten (Jak 3,18).*

Danach ist der Friede der Wurzelboden, aus dem die „Frucht der Gerechtigkeit" hervorsprießt, so daß nun umgekehrt gesagt werden muß: Friede schafft Gerechtigkeit. Denn wie soll diese zustandekommen, wenn nicht auf dem Boden der friedlichen Verständigung der Kontrahenten? Wie aber sollen sich diese angesichts der notorischen Friedensunfähigkeit der Menschen zum Frieden bewegen lassen? Wiederum kann die Auskunft nur lauten: durch den Frieden selbst! Das aber ist die sich in der gesamten Ableitung immer schon anbahnende und jetzt in aller Form zu stellende Frage nach der Selbstbezeugung des Friedens in der gegenwärtigen Denk- und Lebenswelt. Sie kann nur im Blick auf das „metaphysische" Zeitgeschehen beantwortet werden, das sich als die Stunde der sich Zug um Zug realisierenden Utopien, ontologisch ausgedrückt: der sich schrittweise verringernden Distanz von Möglichkeit und Wirklichkeit, darstellt. Denn die seit längerem zu beobachtende Verzweigung der Technik in eine Gebrauchs- und eine Hochtechnik hat es dazu gebracht, daß sich diese, wie als erster *Sigmund Freud* in seinem Essay ‚Das Unbehagen in der Kultur' (1930) erkannte, zunehmend auf die Realisierung uralter Menschheitsträume wie auf den Traum von der Sternenreise oder den Raub des himmlischen Feuers – so der Prometheusmythos – konzentriert. Nach *Freud* ging es dabei um die Aneignung göttlicher Attribute, mit deren Hilfe sich der Mensch dieser Zeit zu einer usurpierten Gottähnlichkeit steigert, auch wenn er es dabei mit Hilfe dieser technischen Zurüstung nur zu der skurrilen Figur eines „Prothesengottes" bringt[36]. Das aber entspricht in der Terminologie des hinter diesem Konzept stehenden *Nietzsche* der Figur des Weltenkindes, zu der sich der Mensch im Aufstieg über die Heteronomie des „Kamels" und die Autonomie des „Löwen" erhebt[37].

In diese ausgesprochen atheistische Sicht läßt sich jedoch der größte aller Menschheitsträume, die Utopie des ewigen Friedens, keinesfalls einbringen, da sie seit alters als die höchste der der Menschheit

36 *S. Freud*, Das Unbehagen in der Kultur, in: Kulturtheoretische Schriften, Frankfurt 1974, 220ff.
37 *F. Nietzsche*, Also sprach Zarathustra I: Von den drei Verwandlungen.

erreichbaren Positivitäten begriffen wurde. Dem technischen Zugriff entrückt, hat sie gleichwohl infolge des freiheitlichen Aufbruchs und des in seiner Konsequenz entstandenen europäischen Hauses Gestalt angenommen. Wenn sie aber an der unbestreitbaren Friedensunfähigkeit des Menschen nicht scheitern soll, muß dieser gewandelt werden, zumal auch ausgesprochen innerweltliche Faktoren auf eine Metamorphose des Menschen hinwirken.

An dieser Stelle mischt sich Paulus in diesen Disput ein, indem er das „Weltenkind" auf seinen Ursprung im Motiv der Gotteskindschaft zurückführt. Dadurch verwandelt sich diese Profanierung, zusammen mit der Freudschen Karikatur, in das Original des Spitzenbegriffs der christlichen Anthropologie. Das „Gotteskind" aber ist der über sein naturhaftes Niveau hinausgehobene Mensch, dem, um es im Anschluß an die Freudsche Metapher zu sagen, mit dem „Erbe durch Gott" (Gal 4,7) tatsächlich die Flügel göttlicher Attribute zugewachsen sind, da Christus für ihn „zur Weisheit, Gerechtigkeit, Heiligung und Erlösung" geworden ist (1 Kor 1, 30). Doch Gotteskindschaft bedeutet nach *Nikolaus von Kues* nicht einmal so sehr, „daß wir etwas anderes werden als das, was wir sind", als vielmehr, daß „wir das, was wir jetzt in der uns zugemessenen Seinsweise sind, in einem andern Seinsmaß sein werden"[38]. Das kommt ebenso einem Zuwachs an Integration wie an Kompetenz gleich. An Integration, und dies mit der Folge, daß der von Natur aus friedensunfähige Mensch jetzt zu echter Friedensbereitschaft und Friedensfähigkeit gelangt. Aber auch an Kompetenz, und dies mit der noch ungleich wichtigeren Folge, daß er nicht nur sporadisch, sondern substantiell zum Friedensstifter wird, der den Frieden als Ausdruck seiner Selbstdarstellung empfindet. Was damit grundgelegt ist, wurde in der Mystik der Väterzeit vor allem von *Gregor von Nyssa* ausgebaut, der im Zug der von ihm gedeuteten Seligpreisungen die Rühmung der Friedenstifter als Höhepunkt des dazu emporführenden Aufstiegs empfindet. Zu diesem „Werk von wahrhaft göttlicher Kraft" ist für ihn freilich nur der „mit der Gnadenkrone der Gotteskindschaft" Gekrönte fähig:

> *Welches Wort, welcher Gedanke, welche Begeisterung würde hinreichen, um das Übermaß dieser Gnade zu würdigen? Weit schreitet der Mensch über sich hinaus, da aus einem Sterblichen ein Unsterblicher, aus einem Vergänglichen ein Unvergänglicher, kurz, aus einem Menschen Gott wird. Denn wer so hoch erhoben wurde, ein Kind Gottes zu sein, der muß auch die Würde des Vaters erhalten und die väterlichen Güter erben. O Freigebigkeit des reichen Herrn! O offene Hand, o mächtiger Arm! Wie uner-*

38 *Nicolaus Cusanus*, Von der Gotteskindschaft (fol. 65 v).

meßlich sind die Gnaden, die er aus seiner verborgenen Schatzkammer hervorholt, um sie uns zu schenken![39]

In den Ursprung des Friedens versetzt, wird der Friedfertige zum Urheber „liebevoller Übereinstimmung unter den Menschen"[40]. Um andere „durch das Band des Friedens aneinander zu ketten", muß er aber zuvor die „Scheidewand des Bösen in seinem eigenen Herzen" niederreißen, um so zu jener lebendigen Einheit zusammenzuwachsen, die ihn zum Gleichbild des über alle Zusammensetzung erhabenen Gottes werden läßt und so zum Friedensdienst befähigt[41]. Fast Satz für Satz spricht Paulus aus diesem Interpreten, aber durch ihn vor allem zur Gegenwart. Denn in diesen Äußerungen wird deutlich, wie die Utopie des Friedens davor bewahrt werden kann, das Schicksal der Weisheit zu erleiden, die dem äthiopischen Henochbuch zufolge nach der vergeblichen Suche nach einer Wohnstätte in der Welt wieder in ihre himmlische Heimat zurückkehrt und ihren Sitz unter den Engeln einnimmt (Hen 42,1)[42]. Das Votum des Apostels ist, ebenso wie das seines patristischen Interpreten, eindeutig. Was zur Realisierung des Friedens verhilft, ist die Wandlung des Menschen zum Gotteskind. In ihm müssen die Wände niedergelegt und die Konflikte bezwungen werden, wenn der Friede Macht über die politischen Entscheidungen gewinnen und dadurch verhindern soll, daß diese im Sinne von Rache- und Vergeltungsaktionen getroffen werden.

Kaum ist daher in dieser Situation etwas aktueller als die aus dem Gefühl des sich entziehenden Friedens verfaßten „Friedensklagen" der Humanisten und Spiritualisten der beginnenden Neuzeit[43]. So die Quaerela Pacis des *Erasmus von Rotterdam* (1517), in der sich der Friede an die „Herzen, härter als Diamant" mit dem Vorwurf wendet, daß in so vielen Dingen „Eintracht herrsche, im Leben jedoch unauflöslicher Zwiespalt", weil das Paradigma Jesu unbeachtet blieb, bei dessen Geburt keine Kriegstrompeten ertönten und der in seinem Leben unablässig den Frieden verkündet habe, um den er sich noch mit „eindringlicher Sorge" in seiner Sterbestunde verzehrte, und weil ebenso das Beispiel des Apostels Paulus mißachtet wurde, der sich von einem unfriedlichen Saulus zu einem „Lehrer des Friedens" wandelte[44]. Oder das ‚Kriegsbüchlein des Frie-

39 *Gregor von Nyssa*, De beatitudinibus, oratio 7,1; dazu meine Schrift ‚Der Sinn des Friedens', München 1960.
40 A. a. O., 7,3.
41 A. a. O., 7,6.
42 Nach *L. Schenke*, Die Urgemeinde, 148.
43 *K. von Raumer*, Ewiger Friede, 211–497.
44 A. a. O., 219ff.

dens' des *Sebastian Franck* (1539), der sich unter Berufung auf den, der das gebrochene Rohr nicht zerstoßen und den glimmenden Docht nicht gelöscht habe, dazu aufruft, die „Schwerter zu zerhauen" und die „Lanzen zu Rebmessern" umzuschmieden, weil der Friede das wahre Kennzeichen der Christen und der „Markstein des Gottesreiches" sei[45].

Vor diesem schallverstärkenden Hintergrund wird der Friedenswunsch des Apostels neu, und jetzt mit einem klagenden und fordernden Unterton lesbar: lesbar als seine eindringliche Bitte, die bergende Hülle des Friedens nicht zerbrechen zu lassen und sich zum Ziel ihrer Festigung mit ganzer Denk- und Geisteskraft in ihre Obhut zu begeben.

Die Defizite

Wenn es sich aber mit der paulinischen Wirkungsgeschichte so verhält, stellt sich die Frage, ob nur die Situation oder nicht auch Paulus selbst für die unzulängliche Rezeption der von ihm ausgehenden Impulse verantwortlich zu machen ist. Das aber ist gleichbedeutend mit der Frage nach den an Paulus festzustellenden Defiziten und den von ihm ausgehenden Irritationen. Daß Paulus zu Mißverständnissen Anlaß gab, betont schon die in wohlwollendem Ton vorgetragene Pauluskritik des Zweiten Petrusbriefs (2 Petr 3,16). Vor allem aber bestätigt das seine Rezeption durch zwei so erklärte Anhänger wie *Markion* und *Augustin*. Wie konnte sich der erste durch Paulus in seiner Verwerfung des Alten Testaments und wie der andere in seiner Prädestinationslehre bestätigt fühlen, wenn ihnen Paulus nicht wenigstens den verbalen Vorwand dafür geboten hätte? Und wie konnte der Plotinschüler *Porphyrius* in seiner Attacke auf die Christen Paulus vorwerfen, eine wahre „Gigantomachie" gegen sich aufgeführt zu haben, wenn dieser Vorwurf völlig aus der Luft gegriffen wäre?[46] Im gleichen Zusammenhang wird aber auch deutlich, daß sich der gegen den Apostel erhobene Vorwurf des Selbstwiderspruchs zumindest teilweise auf Schriften bezieht, die wie die Pastoralbriefe inzwischen als nachpaulinisch erwiesen wurden. Das richtet den Blick auf ein besonderes rezeptions- und wirkungsgeschichtliches Mißgeschick, das dem Apostel aufgrund von Interpretationen aus fremder Hand widerfuhr.

Längst schon hat sich, vor allem aufgrund der Forschungen von *Günther Bornkamm*, die Erkenntnis der nichtpaulinischen Herkunft des

45 A. a. O., 253–257.
46 *Porphyrius*, Gegen die Christen III, 36.

„Emigrationsbefehls" des Zweiten Korintherbriefs durchgesetzt, der mit den Worten beginnt:

> *Laßt euch nicht mit den Ungläubigen zusammen in ein fremdes Joch spannen! Was haben denn Gerechtigkeit und Gesetzlosigkeit miteinander zu tun und wie stimmen Licht und Finsternis überein? Wie ist Christus mit Beliar in Einklang zu bringen und wie der Gläubige mit dem Ungläubigen? Wie paßt der Tempel Gottes zu dem der Götzen? (2 Kor 6,14ff)*[47].

Wie sehr gerade diese unpaulinische Stelle auf die Wirkungsgeschichte des Apostels durchschlug, zeigt die unverkennbare Wiederholung in *Tertullians* „Apologeticum", die um so auffälliger ist, als dieser Paulus in seiner Streitschrift ‚Gegen Markion' als „Apostel der Häretiker" diffamierte[48]. Im Blick auf die permissive Behandlung Unwürdiger bei den Heiden, die sich klar von der strengen Praxis der Kirche unterscheide, fragt er:

> *Was also haben der Philosoph und der Christ gemeinsam, was der Schüler Griechenlands und der des Himmels, der Förderer seines Ruhms und der seines Heils, was der Sprecher von Worten und der Urheber von Taten, was der Erbauer und der Zerstörer, was der Freund und Feind des Irrtums, was der Verfälscher der Wahrheit und ihr Erneuerer und Vertreter, was ihr Dieb und ihr Wächter? (c. 46,18)*

Oder fast wörtlicher noch die Parallelstelle in den ‚Prozeßeinreden gegen die Häretiker':

> *Was hat also Athen mit Jerusalem zu schaffen, was die Akademie mit der Kirche, was der Ketzer mit dem Christen? Unsre Lehre stammt aus der Säulenhalle Salomons, der lehrte, daß man den Herrn in der Einfalt des Herzens suchen müsse. Mögen sie meinethalben, wenn sie Lust haben, ein stoisches, platonisches oder dialektisches Christentum aufbringen! Wir jedenfalls brauchen nach Christus keine Forschung mehr und keine Wissenschaft, seitdem das Evangelium verkündet wurde (c. 7).*

Das trifft zu genau auf das Konzept der alexandrinischen Theologie zu, die sich, wie Augustin in Anspielung auf die Exodusgeschichte sagte, die goldenen und silbernen Gefäße der hellenistischen Denkformen entlieh, um das Evangelium in eine szientifische – und mit der Philosophie „kon-

47 Dazu eine briefliche Mitteilung *Bornkamms* an den Verfasser (vom 31. Januar 1966); ferner *J. Becker*, Paulus. Der Apostel der Völker, 227; 263. Auf die Nachwirkung des Folgesatzes „Darum geht fort aus ihrer Mitte und sondert euch ab!" (6,17) im Klemensbrief (54,2) verweist *Paul Mikat* in seinem Beitrag ‚Der „Auswanderungsrat" (1 Clem 54,2) als Schlüssel zum Gemeindeverständnis im 1. Clemensbrief', in: Geschichte, Recht, Religion, Politik. Beiträge von *Paul Mikat* I, Paderborn 1984, 361–373.

48 *E. Dassmann*, Der Stachel im Fleisch, 193.

kurrenzfähige" – Gestalt zu fassen, als daß man die gegen dieses Modell gerichtete Polemik überhören könnte. Unüberhörbar ist aber auch die Tatsache, daß sich *Tertullian* in seiner dialektischen Argumentation selbst als ein gelehriger Schüler der von ihm verabscheuten Denkschulen erwies. Ungleich bedeutsamer ist jedoch die Feststellung, daß er mit seiner Polemik eine Kontroverse inszenierte, die sich bis in die Gegenwart durchhielt und in den Attacken des heiligen *Bernhard von Clairvaux* auf *Peter Abaelard* und des streitbaren Hauptpastors *Johann Melchior Goeze* auf *Lessing* ihre spektakulären Höhepunkte erreichte. Daß darin die Erinnerung an Paulus fortlebt, zeigt die Äußerung Bernhards gegen seinen Intimfeind, den er, zusammen mit seinem Waffenträger, wie Goliat in voller Rüstung daherstolzieren sieht:

> *Sie kommen zusammen gegen den Herrn und seinen Gesalbten. Sie spannen den Bogen und legen ihre Pfeile zurecht, um aus dem Finsteren auf die Rechtgläubigen zu schießen. Sie tragen zwar das Gewand der Frömmigkeit und geben sich als Engel aus und sind doch Satane*[49].

Gegen seine Überzeugung wurde Paulus aber auch zum Kronzeugen einer christlichen Staatslehre und das durch jene Stelle des Römerbriefs (Röm 13,1–7), die zwar „in keinem andern Brief eine Parallelstelle hat", aber trotzdem wie nur wenige biblische Texte in einer langen Rezeptionsgeschichte wirksam geworden ist (*Bornkamm*)[50]. Obwohl der Abschnitt nach dem abgewogenen Urteil Bornkamms nicht zu einer „Staats- und Ständelehre aufgebläht" werden sollte, ist er faktisch doch zu deren biblischem Grundstein geworden. Und das nicht zuletzt aufgrund der Tatsache, daß er, ungeachtet seiner „Sperrigkeit" (*Gnilka*), von der Forschung immer noch als paulinisch angesehen wird, obwohl er den Kontext der auf die Immunisierung durch die Liebe ausgerichteten Ableitung (Röm 12,9–21; 13,8ff) auf denkbar störende Weise unterbricht, und obwohl sich Paulus im Fall seiner Verfasserschaft damit in aller Form an das „Schwert" (13,4) der römischen Strafjustiz ausgeliefert hätte[51]. In Wirklichkeit entspricht der Einschub der Strategie der Apologeten wie *Meliton von Sardes, Athenagoras* und *Minucius Felix*, die in ihren Bittschriften an die Kaiser diese der Loyalität und „staatstragenden" Gesinnung der Christen versicherten[52]. Wie im Fall des Emigrationsgebots ein „separatistischer" Hintergrund nach Art der Qumranideologie angenommen werden muß, so hier ein Vorgriff auf die apologetische Argumentation.

49 *Bernhard von Clairvaux*, Epistola 189,1; dazu meine Untersuchung ‚Religiöse Sprachbarrieren. Aufbau einer Logaporetik', München 1980, 204ff.

50 *G. Bornkamm*, Paulus, 216–222.

51 Dazu meine Programmschrift ‚Glaubenserweckung', 195f.

52 *Minucius Felix*, Octavius, c.31; Der Brief an Diognet, c.6.

Mittelbar aber weist gerade dieses noch viel zu wenig als solches erkannte Beispiel einer irregulären Paulusrezeption durch seinen Kontext im Kronzeugnis der Immunisierungsethik des Apostels auf eines seiner tatsächlichen Defizite hin. Darauf machte *Martin Buber* im Zusammenhang mit seiner in ‚Zwei Glaubensweisen' geübten Pauluskritik aufmerksam:

> *Schon Augustin hat darauf hingewiesen, daß Paulus, der so Großes von der Liebe der Menschen untereinander zu sagen weiß, der Liebe der Menschen zu Gott nur wenig gedenkt. Man hat das um so verwunderlicher gefunden, als er ja von Kindheit an täglich im Rufe „Höre Israel" das Gebot, Gott mit der ganzen Seele zu lieben, vernommen hatte und doch wohl auch den Spruch Jesu kannte, in dem es das erste von allen genannt wurde*[53].

Und er erläutert die Feststellung mit der – für die Lösung des von ihm aufgeworfenen Problems wichtigen – Bemerkung:

> *In der Tat gibt es kaum einen Satz bei Paulus, der von einer als spontan zu verstehenden, menschlichen Gottesliebe redet; wo bei ihm der Mensch Gott liebt, wird ihm kein Zweifel daran gelassen, daß da Gott selbst im Menschen wirke, und wir sind versucht, an Spinoza zu denken, bei dem die Liebe des Menschen zu Gott in Wahrheit nichts als Gottes Liebe zu sich selber ist*[54].

In der Tat, so könnte man mit *Buber* sagen, vermißt man dies gerade in der Gedankenfolge über die dem Menschen eingestiftete Liebe, da Paulus nach dem Nachsatz des Liebesgebotes „Du sollst deinen Nächsten lieben wie dich selbst!" (Röm 13,9) den ihm übergeordneten Vordersatz, der die Liebe zu Gott aus ganzem Herzen und ganzer Wesens- und Geisteskraft gebietet, wegläßt. Zwar ist Paulus davon überzeugt, daß alle, „die sich vom Geiste Gottes leiten lassen, Kinder Gottes" (8,14) und dadurch in ein genealogisches Verhältnis zu Gott aufgenommen sind (8,15); doch betont er in diesem Zusammenhang nicht mit dem Ersten Johannesbrief, daß sie dadurch auch in eine Liebesbeziehung zu dem „Erzeuger" treten (1 Joh 5,1). Umgekehrt geht aber gerade dieses Schreiben mit Paulus darin einig, daß die Liebe des Menschen zu Gott nicht so sehr dessen Sache als vielmehr die Sache Gottes ist; denn:

> *Nicht darin besteht die Liebe, daß wir Gott geliebt haben, sondern darin, daß er uns geliebt und seinen Sohn als Sühneopfer für unsre Sünden gesandt hat (1 Joh 4,10).*

53 *M. Buber*, Zwei Glaubensweisen, Zürich 1950, 138.
54 A. a. O., 138f.

Darum kommt alles darauf an, sich in die Liebe Gottes zu versenken, weil dann Gott im Glaubenden gegenwärtig und wirksam wird; denn:

> *Wir haben uns der Liebe anvertraut, die Gott zu uns hegt: Gott ist die Liebe, und wer in der Liebe bleibt, der bleibt in Gott, und Gott bleibt in ihm (1 Joh 4,16).*

Das heißt dann in letzter, nun mystisch zu verstehender Konsequenz:

> *Wir aber lieben, weil er uns zuerst geliebt hat (4,19).*

Deutlicher könnte aber auch die Überzeugung des Apostels nicht ausgesprochen werden. Denn er kommt dem von *Buber* anvisierten Rückbezug auf *Spinoza* dadurch zuvor, daß er das Problem der menschlichen Liebe zu Gott an Jesus übergibt, und das womöglich in Erinnerung daran, daß dieser letztlich nicht so sehr am Haß seiner Feinde, als vielmehr an der Liebesunfähigkeit aller scheiterte. Die Sprache der Liebe ist, wie Jesus, am krassesten wohl in der Stunde des Massenabfalls (Joh 6,60–66) erfuhr, für die Menschen eine Fremdsprache, die ihnen erst im „Text" seines Kreuzes übersetzt und verständlich gemacht werden mußte. Zur vollen Verständigung führte jedoch erst seine Auferstehung, verstanden als das Tor zu seiner Einwohnung in den Seinen. Als der ihnen Einwohnende aber übernimmt er ebenso die Sache ihres Glaubens wie die ihrer Hoffnung und ihrer Liebe. Wenn sie an ihn glauben, dann deshalb, weil er ihnen dabei als der Geglaubte zu Hilfe kommt. Wenn sie hoffen, dann deswegen, weil er selbst „die Hoffnung auf die Herrlichkeit" ist (Kol 1,27). Und wenn sie lieben, dann nur, sofern er sich – als der „unus Christus amans seipsum" (*Augustin*) – selbst in ihnen liebt.

Doch der Römerbrief wirft im gleichen Zusammenhang ein noch größeres Problem auf. Denn wie wird der Apostel der Liebe zu dessen Beginn zum Sprecher des sich austobenden Gotteszorns, der den Propagandisten der „Gottesfinsternis" (*Buber*) Vorschub zu leisten scheint?[55] Hier scheint sich das Defizit geradezu zum Selbstwiderspruch zu verschärfen, nachdem doch Paulus im Galaterbrief die Sendung des Sohnes als Ursprung der Freiheit und der Erhebung des Menschen zur Gotteskindschaft, damit dann aber eindeutig als höchsten Liebeserweis Gottes gewürdigt hatte (Gal 4,4ff), der widerspruchsfrei nur als Erweis des bedingungslos liebenden, nicht aber des zwischen Liebe und Zorn oszillierenden Gottes gedacht werden kann. Wenn man diesen drohenden Selbstwiderspruch des Apostels nicht seinem Gottesbild zur Last legen

55 *R. Miggelbrink*, Zorn Gottes, Freiburg 2000, 576.

und ihn damit in das markionistische Extrem verweisen will, bleibt nur die Möglichkeit, die bereits erwähnte Klärung *Ed Parish Sanders* in Anspruch zu nehmen und mit ihm zwischen dem exoterischen und dem esoterischen Paulus zu unterscheiden[56]. Dann gehört das Motiv des Gotteszornes in den Kontext der – exoterischen – Missionspredigt des Apostels, die von Anleihen aus der Glaubenswelt der antiochenischen Hellenisten, aber auch aus seinem jüdisch-griechischen Umfeld geprägt war. Unter dieser Voraussetzung wird dann der Römerbrief einer verbreiteten Auffassung zufolge tatsächlich als sein geistliches Testament, verstanden als die Rekapitulation seiner wichtigsten Lehrstücke, lesbar.

Der ihm fremden Gemeinde von Rom, die er – wie später *Augustin* seinen Studienort Karthago beschreiben wird – in einem Kessel schlimmster Verirrungen und Laster angesiedelt weiß, präsentiert er sich darum zunächst, höchst exoterisch, als Botschafter eines Gottes, der in seinem Zorn gegen dieses Unwesen „entbrennt" (Röm 1,18) und dabei auch bei den von seinem Gesetz abgewichenen Juden keine Ausnahme macht. Davon geht er sodann zu seiner Botschaft vom Heil und der rechtfertigenden Gerechtigkeit Gottes über (Röm 3,21 f) und insbesondere zu dem Konflikt, den der vom Zwiespalt zwischen Pflicht und Neigung, diesen widersprüchlichen „Gesetzen", zerrissene Mensch auszustehen hat (Röm 7,1–25). Im nächsten Schritt wechselt der Apologet in Paulus zum Mystiker, der ebenso das Mysterium des Glaubens (Röm 10,8) wie das des Gebets ausleuchtet (Röm 8,26). Weil aber seine Botschaft stets einer „großen Konfession" (*Goethe)* gleichkommt, spricht er in der Folge von seinem großen Kummer über das sich immer noch verweigernde Israel (Röm 9,1–11,32), von dem er sich zu einem Hymnus auf die unergründliche Weisheit Gottes erhebt (Röm 11,33 ff). Zuletzt geht er auf die Frage der Ethik ein, die er mit dem Hinweis auf die immunisierende Macht der Liebe beantwortet (Röm 12,9–13,10), um sich abschließend noch einigen Themen der pastoralen Praxis zuzuwenden (Röm 14,1–15,13).

Doch auch mit dieser Aufarbeitung des Gegenpols in Gestalt des göttlichen Zorns ist das große und, wie sich nun zeigt, auch von Einbrüchen durchzogene Themenfeld Liebe noch nicht völlig abgeschritten. Denn selbst so wohlwollende Interpreten wie *Joachim Gnilka* können nicht übersehen, daß Paulus den natürlichen „Ort" der Liebe, die Ehe, nur konzessiv, als Zugeständnis an die sexuelle Begierde, würdigt, und das mit der geradezu abwehrenden Begründung:

56 Dazu nochmals *E. P. Sanders*, Paulus, 98–101.

Ein Mann tut gut daran, keine Frau zu berühren. Damit aber Sünden der Unzucht vermieden werden, mag jeder Mann seine eigene Ehefrau und jede Frau ihren eigenen Ehemann haben (1 Kor 7,1f).

Das darin aufscheinende Problem verschärft sich noch erheblich, wenn man hinzunimmt, daß Paulus die in der antiken Gesellschaft nicht nur tolerierte, sondern als pädagogisches Medium geradezu kultivierte Homosexualität mit auffallender Schärfe verurteilt. Das hat ihm im Blick auf die ihm immer wieder angelastete Frauenfeindlichkeit den Verdacht einer spezifischen Anfälligkeit eingetragen. Doch der zum Beweis seiner misogynen Einstellung angeführte Satz „Die Frauen sollen in der Gemeindeversammlung schweigen" (1 Kor 14,34) hat ausschließlich disziplinäre Gründe, da bei den ohnehin von Zungenrednern dominierten Versammlungen chaotische Verhältnisse einzureißen drohten. Außerdem belegen die Paulusbriefe (1 Kor 1,11; Phil 4,2; Röm 16,1.3.6.12f), daß Paulus in enger Zusammenarbeit mit Frauen stand[57]. Indessen bleibt bei alledem das bedrängende Problem, weshalb es Paulus verabsäumt, in sein so weit gespanntes Konzept der Liebe auch die Geschlechtsliebe einzubeziehen. Und das um so mehr, als er den von manchen Gemeindemitgliedern praktizierten Verkehr mit Prostituierten nicht mit Rechtsvorschriften, sondern mit dem für ihn zentralen Rekurs „auf den Begriff der Teilhabe an Christus" (*Sanders*) untersagt:

Wißt ihr denn nicht, daß derjenige, der einer Dirne anhängt, ein Leib mit ihr wird? Es werden doch, wie es (Gen 2,24) heißt, „die zwei ein Fleisch". Wer jedoch dem Herrn anhängt, der wird ein Geist mit ihm! (1 Kor 6,16f)[58].

Das aber hätte für ihn zweifellos Anlaß sein müssen, die eheliche Geschlechtsliebe auf die Liebesbeziehung zu Christus hinzuordnen. Daß schon die Paulusschule darin ein Defizit empfand, bestätigt der Epheserbrief, wenn er den Apostel – wie im Stil einer Selbstkorrektur – von der ehelichen Liebe sagen läßt:

Deshalb verläßt ein Mann Vater und Mutter, um seinem Weib anzuhangen, und die beiden werden ein Fleisch. Dieses Geheimnis ist groß; ich sage das aber im Blick auf Christus und die Kirche (Eph 5,31f).

57 Bei der Purpurhändlerin Lydia aus Thyatira, die sich (nach Apg 16,14f) Paulus in Philippi anschloß, könnte es sich sogar um eine in seinem Geist wirkende Missionarin handeln, vorausgesetzt, daß sie in dem apokalyptischen Sendschreiben an Thyatira (Offb 2,20ff) als die neue „Jezabel" inkriminiert ist, die „aufs Krankenlager" geworfen wird, weil sie die Gemeinde zur paulinischen Freiheitsbotschaft zu „verführen" sucht. In diesem Fall wäre die Stelle ein Beleg für die von *Karl Holl* beklagte Abkehr Kleinasiens von dem Apostel, dem es das Gottesgeschenk des Christentums zu verdanken hatte.

58 *E. P. Sanders*, Paulus. 142f.

Doch diese sakramentale Sublimierung des Problems kam gegen den in der Folge einsetzenden asketischen Trend nicht auf, so daß sich das Problem, besonders in der kirchlichen Pastoration, so sehr verschärfte, daß *Nietzsche* den bitteren Vorwurf erheben konnte:

> *Das Christentum gab dem Eros Gift zu trinken: – er starb zwar nicht daran, aber entartete zum Laster*[59].

Auch die in der Zeit nach dem Zweiten Weltkrieg einsetzende sexuelle Revolution führte zu keiner „Revision" der Diastase von Eros und Caritas. Ungehört verhallte auch der Einspruch, den *Gertrud von le Fort* am Vorabend dieses Umbruchs mit den Worten erhoben hatte:

> *– denn wisse Kind, es gibt in alle Ewigkeit nur eine Liebe, die stammt vom Himmel, auch wenn diese Welt sie irdisch nennt – Gott nimmt sie an, als wäre sie ihm selber dargeboten*[60].

Die Paulusbriefe irritieren aber nicht nur durch derartige Brüche, sondern nicht weniger auch durch ihren praxisfremden Stil. Was die Hörerschaft von dem im rastlosen Einsatz für Christus befaßten Apostel erwartete, war in erster Linie wohl gar nicht jener Vorstoß in das mit der Auferstehung Jesus gegebene Zentrum des von ihm verkündeten Glaubens, der sein vordringliches Anliegen war, sondern möglichst ausführliche und detailreiche Auskünfte über Leben und Sterben Jesu. Das scheint dem Apostel, der (nach 2 Kor 5,16) Jesus „dem Fleische nach" weder kannte noch (nach 1 Kor 2,2) von ihm „wissen wollte", selbst deutlich geworden zu sein und ihn veranlaßt zu haben, zur narrativen Anreicherung seiner Missionspredigt auf die Glaubensinterpretation der antiochenischen Gemeinde und zusätzliche Informationen zurückzugreifen. Denn die Konzentration seiner Botschaft auf Kreuz und Auferstehung kam zwar seinem theologischen Konzept, nicht jedoch dem Interesse der Verkündigung und Unterweisung entgegen, dem vornehmlich an narrativer Entfaltung gelegen war. Zuvor schon wird das Bedürfnis der im palästinischen Raum wirkenden Wandercharismatiker bereits zur Sammlung von Jesusworten geführt haben, aus der auf einer späteren Entwicklungsstufe die Spruchquelle (Q) hervorging[61]. Nach *James M. Robinson* kam aber auch ein theologisches Interesse verstärkend hinzu. Denn die sich im apostolischen Glaubensbekenntnis spiegelnde Konzen-

59 *F. Nietzsche*, Jenseits von Gut und Böse IV, § 168.

60 *G. von le Fort*, Plus ultra, in: Erzählende Schriften III, Wiesbaden 1956, 362; dazu meine Monographie ‚Überredung zur Liebe. Die dichterische Daseinsdeutung Gertrud von le Forts', Regensburg 1980, 227f.

61 *J. M. Robinson*, Der wahre Jesus? Der historische Jesus im Spruchevangelium Q, in: Zeitschrift für Neues Testament 1 (1997) 17–26.

tration auf Geburt, Tod und Auferstehung Jesu warf die Frage auf, ob nicht auch seiner Rede- und Wundertätigkeit Heilsbedeutung zukam.

Wenn das angenommen werden kann, erhebt sich dann aber die Zusatzfrage, ob das narrative Defizit in der genuinen Paulusbotschaft nicht provozierend auf die Entstehung der Evangelienschriften hinwirkte. Wenn die Entstehung der Spruchquelle mit *Robinson* in die fünfziger oder sechziger Jahre des ersten Jahrhunderts angesetzt werden muß, wäre sogar zu bedenken, ob das Fehlen einer Leidens- und Auferstehungsgeschichte in der Spruchquelle nicht reaktiv auf die darauf konzentrierte Botschaft des Paulus gesehen werden kann. Auf jeden Fall aber könnte man aus dieser Perspektive die Entstehung der Evangelien als Kompensation einer Botschaft verstehen, die sich, abgesehen von einer knappen Erwähnung der Geburt Jesu (Gal 4,4), seiner Armut (2 Kor 8,9) und des Abendmahls (1 Kor 11,22ff), ganz auf Kreuz und Auferstehung konzentriert. Bei der Suche nach den Beweggründen, die zur Abfassung der Evangelienbotschaften führten, müßte dann auch die Aussparung der Lebensgeschichte Jesu in der paulinischen Botschaft in Rechnung gestellt werden.

Dieser eher versöhnlichen Vermutung steht allerdings der unaufgelöste Widerspruch zwischen Mystik und Eschatologie entgegen, durch den Paulus den Wiederentdecker seiner „Christusmystik“ *Alfred Wikenhauser* in schwere Beweisnot brachte[62]. Auf der einen Seite spricht der „Mystiker“ dem Glaubenden eine denkbar tiefgreifende Verbindung mit dem ihm einwohnenden Christus zu, so daß eine Auflösung oder auch nur Suspendierung dieser Gemeinschaft kaum vorstellbar ist. Auf der andern Seite betont der „Erzieher“, daß „wir alle vor dem Richterstuhl Christi erscheinen“ müssen (2 Kor 5,10), so daß die mystische Geistes- und Seinsgemeinschaft nach Ansicht *Wikenhausers*, verglichen mit dem „Definitum“ des endzeitlichen Seins „bei Christus“ (1 Thess 4,17), lediglich als ein „Provisorium“ gelten kann. Eine Lösung dieses Widerspruchs ist wiederum nur denkbar, wenn in Erinnerung an die von *Sanders* getroffene Unterscheidung angenommen werden darf, daß der mit Motiven der spätjüdischen und zumal judenchristlichen Eschatologie arbeitenden Missionspredigt des Apostels jene „esoterische“ zugrundeliegt, die das Weltgeschehen (nach Röm 8,19ff) auf das Ziel der universalen Gotteskindschaft und das sie krönende „Gott alles in allem“ (1 Kor 15,28) hinauslaufen sieht und dadurch die universalgeschichtliche Konsequenz aus dem zieht, was die mystische Einwohnung begründet und vorwegnimmt. So wirken die paulinischen Defizite bisweilen wie Engpässe,

62 *A. Wikenhauser*, Die Christusmystik des Apostels Paulus, 136.

durch die sich schließlich doch noch Lösungswege finden lassen. So oft der Apostel seine Interpreten in Beweisnot stürzt, erweist er sich doch ungleich öfter noch als der Wegbereiter zu den dem Christentum vom religiösen Zeitgeschehen abverlangten Einsichten.

Der Wegbereiter

Für seine Missionstätigkeit gebraucht Paulus ein imposantes Bild: er sieht sich als Akoluth im Triumphzug Christi, den er als Weihrauchspender begleitet. Für die einen verbreitet er dabei einen Wohlgeruch, für die andern freilich einen todbringenden Pestgeruch, weil sie an seinem Vermittlungsdienst scheitern. Oder nun wörtlich:

> *Gott sei Dank dafür, daß er uns überall im Triumphzug Christi herumführt und den Duft seiner Erkenntnis durch uns an allen Orten verbreitet. Denn wir sind Christi Wohlgeruch für Gott unter den Geretteten wie unter den Verlorenen. Für die einen ein todbringender Pestgeruch, für die andern ein lebenspendender Duft des Lebens. Wer wäre für eine solche Aufgabe befähigt? (2 Kor 2,14ff)*[63]

Auffällig ist an dieser Stelle schon die von Paulus gewählte Metaphorik, da der erklärte Stadtmensch, der nach dem mißglückten Ölbaumvergleich (Röm 11, 16–24) wenig Sinn für die von ihm vielfach durchwanderte Natur hatte, seine Bilder vorzugsweise den Eindrücken der Metropolen mit ihren Bauwerken, Töpfereien und Bäckereien, Lichtern und Dunkelzonen, Arenen, Gladiatorenkämpfen, Tierkämpfen und Umzügen und, wie die angeführte Passage zeigt, den höchst unterschiedlichen Gerüchen entnimmt. Vor allem aber zeigt sich hier, daß sich Paulus der gegensätzlichen Wirkung seiner Missionspredigt, die die einen zum Heil, die andern zum Verderben führte, vollauf bewußt war. Weniger scheint er sich indessen darüber im klaren gewesen zu sein, daß er seine Leser durch die von ihm stehen gelassenen Widersprüche in größte Verständnis- und Erklärungsprobleme stürzte. Spiegelt sich darin der Zwiespalt dessen, der nicht weiß, ob er mit dem „Stock" oder im Geist der Sanftmut auf seine Adressaten zugehen soll (1 Kor 4,21) und den es selbst „nach beiden Seiten zieht" (Phil 1,23)? Oder ging er davon aus, daß seine Leser selbst die Lösung fänden, wenn sie ihm nur in die esoterische Innensicht seiner Lehre folgen würden?

63 *H. Lietzmann*, An die Korinther I/II, 108.

Kein Zweifel, Paulus stürzt seine Leser in Aporien, die sie zuletzt jedoch nur mit seiner Hilfe zu überwinden lernen. Wie sollen sie etwa mit seiner unterschiedlichen Erklärung der menschlichen Bosheit zurechtkommen, die er einmal auf die Sünde Adams (Röm 5,12) und dann auf die menschliche Todverfallenheit zurückführt (1 Kor 15,56)? Wie sollen sie den Gegensatz zwischen dem Gott des Zornes (1 Thess 5,9; Röm 1,18; 2,5) und dem „Vater der Erbarmungen und Gott allen Trostes" verarbeiten (2 Kor 1,3)? Und wie die so gegensätzlichen Sichten des Weltendes, da einmal dieses Ende als das mit der Wiederkunft Christi hereinbrechende Gericht (1 Kor 3,11–13; Röm 14,10), dann aber als das alles Weltgeschehen in sich einbegreifende Endziel des „Gott alles in allem" erscheint (1 Kor 15,28)? Vieles davon klärt sich auf, wenn man die Überlagerung der paulinischen Urbotschaft durch Vorstellungen der antiochenischen Gemeindetheologie in Rechnung stellt, mehr noch, wenn man mit *Sanders* den Unterschied zwischen dem exoterischen und dem esoterischen Paulus berücksichtigt. Dennoch bleibt ein unkalkulierbarer Rest, der sich auf analytischem Weg nicht ausräumen läßt. Im Blick auf dieses irritierende Restproblem bleibt nur der Rückgriff auf den, der sich im Zwiespalt zwischen zerbrechlicher Hülle und eingestiftetem Schatz nur in einem sich als „geeinter Gegensatz" erscheinenden Existenzakt verwirklichen konnte, und der auch dies nur dadurch vermochte, daß er sich im Bewußtsein seiner Ohnmacht auf die sich gerade darin manifestierende „Kraft Christi" verließ (2 Kor 12,9). Doch wie vollzog Paulus diese Einung von Hülle und Schatz, von Ohnmacht und Gotteskraft tatsächlich?

Auf diese Frage antwortet der Galaterbrief mit einem förmlichen Aufschwung, um nicht zu sagen mit einem Ausbruch aus den gerade diesen Brief durchstimmenden Aporien:

> *Von nun an falle mir niemand mehr zur Last; denn ich trage die Malzeichen Christi an meinem Leib! (Gal 6,17)*

Mit diesem Wort rettet er sich aus den ihn zerreißenden Konflikten förmlich in die „Überkleidung" durch den hinein, der ihm durch die ihm verbliebenen Narben förmlich „auf den Leib geschrieben" ist. Im Blick auf seine Weihrauch verströmende Protagonistenrolle beim Triumphzug Christi durch die von ihm zu erobernde Welt ist sodann die Stelle über seinen Wettkampf mit sich selbst besonders beweiskräftig, weil er sich darin ausdrücklich auf seine „Heroldsrolle" beruft:

> *Ich stürme nicht blindlings vorwärts und teile im Faustkampf keine Luftschläge aus; vielmehr zerschlage ich meinen Leib und unterwerfe ihn mir,*

damit ich nicht, während ich für andere Heroldsdienste verrichte, selbst in der Probe versage (1 Kor 9,26f).

Zu den „Schlägen über die Maßen", die er bei seinen Torturen erlitt (2 Kor 11,23), und zu den „Fausthieben", die ihm der Satansbote an seiner Seite versetzt (2 Kor 12,7), fügt er nun auch noch die eigenen hinzu, so daß er nun erst recht in jener „Leidensgemeinschaft" mit Christus erscheint, die ihm dessen Beistand und Kraft zusichert (Phil 3,10). Das aber versetzt ihn in jene Euphorie, die sich in dem Ausruf bekundet:

Gebt uns Raum! Niemand haben wir Unrecht getan, niemand geschädigt, niemand übervorteilt. Das sage ich nicht, um euch zu verurteilen; denn ich habe euch doch erklärt, daß ihr in unserm Herzen wohnt, miteinander verbunden auf Leben und Tod (2 Kor 7,2f).

In allen Vorwürfen und – unüberhörbaren Selbstvorwürfen – findet er hier Halt in der Geborgenheit der ihn mit den Adressaten verbindenden Lebensgemeinschaft, die sich ihm letztlich als die des mystischen Leibes darstellt. Von da führt ihn schon ein relativ kleiner Schritt an das Briefende, das insofern an den Ausgangsgedanken erinnert, als er hier ein an ihn gerichtetes Ansinnen an seine Adressaten zurückverweist:

Prüft euch doch selbst, ob ihr im Glauben steht. Oder erseht ihr denn an euch nicht, daß Christus in euch ist? Wenn nicht, dann hättet ihr die Probe nicht bestanden (2 Kor 13,5).

Das ist eine Frage, die weit über den Anlaß und über die angeredete Gemeinde hinausgesprochen ist und sich, voll gewichtet, auf die gesamte Christenheit nach Art eines Prüfsteins ihres Glaubens bezieht. Mit diesem Wort überspringt Paulus auch die gesamte dogmatische Auslegung des Glaubens, die ohnehin mit Hilfe der für ihn durch den Kreuzestod des „Herrn der Herrlichkeit" desavouierten griechischen Philosophie zustandegekommen war (1 Kor 2,8). Denn diesem Wort zufolge entscheidet sich die Qualität des Glaubens nicht an der Bejahung einzelner Inhalte, sondern an der Frage, ob der Geglaubte zum Lebensinhalt der Glaubenden geworden ist oder nicht. Mit richterlicher Schärfe stellt Paulus, so gesehen, mit dieser Frage jede Epoche, jede Gemeinschaft und jeden einzelnen zur Rede. Gleichviel, was sie sonst an Kämpfen bestanden oder an Großem hervorbrachten, befragt er sie damit nach dem Grad, wie der Einwohnungsgedanke von ihnen Besitz ergriff und wie sie sich in der Lebensgemeinschaft des mystischen Leibes wahrzunehmen lernten. Nur wenigen und den wenigen nicht vorbehaltlos wird er bescheinigen können, daß sie „die Probe bestanden". Vor allem aber wird er die Frage an die für die christliche Bewußtseinsbildung Hauptverantwortliche, die Theologie, richten und sie nach ihrem Beitrag zur Vermittlung und Etablierung des Einwohnungsmotivs zur Rede stellen.

Was ihre noch von ihm maßgeblich inspirierte Frühzeit anlangt, so wird sie sich ihm gegenüber mühelos rechtfertigen können. Denn das ist die Zeit der Apostolischen Väter, die *Karl Hörmann* insgesamt mit dem Titel ‚Leben in Christus' überschreiben konnte, da für einen ihrer Wortführer, *Ignatius von Antiochien*, Christus geradezu zu dem „Element, in dem die Christen leben", geworden war, und da der Einwohnungsgedanke die Zeugnisse ihrer Spiritualität und Ethik wie ein Leitmotiv durchzieht[64]. Bei dem ersten Apologeten, *Justin dem Märtyrer*, wird der zunächst im Verborgenen heranwachsende und dann sich aller Welt offenbarende Christus geradezu zum Gestaltprinzip der Geschichte, der sich ihr durch sein Kreuz als Formgesetz eingeschrieben hat und seither nicht aufhört, alle Menschen zu „Freundschaft, Segen, Sinnesänderung und brüderlicher Eintracht" zusammenzuführen[65]. Diesen Aspekt nimmt *Gregor von Nyssa* in seinem Hoheliedkommentar mit den für das Einwohnungsprinzip grundlegenden Sätzen auf die Spiritualität des einzelnen zurück:

> *Das uns eingeborene Kind ist Jesus, der in denen, die ihn aufnehmen, auf unterschiedliche Weise an Weisheit, Alter und Gnade heranwächst. Denn er ist nicht in einem jeden der Gleiche. Vielmehr erscheint er je nach dem Gnadenmaß dessen, der ihn aufnimmt, und nach dessen Aufnahmefähigkeit einmal als Kind, dann als Heranwachsender und schließlich als Vollendeter*[66].

Nach der kenntnisreichen Recherche *Hugo Rahners* nimmt er damit nicht nur Gedanken des *Origenes* auf, sondern ebenso Thesen der Folgezeit, vor allem des *Maximus Confessor* und der mittelalterlichen Mystik mit ihrer Lehre von der Gottesgeburt vorweg[67]. Was das für die gegenseitige Wahrnehmung der mystisch Geeinten besagt, bringt mit staunenswerter Präzision der Zuspruch zum Ausdruck, der nach *Augustin* an den von Christus Ergriffenen geht:

64 *K. Hörmann*, Leben in Christus. Zusammenhänge zwischen Dogma und Sitte bei den Apostolischen Vätern, Wien 1952, 65–72; 90f; 138ff; 238ff.

65 *Justinus Martyr*, Dialog mit dem Juden Tryphon 139,4; nach *E. Osborn*, Anfänge christlichen Denkens (Originaltitel: The Beginning of Christian Philosophy), Düsseldorf 1987, 292.

66 *Gregor von Nyssa*, Hoheliedkommentar, 4; nach *H. Rahner*, Die Gottesgeburt. Die Lehre der Kirchenväter von der Geburt Christi im Herzen der Gläubigen, in: Zeitschrift für katholische Theologie 59 (1935) 333–418.

67 A. a. O., 376–383; 393–410.

68 *Augustinus*, Sermo 5,3 (Ausgabe *Denis*).

Erfreue dich meiner in dir; erkenne dich in mir[68].

Von da aus hätte das Prinzip der Einwohnung geradezu zum Prinzip einer christlichen Erkenntnislehre werden können. Statt dessen blieb es jedoch bei der philosophischen Interpretation des Glaubens, die schließlich nach dem von *Descartes* vollzogenen Bruch mit der kirchlichen Autorität und der philosophischen, durch *Platon* und *Aristoteles* geprägten Tradition und der Neubegründung der Philosophie auf die Selbstreflexion des Denkenden zur Umkehrung des traditionellen Verhältnisses führte. War bis dahin die Philosophie die „Magd" der Theologie, so stellte sich jetzt die von *Kant* aufgeworfene Frage, „ob diese ihrer gnädigen Frau die Fackel vorträgt oder die Schleppe nachträgt"[69]. Zwar wirkt es wie eine letzte Rückbesinnung, wenn Kant in derselben Schrift bemerkt, daß die sich in seiner Frage ankündigende Revolution anstatt von der Vernunft auch von dem „Geist Christi" ausgehen könne, sofern ihm nur Raum verschafft würde[70]. Tatsächlich aber reißt bei *Hegel* die Vernunft die Direktive an sich, so daß in der Folge die Theologie, wie mit seinem Begriff zu sagen ist, in die Philosophie „aufgehoben" wurde. Im Gegenzug dazu suchte *Fichte* diese Entwicklung aufzuhalten und, der Anregung *Kants* folgend, dem Geist Christi „Raum zu verschaffen". Im Bann seiner Identitätsphilosophie war dies aber nur der Raum des im Sinn seiner ‚Anweisung zum seligen Leben' (1806) zum Bewußtsein seiner Gottförmigkeit gelangten Menschen, nicht jedoch der Raum der Einwohnung Christi, wie es seinem „Geist" wirklich entsprochen hätte[71].

Im Gesamteffekt führten diese Vorentscheidungen dazu, daß „Christi Gegenwart in uns", wie *Gottlieb Söhngen* bedauernd registrierte, zu einem „vergessenen Gegenstand" des Glaubensbewußtseins wurde, während umgekehrt die Glaubensinhalte einer so hochgradigen Vergegenständlichung unterworfen wurden, daß für das paulinische Motiv kein Raum mehr blieb[72]. Das wirkte sich um so verhängnisvoller aus, als gleichzeitig die in der Romantik ausgebrochene Identitätskrise auf epidemische Weise um sich griff und, da sie durch das Einwohnungsmotiv nicht aufgefangen wurde, der Selbststilisierung *Hitlers* zum Führer und

69 *I. Kant*, Der Streit der Fakultäten (Ausgabe *Reich*), Hamburg 1959, 21.
70 A. a. O., 57.
71 *J. G. Fichte*, Die Anweisung zum seligen Leben (Ausgabe *Medicus*), Hamburg 1954, 100ff.
72 *G. Söhngen*, Christi Gegenwart in uns durch den Glauben, in: Die Einheit in der Theologie, München 1952, 324–341. Tragisches Opfer der von der Kirchenspitze forcierten Tendenz war *Karl Pelz*, der Verfasser des aus seelsorgerlichem Engagement hervorgegangenen Werkes ‚Der Christ als Christus', das kurz nach seinem Erscheinen (1939) vom Heiligen Offizium indiziert wurde; dazu *Th. Maas-Ewerd*, Die Krise der liturgischen Bewegung in Deutschland und Österreich, Regensburg 1980, 277; 550.

Heilbringer Vorschub leistete[73]. Im Medienzeitalter, das zudem zur Verflachung des Menschen zur „Eindimensionalität" (*Marcuse*) zu führen droht, verdoppelt sich die durch die Identitätskrise heraufbeschworene Gefahr. Um so eindringlicher richtet sich die Frage des Apostels „Erseht ihr denn an euch nicht, daß Christus in euch ist?" an die Theologie der Gegenwart. Um auf diese Frage zu antworten oder ihr auch nur standhalten zu können, müßte sich diese freilich von den Gewichten der Vergangenheit losketten und sich um Gleichzeitigkeit mit dem Zeitgeschehen bemühen. Vorausgesetzt wäre bei dieser Überwindung ihres Anachronismus, daß sie ihre Faszination durch die „Dunkelseite" Gottes aufgeben und sich auf den von Jesus entdeckten, erkämpften und erlittenen Gott der bedingungslosen Liebe zurückbesinnen würde, weil nur in seinem Licht die Einwohnung überhaupt denkbar ist.

Wenn Paulus der Gegenwartstheologie zur Revision und, wie dem hinzuzufügen ist, zum Abwurf der mit dem Einwohnungsmotiv nicht zu vereinbarenden „Altlasten" wie der Satisfaktions- und Rechtfertigungstheorie rät; wie steht es dann mit seinem eigenen Verhältnis zu diesen gerade mit seinem Namen behafteten Theoremen und wie mit seinem Urteil über die von ihm stehen gelassenen Widersprüche? Um seine Stellungnahme dazu zu ergründen, muß seine Akoluthenrolle beim Triumphzug Christi durch die von ihm durchquerte Welt schärfer als bisher ins Auge gefaßt werden. Wie erinnerlich, spricht er in diesem Zusammenhang davon, daß der von ihm verströmte Weihrauch für die einen ein Lebensduft, für die andern ein verderbenbringender Pest- und Modergeruch sei (2 Kor 2,15 f). Mit diesem starken Ausdruck greift er mehrmals zurück auf das aus bitterer Missionserfahrung hervorgegangene Urteil, wonach seine Kreuzespredigt von den Juden als Skandal, von den philosophisch gebildeten Hellenen als Torheit empfunden und demgemäß zurückgewiesen wurde (1 Kor 1,23). Dagegen konnte er sich nach eigener Einschätzung nur durchsetzen, weil seine von Stigmen der Schwäche gekennzeichnete Verkündigung zugleich vom „Beweis des Geistes und der Kraft" getragen war (1 Kor 2,4). Das bekräftigt er am Schluß seines Leidenskatalogs durch die Versicherung, daß er nach seiner vergeblichen Bitte um Abhilfe in seiner Geschlagenheit gelernt habe, sich sogar seiner Schwachheiten zu rühmen, und dies in der Hoffnung, daß sich gerade dann die „Kraft Christi" auf ihn niederlasse (2 Kor 12,9).

73 *R. Guardini*, Der Heilbringer in Mythos, Offenbarung und Politik. Eine theologisch-philosophische Besinnung, Stuttgart 1946; ferner mein Beitrag ‚Wie konnte das geschehen? Die anthropologischen Voraussetzungen von Auschwitz', in: Glaubensbewährung. Bedrängnis und Aufbruch, Augsburg 1995, 42–68.

Auf die unversöhnt gebliebenen Widersprüche in seinem Werk bezogen, kommt das dem Eingeständnis seines Unvermögens gleich, selbst zur Überwindung dieser Aporien zu verhelfen, gleichzeitig aber auch der Hoffnung, daß sich in den damit befaßten Lesern etwas von dem seine Predigt zum Erfolg führenden „Beweis des Geistes und der Kraft" wiederhole. Über die Jahrhunderte hinweg ruft er damit *Kierkegaard* auf den Plan, der sich sowohl in seinen ‚Philosophischen Brocken' (1844) als auch in seiner ‚Einübung im Christentum' (1850) um die Überwindung von *Lessings* „garstigem breiten Graben", den der Gegensatz von nur historischer und „ewiger" Gewißheit aufriß, bemühte. Beidemale steht der „Schüler zweiter Hand", verstanden als der auf das Zeugnis der Augenzeugen angewiesene „Hörer des Wortes", vor der Aufgabe, mit dem, den jene sahen, „gleichzeitig" zu werden[74]. Dabei gehen die ‚Philosophischen Brocken' auf die vom Glaubenden zu erbringende Vorleistung ein, während die ‚Einübung im Christentum' die ihm entgegenkommende Initiative des Geglaubten ins Auge faßt. Im ersten Fall geht es darum, das Ärgernis der Knechts- und Kreuzesgestalt Christi zu bestehen und gleichzeitig von dem Versuch abzulassen, mit dem metaphysischen Gottesbeweis, wie ihn *Anselm von Canterbury* entwickelte, die Existenz Gottes aus dem Grenzbegriff des Denkens abzuleiten. Wer sich unter das Paradox des „Gottes in Knechtsgestalt" beugt, schafft nämlich, wie man gleichzeitig mit und gegen *Fichte* sagen könnte, den Raum für den „Geist Christi", in dem dessen Geistesgegenwart fühlbar wird. Wie das geschieht, macht die ‚Einübung im Christentum' deutlich, für die die Differenz von Helfer und Hilfe im Falle Jesu, der sich in seinem Geben selber gibt, hinfällig ist. Und dies aufgrund seines die ganze Weltgeschichte durchziehenden „geheimen Leidens", durch das er mit dem Zeitenabstand auch den der Räume und der kategorialen Differenzen überwindet, so daß er jederzeit und überall gegenwärtig wird. Darin war es begründet, daß sich Paulus gleichzeitig auf die Seite der Osterzeugen und der auf ihr Zeugnis hin Glaubenden stellen und ihnen dadurch zur Überwindung der sie – nach Ausweis der Thomasszene (Joh 20,24–29) von Anfang an – belastenden „Not" verhelfen konnte. Darauf bezog sich der seine zugestandenermaßen „stümperhafte" Rede begleitende „Beweis des Geistes und der Kraft". Wird dieser aber auch bei den Lesern seiner Briefe wirksam?

Wie die Klage des Apostels über die Ineffizienz seiner Briefe beweist, war dies, wenn überhaupt, dann nur bedingt der Fall. Deshalb

74 *S. Kierkegaard*, Philosophische Brocken oder Ein Bißchen Philosophie (Ausgabe *Richter*), Reinbek 1964, 90–100; 108–112; 136f.

kommt es seinen Lesern auch kaum zugute, daß er sich selbst mit Hilfe der synthetischen Kraft seiner Persönlichkeit über die von ihm stehengelassenen Widersprüche hinwegsetzt. Diese müssen von ihnen daher in denkerischer Nacharbeit bewältigt werden. Was die unterschiedliche Herleitung der menschlichen Bosheit anlangt, so hat die durch *Augustin* zu fataler Spätwirkung gelangte Erbsündenlehre unverkennbar abkünftig-sekundäres Gepräge. Sie entstammt, genauer besehen, dem paulinischen Typologiedenken, in diesem Fall dem Vergleich Christi mit dem ersten Stammvater, dessen Schuld durch ihn gesühnt und dessen Fluchwürdigkeit durch ihn in Segen verwandelt wurde (1 Kor 15,21f; Röm 5,12ff). Dagegen geht die Herleitung der Sünde aus der menschlichen Todverfallenheit eindeutig auf das existentielle Erleben des Apostels zurück, auch wenn er den für diese Betroffenheit sprechenden Notschrei (Röm 7,24) im Namen aller Mitbetroffenen ausstößt. Wenn er die „Kraft", mit der der Tod zur Sünde anstachelt, mit dem Gesetz gleichsetzt (1 Kor 15,56), wird überdies deutlich, daß ihm in diesem der Schatten des Gottes entgegentrat, der die Menschheit durch die Kundgabe seines Willens zwar vom Bösen abhalten wollte, sie für den Fall ihres Versagens jedoch, wie die Rede von der todbringenden Wirkung des Gesetzes erkennen läßt (Röm 7,9–13), mit dem Tod bedrohte.

Das schlägt die Brücke zu dem schwierigsten Widerspruch, vor den sich der Leser der Paulusbriefe gestellt sieht: dem Widerspruch zwischen dem im ersten wie im letzten Paulusbrief beschworenen Gott des Zornes und dem das gesamte Zwischenfeld beherrschenden „Vater der Erbarmungen und Gott allen Trostes" (2 Kor 1,3). Im Gefolge der als Befreiungserlebnis begriffenen Damaskusvision trat das Gesetz, für das er zuvor mit zelotischem Einsatz eingetreten war, für Paulus in den Aspekt tödlicher Negativität, der er sich wie ein aus Todesgefahr Erretteter entrissen fühlte. Unter diesem Eindruck spricht er jetzt von dem „Gesetz der Sünde und des Todes" (Röm 8,2). Der Schatten des Gottes, der dieses todbringende Gesetz verhängte, tritt ihm somit aus seiner jüdischen „Vorzeit" entgegen. Indessen handelt es sich dabei um einen ungemein langen Schatten, da er von dem über die Gesetzesbrecher entbrennenden Gotteszorn noch – und wiederholt – im Römerbrief spricht. Das erneute Auftauchen dieses Motivs im letzten der Paulusbriefe, in dem Paulus „schwere Unwetter" über seinem bisherigen Missionsgebiet heraufziehen sieht (*Becker*), so daß er ein neues Tätigkeitsfeld im Westen des Reiches suchen mußte (Röm 15,23f), könnte somit nicht nur damit zu tun gehabt haben, daß er seiner beschönigenden Bemerkung zufolge in seinem angestammten Missionsgebiet „kein Arbeitsfeld" mehr fand (Röm 15,23), sondern mit der deprimierenden und sein ganzes Denken verdüsternden Erfahrung, daß er am Ende aus dem Raum, in dem er seine gewaltige Lebensleistung vollbracht hatte, verdrängt wurde. Das aber konnte auf Paulus, der sich doch für die „Unterwerfung“ des Ostens, ungeachtet aller Anfeindungen, Verfolgungen und Rückschläge eingesetzt hatte, nur einen niederschmetternden Eindruck ausüben, der sich dann unvermeidlich auch auf sein Lebensgefühl und Denken niederschlug und ihn nun, nicht zuletzt auch angesichts der heidnischen Laster (Röm 1,26–32) und der jüdischen Überheblichkeit (Röm 2,1–5), vom göttlichen Zorngericht reden ließ[75]. Wer somit an Paulus die Frage stellt, ob Gott wirklich „zürnt“ und darauf im Zug einer perniziösen Tendenz heutiger Theologie eine affirmative Antwort erwartet, erhält diese allenfalls von dem enttäuschten und frustrierten Paulus, nicht jedoch von dem im Vollbewußtsein seiner Erwählung und Sendung Redenden[76]. Denn dieser weiß nur von dem Gott, der – wie ihn selbst – die ganze Welt mit seinem Sohn beschenkte und sich dadurch als der Gott der bedingungs- und alternativelosen Liebe erwies.

Mit der Rede vom Zorngericht ist aber auch schon das Stichwort für die auf die widersprüchliche Eschatologie des Apostels bezogene Aporie gefallen. In der Frage des Weltendes war Paulus schon deshalb gespalten, weil er, ungeachtet seiner glühenden Naherwartung, die ihn auf seine Entrückung als Überlebenden hoffen ließ (1 Thess 4,15 ff), zunehmend mit seinem wohl gewaltsamen Tod rechnete (2 Kor 1,8 f; Phil 1,20 f). Darin könnte es begründet sein, daß an die Stelle der noch in der Korrespondenz mit Korinth nachklingenden Vorstellung von der triumphalen Einholung des zu seiner Parusie erscheinenden Herrn (1 Kor 15,50–54) der von seinem evolutionären Weltbild begünstigte Gedanke von einem sich geschichtlich anbahnenden wechselseitigen Unterwerfungsprozeß – der feindlichen Gewalten unter die Herrschaft Christi und dessen Unterwerfung unter die Oberhoheit Gottes – trat, der sein Ziel in dem „Gott alles in allem“ erreicht (1 Kor 15,28). Die Entscheidung zwischen diesen gegensätzlichen Modellen wurde längst schon von der Glaubensgeschichte getroffen. Auch wenn im Augenblick

75 *M. Limbeck*, Zürnt Gott wirklich? Fragen an Paulus, Stuttgart 2001; *R. Miggelbrink*, Der Zorn Gottes. Geschichte und Aktualität einer ungeliebten biblischen Tradition; dazu der Abschnitt „Licht oder Finsternis?“ meiner Schrift ‚Gott im Horizont des Menschen‘, Limburg 2001, 25–79. Wie der von *W. Beinert* herausgegebene Sammelband ‚Gott – ratlos vor dem Bösen?‘ (Freiburg 1959) beweist, steht die Gegenwartstheologie schon des längeren, ratlos und betroffen, vor der „Dunkelseite“ des in seinem Zorn entbrennenden Gottes, dem sie, ebenso zurückschreckend wie fasziniert, sogar Einblicke in seine Personalität und „Biographie“ abzugewinnen sucht. Paulus hätte das zweifellos als Vergegenwärtigung seines alten Kampfes mit der judaistischen Gesetzesreligion und ihrem Gott der rigorosen Strafgerechtigkeit empfunden und darauf nicht anders als in seinem Galaterbrief (Gal 1,6–9) reagiert.

76 Doch selbst der frustrierte Paulus spricht nie von der Hölle!

kaum etwas für die Entmachtung von Atheismus, Säkularismus und Reduktionismus zu sprechen scheint, kündigt sich der Sieg Christi doch um so nachdrücklicher darin an, daß die Parusie im Sinn des Zweiten Petrusbriefs als „Aufgang des Morgensterns in den Herzen" (2 Petr 1,19) begriffen und dadurch dem Einwohnungsmotiv zum Durchbruch verholfen wird[77]. Ebenso wichtig wie dieser thematische Paradigmenwechsel ist jedoch der damit einhergehende perspektivische, der die Wende vom Bild- und Gegenstandsglauben zum Innerlichkeitsglauben betrifft. Denn in der bildhaft-gegenständlichen Sicht der Parusie verharrte der Glaube noch immer in jener Perspektive, die die Verwandlung des Botschafters in die Botschaft, des Glaubenden in den Geglaubten und des Lehrers in die Lehre eröffnet hatte[78]. Inzwischen wirkte der glaubensgeschichtliche Prozeß jedoch darauf hin, daß sich der Schrein der Vergegenständlichungen öffnete und die Botschaft wieder zu reden, der Geglaubte wieder zum Glauben zu bewegen und der zur Lehre Gewordene wieder zu lehren begann, wenngleich, bezeichnend für den Gesamtprozeß, nicht mehr wie einst auf den Feldern und in den Synagogen Galiläas, sondern in Gestalt des von *Augustin* entdeckten „inwendigen Lehrers"[79].

Damit präsentiert sich Paulus erneut als Prozeßdenker, der zwar klar umrissene Ziele anstrebt, sich dabei aber auf keine der darauf hinführenden Positionen festlegen läßt. Zwar würde er sicher nicht mit *Nietzsche* dichten: „Licht wird alles, was ich fasse, Kohle alles, was ich lasse", doch brächte der Folgesatz „Flamme bin ich sicherlich" sehr wohl etwas von seiner dynamischen, voranstrebenden Denkstruktur zum Ausdruck. Dabei verbindet sich bei ihm unnachsichtige Strenge oft mit einer verblüffenden Großzügigkeit und Toleranz. So hart er mit den Gegnern seiner Freiheitsbotschaft ins Gericht geht, so tolerant verfährt er mit andern Boten des Evangeliums, angefangen von dem (nach Apg 18,24ff) noch korrekturbedürftigen Apollos, den er mit den Worten würdigt:

> *Ich habe gepflanzt, Apollos hat begossen, Gott aber hat das Wachstum gegeben. So liegt denn weder an dem, der pflanzt und begießt, sondern nur an Gott, der es wachsen läßt (1 Kor 3,6f),*

bis hin zu jenen zweifelhaften Vertretern, die „Christus aus Streitsucht und hinterhältiger Absicht" verkünden, und auf die er dennoch mit der großmütigen Bemerkung reagiert:

77 *A. Vögtle*, Der Judasbrief – Der 2. Petrusbrief, Solothurn und Düsseldorf 1994, 169ff.

78 *Ders.*, Der verkündigende und verkündigte Jesus „Christus", in: *J. Sauer* (Hrsg.), Wer ist Jesus Christus?, Freiburg 1977, 27–91.

79 Dazu meine Schrift ‚Der inwendige Lehrer'. Der Weg zu Selbstfindung und Heilung', Parchim 2002.

Was liegt schon daran? Wenn nur, gleichviel ob mit Hintergedanken oder in reiner Absicht, Christus verkündet wird; darüber freue ich mich (Phil 1,17f).

Doch ist das weder ein Anzeichen der Indifferenz noch gar der Schwäche, sondern die Folge der Konzentration auf das von ihm unablässig verfolgte Ziel seiner zeitlichen und endzeitlichen Berufung (Phil 3,14). Wie der Folgesatz beweist, strebt Paulus dieses Ziel keineswegs im Eigeninteresse an, sondern im Blick auf seine Adressaten, die er mit Gottes Hilfe gleichfalls darauf einzustimmen sucht (Phil 3,15). In diese Zielgerade will Paulus aber mit seinen Gemeinden auch die Glaubensgemeinschaften jeder Folgezeit hineinreißen. Dabei ist es auch in ihrem Fall darum zu tun, das hinter ihnen liegende „Alte" zu vergessen, um sich, davon unbeschwert, nach dem vor ihnen liegenden „Kampfpreis" auszustrecken (Phil 3,13f). Was mit dem zu vergessenden „Alten" gemeint sein könnte, klärt sich am besten im Rückblick auf die vieldiskutierte Stelle, an der Paulus betont:

Selbst wenn wir bisher Christus dem Fleische nach gekannt haben, kennen wir ihn doch jetzt nicht mehr so (2 Kor 5,16)[80].

Bestreitet Paulus damit sein Interesse an dem historischen Jesus, womöglich sogar eine nähere Kenntnis seiner Lebensgeschichte, von der sich, abgesehen von der Abendmahlsszene (1 Kor 11, 23–25), tatsächlich kaum etwas in seinen Briefen niederschlug; oder betont er mit dieser Absage lediglich die neue Sicht, die sich ihm durch sein Damaskuserlebnis erschloß?[81] Doch gleichviel, welcher Deutung der Vorzug zu geben ist: aktuell plädiert die Absage unfraglich für die Verabschiedung der gegenständlich-bildhaften Glaubensweise zugunsten der mystischen, die das Einwohnungsmotiv eröffnet. Darin besteht das von Paulus gewiesene Ziel, das es mit aller Entschiedenheit ins Auge zu fassen und mit seiner Hilfe anzusteuern gilt.

80 *H. Lietzmann*, An die Korinther I/II, 124ff.
81 *J. Gnilka*, Paulus von Tarsus, 33; anders *E. Lohse*, Paulus. Eine Biographie, 67.

Der Liebesdienst

Unter allen jemals gegen Paulus erhobenen Vorwürfen trifft ihn keiner härter als derjenige *Bubers*, der ihm vorhält, daß er zwar oft von Gottes Liebe zu den Menschen, aber kaum einmal von deren Gegenliebe zu Gott spreche[82]. An der schon von *Augustin* bestätigten Richtigkeit dieses Einwands ist nicht zu zweifeln, zumal Paulus in der seine Instruktion über die Liebe krönenden Ableitung das Doppelgebot Jesu nur mit dem die Nächstenliebe betreffenden Nachsatz, nicht jedoch mit dem von der Liebe zu Gott handelnden Vorder- und Hauptsatz anführt (Röm 13,9). Dieses offensichtliche Defizit fällt umso schwerer ins Gewicht, als die höchsten Begriffsziele, zu denen Paulus emporführt, stets dialogisch strukturiert sind, so daß für ihn der Glaube nur im Rückbezug auf den Geglaubten, die Hoffnung nur im Blick auf den Erhofften, der Friede nur im Bezug auf dessen personale Verkörperung und in der Folge dann auch die Liebe nur als Wechselspiel von göttlicher und menschlicher Liebe denkbar ist. Da man aber das ganze paulinische System als eine einzige Überredung zur Liebe verstehen kann, muß gezeigt werden, ob sich bei Paulus nicht doch Ansätze zum Ausgleich dieses Defizits finden. Um beim Friedenswunsch des Philipperbriefs anzusetzen, so hätte Paulus zweifellos der Behauptung *Karl Jaspers'* zugestimmt:

Kein Friede ohne Freiheit,
keine Freiheit ohne Wahrheit[83].

Doch hätte er vermutlich dem hinzugefügt „kein Friede ohne Liebe“ und diese zugleich als Grund der Freiheit und der Wahrheit bezeichnet. So hätte er sogar votieren müssen, weil ihm Friede, Freiheit, Wahrheit und Liebe nicht als abstrakte Prinzipien, sondern als Darstellungsformen Christi galten. Bei aller Gewichtung des Glaubensaktes hätte er doch zugleich mit *Ignatius von Antiochien* Christus den „vollkommenen Glauben“ nennen können[84]. Ebenso hätte er, so sehr er seine Hoffnung auf den künftigen Retter setzte (2 Kor 1,10), dem Wort des Kolosserbriefs zugestimmt, das Christus „die Hoffnung auf die Herrlichkeit“ nannte (Kol 1,27). Desgleichen ging sein Friedenswunsch für ihn durch den in Erfüllung, der nach seiner Schule „der Friede“ in leibhaftiger Erscheinung war (Eph 2,14). Und erst recht sah er nach dem Schluß seiner zwei-

82 Dazu nochmals die Stellenangabe und Stellungnahme auf Seite 219f.
83 *K. Jaspers*, Wahrheit, Freiheit und Frieden in: Friedenspreis des Deutschen Buchhandels, Reden und Würdigungen 1951–1960, Frankfurt 1967, 174.
84 *Ignatius von Antiochien,* An die Smyrnäer 10,2.

ten Liebeshymne die Liebe Gottes „in Christus Jesus, unserm Herrn" verkörpert (Röm 8,32). Wie die Braut nach einem Wort *Sebastian Francks* beim Anblick des Bräutigams dessen Bild, mit dem sie sich während seiner Abwesenheit getröstet hatte, beiseitelegt, so verwarf auch Paulus alle Wahrheitskonzepte, nachdem er in Christus deren Inbegriff entdeckt hatte[85]. Von dieser Wahrheit wußte er nicht weniger als das Johannesevangelium, daß sie frei macht. Und erst durch die so gewonnene Freiheit sah er sich befähigt, die Liebe Gottes zu erfassen, die ihm in Christus entgegentrat. Doch warum weiß er soviel von der Tat des Glaubens und dem Aufschwung der Hoffnung, aber so wenig von der Gegenliebe des Menschen zu Gott zu sagen?

Nach einer Bemerkung in seiner Korrespondenz mit Korinth zu schließen, weil er sich anders als in Sachen des Glaubens, nicht als Lehrer, sondern als „Brautwerber" der Liebe verstand:

> *Ich bin eifersüchtig auf euch mit Gottes Eifersucht, denn ich habe euch einem einzigen Mann anverlobt, um euch als reine Jungfrau Christus zuzuführen (2 Kor 11,2).*

Oder, um die bereits gebrauchte Wendung nochmals aufzugreifen, weil er, wie je nur einer, zur Liebe überreden will. In diesem Zusammenhang ist auch nochmals daran zu erinnern, daß in seinem ersten, in der Zeit vor seiner Lebenswende entstandenen Hymnus auf die Liebe hinter dem von ihm ausdrücklich einbekannten Fanatiker der Sprecher der Liebessehnsucht zum Vorschein kommt. Zwar weiß er in diesem Hymnus, daß sich die Liebe nicht erbittern läßt, daß sie Unrecht nicht nachträgt, sondern alles glaubt, hofft und erträgt (1 Kor 13,5 ff); doch ist das alles aus der Position eines Entbehrenden gesagt. Im Grunde dessen könnte sich eine uneingestandene Liebesunfähigkeit verbergen, die dann auch die auffallend restriktiven Äußerungen zur Sexualität erklären würde. Wie sich im Notschrei des Römerbriefs das Allgemein-Menschliche mit dem Ausdruck persönlicher Betroffenheit mischt (Röm 7,24), so auch hier: das „verhohlene Eingeständnis" der eigenen Liebesunfähigkeit brächte dann jenes allgemeine Unvermögen zum Ausdruck, in dem *Joseph Ratzinger* das eigentliche Problem der Weltgeschichte erblickte[86]. Wenn aber das angenommen werden darf, kommt das der Aufforderung zu einer Neulektüre der Paulusbriefe gleich, die den zur Liebe überredenden „Brautwerber" zum Vorschein bringt.

85 *J. Franck*, Kriegbüchlin des Friedes, in: *K. von Raumer* (Hrsg.), Ewiger Friede. Friedensrufe und Friedenspläne seit der Renaissance, Freiburg und München 1953, 278.

86 *J. Ratzinger*, Das Salz der Erde. Christentum uund katholische Kirche an der Jahrtausendwende, München 1996, 301.

Daß die Paulusbriefe so gelesen werden können – und müssen –, ergibt sich aus der wiederholt erwähnten Einsicht *Ed Parish Sanders*, wonach bei ihnen zwischen einer exoterischen, der Missionspredigt des Apostels entstammenden Schicht und einer esoterischen Tiefenschicht zu unterscheiden ist, in der anstelle der dort dominierenden rechtlichen Kategorien nur noch von der Verbundenheit der Gläubigen mit Christus die Rede ist. Doch legt sich diese Neulektüre ebenso aus der Tatsache nahe, daß es in den Paulusbriefen Querverbindungen gibt, die sich wie Achsen ausnehmen, um die sich das übrige bewegt. Eine derartige Achse führt etwa von der auf die Sendung des Gottessohnes bezogenen Stelle des Galaterbriefs (Gal 4,4) zu der damit übereinstimmenden Stelle von der Gotteskindschaft im Römerbrief (Röm 8,15), nicht weniger aber auch von dem frühen zum späten Hymnus auf die Liebe. Doch der tiefere Grund liegt in Paulus selbst. Wenn Paulus, wie *Herman Schell* urteilte, ein Feuerbrand ist, „der von Christus glüht", kann von der Lebensform Jesu auf die seine zurückgeschlossen werden[87]. Darüber aber gibt vor allem das durch den satisfaktorischen Zusatz verdunkelte Wort vom dienenden Menschensohn Aufschluß, das in seiner Urfassung lautet:

> *Der Menschensohn ist nicht gekommen, sich bedienen zu lassen, sondern um zu dienen (Mk 10,45)*[88].

Danach unterscheidet sich Jesus von allen, die sich in den unterschiedlichsten Formen bedienen lassen, dadurch, daß er sein Lebenswerk als eine einzige Dienstleistung begreift, die sich zuinnerst auf ihn selbst bezieht und daher in seinem Bemühen besteht, seine Gottessohnschaft in seinem Reden und Handeln an die Menschen zu veräußern und ihnen als Helfer zum Selbstsein und zur Selbstfindung in der Gotteskindschaft beizustehen. Wenn Paulus, wie *Schell* meint, von diesem Feuer „glüht", müßten sich Spuren dieser zu allen gewohnten Verhaltensformen gegensinnigen Grundeinstellung auch bei ihm nachweisen lassen. Dann muß sich die anvisierte Neulektüre seiner Schriften sogar vorzugsweise darauf konzentrieren. Unter diesem Gesichtspunkt werden einige seiner Äußerungen tatsächlich auf neue Weise lesbar.

Im Vorgriff darauf muß im Blick auf den autobiographischen Grundzug des paulinischen Werkes der Tatsache Rechnung getragen

87 *H. Schell*, Christus, Paderborn, 1902, 14.

88 Wenn *Ludger Schenke* (Die Urgemeinde 246) nach dem Vorgang *Bultmanns* meint, daß der Spruch „nicht zum ältesten Traditionsgut gerechnet werden" könne, so bezieht sich das nur auf die um den Zusatz „und sein Leben hinzugeben als Lösegeld für viele" erweiterte Fassung, nicht jedoch auf die Urfassung, die in ihrer Ungeheuerlichkeit nur auf Jesus zutrifft und daher auch nur von ihm stammen kann; dazu meine Monographie ‚Das Antlitz. Eine Christologie von innen', Düsseldorf 1999, 164–175.

werden, daß sich Paulus in auffälliger Weise selbst in seine Aussagen einbringt und so in eine Affinität zu Jesus gerät, der sich dadurch von allen andern Religionsstiftern unterscheidet, daß er, anders als diese, nicht nur eine Lehre hat, sondern seine Botschaft in leibhaftiger Verkörperung ist. Das verleiht seinen Worten jenen existentiellen Überhang, um dessen Wahrnehmung es bei der angezielten Neulektüre zu tun ist. Dabei springen in erster Linie jene Äußerungen in die Augen, in denen er die Gemeinden seiner innersten Verbundenheit versichert, so, wenn er der von Korinth erklärt:

> *Gebt uns Raum, denn niemand haben wir Unrecht getan, niemand geschädigt, niemand übervorteilt. Das sage ich nicht, um euch zu verurteilen; habe ich euch doch erklärt, daß ihr in unserem Herzen wohnt, miteinander verbunden auf Leben und Tod (2 Kor 7,2f).*

Im selben Sinn hatte er den Adressaten von Philippi erklärt, daß er sich im Herzen Jesu Christi nach ihnen sehne (Phil 1,8). Doch Paulus redet nie nur als Person, sondern stets als Missionar. Dies jedoch nicht aus Gründen einer Strategie, sondern aufgrund der Wesensbestimmung, die ihm bei seinem Ostererlebnis eingeprägt worden war. All seine Äußerungen sind, so gesehen, Akte der intendierten Selbstmitteilung, durch die er die Adressaten nicht nur, wie *Schweitzer* bemerkte, in sein eigenes Erleben, sondern in das ihm zugeeignete Sein „hineinzureißen" sucht. Wenn diese Intention im Falle Jesu darin besteht, den Seinen das zu übereignen, was er aufgrund seiner Gottessohnschaft ist, so besteht sie im Falle Pauli in dem Versuch, seine Adressaten in das hineinzunehmen, was er in seiner Berufungsstunde geworden ist. Glaubenstheoretisch gesehen hängt das mit seiner einzigartigen Grenzposition zusammen. Während zwischen allen andern Osterzeugen und den Glaubenden der Lessingsche „Graben" klafft, steht er, bildlich gesprochen, gleichzeitig auf dem einen wie dem andern Grabenrand. So sehr er mit den andern Zeugen fragt: „Habe ich nicht den Herrn Jesus gesehen?" (1 Kor 9,1), weiß er mit den Glaubenden: „Wir leben im Glauben, nicht im Schauen" (2 Kor 5,7). Indessen nimmt er das von *Lessing* aufgeworfene Problem nicht nur vorweg; er sucht den „garstigen breiten Graben" auch mit dem von ihm erbrachten „Beweis des Geistes und der Kraft" (1 Kor 2,4) zu überbrücken, und Lessing hätte gut daran getan, wenn er sich von Paulus nicht nur das Thema des Problems, sondern auch dessen Lösung hätte geben lassen. Doch worin besteht sie?

Grundsätzlich gesprochen: in seiner großangelegten Überredung zu Liebe. Da für ihn von dieser jedoch gilt: „sie glaubt alles" (1 Kor 13,7), muß in erster Linie zugesehen werden, wie sich diese Überredung in seinem Glaubenskonzept darstellt. Dabei ist an die Achse zu erinnern, die gerade in dieser Hinsicht das Briefwerk des Apostels durchzieht. Sie führt von der Galaterstelle von der Sendung des Gottessohnes (Gal 4,4), vermittelt durch die Glaubensbestimmung im Römerbrief zu Aussagen über die geistgewirkte Gotteskindschaft im selben Brief (Röm 8,15). Denn der Glaube nahm nach paulinischem Verständnis seinen Anfang, als Gott in der Zeitenfülle, durch die sich Paulus zweifellos an den Kairos in seiner eigenen Lebensgeschichte erinnert fühlt, seinen Sohn in diese versklavte und heteronome Welt sandte, um, wie die chiastisch gestaltete Stelle sagt, „die dem Gesetz Unterstehenden zu befreien" und alle zur Gottessohnschaft gelangen zu lassen. Dabei ist mit „Befreien" der Tod und mit dem „Hingelangen zur Gotteskindschaft" ebenso unausdrücklich wie unüberhörbar die Auferstehung Jesu angesprochen. Das schlägt die Brücke zu der vermittelnden Glaubensbestimmung, die, wiederum chiastisch gestaltet, die dem Missionar Paulus so wichtige Bekenntnispflicht noch vor der Inhaltsumschreibung nennt:

> *Wenn du mit deinem Mund Jesus als den Herrn bekennst, und in deinem Herzen glaubst, daß Gott ihn von den Toten erweckt hat, erlangst du das Heil. Denn mit dem Herzen glaubt man zur Gerechtigkeit und mit dem Mund bekennt man zum Heil (Röm 10,9f)*[89].

Was zunächst Andeutung blieb, tritt hier ins volle Licht: die Auferstehung des Gekreuzigten. Wie sie Paulus den Galatern vor Augen gestellt hatte (Gal 3,1), legt er sie hier dem Glaubenden „ans Herz". Das aber kann er nur, weil er den ihn als Osterzeugen von diesem trennenden Graben überschritten und sich auf seine Seite gestellt hat, indem er ihm, dem „Schüler zweiter Hand" (*Kierkegaard*), sein Ostererlebnis übereignete. Darin bestand der seine Predigt bekräftigende „Beweis des Geistes und der Kraft", der die „Torheit" des Kreuzes als Falsifikat der göttlichen Weisheit und seinen „Skandal" als Chiffre von Gottes Kraft erwies. Glaubend geht der „Schüler" somit ein in das Erlebnis des Zeugen und, vermittelt durch dieses, in die geistgewirkte Gegenwart des Geglaubten, so daß der Glaube als ein Akt der Geistesgegenwart in des Wortes mystischer Bedeutungstiefe zu gelten hat. Der Gegenpol aber wird durch den darin waltenden Geist gebildet, der (nach Röm 8,16) „unserm Geist bezeugt, daß wir Kinder Gottes sind". Es ist die Stelle von der übereigneten und zum menschlichen Inbesitz gewordenen Gottessohnschaft, die kathartisch, mit der Verneinung der das Sohnesbewußtsein behindernden Heteronomie und Angst, beginnt:

89 *U. Wilckens*, Der Brief an die Römer II, 227f.

Ihr habt doch nicht den Geist der Knechtschaft empfangen, so daß ihr euch aufs neue fürchten müßtet (Röm 8,15),

und die das Ziel den erreichen läßt, der den Stand sklavischer Heteronomie und Verängstigung hinter sich gelassen und die Offenheit des Freien erreicht hat. Kriterium dieser Freiheit aber ist seine Befähigung, in die Abba-Anrufung Jesu einzustimmen und sich an Gott mit dessen ehrfürchtiger Zärtlichkeitsanrede zu wenden. Aber was hat das mit der Überredung zur Liebe durch den Brautwerber Jesu zu tun?

Um darauf antworten zu können, muß man auf den Ausgangspunkt zurückblenden, den Paulus mit dem Wort umschreibt, daß es Gott „gefiel", seinen Sohn „in ihm" zu offenbaren (Gal 1,16). Danach war seine Damaskusvision ein Erweis des Wohlgefallens Gottes und damit ein göttlicher Liebeserweis. Die Stelle erinnert an die des Johannesprologs, wonach der am Herzen Gottes Ruhende denen Kunde brachte, von denen keiner Gott je gesehen hatte (Joh 1,18). Was Gott zur Sendung seines Sohnes und zu dessen Offenbarung an Paulus bewog, war somit, wie diese Wendung verdeutlicht, ausschließlich seine Erbarmung und Liebe. Das muß als Prämisse auf alles bezogen werden, was sich an Lehren, Anweisungen oder Berichten mit der Gestalt des Offenbarers verbindet. In der Konsequenz dessen muß dieser dann auch als authentisches Interpretament an die Aussagen des Neuen Testaments herangetragen werden, weil sie erst im Rückbezug auf ihn und das von ihm ausgehende Licht in ihrer wahren Bedeutung erkennbar sind. Auf die Paulusbriefe bezogen, verblassen dann die wiederholten Worte vom Zorn und Gericht Gottes in einer Weise, daß sie nur noch als Hinweise auf den über Heil oder Unheil entscheidenden Ernst ihrer Botschaft lesbar werden, nicht mehr jedoch als Auskünfte über das, was im einen wie im andern Fall tatsächlich geschieht. In dem von Jesus ausgehenden Licht gelesen, gewinnen dann aber die Aussagen gleichsinniger, also vom Erbarmen und der Güte handelnden Art so sehr an Leuchtkraft, daß sie wie etwas zuvor noch nie Erkanntes anmuten.

Das gilt erst recht von der zweiten Achse, die durch Aussagen über die Liebe gebildet wird. Sie setzt im Liebeshymnus aus der Frühzeit des Apostels an (1 Kor 13,1–13) und führt, vermittelt durch das Römerwort von der in die Herzen der Glaubenden ausgegossenen Liebe (Röm 5,5), auf den Liebeshymnus des späten Paulus (8,31–39) hin. In diesem Zusammenhang erscheint das Briefwerk des Apostels geradezu als ein sich auf dieses Ziel hin steigerndes Liebesdrama. So gesehen treten dann auch rückschlägige Passagen wie die Verurteilung des Blutschänders oder die wiederholten Ausfälle gegen Konkurrenten und Widersacher in ein versöhnliches Licht. Trotzdem stellt sich dann aber gerade hier das von *Buber* angesprochene Problem, da sowohl bei der wie eine selbständige Entität agierenden Liebe im ersten Hymnus wie in den beiden Römerstellen immer nur von der Liebe Gottes, nicht aber von der menschlichen Gegenliebe die Rede ist. Wenn man angesichts dieser Sachlage nicht aporetisch verbleiben will, bleibt nur der Rückbeztug auf den Mystiker Paulus, der im Zeichen der mystischen Inversion alle menschlichen Akte auf eine zuvorkommende Initiative Gottes zurückführt, die göttliche Entgegenkunft dann aber umgekehrt zu menschlichen Leistungen werden läßt. Das eine gilt von der als einzige Ausnahme von der Regel anzusehenden Stelle, in der tatsächlich von einer menschlichen Liebe zu Gott die Rede ist:

> *Wenn jemand Gott liebt, ist er von ihm erkannt (1 Kor 8,3).*

Wenn „erkennen" hier, wie vielfach im biblischen Sprachgebrauch, als Euphemismus für den Geschlechtsakt verwendet ist, bringt diese Stelle zum Ausdruck, daß der Liebende in ein genealogischen Verhältnis zu Gott aufgenommen ist und Gott nicht nur zum Herrn und Schöpfer, sondern zum Vater hat. Dann ist der Mensch zwar in paulinischer Sicht von Haus aus unfähig zur Liebe; doch wächst ihm diese als neue Qualität und Befähigung mit seiner Erhebung zur Gotteskindschaft zu. Denn diese stattet ihn, bildlich gesprochen, mit Flügeln aus, mit deren Hilfe er sich zu dem immerfort erhebt, wozu er durch den ihn in sich aufnehmenden Gott erhoben worden ist. Die Liebe des Menschen zu Gott ist die seine, und umgekehrt ist die seine die des ihn liebenden Menschen. Das trifft *Albert Schweitzer* mit der tiefsinnigen Feststellung, daß diese „Doppeldeutigkeit" zum Gedanken des Apostels gehöre; denn:

> *Die Liebe ist für ihn nicht wie ein Strahl, der von einem Punkt zu einem andern gelangt, sondern einer, der in stetigem Zurückgeworfenwerden hin- und hergeht. Liebe zu Gott und Christus ist immer zugleich von Gott und Christo kommende Liebe, die in dem Erwählten wirksam wird*[90].

Daß die liebende Entgegenkunft Gottes dann auch zur menschlichen Leistung wird, betont die Paulusschule mit der Begründung:

> *Denn wir sind seine Gebilde, geschaffen in Christus Jesus zu guten Werken, die Gott im voraus bereitgestellt hat, damit wir uns in ihnen bewähren (Eph 2,10).*

90 *A. Schweitzer,* Die Mystik des Apostels Paulus, Tübingen 1930, 298.

Mit Recht stellt *Rudolf Schnackenburg*, wenngleich in verneinender Absicht, die Frage, ob Gott hier nicht „zum Diener menschlichen Tuns" werde[91]. Zutreffender noch könnte gefragt werden, ob der Mensch hier nicht zum Vollstrecker und „Täter" göttlichen Tuns werde. Das gilt dann in vollem Umfang auch von der Liebe Gottes, die nun im Schmelztiegel der mystischen Inversion zur „Tat" des von sich aus liebesunfähigen Menschen wird. So aber kommt der „Brautwerber" doch noch ans Ziel seiner Bemühung, wenngleich nur aufgrund seiner Personalunion mit dem Mystiker. Deshalb fällt hier der Blick auf das Motiv des „mystischen Leibes", in dessen Explikation Paulus den Hymnus auf die Liebe eingebaut hat. Was die von ihm vielfach gebrauchte Wendung „in Christus" nur formal bezeichnet, wird hier zu dem „Realbild" von dem aus den vielen als „Gliedern" gebildeten Organismus entfaltet, der von Christus als „Haupt" geeint, belebt und gekrönt wird (1 Kor 12,12–31). Drehpunkt des Ganzen ist der Gedanke der alles Geschehen und Handeln bestimmenden Osmose, die alle zu einer Gemeinschaft des Leidens wie der Freude zusammenfaßt; denn:

> *Wenn ein Glied leidet, leiden alle mit, und wenn ein Glied sich freut, freuen sich alle Glieder mit (1 Kor 12,26).*

Im Römerbrief, in dem er diesen Bildgedanken wiederholt (Röm 12,4ff), unterbaut Paulus das mit dem Satz.

> *Keiner von uns lebt für sich selbst, und keiner stirbt für sich selbst. Denn wenn wir leben, leben wir für den Herrn, und wenn wir sterben, sterben wir für den Herrn. Ob wir also leben oder sterben. wir gehören dem Herrn (Röm 14,7f).*

Danach hat die Osmose der Erfahrungen und Widerfahrnisse der Glieder ihren Brennpunkt in dem sie integrierenden und inspirierenden Haupt. Das aber heißt, daß Christus sich in ihrem Glauben ebenso erkennt, wie er sich in ihrer Liebe liebt, und das, wie dem unverzüglich hinzuzufügen ist, in der Weise, daß er die Erkenntnis ihres Erkennens und die Liebe ihrer Liebe ist. Daß er in ihrer Erkenntnis zu sich selbst kommt, war der Kerngedanke der von *Baader* und *Schelling* getragenen romantischen Christologie; daß er sich in ihrer Liebe selber liebt, brachte *Augustin* mit der „wunderbaren Kurzformel" (*de Lubac*) zum Ausdruck:

> *erit unus Christus, amans seipsum*[92].

91 *R. Schnackenburg*, Der Brief an die Epheser, Zürich 1982, 99f.

92 *Augustinus*, In psalm. 26, sermo 2,23, und in seinem Kommentar zum ersten Johannesbrief, tract. 10, nach *H. de Lubac*, Katholizismus als Gemeinschaft, 106.

Insofern hätte *Buber* nicht auf den Paulus so fremden *Spinoza* zurückzugreifen, sondern nur den Mystiker Paulus selbst anzurufen brauchen, um die Lösung des von ihm aufgeworfenen Problems zu finden. Denn die von ihm im Römerbrief getroffene Feststellung, daß keiner für sich selber lebt und stirbt, kann in seinem Sinn auch dahin vervollständigt werden, daß keiner für sich selber glaubt und hofft, weil der Glaube immer nur in der Kooperation des Glaubenden mit dem Geglaubten und des Hoffenden mit dem Erhofften zustandekommt. Für die Liebe aber gilt, daß sie mehr noch als der Akt des Liebenden das Werk dessen ist, der sich der augustinischen Kurzformel zufolge in den Seinen liebt. Dadurch schwindet der Schatten, der auf dem liebesunfähigen Menschen liegt; dadurch schwindet aber auch der Schatten, der nach *Buber* auf den zwar eindrucksvoll von der Liebe Gottes, aber frustrierend wenig von der menschlichen Gegenliebe zu Gott redenden Paulus fällt. Und das heißt in letzter Konsequenz, daß Paulus dadurch zur Liebe überredet, daß er sich dabei auf den sich in den Seinen Liebenden zurückbezieht.

Indem er sich darum bemüht, leistet er dem Christentum jenen unschätzbaren Dienst, den *Kant* in seiner Reflexion über ‚Das Ende aller Dinge' (1794) einforderte. Denn das Christentum habe, so argumentiert er, „außer der größten Achtung, welche die Heiligkeit seiner Gesetze unwiderstehlich einflößt, noch etwas *Liebenswürdiges* in sich"[93]. Sollte es aber jemals dazu kommen, „daß es aufhörte, liebenswürdig zu sein" – und dazu käme es, wenn es sich „statt seines sanften Geistes mit gebieterischer Autorität bewaffnen würde" –, dann würde sich „die herrschende Denkart der Menschen" in „Abneigung und Widersetzlichkeit gegen dasselbe" verkehren. Das aber würde nicht nur dem für einen Vorläufer des jüngsten Tages angesehenen Antichrist in die Hand spielen, sondern das Christentum seine Bestimmung verfehlen lassen, die „allgemeine Weltreligion zu sein"[94]. Angesichts der ihm gerade heute drohenden Gefahr, in den Augen vieler seine Liebenswürdigkeit zu verlieren, könnte ihm kein größerer Dienst als mit dem von Paulus geleisteten erwiesen werden. Doch dazu wäre er als Lehrer der Liebe schwerlich befähigt gewesen, um so mehr jedoch war er es als der Brautwerber, der zur Liebe überredete.

93 *I. Kant*, Das Ende aller Dinge, in: Ausgewählte kleine Schriften, Hamburg 1965, 101.
94 A.a.O., 104.

Siebentes Kapitel

DER GLEICHZEITIGE

Die Aktualität

Angesichts der relativistischen Tendenzen im religiösen Disput der Gegenwart kann nicht nachdrücklich genug betont werden, daß sich Jesus in zweifacher Hinsicht von allen andern Religionsstiftern unterscheidet. Im Unterschied zu ihnen hat er nicht nur eine Botschaft, sondern er ist sie in personaler Wirklichkeit; und er ist, anders als sie, ungeachtet seiner Historizität, nicht ins Dunkel der Geschichte versunken, sondern lebt in den Seinen auf und fort. Wenn Paulus mit der Begründung, Nachahmer Christi zu sein, zu seiner Nachahmung aufruft, erhebt er damit den Anspruch, daß dies in abkünftiger Weise auch auf ihn zutrifft. Das gilt vor allem von seinem ideellen Fortleben in der Geschichte. Denn in dieser entstanden immer wieder Konstellationen nach Art der von ihm durchgestandenen, in denen er folgerichtig als Problemlöser in Anspruch genommen, wenn auch keineswegs immer in seinem Sinn zur Geltung gebracht wurde. So verhielt es sich schon in spätapostolischer Zeit, als *Markion* mit seiner extremen Paulusrezeption den Anstoß zur kirchlichen Kanonbildung gab. Und da war es der durchaus zutreffende Eindruck dieses „Erstgeborenen Satans" (*Polykarp*), daß Paulus in seinen Briefen dem „fremdem Gott" Jesus zum Durchbruch verhalf, der die Christenheit in der Reaktion auf ihn zur Sammlung der als kanonisch geltenden Schriften veranlaßte. Ähnlich war es wohl die *Luthers* Vorlesungen über den Galaterbrief zugrunde liegende Entdeckung, die ihn zur Proklamation der „Freiheit eines Christenmenschen" und schließlich zum Bruch mit den repressiven Kirchenstrukturen veranlaßte. Ebenso fand *Lessing* im Pauluswort vom „Beweis des Geistes und der Kraft" den Schlüssel zu dem Grundproblem, das sich ihm mit seiner unvollständigen Rezeption des Apostels gestellt hatte und in seiner Klage über den „garstigen breiten Graben" Ausdruck fand. Denn eine vollständige Rezeption hätte ihm zeigen müssen, daß sich Paulus als Osterzeuge gleichzeitig auf die Seite der Glaubenden stellte, um sie in sein Erlebnis hineinzunehmen und ihnen dadurch zur Zustimmung zu verhelfen. Das konnte er freilich nur auf der Basis jener Liebeserfahrung, die schon *Markion* in ihm wahrgenommen hatte, die jedoch inzwischen durch die spätmittelalterliche Gottesverdüsterung verlorengegangen war und die, wie dem hinzuzufügen ist, heute nach kurzfristigen Auflichtungen erneut verlorenzugehen droht.

Angesprochen ist damit zunächst die Wiederentdeckung der paulinischen Heilsbotchaft durch *Johann Sebastian Bach*, der Paulus zweimal, zunächst in seiner Motette ‚Jesu, meine Freude' (1728) und dann in seiner Vertonung des Wortes ‚Der Geist hilft unsrer Schwachheit auf' (1723) Paulus eine musikalische Stimme verlieh[1]. Im ersten Fall in deutlicher Korrektur des Lutherschen Paradoxes „Simul justus et peccator" durch die vehemente Skandierung des „nichts" in dem Satz „Es ist nun nichts Verdammliches in denen, die in Christo Jesu sind" (Röm 8,1) und die Vertreibung der „Trauergeister" in der Schlußstrophe, die den Eintritt des „Freudenmeisters" Jesus feiert. Im zweiten Fall durch die „sprechende" Vertonung der Interzession des Gottesgeistes, der (nach Röm 8,26) für die ratlosen Beter durch sein Seufzen vor dem die Herzen erforschenden Gott eintritt. Doch diese Auflichtung ging ebenso wie *Beethovens* Versuch, dem „liebenden Vater überm Sternenzelt" gegen den Trend der in die „Gottesfinsternis" (*Buber*) hineintreibenden Zeit zur Geltung zu verhelfen, im Sog des um sich greifenden Reduktionismus unter.

Ähnlich, nur ungleich dramatischer verhielt es sich mit der durch das große Zeitzeichen des Zweiten Vatikanum bewirkten Auflichtung. Denn dieses Konzil gab nicht nur erstmals Aufschluß über das christliche Verständnis von Offenbarung, das sich von deren jüdischer Gleichsetzung mit dem Gesetz und der islamischen mit dem in der „Nacht der Macht" herabgesandten Koran dadurch unterscheidet, daß es den vom Herzen des Vaters herabgestiegenen Gottessohn als die lebendige Gottesoffenbarung begreift; vielmehr verifizierte es diesen Ansatz dann auch durch die als seine Spätfrucht wie auf geheime Absprache hin entstandene Jesusliteratur[2]. Denn in ihr stieg, mit den signifikanten Titeln gesprochen, der von *Guardini* zum ‚Herrn' Inthronisierte vom Thron seines „Herrentums" herab, um den Seinen ebenerdig, als ‚Helfer', ‚Bruder' und ‚Freund' entgegenzutreten und um ihnen seine ‚Freundschaft' anzubieten[3]. Überdies erwies sich damit, daß die Theologen, die schon zuvor die paulinische Spur aufgenommen hatten und wie *Schweitzer*, *Wikenhauser*, *Pelz* und *Söhngen*, teils gegen kirchliche Kritik, für die Wiedergeburt der

1 Dazu mein Beitrag ‚Bach als Wiederentdecker der paulinischen Heilsbotschaft', in: Glaubensimpulse, 324–336.
2 Näheres dazu in meinem Jesusbuch ‚Der Freund', München 1989, 22–38.
3 Angesprochen sind damit die Jesusbücher von *Guardini*, *Ben-Chorin*, *Biser*, und *Schnackenburg*.

Mystik eingetreten waren, der christlichen Sache einen ebenso wichtigen wie aktuellen Dienst erwiesen hatten.

Gleichzeitig mit der Zurücknahme der Errungenschaften des Konzils setzte dann aber ein verhängnisvoller Rückschlag im Spektrum der Gegenwartstheologie ein, die sich, quer durch die Konfessionen, von der „Dunkelseite" Gottes fasziniert zeigte und den Zorn Gottes, zusammen mit der Gerichtsandrohung Jesu, zum verdrängten und deshalb neu zur Geltung zu bringenden Thema erklärte[4]. Abgesehen davon, daß sie damit den von ihr beklagten repressiven Maßnahmen des kirchlichen Lehramts die theoretische Rechtfertigung liefert, zeigt sie sich auch auf verhängnisvolle Weise blind für die Zeichen der Zeit. Denn zu denen gehört nach dem der Kirche gegebenen Wegzeichen des Zweiten Vatikanums vor allem das mit leuchtenden Lettern an die Wand der Epoche geschriebene Zeitzeichen des freiheitlichen Aufbruchs von 1989, der nicht nur Millionen die jahrzehntelang entbehrte Freiheit, den europäischen Völkern, die sich jahrhundertelang blutige Raub- und Vernichtungskriege geliefert hatten, den Entschluß zur Errichtung des gemeinsamen „Hauses Europa" eingab und den Deutschen das Himmelsgeschenk der Wiedervereinigung einbrachte, sondern, erstaunlicher noch, ohne Blutvergießen zustandekam und deshalb als „sanfte Revolution" in das Gedächtnis der Menschheit einging[5]. Doch dafür zeigte sich die dem fatalen Trend verfallene Theologie nicht nur uneinsichtig und blind; vielmehr lief sie mit ihrer Tendenz auch in die offene Falle *Nietzsches*, sofern sie den liebenden Gott für ineffizient erklärte und nur dem strafenden Geschichtsmacht zutraute. Denn ausgerechnet im ‚Antichrist' stellte *Nietzsche* die Frage:

> *Was läge an einem Gott, der nicht Zorn, Rache, Neid, Hohn, List, Gewalttat kennte? … Man würde einen solchen Gott nicht verstehen, wozu sollte man ihn haben?*[6]

Doch den Gott der bedingungslosen Liebe könnte man sehr wohl verstehen, weil er, wie im Sinne der Immanenzapologetik *Maurice Blondels* zu sagen ist, allein die das Menschenherz erfüllende Antwort auf die Existenzfrage gibt, von der *Augustin* erklärte, daß sie der Mensch nicht so sehr stellt, als vielmehr ist[7]. Das wird bei der angesprochenen Theologie aller Wahrscheinlichkeit nach auf taube Ohren stoßen; gerade in einer

4 Dazu der Abschnitt „Licht oder Finsternis?" meiner Schrift ‚Gott im Horizont des Menschen', Limburg 1991, 24–79.

5 Dazu der Abschnitt „Fehlten Tote?" meines Sammelbandes ‚Hat der Glaube eine Zukunft?', Düsseldorf 1994, 85–96.

6 *F. Nietzsche*, Der Antichrist § 16.

7 *Augustinus*: „Factus eram ipse mihi magna quaestio"; Confessiones IV, c.4.

Zeit des verlorenen Friedens ist aber alles daran gelegen, daß die gewaltfreie und gewaltverneinende Botschaft des bedingungslos liebenden Gottes, mit der Jesus sein Volk, wenngleich vergeblich, vor dem durch die Zeloten inszenierten Krieg und damit vor der ihm drohenden Katastrophe bewahren wollte, mit letzter Eindringlichkeit in die Welt hineingerufen wird.

Das aber kann nur gelingen, wenn der Schulterschluß mit Paulus vollzogen wird. Denn in der heutigen Situation wiederholt sich auf frappierende Weise diejenige, vor die sich Paulus im Galaterbrief gestellt sah. Wiederum geht es – wie bei seinen damaligen Gegnern – um Tendenzen, die in seiner Sicht einen „Rückfall hinter Jesus" (*Schenke*) betreiben[8]. Wiederum kommen diese nicht von außen, sondern aus den eigenen Reihen. Und wiederum richten sie sich, wenngleich unabsichtlich, gegen die zentrale Lebensleistung Jesu, die es in Abwehr dieser Tendenz mit aller Entschiedenheit aufrechtzuerhalten gilt. Über den Grad dieser Entschiedenheit läßt der Kampf, den Paulus im Galaterbrief aufnimmt, keinen Zweifel: es ist ein Kampf um Sein oder Nichtsein. Wie ein Blick in dieses leidenschaftlichste Schreiben des Apostels zeigt, zieht dieser alle Register seines Sprachrepertoires, angefangen von Worten der Beschwörung, bittersten Vorwürfen und Drohungen bis hin zu hemmungslosem Sarkasmus, um dann am Ende doch zu resignieren, wenn er gesteht:

> *Ich wünschte bei euch zu sein, um euch mit anderer Stimme zureden zu können. So aber bin ich ganz ratlos (Gal 4,20).*

Zwar argumentiert er auch mit dem Instrumentarium eines virtuos plädierenden Advokaten. Im Zentrum seines Vorgehens aber steht ein heiliger Exorzismus, mit dem er die Verhexung der Adressaten zu beseitigen hofft. Dabei hält er ihnen mit beschwörender Geste das Kreuz entgegen, und dies in der Zuversicht, mit der Heilkraft dieses Zeichens ihre Entzauberung zu bewirken. Das beabsichtigt er, wenn er sie mit der Frage attackiert:

> *Ihr blöden Galater! Wer hat euch nur verhext, euch, denen doch Christus am Kreuz vor Augen gestellt wurde? (Gal 3,1)*

Das ist der Fingerzeig, wie auch heute verfahren werden muß. So wichtig bei der angestrebten Korrektur Argumente und Widerlegungen sind; entscheidend ist allein der Versuch, das Christentum auf seine Mitte zurückzunehmen und diese Mitte in offensiver Strategie nach außen zu kehren, weil nur so das zu erreichen ist, was kein Argument zu leisten

8 *L. Schenke*, Die Urgemeinde, 163f.

vermag. Notwendig ist somit, auf eine Kurzformel gebracht, eine kämpferische Anamnese. Dazu nahm Paulus seine Zuflucht, als er den verhexten Adressaten das Kreuz in entzaubernder Absicht entgegenhielt. Doch wie verfiel er gerade auf diese Strategie?

Das ist die Frage nach der Rolle des Kreuzes in seinem Damaskuserlebnis. Nach den drei Zentralzeugnissen bezog sich dieses zunächst nur auf den Auferstandenen. Zwar konnte dieser nur der vom Tod Erstandene sein; doch ging das Kreuz zunächst in sein Erlebnis nicht ein. Dazu kam es erst, als Paulus, der mit dem Erlebnis verbundenen Weisung folgend, mit dem Versuch begann, sein Widerfahrnis missionierend weiterzugeben und dabei den von dem Katalog des Zweiten Korintherbriefs dokumentierten Leidens- und Kreuzweg beschritt. Dabei wurde ihm das Kreuz, wie er am Schluß des Galaterbriefs mit dem Wort von den von ihm getragenen Malzeichen betont, buchstäblich auf den Leib geschrieben (Gal 6,17). So wurde er zur leibhaftigen Synthese von Kreuz und Auferstehung. Das steht im Hintergrund, wenn er seine Existenz mit dem Bild vom Schatz im zerbrechlichen Tongefäß umschreibt (2 Kor 4,7). Dieser Spannungseinheit von erlittenem Kreuz und erlebter Auferstehung .entstammt die Dynamik des paulinischen Denkens, Redens und Handelns. Immer dann, wenn ihn die Last des Kreuzes in ihrer vielfältigen Form als Verfolgung, Peinigung oder pastorale Sorge zu erdrücken drohte, fühlte er sich durch den Geist des in ihm wohnenden Auferstandenen gestärkt und auferbaut, weil sich dessen Kraft gerade in seiner Schwachheit durchsetzen wollte. Darin bestand der Beweis des Geistes und der Kraft, von dem er seine „kraftlose" Rede begleitet wußte. Und darin bestand dann auch die apotropäische Effizienz des Kreuzeszeichens, das er den schwankend gewordenen Galatern entgegenhielt[9].

Im Kern seiner Missionsmethode ging es Paulus somit darum, das Innerste seiner Konzeption nach außen zu kehren und es Hörern wie Gegnern vor Augen zu führen. Und dies in der Hoffnung, die Hörer damit in ihrem Innersten anzusprechen, die Schwankenden ihrer Verhexung zu entreißen und die Gegner zu entwaffnen. Da sich in der Heilsvergessenheit der heutigen Theologie die galatische Situation geradezu notengetreu spiegelt, bleibt für ihre Bewältigung gleichfalls nur diese Strategie. Der Faszination durch den Gott des Zornes, des Gerichts und der Strafgerechtigkeit muß der Kern der paulinischen Heilsbotschaft in Gestalt des verklärten Kreuzes im Vertrauen auf seine entzaubernde Kraft entgegengesetzt werden. Weil sich im Binnenraum der Theologie die

9 *F.-J. Ortkemper*, Das Kreuz in der Verkündigung des Apostels Paulus, Stuttgart 1967; *F. Hahn*, Theologie des Neuen Testaments I, 209ff.

von Paulus seinen Gegnern gegenüber eingesetzte Polemik verbietet, kann das nur im Stile Jesu geschehen, der einem Augustinuswort zufolge seine Hörer auf persuasivem Weg, suadendo et monendo, für seine Botschaft zu gewinnen suchte[10]. Was sich im Gegenzug zu Paulus nahelegt, ist somit der umfassende Versuch einer „Überredung zur Liebe", wie er beispielhaft schon in der Dichtung *Gertrud von le Forts* ins Werk gesetzt wurde[11]. Dabei wird es in erster Linie um die Klärung des Propriums und der Identität des Christentums gehen, die ihm nur dann zukommt, wenn es im Unterschied zu seiner jüdischen Mutterreligion über eine eigene Sicht des Gottesgeheimnisses verfügt und wenn sein Stifter bei aller Zugehörigkeit zur prophetischen Tradition seines Volkes als der begriffen wird, der am Ziel dieser Tradition die große Innovation herbeiführte und sich dadurch sein Todesschicksal zuzog. Diese Innovation konnte angesichts des von Jesus eingeschlagenen Weges des unbedingten Gewaltverzichts, von dem er wußte, daß er sein Volk als einziger vor der durch die Agitation der Zeloten heraufbeschworenen Katastrophe bewahren konnte, nur in der Proklamation des Gottes der bedingungslosen Liebe bestehen. Denn der ambivalente, zwischen Trost und Schrecken oszillierende und deshalb „grausame und gütige" Gott der jüdischen Tradition (*Buber*) konnte nur zu leicht von denen in Anspruch genommen werden, die sich – damals wie heute – als Vollstrecker seiner Strafgerichte fühlten und deshalb in die für ihn absehbar gewordene Katastrophe führten. Indessen kam diese Strategie zur Gottesverkündigung Jesu nur instrumentell hinzu. Strukturell und originär ergab sie sich nach dem vom Johannesprolog (Joh 1,18) ins Bild gesetzten Eingang des Römerbriefs aus seiner Gottessohnschaft, in die er, dieser aus älterer Überlieferung übernommenen Formel zufolge, durch seine Auferstehung „mit Macht eingesetzt" wurde (Röm 1,3f). Durch seine Auferweckung in ein genealogisches Gottesverhältnis aufgenommen, war er nach dem Bildwort des Johannesprologs der am Herzen des Vaters ruhende „Erstgeborene", der von dort den Unwissenden Kunde brachte und der dann immer nur das bekunden konnte, was er am Gottesherzen vernahm und als der von dort Herabgestiegene war. Deshalb war er selbst die durch ihn an die Welt ergehende Gottesoffenbarung, so daß er mit seinem Wort und Wirken immer nur das bezeugte, was ihm durch Herkunft und Sendung aufgegeben war. Daß sich angesichts seiner Verwerfung durch die, die er rettem wollte, seine Botschaft oft genug zu Warnungen und Drohungen ver-

10 *K. Flasch*, Augustin. Einführung in sein Denken, Stuttgart 1980, 102f.

11 Dazu meine Monographie ‚Überredung zur Liebe. Die dichterische Daseinsdeutung Gertrud von le Forts', Regensburg 1980.

schärfte, war die unvermeidliche Folge der ihm widerfahrenen Ablehnung. Doch auch diese Droh- und Gerichtsworte stehen unter dem Vorbehalt des von ihm entdeckten, proklamierten, erkämpften und erlittenen Gottes der alternativelosen Liebe. Deshalb muß er als hermeneutischer Schlüssel und als lebendiges Interpretament an jede Aussage der neutestamentlichen Schriften herangetragen werden, weil sie erst in seinem Licht vollgültig lesbar und in ihrem wahren Stellenwert erkennbar werden.

Das Ziel dieser Überredung ist jedoch erst dann erreicht, wenn auch dem ersten Eindruck Rechnung getragen und Jesus dadurch von allen übrigen Religionsstiftern unterschieden wird, daß er, ungeachtet seiner Historizität, in den Seinen auf- und fortlebt. Deshalb geht es bei diesem Ziel darum, das Motiv der Einwohnung Christi seiner Vergessenheit zu entreißen (*Söhngen*) und als Kristallisationskern eines in der Konkurrenz mit Judentum und Islam bestehenden und die Herausforderung durch Atheismus, Säkularismus und Reduktionismus überstehenden Christentums glaubhaft zu machen. Doch dafür kann niemand effektiver als Paulus, der Entdecker des „inneren Menschen" und der Einwohnung Christi, in Anspruch genommen werden, zumal die Tiefenschicht seiner Konzeption ganz von diesen Motiven bestimmt ist (*Sanders*). Für diese Beanspruchung sprechen aber, von der innerkirchlichen Motivation ganz abgesehen, vor allem auch zeitgeschichtliche Gründe. Denn der von einer epidemisch gewordenen Identitätskrise befallene Mensch dieser Zeit möchte sich nach *Gottfried Benn* „ein Stichwort borgen – allein bei wem?" Doch bei keinem religiösen oder weltanschaulichen Angebot fände er ein Stichwort, das ihm so sehr aus der Seele gesprochen und auf den Leib geschrieben wäre wie im paulinischen Einwohnungsmotiv. In diesem bestünde die Antwort auf die mit seiner ganzen Existenz gestellte Sinnfrage nämlich nicht in einer Formel, sondern in einer Person und in ihr nicht nach Art eines Vorbilds, sondern einer liebenden Selbstübereignung.

Indessen wäre all das in den Wind gesprochen, wenn nicht die Voraussetzung dafür geschaffen und gezeigt wird, wie der Mensch zur Akzeptanz dieses Angebots gelangen kann. Auch auf diese Frage bleibt die paulinische Heilsboschaft die Auskunft nicht schuldig. Und auch sie besteht, wie die Beantwortung der menschlichen Sinnfrage, nicht in einer Formel, sondern in der Kontaktmetamorphose des gebrochenen und von seinem Selbstzerwürfnis zerrissenen Menschen mit dem ihm zugesprochenen Gottessohn. Denn der begriff seine Gottessohnschaft zugleich als die ihm gestellte Aufgabe, diese an den Menschen weiterzugeben und ihn zur Gotteskindschaft zu erheben. Deshalb folgert Paulus aus der in der Zeitenfülle erfolgten Sendung des Sohnes:

So bist du nicht mehr Sklave, sondern Sohn; wenn aber Sohn, dann auch Erbe durch Gott (Gal 4,7).

Und Paulus begründet diese Erhebung mit dem Zweck der Menschwerdung; denn Gott sandte seinen menschgewordenen Sohn in diese von repressiven Strukturen beherrschte Welt, damit er die Versklavten befreite und damit die als seine Kreaturen Geborenen zur Gotteskindschaft gelangten. Überdies versteht er sich selbst nicht nur als den Theoretiker dieses Geschehens, sondern nicht weniger als sein praktischer Vermittler. Denn das ist gemeint, wenn er seinen korinthischen Adressaten versichert, daß „das Wort der Versöhnung" in ihn „hineingelegt" sei, und wenn er sie als dessen „Botschafter" an Christi Statt beschwört:

Laßt euch mit Gott versöhnen! (2 Kor 5,20)

Wenn es gelänge, die Überredung zur Liebe mit dieser an Paulus geschulten Dringlichkeit vorzutragen, könnte sie ihr Ziel schwerlich verfehlen. Nur müßte sie angesichts der zu erwartenden Ein- und Widersprüche argumentativ abgestützt werden, da ihr im Neuen Testament und selbst in den Paulusbriefen allzuviel entgegenzustehen scheint. Doch fällt das Gegenstrebige nur so lange ins Gewicht, als zwei Tatsachen nicht gebührend berücksichtigt werden. Einmal – und vor allem – die Alternativelosigkeit der Liebesbotschaft, die so wenig wie das Motiv der Freiheit und des Friedens einen Gegensatz duldet, der kontrastiv oder gar komplementär ins Spiel gebracht werden könnte. Denn die Liebe Gottes kennt kein Außerhalb, das gegen sie aufkommen könnte, allenfalls Zustände der Abwesenheit und des Fehlens oder Formen der Verweigerung. Doch selbst den sich ihr Verweigernden gilt die Zusage:

Den ganzen Tag habe ich meine Hände nach einem ungehorsamen und widerspenstigen Volk ausgestreckt (Röm 10,21).

Definitiv und unwiderleglich aber kommt die Alternativelosigkeit der Gottesliebe zum Vorschein, wenn Paulus das Endziel allen Seins und Geschehens mit der Wendung „Gott alles in allem" umschreibt und damit einem Endzustand das Wort redet, in dem Gott alles, auch das ihm Widerstrebende, in seine Seins- und Liebesfülle zurücknimmt. Zum andern aber gilt von den kontrastierenden Aussagen der biblischen Schriften, daß sie, ungeachtet ihrer verbalen Semantik, inhaltlich verblassen und zu Hinweisen auf den Ernst der Botschaft verkümmern, sobald nur der, der die Liebesbotschaft Gottes in personaler Verkörperung ist, als Interpretament an alle Worte von und über ihn herangetragen wird, weil er sie dann insgesamt mit seiner Selbstaussage überstrahlt.

Der Beistand

Paulus hätte vermutlich anstelle des von Jesus verwendeten Bildes von der ihre Flügel schützend über ihre Jungen ausbreitenden Henne (Lk 13,34) das von den Adlersflügeln, auf denen er seine Schutzbefohlenen dem Ziel entgegentragen wollte, gebraucht, um damit seinem bleibenden Engagement für sie Ausdruck zu verleihen. Denn er bleibt zwar um eine ganze Ordnung hinter dem zurück, der sich dadurch von allen andern unterscheidet, daß er, mit *Kierkegaard* gesprochen, nie zu einem „Vergangenen" geworden ist, sondern in den Seinen fort- und weiterlebt; doch nähert er sich ihm zugleich dadurch an, daß er seine Leser nie aus seiner Fürsorge entläßt, sondern ihnen insbesondere im Mitvollzug dieses Fortlebens beizustehen sucht. Nie hätte sich Paulus wie sein Zeitgenosse *Simon Magus* die Parakletenrolle angemaßt (Apg 8,10), obwohl er mit diesem in den Pseudoklementinen polemisch gleichgesetzt wurde[12]. Wohl aber kommt er dem von Jesus verheißenen „Beistand" (Joh 14,16f) funktional nahe, sofern er sich dessen Wirken (Joh 14,26; 16,8) in der Form zu eigen macht, daß er „jeden Einzelnen" seiner Gemeinden „wie ein Vater ermahnte, ermunterte und beschwor" (1 Thess 2,11f) und der sich dabei gleich dem „nicht von sich aus", sondern nur von Jesus redenden Parakleten (Joh 16,14), vornahm, bei seiner Belehrung „nichts anderes zu kennen als Christus und ihn als den Gekreuzigten" (1 Kor 2,2).

Konkret bietet Paulus seinen Beistand in seiner Eigenschaft als Beter, als Interpret und als Vorbild an. In seinen Briefen präsentiert er sich, meist noch vor jeder inhaltlichen Aussage, vor allem als Beter. Auch wenn er sich nie in die Rolle des Parakleten hineinsteigert, kommt er ihr doch dadurch nah, daß die von *Bach* höchst kunstvoll vertonte Schlüsselstelle vom „Wunder des Betens" (Röm 8,26) die Not des Beters durch die Intervention des inwendigen Fürsprechers überwunden sieht:

> *Der Geist hilft unsrer Schwachheit auf. Denn wir wissen nicht, um was wir beten sollen, wie sich's gebührt. Da tritt der Geist selbst für uns ein mit unaussprechlichem Seufzen. Der aber die Herzen erforscht, kennt das Ansinnen des Geistes, der nach Gottes Willen für die Heiligen eintritt*[13].

Eine Schlüsselfunktion kommt dieser Stelle schon insofern zu, als sie den überragenden Stellenwert, den Paulus dem Gebet zumißt, über jeden Zweifel erhebt. Es ist somit nicht nur Ausdruck der hohen Wertschätzung, die Lukas dem Gebet zumißt, wenn Christus in seiner Darstellung

12 *E. Dassmann*, Der Stachel im Fleisch, 283–286.
13 Näheres dazu in meinem Beitrag „Bach als Wiederentdecker der paulinischen Heilsbotschaft". Dazu nochmals der Abschnitt „Der Beter", Seite 108–115.

der Damaskusvision den Bedenken des Hananias gegenüber dem ihm als Christenverfolger bekannten Saulus dadurch zuvorkommt, daß er ihm versichert: „Denn siehe, er betet." (Apg 9,11), sondern Reflex der für Paulus selbst gültigen Wertung[14]. Nur als Beter ist er ganz zu würdigen und zu verstehen. Das bestätigt die hermeneutische Schlüsselfunktion der Stelle. Denn mit seiner Intervention verwandelt der mit seinem Seufzen für den Beter eintretende Gottesgeist dessen Ratlosigkeit in ein von dem die Herzen erforschenden Gott verstandenes Ansinnen. So gesehen stehen Meditation und Reflexion für Paulus in einer geradezu als Wechselverhältnis erscheinenden Beziehung. Danach ist das Gebet ein im Dialog mit Gott vollzogenes Denken und dieses ein welt- und sinnbezogenes Gebet. So – und nur so – erklärt sich der unmittelbare Übergang von strenger Argumentation oder insistenter Paränese zu hymnischen oder fürbittenden Anrufungen Gottes. Für das eine steht der ekstatische Ausklang des selbstquälerischen Ringens des Apostels um die Rettung Israels, in dem sich der Beter förmlich in die unerkundbare Weisheit Gottes hineinrettet (Röm 11,33ff). Für das andere sprechen die deprekativen Briefeingänge. So schon der des Briefs an die Thessaloniker, in dem Paulus dem Adressaten versichert, dass er in seinen Gebeten Gott unablässig für ihren „tatkräftigen Glauben", ihre „vielbewährte Liebe", und ihre „beharrliche Hoffnung" danke (1 Thess 1,2f). Erst recht aber der Eingang des Zweiten Korintherbriefs, in dem sich der Beter zu dem „Vater der Erbarmungen und Gott allen Trostes" erhebt (2 Kor 1,3). Einen Höhepunkt bildet der Eingang des Philipperbriefes. Während sich Paulus in den anderen Eröffnungsgebeten dankend und fürbittend für die jeweiligen Adressaten einsetzt, nimmt er sie hier förmlich in seine Hinwendung an Gott hinein:

> *Ich danke meinem Gott, so oft ich an euch denke und bete jederzeit in meinem Gebet voll Freude für euch alle … Es ist für mich ja nur recht und billig, daß ich diese Gesinnung zu euch hege, weil ich euch im Herzen trage …; denn Gott ist mein Zeuge, daß ich mich im Herzen Christi Jesu nach euch sehne (Phil 1,3f. 7f).*

Daß Paulus im Sinne der Anweisung Jesu, „daß man allezeit beten solle" (Lk 18,1) und seiner eigenen Mahnung „betet ohne Unterlaß" (1 Thess 5,17) selbst in einer permanenten Gebetshaltung begriffen war, zeigt sich am deutlichsten im Römerbrief, wenn er aus kritischen oder argumentativen Kontexten wie in seiner einleitenden Abrechnung mit der heid-

14 *K. Hartmann*, Vor Damaskus ein Licht. Wie Lukas die Bekehrung des Paulus erzählt, Stuttgart 1987, 37.

nischen Vertauschung von Wahrheit und Lüge (Röm 1,25) oder seinem Ringen um die Rettung Israels unversehens in eine Anrufung Gottes „hochgelobt in Ewigkeit. Amen" (Röm 9,5) ausbricht[15].

Dieses unterschwellige Verharren in der Gebetshaltung ist zweifellos in der Überzeugung des Apostels begründet, daß die Hauptlast des Gebets nicht vom Beter, sondern von dem in ihm „seufzenden" Gottesgeist getragen wird. Aber kann man ihm das Eingeständnis, nicht zu wissen, „um was wir beten sollen", zutrauen, wo er doch ständig sehr konkrete Gebetsziele, sei es im Blick auf die Glaubensfestigkeit, das spirituelle Wachstum oder den Zusammenhalt der Gemeinden, sei es im Gedanken an seine Belästigung durch den Satansboten (2 Kor 12,8f) oder an seine Aufnahme in Jerusalem (Röm 15,31), verfolgt? Kann er sich denn gerade angesichts dieser vielfältigen Gebetsziele mit denen solidarisch gefühlt haben, die tatsächlich nicht wußten, daß es in allem Beten nur um den geht, in dessen Wirklichkeit sich der Beter zu verankern sucht, also um Gott? Mit der ihm eigenen Vehemenz hat sich *Ernst Käsemann* gegen diese subjektive Deutung der Stelle ausgesprochen, die er auf den „gottesdienstlichen Schrei nach Freiheit" in der Zungenrede der versammelten Gemeinde bezieht[16]. Doch damit zerreißt er nicht nur den Kontext, der die Stelle durch das Wort vom „Seufzen der Kreatur" (Röm 8,22) beleuchtet; vielmehr verkennt er auch den „Ort", auf den sich die Interzession des Geistes bezieht.

Denn diesen bestimmt Paulus eindeutig als den der Gotteskindschaft, den er zunächst als den der Abba-Anrufung Gottes (Röm 8,15) und dann als das Ziel des ganzen Weltgeschehens darstellt (8,23). Und hier spricht er nicht nur vom „Seufzen" der in Geburtswehen liegenden Schöpfung, sondern, schon im Blick auf die Schlüsselstelle, davon, daß

> *auch wir, die wir die Erstlingsgabe des Geistes besitzen, seufzen in der Erwartung der Kindschaft und der Erlösung unsres Leibes (Röm 8,23).*

In diesem Kontext gesehen, stimmt der Beter nach Auskunft der Schlüsselstelle seufzend in das sehnsüchtige Verlangen der Schöpfung nach der „Freiheit der Gotteskinder" ein, das, wie sich nunmehr klärt, nur den befreienden und erhörenden Gott zum „Inhalt" haben kann. Somit ist das Gebet für Paulus der subjektive Mitvollzug des das Weltgeschehen durchstimmenden Verlangens nach Befreiung und Aufnahme in die Lebensgemeinschaft mit Gott und demnach ein Beitrag zur Erlösung der Welt.

15 *R. Gebauer,* Das Gebet bei Paulus. Forschungsgeschichtliche und exegetische Studien, Gießen 1989, 114–123; 172–179; 206ff.

16 *E. Käsemann,* Der gottesdienstliche Schrei nach Freiheit, in: Paulinische Perspektiven, 211–236.

Damit hat er aber die Rolle des Beters schon mit der des Beistands vertauscht.

Als Beistand erweist sich Paulus nicht nur, sofern er für seine Adressaten betet, sondern nicht weniger dadurch, daß er sie als Interpret über ihren Wissensstand hinaushebt und ihnen ungeahnte Dimensionen der Erkenntnis erschließt. Dabei geht es ihm in erster Linie um die Beseitigung der Widerstände, die sich in ihnen seiner Zentralbotschaft entgegensetzen und die ihn im Fall der Galater geradezu von einer „Verhexung“ sprechen lassen (Gal 3,1). Sofern sie dem Judentum entstammen, wirkt in ihnen immer noch der von dem „Juden Tryphon“ artikulierte Einwand gegen einen Glauben nach, der seine Hoffnung auf einen „gekreuzigten Menschen“ setzt[17]. Dagegen steht für die zum Aufblick zum Ideenreich erzogenen Griechen das Kreuz als Inbegriff einer göttlichen Selbsterniedrigung noch immer im Anschein einer intellektuellen Zumutung, die ihnen ein schweres Sacrificium intellectus abfordert. Gegen diese Widerstände setzt Paulus seine ganze Interpretationskraft ein, und dies in Form einer von ihm insinuierten Blicköffnung, die seine Adressaten in dem vermeintlichen Skandal den Erweis der sich in der Schwachheit durchsetzenden Gotteskraft und in der vermeintlichen Torheit den Inbegriff göttlicher Weisheit erkennen läßt. Danach ist Interpretation für Paulus nicht nur die Kunst, im scheinbar Unbegreiflichen den darin verborgenen Sinn zu entschlüsseln, sondern ein Kraftakt, der darauf abzielt, den Adressaten in die Sicht des Interpreten hineinzuziehen. Bei dieser „Blickverschmelzung“ gewinnt der Leser die vom Epheserbrief erwähnten „hellsichtigen Herzensaugen“ (Eph 1,18), die ihn das ihm zuvor Verborgene erkennen lassen. Da durch diese Interpretationsleistung die sich „gegen die Erkenntnis Gottes“ auftürmenden „Bollwerke“ niedergerissen werden (2 Kor 10,4f), steht sie auch im Dienst der Glaubensausbreitung und damit des von Paulus begleiteten Triumphzugs Christi durch die antike Welt. Das unterstreicht *Carl Schneider* mit der Feststellung, daß die Allegorese erst durch Paulus zur Methode christlicher Schriftauslegung erhoben worden sei[18]. Dem stimmt Paulus in aller Form mit seinem hermeneutischen Grundsatz zu:

> *Unsre Befähigung stammt von Gott, der uns zu Dienern des neuen Bundes erkoren hat, nicht des Buchstabens, sondern des Geistes; denn der Buchstabe tötet, der Geist aber macht lebendig (2 Kor 3,6).*

17 *Justin der Märtyrer*, Dialog mit dem Juden Tryphon (9,2); dazu meine Schrift ‚Glaubensvollzug‘, Einsiedeln 1967, 98f.

18 *C. Schneider*, Geistesgeschichte des antiken Christentums I, München 1954, 336.

Im Anschluß daran beschreibt er sogar das von ihm angewandte Verfahren, wenn er in Anspielung auf das verschleierte Gesicht des Mose davon spricht, daß beim Interpretationsakt eine Hülle entfernt werden müsse, damit der darunter verborgene Sinn zutage treten könne:

> *Bis auf den heutigen Tag liegt eine Hülle auf der Verlesung des Alten Testaments, so daß sich nicht zeigt, daß es in Christus sein Ende gefunden hat … Sobald es sich aber zum Herrn wendet, wird die Hülle weggenommen. Denn der Herr ist der Geist, und wo der Geist des Herrn waltet, da ist Freiheit (2 Kor 3,14–17).*

In der Gegenüberstellung von Mose und Christus kommt das Kernstück der Allegorese zum Vorschein: die von Paulus besonders geschätzte Typologie[19]. Während jene verwandte Strukturen in Vergleich zieht und durch die jeweils übergeordnete enträtselt, geht es dieser um den Kontrast von Personen und die sich aus ihrer Gegenüberstellung ergebende Klärung: Bezeichnend für die ihm von *Schneider* zugesprochene Rolle als Methodiker gebraucht Paulus an herausragender Stelle sogar den Fachausdruck Typologie, wenn er seine Deutung der Vorgänge und der „für uns zu Vorbildern gewordenen" Gestalten des Wüstenzugs Israels in den Satz zusammenfaßt:

> *Das ist jenen vorbildhaft widerfahren, aufgeschrieben aber wurde es für uns, über die das Ende der Zeiten gekommen ist (1 Kor 10,11).*

Ausgiebig macht Paulus von der Typologie schon im Galaterbrief Gebrauch, wenn er die beiden Frauen Abrahams, die Sklavin und die Freie, auf das „jetzige" und auf das himmlische Jerusalem bezieht und diese Übertragung mit dem Satz begründet: „Das ist sinnbildlich gesagt" (Gal 4,24). Erneut begegnet hier dann auch die Tendenz, von der Typologie auf den Leser zurückzuschließen, wenn es heißt:

> *Deshalb, Brüder, sind wir nicht Kinder der Sklavin, sondern der Freien (Gal 4,31).*

Als besonders folgenschwer erwies sich der typologische Vergleich von Adam und Christus, zunächst unter dem Gesichtspunkt von Tod und Leben, Erde und Himmel:

> *Wie in Adam alle starben, werden alle in Christus zum Leben gebracht: Und wie wir das Abbild des Erdhaften aufweisen, so werden wir auch das Abbild des Himmlischen an uns tragen (1 Kor 15,22. 49)*

19 *F. Hahn*, Theologie des Neuen Testaments I, 196ff.

Das verschärft der Römerbrief schließlich zu der für die Erbsündenlehre grundlegenden Aussage:

> *Wie durch den Fall des Einen die Verdammung über alle Menschen kam, so kommt durch die gerechte Tat des Einen die lebenspendende Rechtfertigung über alle Menschen. Denn wie durch den Ungehorsam des einen Menschen die vielen zu Sündern wurden, so werden durch den Gehorsam des Einen die vielen zu Gerechten (Röm 5,18f).*

Die vor allem von *Augustin* daraus abgeleitete Erbsündenlehre verkennt den paulinischen Gedankengang, der auf der Suche nach einem möglichst scharfen Kontrast zu dem in Christus gewonnenen Heil und Leben bei dem todbringenden Adam ansetzt und über weitere Kontrastierungen, insbesondere der von Gehorsam und Ungehorsam, Gerechter und Sünder, zum Ziel der Gedankenkette führt, das schließlich mit dem Wort vom Tod als „der Sünde Sold" (Röm 6,23) erreicht wird und damit auf die Klage über die universale Todverfallenheit, dieses Grundmotiv der paulinischen Anthropologie, vorausweist[20]. Doch in der „methodologischen" Aussage von der weggenommenen Hülle (2 Kor 3,13ff) wird bereits deutlich, daß sich die paulinische Interpretationsleistung in erster Linie auf das Problem des Gesetzes bezieht. Wenn die – wie auf dem Antlitz der Mose – auf der Verlesung des Alten Testaments und seines Hauptinhalts, der Tora, liegende Hülle weggenommen wird, zeigt sich, wie Paulus in kühner Umkehrung der alttestamentlichen Schilderung sagt (Ex 34,33), daß es damit nichts mehr auf sich hat, weil das Gesetz im Hegelschen Sinn des Ausdrucks in Christus „aufgehoben" ist. Aufgehoben zweifellos auch im Sinn einer höheren Bewahrung, bei der an die von Paulus gegen Ende des Römerbriefs entwickelte Immunisierungsstrategie (Röm 12,10–13,10) zu denken ist. Denn die Tora suchte ihr Ziel durch Direktiven und Gebote zu erreichen. Da diese aber oft genug das Gegenteil bewirken (Röm 7,7), ist alles daran gelegen, dem Menschen jenes Prinzip einzustiften, das ihn zum Bösen unfähig macht: die Liebe. Aufgehoben ist das Gesetz dann aber vor allem im Sinn seiner Beseitigung. Denn als der Inbegriff eines heteronomen Gotteswillens steht es in diametralem Gegensatz zum paulinischen Heilsbegriff, der seine Achse in der durch Christus errungenen Freiheit hat (Gal 5,1). Wenn *Michael Theobald* davon ausgeht, daß das Gesetz bei Paulus zwar von soteriologischen Implikationen „entlastet", dadurch aber keineswegs aus dem christlichen Heilskonzept „entlassen" sei, hat er zwar den signifikanten Trend einer selbstvergessenen Theologie auf seiner Seite, jedoch den ge-

20 *J. Gnilka*, Paulus von Tarsus, 223.

gen sich, dem im Gesetz der Schatten des zwar erzieherischen, gleichzeitig aber auch richterlich drohenden Gottes entgegentrat und damit jener Schatten, von dem noch *Luther* getroffen und zur Ausflucht in seine Rechtfertigungslehre bewogen worden war[21]. Für Paulus ist, in letzter Zuspitzung gesprochen, Christus als sittliche Identifizierungsfigur an die Stelle des durch ihn aufgehobenen Gesetzes getreten[22]. Daher kommt alles darauf an, „den Herrn Jesus Christus anzuziehen" (Röm 13,14) und in seine Gesinnung einzugehen (Phil 2,5). Damit stellt sich Paulus mit dem Einsatz seiner ganzen Kraft auf die Seite der noch immer der Fremdbestimmung Zuneigenden, um ihnen beizustehen und zur Beschreitung des Königswegs der Freiheit und Liebe zu verhelfen.

Beistand ist Paulus aber auch nicht weniger als Vorbild. Im Vollbewußtsein seiner Zugehörigkeit zu Christus kann er deshalb seine Adressaten auffordern:

> *Werdet meine Nachahmer, so wie ich der Nachahmer Christi bin (1 Kor 11,1).*

Schon zuvor hatte er sie im Bewußtsein, sein ganzes Leben nach Christus ausgerichtet zu haben und in einer geradezu symbiotischen Leidensgemeinschaft mit ihm zu stehen, gemahnt: „Werdet meine Nachahmer!" (1 Kor 4,16) Als Interpret hatte er sie damit aufgefordert, an dem von ihm gegebenen Vorbild die Gestaltung ihres eigenen Lebens abzulesen. Das aber konnte er nur unter der Voraussetzung, daß er in Christus nicht nur seine Identität, sondern auch die Matrix für die Neulektüre seiner Biographie gefunden hatte[23]. Tatsächlich entspricht seine Damaskusvision, bei der ihm das Geheimnis des Gottessohnes ins Herz gesprochen wurde, dem Anruf „du bist mein geliebter Sohn" bei der Taufe Jesu (Lk 3,22), sein dreijähriger Aufenthalt in der Arabia dem „Rückzug" Jesu in die Wüste (Lk 4,1), seine Würdigung der Benachteiligten und Sklaven in der Gemeinde von Korinth der Zuwendung Jesu zu den gesellschaftlich Deklassierten (Lk 5,30; 10,21), sein Lob der Gotteskinder, die „wie die Sterne im Weltall" leuchten, den Seligpreisungen Jesu (Lk 6,20ff), sein Leidenskatalog und das Wort von seinem Mitgekreuzigtsein der Passion und dem Kreuzestod Jesu (Mk 15,16–25), sein Osterzeugnis den Berichten von der Erscheinung des Auferstandenen (Lk 24,23–34) und die Erwähnung seiner Entrückung in den dritten Himmel sogar der Perikope von der Himmelfahrt Jesu (Lk 24,44–52).

21 *M. Theobald,* Der Römerbrief, Darmstadt 2000.
22 *J. Gnilka,* A. a. O., 224; 228.
23 Dazu die Ausführungen meiner Schrift ‚Der inwendige Lehrer. Der Weg zu Selbstfindung und Heilung', Parchim 2001, 90ff.

Doch dadurch gewinnt seine christologisch „übertextete" Lebensgeschichte jene paradigmatische Bedeutung, die ihn zur Aufforderung, seine „Nachahmer" zu werden, ebenso befähigt wie berechtigt. Wer sich (nach 1 Kor 4,16) in seine Nachfolge begibt, gewinnt eine zweite Lebensgeschichte, die mit der des Apostels zusammen ihren Konvergenzpunkt in der Einwohnung Christi hat. Angestaltet an die Lebensgeschichte des Apostels wird er von Christus „überkleidet", so daß er in ihm zu sich selbst findet und seine wahre Identität erlangt. So wird Paulus für ihn Helfer zur Selbsthilfe und Beistand zur Selbstfindung. Und dessen Wort von seiner väterlichen Zuwendung gewinnt für ihn einen ungeahnten, höchst persönlichen Sinn.

Der Fürsprecher

Der Gedankengang mußte bis in diese subtile Zuspitzung vorangetrieben werden, damit nun auch das Verhältnis des Apostels zu seinen „Brüdern" aus dem Judentum gewürdigt werden kann. Denn im Verhältnis zu ihnen geht er nicht nur wie in den an die Gemeinden gerichteten Worten von seinem weit gewordenen Herzen (2 Kor 6,11) aus sich heraus, sondern auf exzessive Weise – bis zur Selbstverwünschung – über sich hinaus:

> *Ich sage die Wahrheit, ich lüge nicht und mein Gewissen bestätigt es mir im Heiligen Geist, daß ich große Trauer und beständigen Schmerz in meinem Herzen trage. Ich möchte selbst verflucht und von Christus getrennt sein zum Besten meiner Brüder und Volksgenossen dem Fleische nach (Röm 9,1ff)*[24].

Und dazu versteigt sich der, der unmittelbar zuvor den Hymnus auf die Liebe Christi angestimmt hatte, von der keine Macht der Welt trennen könne (8,35–39)! Den originären Zusammenhang der Aussagen vorausgesetzt, drängt sich der Eindruck auf, als habe gerade die Vertiefung in die Unabtrennbarkeit von der Liebe Christi den Trennungswunsch provoziert, weil die – unzertrennliche – Schicksalsgemeinschaft mit Israel nicht glaubhafter artikuliert werden konnte. Wie mit seinen Gemeinden bleibt der Christusjünger Paulus somit auch seinen jüdischen Brüdern „auf Leben und Tod" verbunden (2 Kor 7,3). Die Trennung der Missionsgebiete – Paulus der Evangelist für die Unbeschnittenen, Petrus der für die Beschnittenen – vollzog sich somit keineswegs so schmerzlos, wie es dem

24 *F. Hahn*, Theologie des Neuen Testaments I, 317ff.

Bericht des Galaterbriefs zu entnehmen ist (Gal 2,7). Insofern ist die Apostelgeschichte in einem psychologischen Sinn doch im Recht, wenn sie Paulus – entgegen seinem tatsächlichen Verfahren – seine Missionstätigkeit zunächst in den jüdischen Gebetsstätten aufnehmen läßt. Tatsächlich aber sah er sich selbst einer Beobachtung *Ed Parish Sanders* zufolge gegen Ende seiner Laufbahn nur noch indirekt an der „Erlösung Israels", dafür aber, wie dem hinzuzufügen ist, mit aufopferndem Engagement an dessen Rettung beteiligt[25].

Den Grad dieses Engagements beleuchtet seine zum „Wunsch" gesteigerte Bereitschaft, um der Rettung seines Volkes willen verflucht zu sein. Denn mit diesem Wunsch tritt er in die Spur dessen, der nach dem extremen Ausdruck des Galaterbriefs „für uns zum Fluch geworden ist", um uns „vom Fluch des Gesetzes loszukaufen" (Gal 3,13). Diese Stelle sollte allen die Augen öffnen, die für die Einbeziehung der Tora in die christliche Heilsbotschaft plädieren und die damit, wenngleich gegen ihre Absicht, den auf ihr liegenden Gottesschatten in diese einbeziehen. Denn mit diesem ungeheuerlichen Wort liefert sich Paulus nur deswegen der für ihn entsetzlichsten Möglichkeit aus, von dem getrennt zu werden, der ihm zur Identitätsmitte geworden war, weil für ihn die Identität seiner Sache auf dem Spiel steht: und damit das, was ihn, ungeachtet seiner geradezu verzweifelt aufrechterhaltenen Verbundenheit mit dem Judentum, von diesem unterscheidet und trennt. Denn das Gesetz ist für ihn, obwohl es mit seinen unaufgebbaren Forderungen ins Menschenherz geschrieben ist (Röm 2,14f), Inbegriff eines den Menschen niederzwingenden und in die Heteronomie versetzenden Gotteswillens, dem Paulus seine religiöse Urerfahrung mit dem Wort entgegensetzt:

> *Zur Freiheit hat uns Christus befreit (Gal 5,1)*[26].

Der Satz läßt keinen Zweifel daran, daß es Paulus bei seinem Kampf mit den galatischen Gegnern um mehr geht als nur um die Ablehnung der von ihnen erhobenen Vorwürfe und Forderungen, also um mehr als um die Rechtfertigung seines Apostolats und um die Verteidigung der Gesetzesfreiheit, sondern um die Identität des von ihm verkündeten Evangeliums[27]. Nicht umsonst wirft er den Gegnern vor, den Galatern „ein anderes Evangelium" aufreden zu wollen:

> *Aber es gibt kein anderes Evangelium. Es gibt nur gewisse Leute, die euch in Verwirrung stürzen und das Evangelium Christi in sein Gegenteil ver-*

25 *E. P. Sanders*, Paulus, 29f.
26 *F. Mussner*, Der Galaterbrief, Freiburg 1981, 243–345.
27 Zum Profil der Gegner: *Mussner*, A. a. O., 11–29; *Gnilka*, Paulus von Tarsus, 145–152.

kehren. Doch selbst im Fall, daß wir selbst oder ein Engel vom Himmel euch ein anderes Evangelium verkündigte, als wir es euch gebracht haben – verflucht sei er. Wie wir soeben erklärt haben, betone ich es nun nochmals: wenn jemand ein anderes Evangelium verkündet, als ihr es empfangen habt – verflucht sei er! (Gal 1,7ff).

Sein Evangelium aber hat der Apostel den Galatern nicht nur verkündet, sondern mit der Eindringlichkeit einer zeichenhaften Proklamation vor Augen gestellt. (Gal 3,1)[28].

Was er in seiner Predigt entfaltete, hatte er seinen Adressaten zugleich in Kurzform des Kreuzes dargestellt, so daß sie über den Inhalt seiner Verkündigung nicht im Zweifel sein konnten und deshalb in ihrer Verunsicherung unentschuldbar sind. Im Kreuz des Auferstandenen und in der Auferstehung des Gekreuzigten war ihnen alles mit letzter Eindringlichkeit gesagt. Denn in diesem Ereignis gipfelte nicht nur die Lebensgeschichte und Lebensleistung Jesu, mit ihm kam es überdies zur größten Zäsur in der Geschichte des Gottesbegriffs, da der Gott, der im Kreuzestod seines Sohnes „alles gab" (Röm 8,32), im Sinne der Gottesentdeckung Jesu nicht mehr als der ambivalente Gott der Menschheitstradition und damit als die Koinzidenz von Faszination und Schrecken gesehen werden konnte, sondern nur noch als der bedingungslos liebende, der sich so, und nicht anders, in der Hingabe seines Sohnes zu verstehen gab[29]. So bestätigt in der Sicht des Apostels das Lebensende Jesu, was schon dessen voll gewürdigte Lebensleistung lehrt. Danach ist er der größte Revolutionär der Religionsgeschichte, sofern er in ihr den entscheidenden Paradigmenwechsel herbeiführte und den zwischen Licht und Finsternis, Faszination und Schrecken oszillierenden Gott der Religionsgeschichte in die befreiende Eindeutigkeit überführte: Revolutionär im Sinn einer „sanften Revolution", von der erst der freiheitliche Aufbruch des Jahres 1989 einen Begriff vermittelte. Ungeachtet dieses Bruchs mit dem „grausamen und gütigen" Herrn der jüdischen Tradition (*Buber*) wahrte er jedoch die volle Solidarität mit ihr und seinem Volk, wie sie, ebenso überzeugend wie erschütternd, aus seiner „Selbstverfluchung" spricht.

Dabei bestehen Innovationen, wie große Beispiele nach Art des auf augustinische Formeln zurückgehenden anselmischen Gottesbeweises oder der kartesianischen Neubegründung der Philosophie auf das „Cogito" verdeutlichen, nicht so sehr im Entwurf von etwas völlig

28 *Mussner*, A. a. O., 205 ff.

29 Demgemäß ist das Kreuz für *Helmut Köster* „der kritische Maßstab eines radikalen Neuverständnisses"; nach *Mussner*, A. a. O., 21.

Neuem als vielmehr in der Entdeckung des höheren Stellenwerts vorgegebener Daten. Das gilt uneingeschränkt auch von der Gottesentdeckung Jesu, die nicht etwa in der Verwerfung des alttestamentlichen Gottesbilds besteht, sondern darin, daß er Prophetenworte wie „Liebe will ich und nicht Opfer" (Hos 6,6), „in seiner Liebe und seinem Erbarmen hat er sie erlöst" (Jes 63,9) und „mit ewiger Liebe habe ich dich geliebt" (Jer 31,3) ins exklusive Zentrum seiner Botschaft rückte. Und das gilt ebenso von dem Kampf, den Paulus um sein Evangelium der Freiheit führte. Er galt der kompromißlosen Absage an den von seinen Gegnern propagierten Gott der Heteronomie, der für ihn im Zentrum ihres konträren Evangeliums stand. Dagegen galt sein Kampf keineswegs dem Gott, der seinem Bundesvolk die unwandelbare Treue wahrte. Denn dessen Hulderweise waren und sind für ihn „unwiderruflich" (Röm 11,29).

Doch damit stellt sich Paulus das für ihn schwerste Problem der Rettung Israels angesichts der von ihm leidvoll erfahrenen Ablehnung der Heilsbotschaft[30]. Dabei stand er einerseits unter dem Eindruck seines Parusieglaubens, der ihn trotz wachsender Bedenken, daß er die Widerkunft der Herrn nicht mehr als Lebender erfahren werde, diese „in Bälde" erwarten ließ, so daß alles daran lag, das von ihm in Gang gesetzte Bekehrungswerk so rasch wie möglich voranzutreiben. Andrerseits begriff er dessen Fortgang jedoch im Stil seines evolutionären Geschichtsbilds zugleich als Element des von Gott selbst ins Werk gesetzten Prozesses, der auf die Unterwerfung aller gegnerischen Gewalten einschließlich des Todes abzielte und sein Ziel in der Unterwerfung des Sohnes unter die Oberhoheit des alles in sich einbegreifenden Gottes erreichte. Demzufolge müssen die von ihm entwickelten partikulären Lösungsmodelle stets im Zusammenhang dieses übergreifenden Weltprozesses gesehen und eingeschätzt werden. Zu den partikulären Modellen gehört vor allem das in botanischer Hinsicht verunglückte Ölbaumgleichnis, das darin gipfelt, daß anstelle der ausgebrochenen Zweige, mit denen die sich der Botschaft verweigernden Juden gemeint sind, die von den „Wildlingen" symbolisierten Heiden dem Wurzelstock eingepflanzt wurden (Röm 11,16–24). Die aber wurden eingepflanzt, um die Israel zugedachte „Zahl" zu vervollständigen. Doch auch die sich dem Heilsangebot Verweigernden blieben in den göttlichen Heilswillen eingeschlossen. Angesichts der an ihre Stelle tretenden Heiden sollten sie „eifersüchtig" werden und, motiviert durch dieses Paulus nur zu gut bekannte Gefühl, sich schließlich doch noch bekehren. Denn Paulus hatte die Gemeinde von Korinth gleichfalls „mit heiliger Eifersucht" umworben, um sie „als

30 Dazu *E. P. Sanders,* Paulus, 153–168.

reine Braut“ Christus zuzuführen. Von ähnlicher Emotion und Motivation versprach er sich die Hinwendung der immer noch abseits Stehenden zum Herrn. Dann würde auch ihnen, so wußte er, die Hülle, die „der Gott dieser Welt“ auf ihre Augen gelegt hatte, weggenommen, und sie würden erkennen, daß das Gesetz, auf das sie ihre ganze Heilserwartung setzten, in Christus ebenso aufgehoben wie erfüllt war.

Wie aber stand es um die Bekehrung der Heiden, da sich der göttliche Heilswille auch auf sie erstreckte? Da schon die Verweigerung großer Teile Israels nicht ohne den Gott, der sich aus unergründlicher Selbstentschließung ebenso der einen erbarmt, während er die andern verstockt sein läßt (Röm 9,18), zu denken ist, stellt sich das Vorbestimmungsproblem in ihrem Fall mit noch größerer Schärfe. Denn während bei den Juden niemand zu sagen brauchte:

> *Wer wird zum Himmel hinaufsteigen – um Christus herabzuholen, oder: Wer wird in die Unterwelt hinabsteigen – um Christus von den Toten heraufzuholen,*

da für sie das Schriftwort zutraf: „Nah ist dir das Wort, es ist in deinem Mund und in deinem Herzen“, verstanden als das Wort der Heilsverkündigung, das ihnen gerade von Paulus zugesprochen worden war (Röm 10,6ff), stellte sich im Fall der Heiden das kerygmatische Zusatzproblem; denn:

> *Wie sollen sie an den glauben, von dem sie noch nicht gehört haben? Und wie sollen sie hören, wenn niemand predigt? Wie aber soll einer predigen, wenn er nicht gesendet ist? (Röm 10,14f)*

Die Erbarmung Gottes findet aber zu beiden, Juden wie Heiden, Wege; denn für die Heiden gilt das Prophetenwort:

> *Ich ließ mich von denen finden, die mich nicht gesucht haben; und ich offenbarte mich denen, die nicht nach mir gefragt haben (Röm 10,20).*

Israel aber ist das einem geradezu verzweifelten Heilswillen entstammende Wort zugesprochen:

> *Den ganzen Tag habe ich meine Hände nach einem ungehorsamen und widerspenstigen Volk ausgestreckt (Röm 10,21).*

Wie Paulus davon ausgeht, daß seine Verkündigung den ganzen Osten des Reiches erreichte, weil durch seine Gründungen der Name Christi über deren gesamte Umgebung ausgerufen worden war, lebte er auch der Überzeugung, daß auf seine Verkündigung das auf die Botschaft der Sterne bezogene Psalmwort zutraf:

In die ganze Welt drang ihr Schall, und bis an die Grenzen der Erde drang ihre Kunde (Ps 18,5)(Röm 10,18).

Darauf konnte er um so zuversichtlicher bauen, als die Zeit für ihn arbeitete. Denn er will seine Leser „nicht in Unkenntnis über das Geheimnis lassen", daß Israel nur so lange verstockt bleibt, bis „die Vollzahl der Heiden" erreicht ist (Röm 11,25 ff). Ebenso wird der Prozeß der Unterwerfung der gegnerischen Gewalten, an dem er sich durch die Niederreißung der sich gegen die Gotteserkenntnis erhebenden Bollwerke und Sinngespinste kraftvoll beteiligt hatte (2 Kor 10,4 f), seiner Überzeugung zufolge unaufhaltbar fortschreiten. Dennoch bleibt ihm zuletzt nur die Zuflucht zu den unausdenklichen „Tiefen der Gottheit" (1 Kor 2,10), die sich ihm erschlossen hatten, als er in den Fluch des Gekreuzigten einstimmte und damit buchstäblich in den Abgrund hinabstieg, „um Christus heraufzuholen" und in das Geheimnis seiner Erlösungstat einzudringen. Diesen Tiefen kann er sich allerdings nur anbetend nähern, und dies in jener hymnischen Anrufung der „Tiefe des Reichtums, der Weisheit und Erkenntnis Gottes", die einem Verstummen vor seinen „unerforschlichen Ratschlüssen und unerkundbaren Wegen" gleichkommt und ihn dann doch an den „Gott alles in allem" rühren läßt, der das Endziel des Weltgeschehens ist (1 Kor 15,28; Röm 11,33 ff).

Der Entdecker

Paulus ist der innovativste Denker der Christenheit. Vieles hat er völlig neu gesagt, vieles in ein neues Licht gerückt. Und das in einer Sprache, die sich ebenso in der Weite wie in der Intensität ihrer Ausdruckskraft weit über die der jüdisch-griechischen Sprachwelt erhebt. An deren Kanon gemessen, erschien sie seinen Gegnern zwar als „matt" und „kraftlos" (2 Kor 10,10), dies jedoch nur, weil sie für den von ihm erbrachten „Beweis des Geistes und der Kraft" kein Ohr hatten. So erging es ihnen nicht anders als den Juden, die seine Kreuzespredigt als skandalös, und den Heiden, die sie als eine einzige Torheit empfanden und dabei den Kern des Gesagten völlig überhörten. Doch steht es um die moderne Paulus-Rezeption anders und besser? Fehlt ihr nicht bis auf die wenigen Ausnahmen *Deissmanns, Schweitzers* und *Ben-Chorins* das Organ für die stupende Sprach- und Denkleistung des Apostels? Neigt sie nicht im Gegenteil dazu, ihn in die „Theologie des Neuen Testaments" einzuebnen, anstatt ihn in seinem beispiellosen Eigenprofil wahrzunehmen und zu würdigen?[31] Denn im Unterschied zu ihm lebt die Sprachwelt der Evangelien bis hin zu den Ich-bin-Worten des Johannesevangeliums weithin von der in ihr verarbeiteten Sprachleistung Jesu, während Paulus bis auf die Abendmahlsworte und einige Reminiszenzen fast ausschließlich aus seiner eigenen Kreativität schöpft.

Deshalb muß der Entdecker Paulus zunächst im Horizont seiner Sprachschöpfungen zum Vorschein gebracht werden. Noch vor den inhaltlichen Kreationen gilt dies von seiner stilistischen Leistung. Denn im Fall des Apostels ist der Stil dem bekannten Buffonwort zufolge wie kaum einmal sonst „der Mensch", der darin in seinem Profil als ein gleicherweise Zerrissener wie Hingerissener (2 Kor 5,13) in Erscheinung tritt[32]. Nachdem schon *Chrysostomus* auf die unterschiedlichen Schreibweisen des Apostels hingewiesen hatte, ging vor allem der Pauluskenner *Augustin* darauf ein, als er zunächst auf die Stelle hinwies, an der sich Paulus von den „Trübsalen" zur Rühmung der „eingegossenen" Liebe erhebt (Röm 5,3ff), um dann die Narrenrede hervorzuheben, in der ihm „gleichsam das Antlitz" der paulinischen Redekunst entgegentrete und an deren Schluß Paulus mit einer geradezu „nach Atem ringenden Stelle" auf seine Flucht über die Stadtmauer von Damaskus zu sprechen komme (2 Kor 11,32f)[33]. Umgekehrt meint *Günther Bornkamm*, daß es vielen bei der Lektüre der „mit schwerem Gedankengut befrachteten" Paulusbriefe den Atem verschlage[34]. Trotz der vielfach an Paulus und seinem Stil geübten Kritik, die ihm Festigkeit in kleinen, schwächliches Nachgeben in großen Dingen (*Schweitzer*) und eine „merkwürdige Unfähigkeit" zu anschaulicher Schilderung (*Bultmann*) vorwirft, überwiegen doch die positiven Urteile. So, wenn *Bernard Shaw* von „erstaunlichen Bekenntnissen spricht, „die man in Seiten von Nietzsche" einschieben könnte, oder wenn ihm *Hans Lietzmann* bescheinigt, daß es ihm trotz aller Mühe mit der Satzformung gelingt, „mit hinreißendem Zauber der Gestaltung sein Gefühl" in die Herzen der Leser ausströmen zu lassen „oder vor Gottes Thron, wenn er um die Seelen der Galater ringt oder den Korinthern das hohe Lied der Liebe" singt[35]. So aber dürfte *Erasmus* das letzte Wort in der Beurteilung der paulinischen Sprachwelt behalten, wenn er seinen Eindruck von ihm in die Worte faßt:

31 Diesen Vorwurf kann man auch *Ferdinand Hahns* ungemein differenzierter und umfassender Darstellung der paulinischen Theologie (I, 179–329) angesichts ihrer Ausklammerung des Sprachmeisters und Mystikers nicht ersparen.

32 *W. Kayser*, Das sprachliche Kunstwerk, Bern und München 1963, 204; 272.

33 *Augustinus*, De doctrina christiana IV, c.11.

34 *G. Bornkamm*, Stuttgart 1977, 24.

35 *N. Fuerst*, Der Schriftsteller Paulus, 12f; 70–74; *H. Lietzmann,* Paulus, in: Das Paulusbild in der neueren deutschen Forschung, 391.

Paulus dröhnt, er blitzt, in wahren Flammen redet er (tonat, fulgurat, meras flammas loquitur Paulus)[36].

Dabei gewinnt man keineswegs den Eindruck, daß ihm diese Sprache spontan „entströmt", sondern den gegenteiligen, daß sie ihm durch die erlittenen Zwänge abgenötigt, um nicht zu sagen, wie aus einem Felsen herausgeschlagen wird. Dafür spricht der Schluß seiner Narrenrede, wenn er von dem „mit Fäusten" auf ihn einschlagenden Satansboten sagt:

Dreimal habe ich seinetwegen den Herrn angefleht, daß er von mir ablasse. Er aber erwiderte: Meine Gnade muß dir genügen; denn die Kraft kommt in der Schwachheit zur Geltung (2 Kor 12,8f).

Wie ein Schatten legt sich vor die Suche nach den sachbezogenen Schlüsselworten die Frage nach dem Sinn der ihm von dem Satansboten zugefügten Faustschläge. Angefangen von Epilepsie (*Schmidt*) und Hysterie (*Windisch*) bis hin zu Homophilie (*Fischer*) wurden eine Vielzahl von Erklärungsversuchen ins Spiel gebracht, ohne daß eine davon voll überzeugen konnte[37]. Übersehen wurde dabei der Interpret, der einem Freund auf seinem Sterbebett erklärte, daß ihm selbst ein Pfahl ins Fleisch getrieben sei, und der aus dieser Betroffenheit heraus eine Betrachtung mit dem Titel ‚Der Pfahl im Fleisch', verfaßte: *Kierkegaard*[38]. Unbekümmert um das, was die Neugierde des Lesers befriedigen könnte, sieht er den Grund des Motivs in dem für ihn paradigmatischen Absturz aus der Höhe des dritten Himmels in den Abgrund der satanischen Tortur, in dem die Angst eines jeden vor dem Absturz aus dem Himmel der Gewißheit in das verzehrende „Fegefeuer der Möglichkeiten" zum Ausdruck komme:

Da brennt der Pfahl im Fleisch! Denn wenn ein Mensch nicht die Seligkeit des Himmels verkostet hat, wird er wohl auch nicht so viel leiden. O daß es doch rasch geschehe und es heißen könnte: vorbei! Doch wenn man geängstet wird, vergeht die Zeit langsam; wenn man tief geängstet wird, dauert schon ein Augenblick mörderisch lang; und wenn man zu Tode geängstet wird, bleibt die Zeit stehen[39].

Eingespannt in die „Sklaverei der Zeitlichkeit" macht ihn der Pfahl in seinem Fleisch stumm, so daß er allenfalls noch einen Angstschrei auszu-

36 *Fuerst*, A. a. O., 73.
37 *J. Gnilka*, Paulus von Tarsus, 74f.
38 *S. Kierkegaard*, Der Pfahl im Fleisch (Ausgabe *Haecker*), Innsbruck 1914.
39 A. a. O., 46.

stoßen vermag[40]. So sehr das der allgemeinen Phänomenologie der Angst entspricht, wonach es dem Geängsteten die Sprache verschlägt, so daß er, völlig auf sich zurückgeworfen, seine Not dem ihm ferngerückten Mitmenschen nicht einmal mehr zu klagen vermag, widerspricht es doch dem Selbstzeugnis des Apostels. Denn ihn machte der ihm ins Fleisch getriebene Pfahl der Angst beredt, so daß er den Herrn sogar dreimal anrufen und um Abhilfe bitten konnte. Doch bevor man Kierkegaard unterstellt, daß er sich mit seiner Deutung geirrt habe, sollte man sich an die exzeptionelle Art erinnern, wie Paulus Krisen- und Notzustände zu verarbeiten pflegt. Anders als im Regelfall der Ängstigung verharrt er nicht in der Depression; vielmehr nimmt er gerade sie zum Anlaß, sich mit Hilfe des inneren Beistands aus ihr zu erheben. Modell dessen ist gerade die von ihm im Anschluß an das Wort von dem ihn peinigenden Satansboten entwickelte Maxime: „denn wenn ich schwach bin, dann bin ich stark“ (2 Kor 12,10)[41]. Wenn man sich überdies bereitfindet, den Begriff „Bedrängnis“, so wie *Luther* mit ihm bei der Wiedergabe des Schlußworts der johanneischen Abschiedsreden (Joh 16,33) verfuhr, mit „Angst“ wiederzugeben, findet man im Römerbrief den sprechendsten Beleg für diese Umsetzung; denn in diesem Fall versichert Paulus:

> *Wir wissen, daß Angst Geduld bewirkt, die Geduld Bewährung, die Bewährung Hoffnung. Die Hoffnung aber kommt nicht zuschanden. Denn die Liebe Gottes ist in unsre Herzen ausgegossen durch den uns geschenkten Heiligen Geist (Röm 5,3ff).*

Grundsätzlich verstanden, gibt die Stelle aber nicht nur die gesuchte Auskunft über den Vorgang, wie Paulus seine Not- und Angstzustände überwindet, sondern auch Einblick in seine Lösung des Gottesproblems. Seiner jüdischen Herkunft entsprechend, die sowohl im ersten wie im letzten seiner Briefe in ihm durchbricht, steht Gott für ihn zunächst im Aspekt des Zornes. Nach dem Brief an Thessalonike entreißt der Auferstandene die Seinen „dem kommenden Zorn Gottes“ (1 Thess 1,10); und nach dem Römerbrief kommen „Trübsal und Angst über jede Menschenseele“ (Röm 2,9), weil „Gottes Zorn vom Himmel her über alle Gottlosigkeit und Ungerechtigkeit der Menschen“ entbrannt ist (Röm 1,18). Doch abgesehen davon, daß das alles in Form eines theologischen Rückschlusses von dem von Paulus breit ausgemalten Sittenverfall bei Heiden und Juden gedacht und beurteilt ist, kann die Rede vom Gotteszorn keinesfalls als Primärdatum des paulinischen Gottesbildes gelten.

40 A. a. O., 32; 35;45.

41 *G. Theissen*, Psychologische Aspekte paulinischer Theologie, 338; *B. Heininger*, Paulus als Visionär, 257–262; *J. Becker*, Paulus. Der Apostel der Völker, 441.

Denn derselbe Gott, dessen Zorn über die sündige Menschheit entbrennt, hat dieser die Rettung von seinem Zorngericht zugedacht und diesen Rettungsversuch dadurch ins Werk gesetzt, daß er den Gekreuzigten (nach Gal 3,13) zum „Fluch" werden ließ, um den auf der Welt lastenden Fluch zu überwinden. Das aber heißt, daß Paulus das Motiv des Gotteszornes nur reaktiv auf die Sündhaftigkeit der Welt ins Spiel bringt, so daß daraus keinesfalls auf einen „Gott des Zornes" geschlossen werden kann[42]. Denn das Herz Gottes schlägt in seinem Willen, die Welt vor dem ihr allerdings drohenden Zorngericht zu bewahren. Und dieser Wille verwirklichte sich in der Sendung des Sohnes, die Paulus gleichzeitig negativ und positiv auslegt. Negativ in der leidenden Überwindung des Fluchs (Gal 3,13), positiv in der Befreiung der dem Fluch des Gesetzes Unterworfenen und ihrer Erhebung zur Gotteskindschaft (Gal 4,4ff). Doch damit wird nun der Weg auch frei zu den Schlüsselworten seiner Botschaft.

Im Kontrast zu dem düsteren Panorama, das der Eingang des Römerbriefs – offensichtlich unter dem Eindruck deprimierender Missions- und Lebenserfahrungen[43] – entwirft, hebt sich dann als erstes dieser Schlüsselworte das vom „Vater der Erbarmungen und Gott allen Trostes" ab (2 Kor 1,3), das sich fortsetzt in das Wort von dem „einen Gott, dem Vater, aus dem alles ist und für den auch wir sind" (1 Kor 8,6) und das ausmündet in die die paulinische Eschatologie krönende Formel von dem „Gott alles in allem" (1 Kor 15,28). Das ist der Gott, der Paulus die Frage auf die Lippen legt: „Wenn Gott für uns ist, wer ist dann gegen uns? Wenn er seinen eigenen Sohn nicht geschont, sondern ihn für uns alle hingegeben hat; wie sollte er uns nicht mit ihm alles schenken?" (Röm 8,31f) und dem der Apostel mit dem Ausruf huldigt: „Denn aus ihm und durch ihn und für ihn ist alles; ihm sei Ehre in Ewigkeit!" (Röm 11,36)

Den Rang von Schlüsselworten haben aber auch einige seiner anthropologischen Aussagen. So schon der wie ein De profundis wirkende Notschrei: „Ich unglücklicher Mensch; wer wird mich von diesem todverfallenen Leib befreien?" (Röm 7,24) und die in den Abgrund dieser Todverfallenheit hineinstoßenden Fragen: „Tod, wo ist dein Sieg? Wo ist, o Tod, dein Stachel?" (1 Kor 15,55). Dann aber auch das Wort von der „neuen Schöpfung" (2 Kor 5,17) und die Zusage: „So bist du nicht mehr Knecht, sondern Sohn, wenn aber Sohn, dann auch Erbe durch Gott" (Gal 4,7), zumal Paulus damit dem Gedanken der Gotteskindschaft Bahn gebrochen hat. All das wird dann aber überstrahlt von den Schlüsselwor-

42 *M. Limbeck*, Zürnt Gott wirklich? Fragen an Paulus, 15–19; gegen *R. Miggelbrink*, Der Zorn Gottes. Geschichte und Aktualität einer ungeliebten biblischen Tradition, Freiburg 2000, 26.
43 Dazu nochmals der Hinweis auf Seite 232f.

ten seiner Christologie, mit denen er seine ureigene Heilserfahrung betont und nach außen wendet, um sie weltweit zur Geltung zu bringen. Am Anfang steht dabei das Wort von dem im Glanz der Gottherrlichkeit aufscheinenden „Antlitz Christi" (2 Kor 4,6) und von dem ihm ins Herz gesprochenen Gottessohn (Gal 1,16), von dem er sich geliebt (Gal 2,20) und ergriffen (Phil 3,12) weiß. Nach außen wendet Paulus diese christozentrische Heilserfahrung, wenn er im Fortgang des Galaterbriefs den verunsicherten Adressaten vorhält, daß er ihnen doch „Jesus Christus am Kreuz vor Augen gestellt" habe (Gal 3,1), und dies in der Erwartung, daß ihnen in diesem vermeintlichen Skandal die Macht Gottes und in dieser scheinbaren Torheit seine Weisheit sichtbar würde (1 Kor 1,22). Voll blendet er dann aber erst in dem von ihm aus der urchristlichen Liturgie übernommenen Hymnus auf, in dem er den Weg Christi von der Selbsterniedrigung bis zum Kreuzestod und bis hin zu seiner Erhöhung nachzeichnet:

> *Darum hat Gott ihn erhöht und ihm einen Namen gegeben, der über allen Namen ist, damit im Namen Jesu jedes Knie sich beuge, all derer, die im Himmel, auf Erden und unter der Erde sind, und jede Zunge zur Ehre Gottes, des Vaters, bekenne: Jesus Christus ist der Kyrios (Phil 2,9ff)*[44].

Während Paulus hier das Christusverständnis der Tradition wiedergibt, spricht er in seinem letzten Hymnus auf die Liebe aus eigener Erfahrung, wenn er mit der Wendung von der „Liebe Gottes, die in Jesus Christus ist, unserm Herrn" (Röm 8,39) Jesus die leibhaftige, persongewordene Liebe Gottes nennt. Das bestätigt sein Wort von dem „von Gott für uns zur Weisheit, Gerechtigkeit, Heiligung und Erlösung" Gewordenen (1 Kor 1,30), in dem er das „Bild Gottes" erblickt (2 Kor 4,4). Daß diese Aussage invasiv gemeint ist, bestätigt Paulus mit der These, daß „wir von Klarheit zu Klarheit in dasselbe Bild hineinverwandelt" werden (2 Kor 3,18).

Das schlägt die Brücke zu den Wendungen, in denen Paulus die Wirkung der Heilstat Jesu zur Sprache bringt, die für ihn, wie es der pleonastische Satz „Zur Freiheit hat uns Christus befreit" (Gal 5,1) ausdrückt, in erster Linie in der Befreiung von den repressiven Strukturen der Welt, Gesellschaft und – in Gestalt des Gesetzes – des jüdischen Glaubens bewirkt. Doch diese Freiheit besteht für ihn nicht so sehr in der Sprengung der Fesseln als vielmehr in der Erhebung des Menschen aus seiner angestammten Heteronomie zur Souveränität der Gotteskindschaft; denn:

44 *E. Lohmeyer*, Kyrios Jesus. Eine Untersuchung zu Phil 2,5–11, Darmstadt 1961.

Ihr habt doch nicht den Geist der Knechtschaft empfangen, so daß ihr euch aufs neue fürchten müßtet, sondern den Geist der Kindschaft, in dem wir rufen: „Abba – Vater!" (Röm 8,15)

Von dem Kompetenzgewinn des Gotteskindes spricht das Wort, mit dem er den zerstrittenen Korinthern ihre Allverbundenheit in Erinnerung ruft:

Alles gehört euch, ihr aber gehört Christus, und Christus gehört Gott (1 Kor 3,22f).

Wie sehr das aus seiner ureigenen Erfahrung gesprochen ist, bestätigt er mit dem Satz, daß er sich zum Diener aller gemacht habe: den Juden ein Jude, den Gesetzesleuten ein Gesetzesmann, den Gesetzlosen ein Gesetzloser, ja sogar den Schwachen ein Schwacher:

Allen bin ich alles geworden, um wenigstens einige zu retten (1 Kor 9,19–23).

Mit diesem „alles" ist aber nicht nur das Stichwort für das umgreifende und alles einbeziehende Selbstgefühl des Apostels und seine daraus entspringende Verantwortlichkeit gefallen, so daß er sagen kann:

Leben wir, so leben wir dem Herrn, sterben wir, so sterben wir dem Herrn; ob wir also leben oder sterben, wir gehören stets dem Herrn (Röm 14,8).

Vielmehr bestimmt dieses „alles" auch sein Kirchen- und Geschichtsverständnis. Denn so wie die Schöpfung insgesamt der Nichtigkeit – der paulinische Ausdruck für Kontingenz – unterworfen ist, strebt sie dem Ziel der allumfassenden Gotteskindschaft entgegen (Röm 8,21), die ihrerseits in das „Gott alles in allem" ausmündet (1 Kor 15,28). Paulus lebt im Hochgefühl, daß dieses Ziel schon in greifbare Nähe gerückt ist. Daher sein Ausruf:

Jetzt ist sie da, die Zeit der Gnade, jetzt ist er da, der Tag des Heils! (2 Kor 6,2)

Die Kirche aber ist für Paulus die gelebte Vorwegnahme dieses Ziels und daher ein im Wechselverhältnis aller lebender Organismus; denn:

Wenn ein Glied leidet, leiden alle mit; wenn ein Glied ausgezeichnet wird, freuen sich alle mit (1 Kor 12,26).

Mit der in der Korrespondenz mit Korinth (1 Kor 12,12) und mit Rom (Röm 12,4) entwickelten Metapher vom mystischen Herrenleib gelingt es ihm sogar, diese Lebensgemeinschaft in ein geradezu visionäres Bild zu fassen. Und auch diesem Bild ist ein invasiver Zug eingeschrieben, der Paulus veranlaßt, sich der Gemeinde von Korinth als eifersüchtigen Brautwerber Christi für sie, die „reine Jungfrau" (2 Kor 11,2), zu präsentieren. Hierin ist es dann auch begründet, daß bei ihm der Zentralbegriff der Botschaft Jesu, das Reich-Gottes-Motiv, auffällig zurücktritt[45]. Denn das mit Reich Gottes Gemeinte wird bei ihm schon weithin mit seinem Wort von der in Christus gewonnenen Freiheit abgedeckt. Vor allem aber bricht er dem bis heute andauernden Streit um die adäquate Deutung des Gottesreichs dadurch die Spitze ab, daß er es lange vor *Markion* und *Origenes*, die es konsequent als die soziale Selbstdarstellung Jesu interpretierten, mit seinem Wort vom mystischen Leib von innen her erschließt. Denn das Gottesreich ist die Außensicht dessen, was „Leib Christi" als die Lebensgemeinschaft der „in Christus" Geeinten darstellt. Mit der Frage nach dem damit Gemeinten stellt sich nun aber die nach den Entdeckungen des Apostels, die sich erst vor dem Hintergrund seiner Wortschöpfungen voll verdeutlichen lassen.

Zwar ist mit der Formel „in Christus" ein Grundpfeiler seiner Mystik angesprochen. Der wiederholt beobachtete invasive Zug seiner Sprachbilder richtet den Blick jedoch zuvor auf seine Entdeckung der menschlichen und zumal der christlichen Subjektivität. Denn sie hebt sich insbesondere aus dem Kontext seiner Sprachleistung und sprachgeschichtlichen Position ab. Wie bereits deutlich wurde, ist Paulus eine Schlüsselgestalt jener sprachgeschichtlichen Inversion, die sich bis auf das altägyptische „Gespräch des Lebensmüden mit seiner Seele" und, biblisch gesehen, bis auf die „Konfessionen" des Propheten Jeremia zurückverfolgen läßt und darin besteht, daß die als Instrument der Weltorientierung, vermutlich zum Zweck der Verständigung der altsteinzeitlichen Jäger, entstandene Sprache im Gegensinn, also als Medium der Selbsterfahrung und der Selbstaussage der Sprechenden genutzt werden konnte. In diesem Sinn erklärt *Augustin* an zentraler Stelle seines Bekenntniswerks:

> *Jetzt erforschen wir nicht mehr die Himmelskreise noch messen wir die Zwischenräume der Gestirne aus oder bestimmen wir den Horizont der Erde; ich bin es vielmehr, der über sich nachdenkt, ich, der Menschengeist*[46].

Wenn Paulus sein Damaskuserlebnis bewußt mit Wendungen der Berufung des Propheten Jeremia wiedergibt (Gal 1,15f), nimmt er indirekt auch auf dessen Klage Bezug, von seinem Gott wie ein schwaches Mäd-

45 *F. Hahn*, Theologie des Neuen Testaments I, 326f.
46 *Augustinus*, Confessiones X, c. 16, 5.

chen verführt und in den Prophetendienst genötigt worden zu sein, unfähig, dem seither in seinem Innern lodernden Feuer zu widerstehen (Jer 20,7 f). Doch damit tritt er auch schon in dessen Spur, wenn er den Kern seiner eigenen Berufung als die an ihn ergangene Offenbarung des Gottessohnes beschreibt. Damit bringt er nicht nur sein Innerstes zum Vorschein; vielmehr verfolgt er es im Anschluß an die Fundamentalaussage (Gal 1,16) sogar bis auf seinen Existenzakt zurück, wenn er von seinem Identitätstausch mit dem ihm einwohnenden Christus spricht (2,20). Damit dokumentiert er die Geburtsstunde der christlichen Subjektivität.

Da diese aber ohne die allgemein-menschliche Selbstfindung nicht zu denken ist, stößt er auch in dieser Hinsicht in eine neue Dimension vor, wenn er von dem „inneren Menschen" als dem Zentrum subjektiver Selbstaneignung und Selbstkritik spricht[47]. Daß ihm diese bahnbrechende Entdeckung gelang, war zweifellos die Folge seines Damaskuserlebnisses, durch das seinem akustischen Selbstzeugnis zufolge jener „Innenraum" in ihm aufgebrochen wurde, in dem sich die Einwohnung des ihm ins Herz gesprochenen Gottessohnes vollzog. Entgegen allen abschwächenden Interpretations- und Umdeutungsversuchen muß daher daran festgehalten werden, daß Paulus den „Ort" seines Offenbarungsempfangs mit der Wendung „in mir" (Gal 1,16) umschreibt[48]. Aus biographischer Erfahrung versichert er:

> *Auch wenn unser äußerer Mensch aufgerieben wird, erneuert sich doch der innere von Tag zu Tag (2 Kor 4,16),*

nachdem er zuvor sein Existenz- und Lebensgefühl mit der Metapher vom Schatz im zerbrechlichen Tongefäß veranschaulicht hatte (2 Kor 4,7). Stellvertretend für alle aber spricht er davon, daß er zwar „dem inneren Menschen nach" Freude habe am Gesetz (Röm 7,22), daß er aber ein anderes Gesetz in seinen Gliedern fühle, das dem Gesetz seines Geistes und seiner Gewissensneigung widerstreite (Röm 7,23). Im Erleiden dieses Zwiespalts entringt sich ihm dann das im Namen aller Mitbetroffenen ausgestoßene De profundis, der Sehnsuchtsschrei nach Befreiung aus der Not der Todverfallenheit (Röm 7,24).

Die Antwort auf diesen Notschrei findet er in dem von der Bach-Motette ‚Jesu, meine Freude' vertonten Grundsatz seiner Mystik:

47 *Th. K. Heckel*, Der Innere Mensch. Die paulinische Verarbeitung eines platonischen Motivs, Tübingen 1993, 89–109; *J. Assmann* (Hrsg.), Die Erfindung des inneren Menschen. Studien zur religiösen Anthropologie, Gütersloh 1993.

48 Als herausragende Fälle dieser Abschwächung seien nochmals die Werke von *Franz Mussner* (Der Galaterbrief) und *Eduard Lohse* (Paulus. Eine Biographie) erwähnt.

So ist nun nichts Verdammenswertes an denen, die in Christus Jesus sind (Röm 8,1)[49].

Denn Paulus ist, wie gegen alte (*Dibelius*) und neue (*Lohse*) Bestreitungen festgehalten werden muß, nicht nur Mystiker, sondern der Entdecker und Begründer der christlichen Mystik[50]. Zweifellos erlitt die neuere Paulusforschung dadurch ihren wohl schwersten Rückschlag, daß diese von *Deissmann*, *Wikenhauser* und *Schweitzer* erhärtete Erkenntnis, die von ihren Entdeckern als besonders zeitgemäß empfunden wurde, inzwischen in den Hintergrund trat, wenn nicht sogar ganz verloren ging. Indessen ist weder die Lebens- noch die Denkleistung des Apostels zu verstehen, wenn er nicht als Mystiker begriffen und gewürdigt wird. Wie schon *Deissmann* nachwies, ist seine Mystik von zwei Pfeilern getragen: der schon in der Römerbriefstelle (Röm 8,1) anklingenden und von Paulus vielfach gebrauchten Formel „in Christus" und der weit selteneren, aber gleichgewichtigen „Christus in mir". Dabei verhält sich die erste zur zweiten wie die Peripherie zum Mittelpunkt, so daß beide den ganzen Kosmos der paulinischen Spiritualität ausmessen. Während das „Christus in mir" als die Kurzformel des für Paulus wichtigen Einwohnungsgedankens zu gelten hat, beschreibt das „in Christus", wie *Wikenhauser* verdeutlichte, die „Sphäre", die alles christliche Denken, Handeln und Sein umschließt. In ihr rühmt und freut sich Paulus, in ihr betet und urteilt er, aus ihr empfängt er seine Sprach- und Tatkraft. Gleichgewichtig entspricht dem die zentrierende Formel „Christus in mir", mit der Paulus dem Einwohnungsmotiv Bahn bricht. Denn seine ganze Theologie konvergiert, sofern sie nicht aus Traditionsmaterialien besteht, auf ihren Ursprung hin. Hier, in der Damaskusvision, war ihm aber der Inhalt seiner Konzeption nicht gegenständlich gegeben, sondern dialogisch zugesprochen worden[51]. Deshalb zielt seine Glaubensinterpretation darauf ab, aus ihrer begrifflichen und bildhaften Vergegenständlichung in den subjektiven Inbesitz des Glaubenden zurückverwandelt zu werden. Das Zentrum dieser Innenwelt aber bildet der, der sich den Deuteworten des Abendmahls zufolge als Individuum aufgab, um als spirituelle Personalität in den Seinen auf- und fortzuleben. In seiner Einwohnung besteht die Achse des paulinischen Denkens, aber auch die der Spiritualität und theologischen Konzeption des Apostels. Was diese anlangt, so ist sie bis in

49 *U. Wilckens* Der Brief an die Römer II, 117–121.

50 Dazu nochmals das im Abschnitt „Der Mystiker" Gesagte, ferner *M. Dibelius*, Paulus und die Mystik, in: Das Paulusbild in der neueren deutschen Forschung, 447–474; *E. Lohse*, Paulus. Eine Biographie, 211.

51 So schon der Schluß meiner ‚Theologischen Sprachtheorie und Hermeneutik', München 1970, 566ff.

ihre letzten Verästelungen hinein vom Einwohnungsmotiv durchpulst. Das gilt ebenso von seinem Welt- wie von seinem Kirchenbild. Denn sein Konzept des mystischen Leibes wirkt wie eine Extrapolation der Einwohnung, so daß diese nun nicht nur dem einzelnen, sondern der ganzen Glaubensgemeinschaft gilt. Und sein evolutionäres Welt- und Geschichtsbild läuft über die kollektiv gedeutete Gotteskindschaft (Röm 8,21) auf das Bild des alles in sich einbegreifenden und alles in sich zurücknehmenden Gottes hinaus (1 Kor 15,28). Nicht umsonst gehen vom Einwohnungsmotiv aber auch die stärksten Impulse auf die Spiritualität der Folgezeit aus. So spricht *Gregor von Nyssa* von dem „uns eingeborenen Kind Jesus, das in denen, die es aufnehmen, auf unterschiedliche Weise an Alter, Weisheit und Gnade heranwächst", während *Symeon der Neue Theologe* das Glück der Einwohnung geradezu ekstatisch beschreibt:

> *Nicht entriegelt er die Himmelstür, nicht bricht er sich Bahn durch die Nacht, nicht durchschlägt er das Dach meines Hauses, nein, ohne irgend etwas zu durchdringen, weilt er bei mir, dem Armen, mitten in meinem Geist, mitten in meinem Herzen*[52].

Wenn der mystische Leib als Großform von Einwohnung verstanden werden kann, hat dieses Begriffsbild als eine der bedeutsamsten Entdeckungen des Apostels zu gelten, auch wenn es in der Folge durch das der hierarchisch strukturierten Kirchengesellschaft oder das des wandernden Gottesvolkes überlagert oder gar verdrängt wurde[53]. Bei aller Bedeutung des hierarchischen Aufbaus und aller Paulusnähe des Bildes von der kirchlichen Pilgerschaft ist das Konzept des mystischen Leibes jedoch das sachlich zutreffendste und in seiner Dynamik wirkungsvollste, sofern es nur als die Großform des Einwohnungsmotivs verstanden wird. Das macht die Paulusschule im Epheserbrief deutlich, wo von einem förmlichen „Hineinwachsen" in das von Christus gebildete „Haupt" die Rede ist (Eph 4,15f)[54]. Nach *Schnackenburg* verschiebt sich damit die eschatologische Perspektive des Paulus in eine betont vertikale, dem Aufstiegsmodell entsprechende Blickrichtung, die gleichzeitig prozessual gedacht ist. Das aber heißt, daß, entgegen dem statischen Anschein des Begriffsbilds das Wesen der Kirche nie ereignishafter und dynamischer konzipiert wurde als in ihm. Denn zwischen Haupt und Gliedern herrscht ein Wechselverhältnis von wachsender Übereignung und An-

52 *Symeon der Neue Theologe,* Licht vom Licht, 27. Hymne, Hellerau 1930, 124.
53 *E. Käsemann,* Leib und Leib Christi, Tübingen 1933, 137–186; A. *Wikenhauser,* Die Kirche als der mystische Leib Christi nach dem Apostel Paulus, Münster 1937.
54 *R. Schnackenburg,* Der Brief an die Epheser, 187ff.

eignung: der Selbstübereignung des Hauptes im Maß der darauf eingehenden Glieder; und deren Selbstaneignung im Maß ihres Hineingenommenseins in die Lebens- und Geistesfülle des Hauptes.

Die Aktualität dieses Begriffsbildes bestünde ebenso in der von ihm ausgehenden Insinuation zum Abbau der repressiven Kirchenstrukturen wie in seiner bewußtseinsbildenden Effizienz. Das Erste würde erreicht durch die Einsicht in die vom Epheserbrief herausgestellte Dienstfunktion der kirchlichen Ämter. Wie sich Paulus nicht als „Herr des Glaubens, sondern als Diener der Freude“ versteht (2 Kor 1,24), sollten die Inhaber der Ämter im Bewußtsein ihrer Dienstfunktion begreifen, daß ihre Aufgabe nicht in Kontrolle und Disziplinierung, sondern darin besteht, „die Heiligen zur Wahrnehmung ihres Dienstes“ anzuleiten und so auf die „Auferbauung des Leibes Christi“ hinzuwirken (Eph 4,12). Ungleich wichtiger ist jedoch der von dem Motiv ausgehende Impuls zu einer neuen Bewußtseinsbildung. Denn der mit ihm eröffneten Innensicht ist das immer noch herrschende bildhaft-gegenständliche Glaubensbewußtsein unangemessen. Um der Innensicht des mystischen Leibes zu entsprechen, bedarf es einer Inversion des Denkens, die in das von den Sätzen Umschriebene und von den Bildern Dargestellte eindringt und es durch Akte des Mitvollzugs erschließt. Darin besteht die erkenntnistheoretische Bedeutung des im Leib Christi konkretisierten und generalisierten „in Christus“. Im Grunde sind alle Paulusbriefe von dieser Inversion bestimmt. Sie beziehen sich zwar fortwährend auf die durch die Gemeinden aufgeworfenen Fakten und die von ihnen direkt oder indirekt gestellten Fragen; doch spiegeln sie gleichzeitig die Selbstreflexion dessen, der sich durch die Damaskusvision ebenso von Christus ergriffen wie in die von ihm gebildete Sphäre hineingenommen weiß. Von diesem mystischen Standort aus sind sie letztlich entworfen und verfaßt.

Damit ist bereits der subtilste Fund der von Paulus zutage geförderten Entdeckung angesprochen: die Gotteskindschaft. Denn mit ihrer Nennung ist weniger ein Sachverhalt als vielmehr der Rahmenbegriff eines neuen, inversiven Glaubensbewußtseins angesprochen. Bezeichnend für den hohen Stellenwert, den Paulus gerade diesem Motiv zumißt, ist schon die für ihn seltene, fast wörtliche Wiederholung der Hauptaussage, die zudem bei ihrer ersten Artikulation durch deren chiastische Gestaltung besonders hervorgehoben ist:

> *Als die Zeit erfüllt war, sandte Gott seinen Sohn, geboren aus einer Frau, dem Gesetz unterstellt, damit er die dem Gesetz Unterstehenden befreite und damit wir zur Gottessohnschaft gelangten. So bist du nicht mehr*

Knecht, sondern Sohn, wenn aber Sohn, dann auch Erbe durch Gott (Gal 4,4ff)[55].

Es wirkt wie eine Reprise zum Ziel der Selbstvergewisserung nach der Gigantomachie der ersten Hälfte des Römerbriefs, wenn Paulus in seinem letzten Schreiben nochmals auf diese Stelle zurückgreift, zumal sich diese wie eine lehrhafte Entfaltung seines akustischen, von der Offenbarung des Gottessohnes handelnden Damaskuserlebnisses ausnimmt. Gleichzeitig werden nochmals – und jetzt noch deutlicher als im ersten Fall – die Grundlinien seiner theologischen Konzeption, die Überwindung der Heteronomie und der Gottesangst, sichtbar, wenn er erklärt:

Ihr habt doch nicht den Geist der Knechtschaft empfangen, so daß ihr euch aufs neue fürchten müßtet, sondern den Geist der Sohnschaft, in dem wir rufen: Abba – Vater! (Röm 8,15)[56].

So sehr ihn auch zu dieser Repetition die Erinnerung an sein Damaskuserlebnis bewegt, handelt es sich in diesem Fall doch um eine fortgebildete Form; denn in dieser Fassung geht es nicht so sehr um eine bloße Erinnerung an das Erlebte als vielmehr um seine Antwort darauf. Vom Geist der Sohnschaft ergriffen, drängt sich ihm das „Abba-Vater" auf die Lippen. Dies aber nicht nach Art eines persönlichen Bekenntnisses, sondern hineingesprochen in seine Adressaten, denen er an dieser Stelle zu Bewußtsein bringt, was sie durch den Glauben an den Gottessohn wurden und wozu sie dieser Glaube bewegt und befähigt. Wie kaum einmal sonst kommt hier das Profil des „antwortenden Osterzeugen" zum Vorschein. So sehr er seinen Adressaten als Zeuge, Botschafter und Sprecher der Gottesoffenbarung entgegentritt, nimmt er sie doch gleichzeitig, als fühle er bereits den von *Lessing* beklagten „garstigen, breiten Graben", in sein Offenbarungserlebnis hinein. Wie ihm in der Damaskusstunde das Joch des Gesetzes abgenommen worden war, so haben auch sie den Stand der Heteronomie auf den einer zuvor nie erlebten Mündigkeit hin überschritten. Und wie er zu jener Gewißheit gelangte, die weder Tod noch Leben, weder Gegenwärtiges noch Zukünftiges noch irgendeine andere Macht ihm streitig machen können, so fällt nun auch das von ihnen (nach Hebr 2,15) lebenslang getragene Joch der Todesfurcht und der sie bedrückenden Lebensangst von ihren Schultern. Denn sie sind mit ihm hineingenommen in das genealogische Gottesverhältnis, das sie zum Rang der Kindschaft erhebt und ihnen zur Besiegelung dessen gleichfalls die ehrfürchtige Zärtlichkeitsanrede ‚Abba-Vater" auf die Lippen legt. So

55 *F. Mussner*, Der Galaterbrief, 268–277.
56 *U. Wilckens*, Der Brief an die Römer II, 135–145.

ist für sie der Graben, kaum daß er sie von den „uranfänglichen Zeugen" (Lk 1,2) zu trennen drohte, zugeschüttet, so daß sie, davon unbehelligt, glauben können. Was sie dazu bewegt und befähigt, ist der in ihre Herzen ausgegossene Geist, von dem nun zudem deutlich ist, daß er (nach 2 Kor 3,17) „der Herr" im Zustand seiner befreienden Selbstmitteilung ist. Damit gewinnt das Motiv der Gotteskindschaft nun deutlichere Kontur. Denn es klärt sich, daß es sich dabei um einen neuen Status des Menschseins, deutlicher gesagt, um ein neues gottbezogenes menschliches Selbstverhältnis handelt. Darauf hob *Nikolaus von Kues* ab, als er in seiner Schrift ‚De filiatione Dei' erklärte:

> *Meiner Ansicht nach werden wir nicht so Kinder Gottes, daß wir dann etwas anderes werden als wir jetzt sind, vielmehr werden wir dann in einem anderen Stand und Maß das sein, was wir jetzt in dem diesem gegenwärtigen Zustand angemessenen Maße sind*[57].

Und nicht nur dies; denn im Zusammenspiel der beiden Belegstellen wird deutlich, daß es Paulus weniger um die Bestimmung eines Sachverhalts als vielmehr um die des Leitbegriffs eines neuen Bewußtseins zu tun ist. Es verhält sich damit ähnlich wie mit dem Syllogismus, der dem anselmischen Gottesbeweis zugrundezuliegen scheint. Wer Gott das unüberdenklich Größte (quo maius nihil cogitari potest) nennt, hat nicht etwa den Obersatz gebildet, aus dem die Existenz Gottes gefolgert werden könnte, sondern sich zu einem Gottesbegriff erhoben, der aufgrund seiner Ausschließlichkeit den Gedanken der Nichtexistenz Gottes vernichtet und den diesen Maximalbegriff Denkenden des Daseins Gottes vergewissert. So auch hier, sofern man bei der zweiten Stelle (Röm 8,15) nur den Umschlag von dem beschreibenden „ihr" zu dem einbeziehenden „wir" ernst nimmt. Dann suggeriert der Eingangssatz einen Zustand jenseits von Heteronomie und Angst, während der Schlußsatz mit der Wendung „in dem wir rufen: Abba – Vater!" den Leser in den Vollzug der sich mit diesem Status aufdrängenden Gottesanrede hineinnimmt. Indem er „Abba – Vater!" ruft, hat er sich die Gotteskindschaft angeeignet und das mit ihr gegebene neue Verhältnis zu Gott aufgenommen. Wenn einige Erklärer meinen, daß damit der Anfang des Herrengebets intoniert werde, sollte dabei nicht übersehen werden, daß der Beter mit den Bitten um die Kundgabe des Vaternamens und um den Anbruch des Gottesreichs die Anliegen Jesu übernimmt und damit in das Selbstverhältnis von Sohn und Vater in Gott eingeht. Dies freilich nur, weil der die Tiefen der Gott-

57 *Nicolaus Cusanus*, De filiatione Dei (Pariser Ausgabe von 1514, fol. 65v).

heit erforschende Geist (1 Kor 2,10) sich seiner Schwachheit angenommen und sein Seufzen in eine von Gott verstandene Anrede verwandelt hat (Röm 8,26)[58].

Was das besagt, läßt sich am besten im Blick auf den Höhepunkt des johanneischen Abschiedsgebets verdeutlichen, wo Jesus mit seinem machtvollen „Ich will" seine Herrlichkeit für die Seinen einfordert (Joh 17,24). Wenn man das offensichtlich „versprengte", also aus seinem ursprünglichen Standort verlegte Gebet auf diesen – das Wechselgespräch des von der Vorahnung des nahen Todes Erschütterten mit dem diese „Stunde" verfügenden Vater (Joh 12,23–28) – zurückverlegt, erklingt sein Machtwort nahezu aus der Mitte des Johannesevangeliums und des durch dieses repräsentierten ganzen Neuen Testaments[59]. Mit ihm bestätigt er seine Verheißung:

> *Wenn ich von der Erde erhöht bin, werde ich alles an mich ziehen (Joh 12,32).*

Und mit ihm nimmt er die Seinen in sein eigenes Gottesverhältnis hinein. Sie aber bestätigen den dadurch gewonnenen Status, indem sie in seine Gottesanrede einstimmen und, vom „Geist der Sohnschaft" bewogen, mit ihm „Abba – Vater!" rufen. Gleichzeitig steht der Geist für sie ein, so daß ihr Ruf (nach Röm 8,26) von Gott akzeptiert und erhört wird.

Wenn vom Machtwort Jesu gesagt werden kann, daß es das ganze – nachpaulinische – Neue Testament durchstimmt, so daß seine Gesamtaussage in den „Schatten" dieses gebieterischen „Ich will" tritt (*Käsemann*), gilt Ähnliches dann aber auch von dem gleichrangig-gegensinnigen „Abba – Vater". Dann überschattet dieses in gleicher Weise die Paulusbriefe, so daß nur noch zugesehen werden muß, wie sich dies im Einzelfall bestätigt. Dafür spricht schon die von den beiden Schlüsselstellen gebildete „Achse", die das gesamte Briefwerk im Sinn dieser Anrufung „zusammenstimmt". Das gilt mittelbar sogar von dem vorausliegenden Brief an Thessalonike, sofern dort wiederholt von dem „Gott und Vater" die Rede ist (1 Thess 1,1; 3,11.13). Noch stärker tritt das Motiv im Ersten Korintherbrief zurück, und dies nicht zuletzt aufgrund des lehrhaften Charakters dieses als Anwort auf Anfragen der Gemeinde verfaßten Schreibens. Dennoch schlägt es auch hier durch, wenn Paulus im Kontext seiner Präexistenzaussage von dem „einen Gott, dem Vater",

58 *W. Schmithals*, Die theologische Anthropologie des Paulus, Stuttgart 1980, 125–137

59 Dazu der Abschnitt „Der Fürspruch" meiner mit ‚Das Antlitz' betitelten Christologie von innen, Düsseldorf, 1999, 77 ff.

spricht, „aus dem alles ist und für den auch wir sind“ (1 Kor 8,6). Dafür leuchtet es förmlich zu Beginn des zweiten Briefs an die Gemeinde auf, wenn es heißt:

> *Gnade sei euch in Friede von Gott, unserm Vater, und dem Herrn Jesus Christus. Gepriesen sei der Gott und Vater unsres Herrn Jesus Christus, der Vater der Erbarmungen und Gott allen Trostes (2 Kor 1,2f).*

Diesen „Gott und Vater des Herrn Jesus“ ruft Paulus denn auch am Schluß der Narrenrede als Zeugen dafür an, daß er „nicht lüge“ (2 Kor 11,31). Nach dem Friedenswunsch „von Gott, unserm Vater“, mit dem der Philipperbrief beginnt (Phil 1,2), entsteht geradezu der Eindruck, daß Paulus die Rolle des Vaters übernimmt, wenn er der Gemeinde versichert, daß er sie im Herzen trage und sich „im Herzen Christi Jesu“ nach ihr sehne (1,7f). Es ist dann nur konsequent, wenn er den Christushymnus in eine Proklamation des Herrentums Jesu „zur Ehre Gottes des Vaters“ ausklingen läßt (2,11). Und auch der „Friede Gottes, der Herzen und Gedanken in Christus Jesus bewahrt“ (4,7), ist der Friede „unseres Gottes und Vaters“, dem seine abschließende Doxologie gilt (4,20). Was aber besagt das für den Galater- und Römerbrief?

Wie die Schlüsselstelle von der Sendung des Sohnes in der „Fülle der Zeit“ bestätigt, ist der Galaterbrief im Bewußtsein der Zeitenwende geschrieben, die nicht nur der Heteronomie ein Ende gesetzt und den Menschen zur Gotteskindschaft erhoben, sondern eine Bewußtseinswende herbeigeführt hat; denn:

> *Jetzt erkennt ihr Gott; oder vielmehr; ihr seid von Gott erkannt (Gal 4,9).*

Danach machte sich der Angerufene die geistgewirkte Anrufung „Abba – Vater“ und damit den menschlichen Gottesgedanken in der Form zu eigen, daß er sich selbst in den Erkennenden denkt und erkennt. Da Paulus den Galaterbrief in diesem Bewußtsein verfaßte, konnte er eingangs den Fälschern seines Evangeliums – „und wäre es ein Engel vom Himmel“ – seinen Fluch entgegenschleudern (Gal 1,8) und den Adressaten den Kern seiner Botschaft mit dem pleonastischen Satz präsentieren:

> *Zur Freiheit hat uns Christus befreit (Gal 5,1).*

Unausgesprochen, aber unüberhörbar steht über alledem das große Wort an die Korinther:

> *Jetzt ist sie da, die Zeit der Gnade, jetzt ist er da, der Tag des Heils (2 Kor 6,2),*

der die – vertikale – Erhebung des Menschen zur Gotteskindschaft auf horizontal-geschichtliche Weise zum Ausdruck bringt. Im Römerbrief aber wird das zum Weckruf:

> *Bedenkt die Zeitlage! Denn die Stunde ist da, vom Schlaf aufzustehen … Die Nacht ist vorgerückt, der Tag bricht an (Röm 13,11f).*

Mit diesem Wort hat sich Paulus definitiv von der bitteren Retrospektive losgerissen, aus der er den Anfang des Briefs verfaßt hatte. Ohne die gewaltige Kulturleistung des ihn umgebenden Heidentums eines Blickes zu würdigen, und ohne auch nur zu erwähnen, was er der Tradition seines eigenen Volkes zu verdanken hatte, fixiert sich sein Blick auf die sexuellen und geistigen Laster, in die er Heiden wie Juden verstrickt sah. War das nicht doch die Perspektive eines aus seinem mühsam erkämpften Missionsgebiet Verdrängten, der sich in Spanien ein neues Arbeitsfeld erhofft (Röm 15,24) und, wie zum Beweis des erlittenen Unrechts, der Urgemeinde in Jerusalem mit der Überbringung der inzwischen zusammengetragenen Kollekte den Beweis seiner ungebrochenen Solidarität zu geben sucht? Bezeichnend für die Mühe des damit einsetzenden Perspektivenwechsels ist auch der Durchgang durch die Rechtfertigungslehre (3,25), die Zuflucht zu Abraham, dem Vater des Glaubens (4,11.16), die Reflexion über die Sünde (6,1–23) und der Aufschrei aus der Not der Todverfallenheit (7,24). Dann aber öffnen sich ihm die Pforten der Mystik mit dem Wissen um die geistgeschenkte Gotteskindschaft (8,16), der Durchblick durch die auf die „herrliche Freiheit der Gotteskinder" hinführende Weltgeschichte (8,18–23), der Einblick in das Walten des Geistes (8,26) und der Aufblick zum Zenit der in Christus erschienenen Gottesliebe (8,23–39). Wie sich dieser Hymnus auf die Liebe wie ein elaboriertes „Abba – Vater!" ausnimmt, so auch die den „Traktat über die Juden" und die Reflexion über den Glauben beschließende Anrufung der „Weisheit und Erkenntnis Gottes" (11,33ff), die schließlich in den großen Weckruf ausmündet (13,11–14).

Der Erwecker

Unterderhand hat sich damit die Perspektive des Entdeckers in die des Erweckers verschoben. Doch so entspricht es ebenso dem Selbstverständnis wie der Glaubenstheorie des Apostels. Bei allem, was er an Überzeugungs-, Argumentations- und Sprachkraft in die Glaubensvermittlung investiert, ist er doch zugleich davon überzeugt, daß das äußere

Wort nichts vermöchte, wenn ihnen nicht das dem Mund und Herzen eingegebene „Wort des Glaubens" entspräche (Röm 10,8). Ebenso ist er davon überzeugt, daß seine Briefe nichts ausrichten könnten, wenn ihnen nicht der auf ihre „Herzenstafeln" vom Gottesgeist geschriebene innere Brief entspräche (2 Kor 3,3). Insofern hat seine Verkündigung immer nur evozierende und verifizierende Bedeutung. Sie ruft nur das ins Bewußtsein, was dem inneren Menschen bereits zugesprochen und eingeschrieben ist. Doch dazu bedarf es einer eigenen Hermeneutik, auf die der Schluß seiner Korrespondenz mit Korinth hinführt. Dort war die schwierige und teilweise schon gegen ihn eingenommene Gemeinde mit dem exorbitanten Ansinnen an ihn herangetreten, ihr einen Beweis dafür zu geben, daß Christus tatsächlich in ihm rede (13,3). Im Bewußtsein, bei all seiner Schwäche, wie er sie zuvor in seinem Leidenskatalog einbekannt hatte, aus der Gotteskraft des Auferstandenen zu leben, gibt er das an ihn gerichtete Ansinnen an die Adressaten mit der Aufforderung zurück:

> *Prüft euch doch selbst, ob ihr im Glauben steht, stellt euch doch selbst auf die Probe! Oder erseht ihr an euch nicht, daß Christus in euch ist? Wenn nicht, dann hättet ihr die Probe nicht bestanden (2 Kor 13,5)*[60].

Dann könnten sie, wie er dem hinzufügt, einsehen, daß er sie bestanden habe (2 Kor 13,6). So wird hier die Selbstprüfung zum Organ der Fremdwahrnehmung, genauer gesagt: die Fühlung der eigenen Sinn- und Seinsgemeinschaft mit Christus zum Schlüssel der den Korinthern fraglich gewordenen Christusförmigkeit des Apostels. Wenn daraus Rückschlüsse auf die gesuchte Lösung des Verständigungsproblems zwischen dem äußeren und inneren Wort gezogen werden können, dann in erster Linie im Sinn einer neuen Gewissenserkundung. Denn die von Paulus geforderte Selbstprüfung vollzieht sich im inneren Menschen, der seinerseits der „Ort" der menschlichen Einkehr, Selbstkritik und Selbstfindung ist[61]. „Ort" der einander anklagenden und verteidigenden Gedanken ist für ihn ebenso das Gewissen, das seine Orientierung in den dem Herzen eingeschriebenen Gesetzesforderungen findet (Röm 2,15)[62]. Auf „Herzenstafeln" ist (nach 2 Kor 3,3) aber auch der innere Brief geschrieben, der zum Verstehen des im „Hören" aufgenommenen Gotteswortes verhilft (Röm 10,17). Sofern Paulus zum Bewußtsein dessen „er-

60 *W. Schmithals*, Die Gnosis in Korinth. Eine Untersuchung zu den Korintherbriefen, 162.

61 *J. Assmann* (Hrsg.), Die Erfindung des inneren Menschen. Studien zur religiösen Anthropologie, Gütersloh 1993; *Th. K. Heckel*, Der Innere Mensch. Die paulinische Verarbeitung eines platonischen Motivs, Tübingen 1993.

62 *Heckel*, A. a. O., 106.

weckt", nimmt er die von ihm Wachgerufenen in sein Damaskuserlebnis hinein. Denn selbst wenn er, wie die Paulusforschung will, das Wort vom inneren Menschen aus einer von *Plotin* bis auf *Platon* zurückführenden Tradition übernahm, geht der von ihm damit verbundene Sinn doch unzweifelhaft auf die Stunde zurück, in der die an ihn ergangene „Offenbarung" des Gottessohnes in ihm jenen „Innenraum" aufbrach, in dem sich seine Identitätsfindung in dem ihm Zugesprochenen ereignen konnte. Was er an sich erfuhr, war somit, mit *Richard Giesriegl* gesprochen, die „Sprengkraft des Geistes", die dem Auferstandenen ebenso Raum schaffte, wie er diesen mit ihm erfüllte[63].

Wie aber erweckte Paulus seine Adressaten zum Bewußtsein der von ihm entdeckten Subjektivität? Wie ein Überblick über seine Briefe lehrt, in erster Linie wohl durch die Suggestion, die von den konfessorischen Stellen seiner Schriften ausgeht und unter ihnen wiederum insbesondere von denen, die sich zu förmlichen Sprachekstasen steigern. Erinnert sei dabei vor allem an den wie eine Vorwegnahme der Narrenrede wirkenden Passus des Zweiten Korintherbriefs, der mit einer Auflistung der Bedrängnisse, Nöte und Ängste des Apostels und der von ihm erlittenen Folterungen und Einkerkerungen einsetzt und in die Worte ausklingt:

> *Bei Ehre und Schmach, Verleumdung und Lob, als Schwindler geltend und doch wahrhaftig, als Unbekannte und doch wohlbekannt, als Todverfallene und doch überlebend, als Niedergeworfene und doch nicht umgebracht, als Betrübte und doch allzeit fröhlich, als Bedürftige, die doch viele beschenken, als Habenichtse, die alles besitzen (2 Kor 6,3–10).*

In diesen Sätzen präsentiert sich ein Geschlagener, der sich aus seiner Not sieghaft erhebt, ein Zerrissener, der sich in diesem Zwiespalt eint und alle, die er zu Zeugen seines Identifikationsaktes macht, in diesen hineinreißt. Denselben Effekt erreicht er aber auch, wenn er durch seinen Zuspruch die Barrieren abbaut, die seine Adressaten an ihrer Selbstaneignung hindern. Auf exemplarische Weise geschieht dies, wenn er ihnen zuredet, daß der „Geist der Knechtschaft" von ihnen gewichen ist und sie nichts mehr zu befürchten haben, daß sie also dem Stand der Heteronomie und Angstanfälligkeit überhoben sind, sofern sie nur in die befreiende Gottesanrufung „Abba – Vater!" einstimmen (Röm 8,15). Dabei verläßt er sich nicht mehr nur auf die Suggestivkraft seiner Sprache, sondern nennt mit dem „Geist der Sohnschaft" das Prinzip, das ihnen zu

63 *R. Giesriegl*, Die Sprengkraft des Geistes, Charismen und Apostolischer Dienst des Paulus im 1. Korintherbrief, Thaur 1989.

dieser integrativen Selbstaneignung verhilft. Mit dem „Geist der Sohnschaft“ benennt er zugleich, wenngleich noch ohne die einschlägige Vokabel, das Identifikationsprinzip, das *Augustin* in seiner Nachfolge als den „inwendigen Lehrer“ bezeichnete[64]. Zur Suggestivkraft des apostolischen Selbstzeugnisses muß somit der Zuspruch dieses magister interior hinzutreten, wenn der Durchbruch zur vollen Integration und Selbstfindung gelingen soll. Doch wie verhält es sich mit dieser Suggestivkraft und worin besteht ihre erweckende Effizienz?

Das ist die Frage nach dem neuen Sprachbewußtsein, das sich in Paulus Bahn bricht. Denn die evozierende Wirkung seiner Worte konnte unmöglich die Folge der wenn auch noch so virtuos gehandhabten Normalsprache sein. Tatsächlich geht es Paulus an den Stellen, an denen er sich (wie in 2 Kor 6,3–10) zu wahren Sprachekstasen erhebt, nicht um Information, sondern, wie schon die Häufung der von ihm verwendeten Sprachzeichen erkennen läßt, in dem vermeintlichen Maximum an Informationen um ein Maximum an Kommunikation. Dafür sprechen schon die Beispiele, die er bei seiner Kritik der als „Engelsprache“ geltenden Glossolalie (1 Kor 14,2ff) ins Feld führt[65]. Obwohl es ihm dabei um die Frage ihrer Verständlichkeit und Hermeneutik geht, gebraucht er doch Metaphern aus dem Bereich der Musik – „Flöte oder Laute“ – und des Militärwesens – Trompetensignal –, um sein auf Klarheit abzielendes Anliegen zu verdeutlichen. Für den sich dabei abzeichnenden Sprachbegriff – „denn nichts ist ohne Sprache“ (14,10) – sind aber die in den Metaphern angesprochenen Konnotationen nicht weniger bedeutsam. Wie bereits deutlich wurde, ist die Sprache für Paulus mehr als nur das Medium der Information. Zu ihrer informativen Komponente kommt vielmehr – gleichursprünglich – die illuminative und performative hinzu. So entspricht es seinem dreifachen Osterzeugnis. Denn in seiner Damaskusvision wurde ihm nicht nur (nach Gal 1,16) das Geheimnis des Gottessohnes zugesprochen; vielmehr trat ihm auch (nach 2 Kor 4,6) das im Glanz der Gottherrlichkeit erstrahlende Antlitz des Auferstandenen vor Augen; und überdies wurde er (nach Phil 3,12) von diesem in einer Weise ergriffen, daß ihm sein Leben fortan in dem Wunsch bestand, den immer tiefer zu begreifen, von dem er sich bis in sein Identifikationszentrum hinein ergriffen und durchdrungen fühlte.

Indessen ist all dies bei Paulus von der Inversion übergriffen, die seine sprachgeschichtliche Position in erster Linie auszeichnet. So sehr er dabei auf den Schultern des konfessorisch redenden Propheten Jeremia

64 Dazu meine Schrift ‚Der inwendige Lehrer. Der Weg zu Selbstfindung und Heilung‘, Parchim 2001.

65 *R. Giesriegl*, Die Sprengkraft des Geistes, 169–175.

steht, ist er doch zugleich der Begründer dieses Redestils im christlichen Sprachraum, der als solcher die mit *Augustin* beginnende Geschichte der Autobiographien erst ermöglichte. Zu diesem selbstbezeugenden – und selbstverantwortlichen – Reden drängt Paulus seine Leser, so wie er selbst in seiner Rede dem auf ihm liegenden „Zwang" gehorcht.

Damit erweckt er aber vor allem zu einem neuen Glaubensbewußtsein. Denn das gegenwärtig herrschende lebt noch immer von jener Inversion, durch die der Glaubende zum Geglaubten, der Botschafter zur Botschaft und der Lehrende zur Lehre wurde[66]. Demgemäß dominiert ein auf theological correctnes abhebender Gegenstandsglaube, dem *Martin Buber* vorwarf, hinter den von den Propheten bezeugten und von Jesus gelebten Vertrauensglauben zurückgefallen zu sein, der seine Festigkeit durch die Einwurzelung in die Gotteswirklichkeit erstrebt[67]. Unbeachtet blieb bei alledem die inzwischen in Gang gekommene glaubensgeschichtliche Wende, die ihre Achse darin hat, daß der zur Botschaft und Lehre Gewordene aus dem Schrein seiner Vergegenständlichung hervortrat, um als inwendiger Fürsprecher und Lehrer in das Glaubensgeschehen einzugreifen[68]. Wenn einer diese Wende stimulieren und zu ihr erwecken und ermutigen kann, ist es fraglos Paulus, der (nach Röm 15,18) nichts zu sagen wagt, was nicht Christus in ihm bewirkte. Auch das Ziel seines Zuspruchs steht außer Zweifel. Es zielt auf die Entwicklung eines synergetischen Glaubensbewußtseins ab, das dem aus seiner Vergegenständlichung Hervortretenden Raum gibt. Das bisher allein geltende „Glauben an" Jesus Christus muß somit zu einem „Glauben durch ihn und mit ihm und in ihm" fortentwickelt werden, genauso wie sich die Hoffnung nicht nur wie bisher auf ihn richten, sondern auf ihn begründen muß, so daß sie schließlich mit dem verschmilzt, der (nach Kol 1,27) „die Hoffnung auf die Herrlichkeit" ist. Gleiches gilt aber auch von der Liebe, da der im Grunde liebesunfähige Mensch (*Ratzinger*) vom Liebesgebot des Evangeliums heillos überfordert wäre, wenn er sich bei seinem unzulänglichen Liebesversuch nicht auf den verlassen könnte, der sich im Sinn des augustinischen „Unus Christus amans seipsum" in den Seinen selber liebt[69]. Doch diese Kehre ist nur das Vorspiel einer um-

66 Dazu nochmals *A. Vögtle*, Der verkündigende und verkündigte Jesus „Christus", in: *J. Sauer* (Hrsg.), Wer ist Jesus Christus? (27–91).

67 *M. Buber*, Zwei Glaubensweisen, Zürich 1950, 30ff; 37ff; dazu meine Untersuchung ‚Die glaubensgeschichtliche Wende. Eine theologische Positionsbestimmung', Graz 1968, 185–193; ferner mein Taschenbuch ‚Buber für Christen', Freiburg 1988.

68 Dazu meine Studie ‚Das Antlitz. Eine Christologie von innen', Düsseldorf 1998.

69 *J. Ratzinger*, Das Salz der Erde. Christentum und katholische Kirche an der Jahrtausendwende, München 1996, 301. August*inus*, In psalm. 26, sermo 2,23; nach *H. de Lubac*, der im Hinblick darauf von einer „wundervollen Kurzformel" spricht: Katholizismus als Gemeinschaft, 106.

fassenderen und größeren, die gleichfalls in der Stoßrichtung des Apostels liegt, sich jetzt aber auf die ganze Sache des Christentums bezieht. Denn diese ist eingebettet in den evolutionären Geschichtsgang, der dem Ziel der kollektiven Gotteskindschaft entgegenführt und in den glaubensgeschichtlichen Vollzügen vorweggenommen wird. Und sie ist Inhalt des vom Christentum angetretenen Siegeszugs, den Paulus als Herold anführt und als Akoluth begleitet. Dem Ziel, daß dem einst Erniedrigten alles, was sich je gegen seine Herrschaft erhob, unterworfen werden muß und als letzter und schlimmster Gegner sogar der Tod (1 Kor 15,26), hat sich gerade er verschrieben, sofern sein Missionswerk darauf ausgeht, alles, „was sich gegen die Gotteserkenntnis auftürmt, niederzubrechen und dem Gehorsam gegenüber Christus" zu unterwerfen (2 Kor 10,4f).

Das aber bringt die Sache des Christentums nicht nur in einen prospektiven Aspekt, sondern in eine progressive Dynamik. Und es zeigt sich, daß Paulus mit dem Geständnis, daß er vergesse, was hinter ihm liegt und sich nach dem ausstrecke, was vor ihm liegt (Phil 3,13), nicht nur eine persönliche Maxime, sondern ein Grundgesetz seines Denkens und seiner theologischen Konzeption zum Ausdruck brachte. Wie er Christus nicht mehr in seiner vorchristlichen Sicht, sondern nur noch so, wie es dem im Glanz der Gottesherrlichkeit erstrahlenden Antlitz des Auferstandenen entsprach, kennen will (2 Kor 5,16), so muß sich auch das Christentum fortwährend von einer Entwicklungsstufe zur andern überschreiten[70]. Das ihm vorschwebende Ziel formulierte dann allerdings erst seine Schule, wenn sie die Glaubensgemeinschaft einen Reifungsprozeß durchlaufen und schließlich das „Vollalter Christi" erreichen sieht (Eph 4,13). Das Kontrastmodell dessen bietet die zerrissene Gemeinde von Korinth, die er vergeblich auf die Stufe seiner Weisheitslehre zu heben sucht. War schon sie aufgrund ihrer Spaltung unfähig, ihm zur Wahrnehmung dessen zu folgen, was Gott nur den Liebenden vorbehalten hat (1 Kor 2,9), so noch viel weniger die gewaltverfallene Folgezeit. Ihr hätte Paulus erst recht mit seiner Liebesforderung, wie er sie in seiner hymnischen Rühmung der Liebe erhob, ins Gewissen geredet. Denn ihm stand eine Kirche vor Augen, die er als „reine Braut" Christus zuführen konnte (2 Kor 11,2) und die sich als solche leuchtend vom Zustand derjenigen unterschied, deren Mitglieder er in bitterer Ironie davor warnen muß, sich in ihrem Zwist nicht gegenseitig aufzufressen (Gal 5,15). Doch warnt er am Ende nicht auch vor sich selbst?

Diese Frage ist umso mehr berechtigt, als Paulus selbst zwischen Stadien des exstatischen Außersichseins und depressiver Verstimmung

70 *F. Hahn*, Theologie des Neuen Testaments I, 328.

schwankt. Daß sogar der erste Fall nicht unproblematisch ist, verdeutlicht die Stelle, an der er sich zu raumübergreifender Selbstvergegenwärtigung erhebt, dies jedoch nicht in vorantreibender Absicht, sondern allein zu dem Zweck, dem korinthischen „Blutschänder" das Urteil zu sprechen (1 Kor 5,3f). Um so überzeugender hebt sich davon sein Geständnis an die Korinther ab:

> *Sind wir außer uns geraten, so geschah es für Gott, blieben wir vernünftig, so geschah es mit Rücksicht auf euch (2 Kor 5,13)*[71].

Dabei gewinnt die Stelle ihr besonderes Gewicht durch die im „mystischen Doppelsinn" (*Lietzmann*) zu verstehende Begründung: „denn die Liebe Christi drängt uns" (2 Kor 5,14), die das ganze Denken und Wirken des Apostels auf die in seiner Damaskusvision gemachte Liebeserfahrung (Gal 1,16) zurückführt. Damit ist gleichzeitig das Kriterium der zu treffenden Unterscheidung gegeben. Danach würde Paulus selbst dafür plädieren, daß alles „vergessen" oder doch als nachgeordnet behandelt werden müßte, was dieser alles dominierenden Liebeserfahrung widerspricht, und beziehe sich dieses selbst auf prononcierte und von der Rezeption bekräftigte Aussagen über Gott und Heil. Daß dazu in erster Linie die in seinem ersten und letzten Brief gebrauchte Rede vom Zorn Gottes gehört, wird dadurch bestätigt, daß gerade die einschlägigen Aussagen des Römerbriefs (Röm 1,18; 3,5; 9,22) in einem unverkennbar depressiven Kontext stehen, der sich bis in die Korrespondenz mit Korinth zurückverfolgen läßt, wo er seinen Lesern gesteht, daß er ihnen „aus schwerer Not und Herzensangst" geschrieben habe (2 Kor 2,4) und wo er sich ihnen gegenüber schließlich geradezu „zum Narren" macht (12,11).

Außer dem Motiv des Gotteszornes gehört zu diesen zu vernachlässigenden Theoremen insbesondere auch das – nach *Ludger Schenke* aus der antiochenischen Gemeindetheologie übernommene – der satisfaktorischen Deutung des Kreuzestodes Jesu, das zunächst in seinen Hingabeworten (Gal 2,20; Röm 8,32) anklingt und dann im Römerbrief (Röm 3,25; 4,25) voll entfaltet wird, aber auch das des darauf aufbauenden Rechtfertigungsgedankens[72]. Dabei wendet sich die neuere Paulusforschung gegen *William Wredes* Einschätzung der Rechtfertigungslehre als eine von Paulus in defensiver und abgrenzender Absicht entwickelte

71 *G. Theissen*, Psychologische Aspekte paulinischer Theologie, 346.

72 *L. Schenke*, Die Urgemeinde, 327–334, *W. Merklein*, Der Tod Jesu als stellvertretender Sühnetod, in: Studien zu Jesus und Paulus, Tübingen 1987, 181–191; *O. Hofius*, „Rechtfertigung des Gottlosen" als Thema biblischer Theologie, in: Paulusstudien, 121–147; *K. Kertelge*, Grundthemen paulinischer Theologie, Freiburg 1991, 111–147; *Ders*, „Rechtfertigung" bei Paulus, Studien zur Struktur und zum Bedeutungsgehalt des paulinischen Rechtfertigungsbegriffs, Münster 1967.

„Kampfeslehre", und gegen *Albert Schweitzer*, der dieser Einschätzung vor allem in Würdigung des Apostels als Mystiker zugestimmt hatte[73]. Indessen scheitert dieser mit großem wissenschaftlichem Aufwand unternommene Versuch, die Wredesche These zu widerlegen, schon an der grundlegenden Erkenntnis *Ed Parish Sanders*, daß sich unter der mit rechtlichen Kategorien arbeitenden Oberschicht des paulinischen Denkens eine bisher weithin verkannte Tiefenschicht verbirgt, die ausschließlich im Motiv der mystischen Verbundenheit mit Christus verankert ist[74]. Erst recht steht ihm Paulus selbst entgegen, sofern er jenseits der heterogenen, insbesondere der antiochenischen Tradition übernommenen Implikate begriffen und gewürdigt werden will. Doch was hat dieser „entschlackte" und auf seinen Grundimpuls zurückgeführte Paulus zu sagen, wozu erweckt er und ruft er auf?

Die Antwort drängt sich geradezu auf: zu dem, was er in diesem Kernbereich dachte, lebte und war! Was er lebte, aber war, zusammenfassend gesprochen, eine gelebte Utopie, verstanden als eine Existenz, die sich auf das ihm vorschwebende Endziel hin entwarf und verwirklichte. Exzeptionell ist der Existenz- und Identifikationsakt des Apostels aber auch, sofern er sich dabei demjenigen Jesus annähert, der seine Identität nicht in Akten der Abgrenzung und Unterscheidung, sondern der Hingabe und Selbstübereignung gewinnt. Worte wie das Geständnis, daß er die Gemeinde in seinem Herzen trage (Phil 1,7), daß sie in seinem Herzen wohne und er ihr auf Leben und Tod verbunden sei (2 Kor 7,3), weisen eindeutig in diese Richtung. Demgemäß konnte dann aber auch das Christentum, wie es ihm vor Augen stand, nur das einer Zukunftsvision und einer sich fortschreitend verwirklichenden Utopie sein. Das gilt ebenso von seiner Sinn- wie seiner Weltgestalt.

Was diese betrifft, so hat sie ihr Modell und Formgesetz in dem, der den Juden ein Jude, den Gesetzesleuten ein Gesetzesmann, den Gesetzlosen ein Gesetzloser, den Schwachen ein Schwacher, ja „allen alles" geworden war (1 Kor 9,20ff) und damit das endzeitliche „Gott alles in allem" (1 Kor 15,28) lebensgeschichtlich vorweggenommen hatte. Doch damit nimmt seine Vision definitiv utopische Züge an, während er sich gleichzeitig aufs neue Jesus zuwendet, der nach *Hans Weder* mit seiner Verkündigung des Gottesreichs gleichfalls einer Sozialutopie das Wort redete[75]. Das aber wäre dem paulinischen Modell zufolge ein Christen-

73 *W. Wrede*, Paulus, in: *K. H. Rengstorf* (Hrsg.), Das Paulusbild in der neueren deutschen Forschung, 1 – 97; *A. Schweitzer*, Die Mystik des Apostels Paulus, 214–221; *E. Lohse*, Paulus. Eine Biographie, 209–214.

74 Stellenangabe auf Seite 72; 221.

75 *H. Weder*, Die Arbeit der Utopie, in: Einblicke ins Evangelium. Exegetische Beiträge zur neutestamentlichen Hermeneutik, Göttingen 1992, 239–246.

tum, das sich mit dem Judentum als der genuin moralischen Religion über die mit ihm gemeinsam ins Werk zu setzende „Erziehung des Menschengeschlechts" (*Lessing*) verständigen würde und das von seiner konkurrierenden Alternative, dem Islam, die Kunst der alle Lebensbereiche durchdringenden Menschenführung lernen würde, aber auch ein Christentum, das in die Abgründe des modernen Heidentums hinabstiege, um dort die Ursachen des sich ozeanisch ausbreitenden Atheismus zu ergründen, und dem es bei der Annäherung an das Nirwana des Buddhismus darum ginge, in diesem „Nichts das All zu finden" (*Goethe*), bei alledem jedoch ein Christentum, das sich bei dieser Verausgabung nicht verlöre, weil es mit Paulus und dem „alles an sich ziehenden" Christus (Joh 12,32) gerade in der Entäußerung zu sich fände.

Was demgegenüber die Sinngestalt betrifft, so erweckt – und bewegt – Paulus in erster Linie zu einer Bewußtseinswende, wie er sie mit den inversiven Wendungen „Jetzt erkennt ihr Gott, oder vielmehr: ihr seid von Gott erkannt" (Gal 4,9) und „Wenn jemand Gott liebt, ist er von Gott erkannt" (1 Kor 8,3) befürwortet. So sehr auch er, dem weltorientierenden Grundzug der Sprache folgend, vergegenständlichend und darum in Begriffen und Bildern von Gott und seinem Heilswerk redet, ist es ihm doch zentral darum zu tun, seine Adressaten in die Innensicht der Mysterien hineinzunehmen, die ihm selbst in seiner Damaskusstunde eröffnet worden war. Und so sehr er zunächst im Stil des von *Buber* kritisierten Daß-Glaubens vom heilstiftenden Glaubensakt spricht (Röm 10,9), geht es ihm doch tendenziell um jenes Heranreifen und Hineinwachsen in den Geglaubten, von dem dann ausdrücklich seine Schule (Eph 4,13) spricht. Daher seine Klage über die zerstrittenen Korinther, die ihm aufgrund ihrer Zerrissenheit nicht in die Einsicht in das folgen können, was (nach 1 Kor 2,9) nur den Liebenden vorbehalten ist.

Von diesem inversiven Glaubensbewußtsein ist dann aber auch das Urteil des Apostels über eine Theologie bestimmt, die, entgegen seiner Mahnung, weder die Zeitlage beachtet (Röm 13,11) noch die von ihm befürwortete Inversion vollzieht. Es fiele vermutlich ähnlich aus wie sein Urteil über die von ihm in die Freiheit des Evangeliums geführten Galater, die sich von seinen Gegnern in die alte Heteronomie des Gesetzes zurückdrängen ließen und die er deshalb fragt:

> *Seid ihr wirklich so unverständig? Ihr habt doch im Geist begonnen; wollt ihr jetzt im Fleisch enden? So Großes habt ihr doch erfahren; war das alles umsonst? (Gal 3,3f)*

Paulus hätte den Einsatz hellenistischer Kategorien bei der Interpretation des Evangeliums auch ungleich kritischer beurteilt als *Augustin*, der sich dabei an das Verhalten der Israeliten erinnert fühlte, die sich bei ihrem Auszug von den Ägyptern goldene und silberne Gefäße „entliehen"[76]. Denn für ihn erwies Gott eben diese von den philosophierenden Griechen gesuchte Weisheit, der schon die alexandrinischen Kirchenväter mit *Clemens* und *Origenes* an ihrer Spitze die Denkformen für ihre Glaubensinterpretation entnahmen, als Ausbund der Torheit, weil die in ihr befangenen „Herrscher der Welt" den „Herrn der Herrlichkeit" verkannten, verwarfen und ans Kreuz schlugen (1 Kor 2,8)[77]. Was seiner Ansicht nach zur Erschließung der Offenbarungsbotschaft führt, war allein ein Denken im Horizont der Gottesweisheit, also jener „Weisheit im Geheimnis", die das erschließt, „was kein Auge geschaut, kein Ohr vernommen und keines Menschen Herz jemals empfunden hat" (1 Kor 2,9). Das aber ist ein Denken im Geist jener Inversion, das sich von dem „von Gott für uns zur Weisheit Gewordenen" (1 Kor 1,30) bestimmen läßt und als solches die Christologie in eine Christomathie aufhebt. In ihrem Horizont tritt an die Stelle der Argumentation die Intuition, die ihre Strenge rückläufig, durch die Gabe der Unterscheidung (*diakrisis*), gewinnt (1 Kor 12,10). Demgemäß bauen sich ihre Erkenntnisse auch nicht zu einem System aus, sondern zu einem integrativen Verbund, der auf seine Aufhebung im Wissen des „Hauptes" (Eph 4,15) abzielt. Dazu will Paulus erwecken.

Bei ihm ist die Theorie aber stets in die Praxis eingeschmolzen. Deshalb ist die Sinngestalt des Christentums erst dann voll ausgearbeitet, wenn sie sich in Form seiner Lebensgestalt verwirklicht. Tatsächlich ist sein Begriffsbild des mystischen Leibes nur die soziale Konkretisierung der von ihm entworfenen Sinngestalt. In der Kooperation seiner Glieder spiegelt – und wiederholt – sich die Verknüpfung der Erkenntnisse und in deren Beziehung zum Haupt die Integration des Erkannten in dem sich darin Erkennenden. Auf diese vom Geist der Verständigung, Stellvertretung und Liebe bestimmte Interaktion hebt er ab mit der Bemerkung:

> *Wenn ein Glied leidet, leiden alle mit; wenn ein Glied geehrt wird, freuen sich alle Glieder mit (1 Kor 12,26).*

Wie sehr sich Paulus damit im Einverständnis mit Tendenzen der Gegenwart befindet, beweist, was die Sinngestalt betrifft, die von *Alfred North Whitehead* inaugurierte Prozeß-Theologie, die auf eine Integration von

76 *Augustinus*, De doctrina christiana II; c.40; *Cl. Tresmontant*, Biblisches Denken und hellenistische Überlieferung (Originaltitel: Essai sur la penseé ébraique), Düsseldorf 1956.

77 *H. Lietzmann*, An die Korinther I/II, 11 ff; *G. Theissen*, Psychologische Aspekte paulinischer Theologie, 346–349; *A. Strobel*, Der erste Brief an die Korinther, 59–68.

Immanenz und Transzendenz, Denkendem und Gedachtem abzielt[78]. Demgegenüber berührt er sich in seiner Zuordnung von Denk- und Lebensformen mit der Verknüpfung von Denk- und Gesellschaftsregeln im Strukturalismus von *Claude Lévi-Strauss*[79]. Ungleich schwerer fällt jedoch ins Gewicht, daß Paulus mit dieser „sympathetischen" Deutung des Wechselverhältnisses der „Glieder" den vom Zweiten Vatikanum – womöglich im Anschluß an die Denker des „dialogischen Prinzips" (*Buber*) – zur christlichen Lebens- und Verhaltensregel erhobenen Dialog vorwegnahm und praktizierte. Denn der auf einen Fragekatalog der Gemeinde eingehende erste Brief an Korinth ist das Dokument eines dialogisch-responsorischen Wechselverhältnisses mit seinen Adressaten. Auch wenn er ihnen einmal die Wahl zwischen dem „Stock oder dem Geist der Sanftmut" läßt (1 Kor 4,21), geht es ihm doch stets darum, sich verständlich zu machen und verstanden zu werden. Im Fall der selbst seinen Gegnern als besonders eindrucksvoll geltenden schriftlichen Kommunikation (2 Kor 10,10) gerät dieser Versuch für ihn dann allerdings insofern in einen prekären Engpass, als ihm, dem ersten Medienverwender der Christenheit, die Grenzen des von ihm virtuos eingesetzten Mediums (nach Gal 4,20) nur zu deutlich vor Augen stehen.

Wenn in diesem Zusammenhang gleichfalls von einer Erweckung gesprochen werden kann, dann in einem zweifachen und höchst gegensätzlichen Sinn. Ungeachtet seines bisweilen rüden Umgangs mit wirklichen oder vermeintlichen Gegnern (Gal 5,12; 2 Kor 11,13 f; Phil 3,2) ist Paulus der Inbegriff eines extremen Mitteilungswillens und eines mit höchstem Einsatz erstrebten Dialogs, der als solcher gerade in einer an seine eigene Situation erinnernden Weltstunde dazu auffordert, den Kontakt mit Nah- und Fernstehenden zu suchen, „um wenigstens einige zu gewinnen" (1 Kor 9,22). Was aber den Umgang mit den modernen Medien betrifft, so würde er zwar aufgrund seines eigenen Verhaltens für ihre Nutzung plädieren, angesichts der ihm nur zu bewußten Manipulierbarkeit des Menschen mit wohl noch größerem Nachdruck jedoch für eine kritische, zumindest aber differenzierte Einschätzung eintreten. Dazu käme er, weil er aus einschlägiger Erfahrung um den Einfluß der Idole – in seiner Sprache der „stummen Götzen" (1 Kor 12,2) – wußte, und weil er die Medien mit *Max Weber* als die ihren Gräbern entstiegenen alten Götter mit ihrer alles in ihren Bann ziehenden Macht begriffe[80].

78 *R. Faber*, Prozeßtheologie. Zu ihrer Würdigung und kritischen Erneuerung, Mainz 2000, 439–523.

79 *Cl. Lévi-Strauss*, Strukturelle Anthropologie (Originaltitel: Anthropologie Structurale), Frankfurt 1967, 73–79, dazu meine Untersuchung ‚Religiöse Sprachbarrieren. Aufbau einer Logaporetik', München 1980, 41 ff.

80 Stellenangabe auf Seite 178.

Wie aber würde er das mit seinem Briefwerk einsetzende und durch dieses zumindest partiell veranlaßte Neue Testament einschätzen? In seiner Qualität als Missionar zweifellos sehr positiv. Denn die Vielzahl der aus dem Staats-, Kultur- und Militärwesen, aber auch aus Natur, Handwerk und Sport geschöpften Metaphern beweisen sein großes Interesse an einer bildhaft-narrativen Anreicherung der Botschaft[81]. Da ihm in den Evangelien aber nicht nur eine narrative Darstellung der Jesusvita, sondern Jesus selbst als unvergleichlicher Schöpfer von Bildworten und Gleichnissen entgegentrat, hätte er dieser Sicht durchaus, wenngleich nicht ohne Vorbehalte, zugestimmt. Dabei betraf der erste Vorbehalt die retrovertierte Perspektive, aus der die Evangelien die Geschichte Jesus erzählen. Denn ihm hätte nicht entgehen können, daß sich unter dem quasibiographischen Zug ihrer Darstellung eine unterschwellige Gegenströmung verbirgt, in welcher die Jesusvita rückläufig, von der in der Verklärungsszene, dem Seewandel, der Jüngerberufung und der Taufszene aufscheinenden Auferstehung auf den Anfang in zeitlicher (Mt; Lk) und ewiger Geburt (Joh) hin erzählt wird. Dem stand seine eigene, betont prospektive Sicht entgegen, die zwar gleichfalls von der Auferstehung zunächst auf die Geburt (Gal 4,4) und bis auf den Weltenanfang (2 Kor 4,6; 1 Kor 8,6) zurückblendet, die ihren Blickpunkt jedoch in der – letztlich mit der Auferstehung gleichgesetzten – Parusie hat. Denn das Geheimnis Christi wird für den, der sich (nach Phil 3,13) ständig danach ausstreckt, immer tiefer erschlossen und schließlich zum formbestimmenden Inhalt seines gläubigen Denkens.

Demgegenüber betraf der zweite und wesentlichere Vorbehalt die Verzerrungen, die mit der von ihm in den Dienst der Verkündigung gestellten Schriftlichkeit gegeben waren. Denn mit der Buchwerdung erlitt das göttliche Wort nach Ansicht der Kirchenväter wie schon durch seine Menschwerdung zunächst eine Verkürzung „bis zur Empfängnis, Wiege und Kindheit" (*Hilarius*). Doch stand dieser Abbreviatur die von Christus am Kreuz erlittene „Extension" entgegen, die ihm dazu verhalf, die „unterschiedlichsten Dinge zu einem einheitlichen Ganzen zusammenzufassen" (*Gregor von Nyssa*)[82]. Nur zu deutlich empfand Paulus die Schrift als

81 Dazu gehört etwa das Bild vom Triumphzug (2 Kor 2,14ff), der Arena (1 Kor 4,9), vom Kriegsdienst (1 Kor 9,7) und den Trompetensignalen (1 Kor 14,8), vom Sternenhimmel (Phil 2,15), vom Ölbaum (Röm 11, 17–24) und Weinberg, von Hirt und Herde (1 Kor 9,7), vom Säen und Ernten (1 Kor 3,6ff), vom Sauerteig (1 Kor 5,6ff), vom Wettlauf (1 Kor 9,24) und Faustkampf (1 Kor 9,26), vom Bauwerk (1 Kor 3,9–12) und Gottestempel (1 Kor 3,16f; 6,19), vom Gerichtsfeuer (1 Kor 3,13ff), vom Wohnzelt und Himmelskleid (2 Kor 5,1–4) und vom Herzensbrief (2 Kor 3,2f).

82 *Hilarius von Poitiers*, De Trinitate IX, c. 4; *Gregor von Nyssa*, Große Katechese, C. 32,2; dazu meine Akademieabhandlung ‚Die Bibel als Medium' (vom 27. Januar 1990), Heidelberg 1990.

Schleuse, die sein Wort im einen wie im andern Sinn kanalisierte: bald verkürzend, so daß ihm seine Botschaft zu „Kurzformeln des Glaubens" (*Rahner*) gerann; bald zerdehnend, so daß ihm das Intendierte zu zerfließen drohte[83].

Im Gefühl des nahen Tagesanbruchs hätte Paulus darin wohl auch mit *Augustin* die Differenz zweier Denkweisen gesehen, die sich im Sinn der Rede von einer cognitio vespertina und matutina wie Abend- und Morgensicht unterscheiden[84]. Die eine ist die des idealistischen Wesensdenkens, die die Dinge mit den Augen der in der Abenddämmerung ausfliegenden „Eule der Minerva" in den Blick nimmt und sie, nachdem ihre Gestalt alt und starr geworden ist, mit ihrem „Grau in Grau" umschreibt und definiert (*Hegel*)[85]. Die andere sucht sie im Horizont der Weisheit und darum, paulinisch gesehen, im Kontext des der universalen Gotteskindschaft entgegenstrebenden Geschichtsgangs, aus dem sie sie benennend hervorhebt (*Rosenzweig*)[86]. Für Paulus aber gilt das in erster Linie von dem, dem der ganze Geschichtsgang entgegenführt und der aus seiner noch ausstehenden Zukunft hervorgerufen werden muß. Das geschieht, analog zur Abba-Anrufung Gottes im Galater- und Römerbrief (Gal 4,6; Röm 8,15), wenn er in seiner Korrespondenz mit Korinth in den urchristlichen Weckruf einstimmt (1 Kor 16,22) und wenn er den ihm abverlangten Beweis, daß Christus in ihm rede, auf die impertinente Gemeinde abwälzt, indem er sie zur christozentrischen Selbstprüfung auffordert (2 Kor 13,3 ff). Mit höchster Dringlichkeit richtet sich dieser Appell über die unmittelbar angesprochenen Adressaten hinaus an alle Leser seiner Briefe und Hörer seiner Botschaft. Denn Paulus wußte, daß die Präsenz des zu seiner Geistesgegenwart Angerufenen nur in dem Maß fühlbar werden konnte, wie der Geglaubte, Erhoffte und Ersehnte aus dem Schrein seiner doktrinalen, kultischen und sakramentalen Anwesenheit hervortrat, um sich als das alle umgreifende Subjekt des Glaubens, der Sehnsucht und der Anbetung zu erweisen. Wann wäre sein Appell aktueller gewesen als heute, wo es zu einer Überlebensfrage des Christentums geworden ist, daß das Motiv der Einwohnung Christi seiner Vergessenheit entrissen und wieder ins Zentrum des Glaubensbewußtseins gerückt wird?

83 *K. Rahner*, „Kurzformeln des Glaubens", in: Grundkurs des Glaubens. Einführung in den Begriff des Christentums, Freiburg 1977, 430–440. Von einer „Zeitdehnung" im Johannesevangelium spricht *J. Kügler* in seiner Untersuchung ‚Der Jünger, den Jesus liebte', Stuttgart 1988, 108 f.

84 Dazu meine ‚Einweisung ins Christentum', Düsseldorf 1998, 177 f.

85 *G. W. F. Hegel*, Grundlinien der Philosophie des Rechts (Ausgabe *Hoffmeister*), Hamburg 1955, 17.

86 *F. Rosenzweig*, Das Büchlein vom gesunden und kranken Menschenverstand (Ausgabe *Glatzer*), Düsseldort 1964, 28–42; 86 ff; dazu meine ‚Theologie als Therapie', Schwerin 2002, 44–51.

Doch Paulus hatte noch eine ganz andere Probe im Sinn, zu der er, der Befürworter des gelebten Glaubens, vor allem bewegen wollte. Deshalb steht in Zentrum seiner Moral der Satz, daß der „Glaube durch die Liebe wirksam werden" will (Gal 5,6). Denn ihm, dem Kenner der Herzenstiefe (1 Kor 2,11), war aufgrund seiner Selbst- und Fremderfahrung bewußt, daß der in einem konstitutiven Selbstzerwürfnis befangene Mensch durch Gebote, Direktiven und Verbote nur bedingt von dem ihm (nach Röm 7,21) naheliegenden Bösen abgehalten werden kann (Röm 7,7). In der Liebe aber entdeckte er den Königsweg der Immunisierung gegen das Böse, der darin bestand, daß sie dem zerrissenen Menschenherzen als einigendes, inspirierendes und motivierendes Prinzip eingestiftet wird (12,9–21; 13,8 ff). Wiederum war es *Augustin*, der mit seinem „dilige et quod vis fac" die Konsequenz aus diesem Ansatz zog und in konstruktivem Selbstwiderspruch einem Moralprinzip der allein noch der Direktive der Liebe dienenden Autonomie das Wort redete. Nie entfernte sich Paulus weiter von der kirchlichen Moralität und nie überforderte er den heutigen Menschen mehr als mit diesem Konzept. Doch ging er nur deshalb über beide hinaus, um sie für dieses Ziel zu animieren und, so weit dies in seinen Kräften stand, zu ihm emporzureißen. Nicht umsonst bilden so wie die beiden Schlüsselstellen von der Gotteskindschaft so auch die beiden Hymnen auf die Liebe (1 Kor 13,1–13; Röm 8,31–39) die Achse seines Brief- und Lebenswerks. In der zweiten, der krönenden dieser Hymnen, gibt er zugleich zu verstehen, daß er mit seinem Konzept der Immunisierung keiner Utopie das Wort redet. Wie der Gottesgeist dem ratlosen Beter aufhilft (Röm 8,26), so verhilft er auch dem Liebesunfähigen zur Liebe, weil ihm bei seinem kümmerlichen Liebesversuch jene Liebe zuvorkommt, von der keine Macht der Welt zu trennen vermag. Wenn es in den Imtentionen des Apostels eine Prioritätenfolge gibt, dann vor allem die sich darauf beziehende. Denn vor allem zur Liebe will er die schlafende Christenheit erwecken.

EPILOG

Paulus bleibt auf zweifache Weise durch alle Geschichte hindurch und für jede Epoche präsent, auch wenn diese Aktualität wie in der Gegenwart verdunkelt wird. Präsent fürs erste schon dadurch, daß er, anders als Jesus, von seiner Wirkungsgeschichte überragt und überwachsen wird[1]. Sodann und wohl mehr noch dadurch, daß auf ihn die von *Nietzsche* entdeckte personale Implikation des Wortes in exzeptioneller Weise zutrifft. Gerade weil ihm die restriktive Wirkung der Schrift vor Augen steht, belebt er den toten Buchstaben mit dem glühenden Atem seiner vehementen Selbstmitteilung. Wie im traurigen Fall des Blutschänders „versammelt" er sich in seinem Zuspruch mit den jeweils angesprochenen Adressaten und durch sie hindurch mit allen späteren Lesern, um jeden einzelnen von ihnen wie ein Vater „zu ermahnen, zu ermutigen und zu beschwören" (1 Thess 2,11 f). Doch worauf würde sich dieser Zuspruch heute beziehen? Was hätte er seinen heutigen Lesern zu sagen, was würde er von ihnen erwarten und worin bestünden seine Vorschläge zur Überwindung der aktuellen Kirchen- und Glaubenskrise?

Zweifellos ginge es ihm um die Fortführung und Aktualisierung seines Lebenswerkes, das er, vom Haß seiner Gegner an die römische Staatsmacht ausgeliefert und zum Märtyrer seiner Sache geworden, unabgeschlossen hinterlassen mußte. Denn so sehr er zuletzt doch Sieger blieb und dem Christentum, das er selbst in weitem Bogen von Jerusalem bis Illyrien vorangetragen hatte (Röm 15,11), mit Hilfe der von seinem Geist Erfüllten zu weltweiter Geltung verhalf, lebten die von ihm niedergerungenen Widerstände doch immer wieder auf, so daß sein Kampf stets aufs neue aufgenommen werden mußte. Es war der Kampf gegen ein Christentum des religiösen Kompromisses, der einer Gesetzlichkeit unterjochten Freiheit und des an Vorleistungen gebundenen Glaubens. Und es war der Kampf gegen ein weithin schon rückschlägig gewordenes und in Resignation und Weltangst umgeschlagenes Heidentum.

1 *S. Kierkegaard*, Einübung im Christentum: Das Halt I (Ausgabe *Hirsch* und *Gerdes*), Gütersloh 1980, 37 f.

Wenn irgendwo, müßte der Einsatz für Paulus und seine Botschaft in diesem „Zeitalter der Angst" (*Auden*), hier, und hier mit einem konzentrierten Versuch der Angstüberwindung, beginnen. Dazu würde zunächst eine an Paulus geschulte Analyse gehören, die auf den Verfall des Glaubens, die epidemisch gewordene Identitätskrise und die im Medienzeitalter übermächtig gewordenen repressiven und dirigistischen Einflüsse als Hauptursachen der um sich greifenden Lebensangst hinwiese. Diese Analyse der kollektiven Befindlichkeit müßte sich sodann in eine, wiederum an Paulus orientierte Erkundung der conditio humana fortsetzen. Dabei müßte erstmals der esoterische Paulus gegen den exoterischen mit seiner Einbeziehung „systemwidriger" Traditionsstücke, Theoreme und Relikte ausgespielt werden. Denn der Paulus der exoterischen Missions- und Moralpredigt arbeitet sehr wohl mit dem Motiv der auf den paradiesischen Sündenfall zurückgehenden Vergänglichkeit und Todverfallenheit des Menschen (*Bultmann*)[2]. Heute, angesichts der ungeheuren Todeserfahrung der aus den beiden Weltkriegen und deren Folgekonflikten hervorgegangenen Gegenwart, drängt jedoch das bisher übersehene Gegenmotiv des Apostels ans Licht, in dem er die menschliche Todverfallenheit zum „Stachel der Sünde" (1 Kor 15,56) und damit zum Urheber des Bösen erklärt.

Erstmals würde dann aber hier auch deutlich, daß unter dem Druck der gegenwärtigen Denk- und Lebenswende zwischen Zeitgebundenem und Überzeitlichem bei Paulus unterschieden und eindeutig Übernommenes zugunsten des unverzichtbaren Kerns seiner Botschaft aufgegeben werden müßte. Im vorliegenden Fall betrifft das seine mythologisierende, auf Adams Schuld bezogene Sündentheorie, die dem heutigen Bewußtsein schon deswegen obsolet erscheint, weil es in einer Wende von der Schuld- zur Schamkultur begriffen ist (*Dodds*)[3]. Mit dem Sündenbewußtsein entfällt dann aber auch die Voraussetzung für die satisfaktorische Deutung des Kreuzestodes Jesu als einer von ihm erbrachte Sühneleistung „nicht nur für unsre Sünden, sondern für die der ganzen Welt" (1 Joh 2,2).

Doch in ihrer unmittelbaren Konsequenz führt die Anthropologie des Apostels nicht zur Moral, sondern, wie es ihm auch lebensgeschichtlich widerfahren war, zur Christologie. Denn die Antwort auf die ihn bedrängende Existenz- und Sinnfrage gab ihm seine Christophanie vor Damaskus, in der ihm der Gottessohn als Lebensinhalt übereignet wurde

2 *R. Bultmann*, Das Urchristentum im Rahmen der antiken Religionen, Zürich 1949, 164ff; 183 ff; 210–214; *F. Hahn*, Theologie des Neuen Testaments I, 218 f; 230ff.

3 *E. R. Dodds*, Die Griechen und das Irrationale (Originaltitel: The Greeks and the Irrational), Darmstadt 1951, 15f; 175f; dazu meine Programmschrift ‚Glaubenserweckung', 25; 186ff.

(Gal 1,16) und er diesen als den ihn Liebenden und sich ihm liebend Hingebenden (2,20) erfuhr. In diesem Erlebnis, in dem Offenbarungsempfang, Heilsvermittlung und Identitätsgewinn zusammenflossen, besteht der Kern der heute neu zur Geltung zu bringenden Botschaft. Sie gehört jener Tiefenschicht des paulinischen Bewußtseins an, in der nach *Ed Parish Sanders*, anders als in der von rechtlichen Kategorien beherrschten Oberschicht, das Motiv der „Teilhabe des Gläubigen an Christus" und das seiner durch diese bewirkten Verwandlung alles bestimmt[4]. Dabei geht es um das Zentralmotiv seiner auf den Gedanken der Einwohnung Christi begründeten Weisheitslehre, die er seinen zerstrittenen Adressaten von Korinth vergeblich zu vermitteln sucht, die aber in dieser Stunde der Glaubenswende neu zum Leuchten gebracht werden müßte. Denn synchron mit der Wende von der Schuld- zur Schamkultur vollzieht sich, unübersehbar, eine nicht minder gravierende vom Gehorsams- zum Verstehensglauben, vom Bekenntnis- zum Erfahrungsglauben und vom Leistungs- zum Verantwortungsglauben[5]. Sie aber wird von Paulus nicht nur vielfach bestätigt, sofern er vom Glauben die Überwindung der Heteronomie und die Verständigung mit dem Geglaubten erwartet, sondern über den gegenwärtigen Stand hinausgeführt.

Denn im Verfall der hierarchischen Strukturen, im Wandel der Sakramentenfrömmigkeit und in der Zeitvergessenheit der Gegenwartstheologie bietet sich als einziger Rettungsweg der Übergang vom Gegenstandsglauben zum Innerlichkeits- und Identitätsglauben an. Der aber hat seinen stärksten Rückhalt in der Inversion des Prozesses, der zu dem inzwischen fragwürdig gewordenen Erscheinungsbild der Christenheit führte. Stand an dessen Anfang der Vorgang, durch den der Glaubensbote zum Geglaubten, der Botschafter zur Botschaft und der Lehrer zur Lehre wurde, so zeichnet sich neuerdings mit zunehmender Deutlichkeit dessen Umkehrung ab: Der Geglaubte mischt sich in den Glaubensvollzug ein und trägt ihn mit; der zur Botschaft Verfestigte ergreift aufs neue die Initiative bei seiner Verkündigung, und der zur Lehre Vergegenständlichte beginnt als inwendiger Lehrer aufs neue zu lehren[6]. Diese schon in den johanneischen Schriften, vor allem aber im Eingangswort des großen Briefs (1 Joh 1,1 ff) fühlbar werdende Inversion wurde aber in aller Form von dem vorweggenommen, dem Christus (nach Phil 1,21) zum Lebens-

4 *E. P. Sanders*, Paulus. Eine Einführung, 98 f; 105 f.

5 Dazu schon mein fundamentaltheologischer Grundriß ‚Glaubensverständnis' (Freiburg 1975), sodann die beiden Hauptschriften ‚Die glaubensgeschichtliche Wende' (Graz 1986) und ‚Glaubensorientierung' (Graz 1991) sowie mein Taschenbuch ‚Glaubenswende' (Freiburg 1987).

6 Dazu meine Schlüsselwerke ‚Einweisung ins Christentum' (Düsseldorf 1997), ‚Das Antlitz. Eine Christologie von innen' (Düsseldorf 1999) und ‚Die Entdeckung des Christentums' (Freiburg 2000).

inhalt geworden war und der (nach Röm 15,18) nichts zu sagen wagte, was nicht von Christus in ihm bewirkt worden wäre. Von ihm geht daher wie von keinem andern die entscheidende Schubkraft aus, die dem Christentum zum Abwurf seiner Verfallsformen und zu seiner neuen, weltverwandelnden Identität verhilft.

Abgeworfen werden müssen darum aber auch jene Relikte der paulinischen Missionspredigt, die entweder der Theologie der antiochenischen Gemeinde oder, wesentlicher noch, seinem unablässigen Kampf mit den judaistischen Gegnern entstammen. Zwei dieser Komplexe ragen, wenngleich aus unterschiedlichen Gründen, besonders hervor. Zum einen seine imperiale Parusievorstellung, nach der sich die Endereignisse in Form der triumphalen Einholung Christi zu seiner die schwindende Weltgestalt (1 Kor 7,12) in sein Reich integrierende Parusie vollzieht, wie er sie sowohl im ersten seiner Briefe (1 Thess 4,15 ff) als auch im Ersten Korintherbrief (1 Kor 15,51 f) entwickelt. Schon vor dieser knappen Wiederholung setzt sich jedoch, kontrastiv dazu, die das evolutionäre Weltbild des Apostels krönende Parusievorstellung durch, die das Endgeschehen in eine Zurücknahme alles Bestehenden und Vergehenden in das „Gott alles in allem" ausmünden läßt (15,28). Denn inzwischen hatte sich der Apostel mit der Unausweichlichkeit seines sogar als gewaltsam erwarteten Todes (2 Kor 1,9 f; Phil 1,20–23) abgefunden und in diesem Sinn seine Parusieerwartung korrigiert. Nur im Sinn dieser Korrektur kann sein Gedanke heute noch aufrechterhalten werden.

Angesichts der diakritischen Herkunft der Rechtfertigungslehre gilt von ihr dasselbe, nur mit dem Unterschied, daß die von ihr intendierte Abgrenzung angesichts der periodischen Wiederkehr der von Paulus bekämpften Gegnerschaft heute neu ins Werk gesetzt werden muß. Denn im Gegenzug zu den Tendenzen, die das christliche Proprium in der Gemengelage eines pluralistischen Amalgams aufzulösen drohen, kommen legalistische Konzepte zum Zug, die Jesus, mit *Luther* gesprochen, in „ein Mosen" und das Evangelium in „ein Gesetzbuch" zu verkehren suchen. Doch für Paulus atmet das Christentum nicht den Geist der Knechtschaft und Repression, der auf die Einschüchterung der Menschen ausgeht, sondern den Geist der ihn zur Gotteskindschaft erhebenden Freiheit. Sie erneut zur Geltung zu bringen und so auf den Anruf des freiheitlichen Aufbruchs von 1989 zu antworten, ist das große und noch nicht einmal ansatzweise eingelöste Gebot der Stunde. Wer könnte der vielfach gelähmten Christenheit dazu effektiver verhelfen als Paulus? Denn Paulus ist der Botschafter der Freiheit, nicht der Lehrer einer Ideologie. Er ist der Herold des Siegeszuges Christi durch die sich ihm zunehmend widersetzende Welt, nicht der Architekt von Rückzugspositionen, er ist der Protagonist der Hoffnung und Therapeut der Lebensängste und nicht der Wächter und „Herr" des Glaubens (2 Kor 1,24). Und er ist in alledem der Künder des Gottes, der den Tag des Heils anbrechen (6,2) und über dieser in Wehen und Ängsten liegenden Welt die Sonne seiner bedingungslosen und alles Widerstrebende in ihrem Feuer verzehrenden Liebe aufgehen ließ[7].

Zuletzt aber bleibt Paulus doch der große Unbekannte. Dies aber nicht nur, weil seine von der Forschung nur spärlich aufgehellten Anfänge und sein legendär verklärtes Lebensende im Dunkeln liegen, und auch nicht nur, weil er sich in seinem Innersten jedem Zugriff entzieht; vielmehr deshalb, weil er hinter dem zurücktritt, dem er mit dem Einsatz seiner ganzen Lebens- und Geisteskraft diente und in den hinein er sich mit seinem Existenzakt aufgibt. Denn in keinem seiner Worte wird er gegenwärtiger als in seinem Bekenntnis: „Leben, das heißt für mich: Christus, und Sterben ist für mich Gewinn" (Phil 1,21). Doch in eben diesem Wort „stirbt" er in den hinein, der Inhalt und Sinnerfüllung seines Lebens ist. Wenn ein Satz des Evangeliums auf ihn zutrifft, dann das Herrenwort:

> *Ihr seid das Licht der Welt … Man zündet doch kein Licht an und stellt es unter einen Scheffel, sondern auf den Leuchter, damit es allen, die im Hause wohnen, leuchte (Mt 5,14f).*

Nie wollte Paulus etwas anderes sein als der Leuchter, der das in ihm entzündete Licht in das Dunkel der in die Gottesfinsternis getauchten Welt hineinstrahlen ließ. Ist das ein Grund, den Leuchter, so wenig diesem an ihm selber lag, zu vergessen?

7 Sofern sich in diesen Antithesen die von Paulus stehengelassenen Widersprüche verbergen, gilt von ihm das Wort, mit dem *Guardini* sein Pascalbuch beschloß: „Er hat die Probleme stehen lassen und sein Herz in Gottes Hand gegeben. Den Abschluß hat er nicht durch Beweis und Definition, sondern durch Schweigen gezogen." Und erst recht erinnert er an *Beethovens* Plan einer Oper, in der angesichts der desolaten Zeitverhältnisse die Dissonanzen nicht aufgelöst werden sollten. So blieb die Auflösung, wie im Fall des Apostels, den Nachgeborenen überlassen. *R. Guardini*, Christliches Bewußtsein. Versuch über Pascal, Leipzig 1935, 18; *H. Goldschmidt*, Die Erscheinung Beethoven, Leipzig 1974, 98.

STELLENREGISTER

PERSONENREGISTER